商业策略数据分析
BUSINESS STRATEGY DATA ANALYSIS

CDA 数据科学研究院 ◎ 编著

电子工业出版社
Publishing House of Electronics Industry
北京·BEIJING

内容简介

本书作为 CDA LEVEL Ⅱ 考试教材，打破传统的知识整合模式，从 EDIT（探索、诊断、指导和工具）数字化工作模型的角度进行讲解，在介绍知识概念的同时，还讲解了在进行商业策略数据分析时应遵循的整体思维和思考方式，以达到业务宏观分析与用户微观洞察相结合、使用科学的方式进行数据分析的教学目标。

本书分为七部分，分别讲解数据科学基础与 EDIT 数字化工作模型、数据处理与可视化、根因分析、业务优化、数据治理与数据模型管理、CDA 认证介绍。其中，第一部分就是第 1 章的内容，第二部分包含第 2 章和第 3 章，第三部分包含第 4~8 章，第四部分包含第 9~11 章，第五部分包含第 12 章和第 13 章，每章分别针对当前部分的问题进行分析与处理。第六部分是第 14 章，是案例章节，第七部分是关于 CDA 认证的介绍。

本书采用业务与理论知识相结合的方式介绍数据分析的实际应用，适合 CDA LEVEL Ⅱ 应试人员、策略数据分析人员及数据分析从业人员阅读。

未经许可，不得以任何方式复制或抄袭本书之部分或全部内容。
版权所有，侵权必究。

图书在版编目（CIP）数据

商业策略数据分析 / CDA 数据科学研究院编著. —北京：电子工业出版社，2023.2
ISBN 978-7-121-44945-1

Ⅰ．①商… Ⅱ．①C… Ⅲ．①企业管理—数据管理—研究 Ⅳ．①F272.7

中国国家版本馆 CIP 数据核字（2023）第 018448 号

责任编辑：张慧敏　　文字编辑：戴　新
印　　刷：天津千鹤文化传播有限公司
装　　订：天津千鹤文化传播有限公司
出版发行：电子工业出版社
　　　　　北京市海淀区万寿路 173 信箱　　邮编：100036
开　　本：720×1000　1/16　　印张：29.25　　字数：570 千字
版　　次：2023 年 2 月第 1 版
印　　次：2023 年 2 月第 1 次印刷
定　　价：119.00 元

凡所购买电子工业出版社图书有缺损问题，请向购买书店调换。若书店售缺，请与本社发行部联系，联系及邮购电话：（010）88254888，88258888。
质量投诉请发邮件至 zlts@phei.com.cn，盗版侵权举报请发邮件至 dbqq@phei.com.cn。
本书咨询联系方式：（010）51260888-819，faq@phei.com.cn。

CDA，数字化人才的身份认证

数据曾经是商业的"尾气"，而现在成为世界的"石油"，借助合适的模型、算法、技术，可以从数据中挖掘出巨大的商业价值。数据分析极大地促进了现代服务业、制造业的差异化竞争格局，将来更会助力各行业获得竞争优势。

数据分析的主要目标之一就是满足组织的业务运营需求，为业务服务。大部分组织经历了从以产品为中心到以用户为中心的过程，其数据分析的重点从关注组织经营结果到进行全方位的用户洞察，分析方法也从以管理报表为主到对微观个体的行为预测。另外，IT技术的发展使得组织可以以更低的成本存储和处理大量的数据，促使组织不断从宏观业务分析到个体微观分析，使用的数据层次从基本属性、时点状态数据，逐渐扩大到行为数据，使用的分析技术也从统计分析逐渐过渡到机器学习和深度学习。

满足业务运营需求更本质的目标是通过数据分析改变决策方式，从依靠经验转向依靠数据。当前，数据分析是学习型组织的重要表现形式。学习型组织能力建设有两个主要阶段，分别是隐性知识显性化阶段和显性知识算法化阶段。前者是一个概念明晰和逐渐量化的过程，后者是提取知识形成算法并固化在业务流程系统的过程。组织核心能力从"以人为核心"转变为"以算法为核心"。通过数据分析进行科学决策、自主决策，从而实现业务价值，使数据分析在决策过程中不可或缺，逐渐成为组织的核心竞争力。

在数据分析领域深耕多年的CDA数据科学研究院，通过多年的业界深耕，建立起CDA数据分析师认证体系，助力企业实现宏观和微观相结合的数字化转型，提供优秀的数字化工作人才保障。

CDA数据分析能力认证体系与企业管理工具"平衡计分卡"相得益彰，涵盖绩效分析、用户分析、流程分析、智能学习，助力企业实现宏观和微观相结合的数字化战略中心组织的构建。在"平衡计分卡"中，前面的分析为后面的工作指明方向，后面的活动为前面目标的实现提供能力支持。而CDA体系把"平衡计分卡"中最基础的"员工学习"活动与"机器学习"相结合，强调将业务知识以算法的形式固化在系统中，更加适合数字化时代的诉求。

　　CDA LEVEL Ⅰ教材主要讲解业务分析所涉及的评价指标体系的构建、数据采集与数据操作、商业智能分析、战略及运营分析报告等业务宏观分析技术。CDA LEVEL Ⅱ教材主要讲解客户运营、流程分析，以及策略优化所涉及的标签体系、用户画像、根因分析、预测模型、运筹优化等业务宏观分析与用户微观洞察相结合的技术；CDA LEVEL Ⅲ教材主要讲解在商业机器学习运营（MLOps）的框架下对识别类模型和预测类模型进行设计、开发、落地，以及机器学习经典算法及案例、自然语言处理、自动学习等用户微观分析技术。本书在工具实现上选择当今比较流行的数据库语言 SQL 和编程语言 Python。

　　很多企业将 CDA 证书作为数据分析内部人才的评定标准和招聘要求。如果能够认真地把这本书学好，就能形成体系化、专业化的数据分析思维，通过认证考试，成为一个现代数据分析人员。

　　本书也是很好的数据分析参考书，常读常新，体会数据分析之美，灵活运用书中的分析方法和案例，让数据分析和实证研究相得益彰，让数据分析和业务经验优势互补。本书的出版将在数据分析行业产生影响，如春风化雨，在数据分析新理念、理论、方法、技术及工具等方面，滋养各个领域孜孜不倦的数据分析学习者和工作者。

CDA 数据科学研究院

2023 年 1 月

前言

数据分析是一个有目的地进行数据收集、整理、加工和分析的过程。随着各行各业对"数据分析重要性"认识的提高，基本的数据分析能力是求职者在求职过程中必不可少的技能，而进阶的数据分析能力是从业者突破职业天花板的重要进阶技能之一。这种进阶的数据分析能力，被称为数据策略分析。本书的写作目的是帮助各位读者打破传统的数据分析思维，从数字化工作模型的角度充分理解数据策略分析的流程与意义，运用宏观和微观相结合的方法科学地进行数据分析。

内容特色定位

本书可以分为七部分，包含 13 个内容章节、1 个案例章节和 1 个 CDA 认证内容介绍章节，其中不仅有数据分析的整体思维，也融入了数据治理与数据模型管理的知识。第一部分是数据科学基础与 EDIT 数字化工作模型，介绍数据科学的基本概念与 EDIT 数字化工作模型的基本思维，主要帮助读者建立科学的数据分析思维。第二部分是数据处理与可视化，介绍常用的数据清洗与可视化技术，是进行数据分析的必经步骤。第三部分是根因分析，包括数据采集、宏观业务分析方法、微观业务分析方法和用户洞察等内容，介绍如何从宏观和微观相结合的角度全面进行数据分析的思路。第四部分是业务优化，主要介绍用于业务优化的统计模型和策略，帮助读者理解数据分析中的优化策略与统计模型。第五部分是数据治理与数据模型管理，介绍数据治理和数据模型的基本概念，这也是在数据分析过程中需要读者重点关注的内容，可以帮助读者更加全面地进行数据分析。第六部分是案例章节。第七部分是 CDA 认证的相关介绍。

读者定位

鉴于对数据分析的理解与探讨，本书比较适合以下几类人群阅读。

（1）经常接触数据策略分析的业务人员。

本书能够帮助数据策略分析业务人员了解基本的策略分析思路与方法，掌握常见的策略分析工具，使其成为更加优秀的数据策略分析人员。

（2）数据分析入门者或有一定的数据分析基础，想要进一步了解数据策略分析思维与方法的读者。

对于数据分析人员来说，培养科学的数据分析思维是至关重要的，而这也是本书的一大特点。掌握了更深入的分析思维与正确的方向，是得到更有效的数据分析结果的基本保障，也是编者撰写本书的核心目标。

目录

第 1 章 EDIT 模型概述 ... 1
1.1 探索阶段 ... 4
1.2 诊断阶段 ... 5
1.3 指导阶段 ... 8
1.4 工具支持 ... 9
1.5 本章练习题 ... 10

第 2 章 数据处理 ... 12
2.1 使用 pandas 读取结构化数据 ... 13
2.1.1 读取数据 ... 14
2.1.2 写出数据 ... 17
2.2 数据整合 ... 17
2.2.1 行、列操作 ... 17
2.2.2 条件查询 ... 21
2.2.3 横向连接 ... 24
2.2.4 纵向合并 ... 27
2.2.5 排序 ... 30
2.2.6 分组汇总 ... 31
2.2.7 拆分列 ... 35
2.2.8 赋值与条件赋值 ... 36
2.3 数据清洗 ... 39
2.3.1 重复值处理 ... 39
2.3.2 缺失值处理 ... 40
本章练习题 ... 43

第 3 章 指标体系与数据可视化 ... 45
3.1 Python 可视化 ... 45
3.1.1 Matplotlib 绘图库 ... 45

3.1.2　Seaborn 绘图库..54
　3.2　描述性统计分析与绘图..60
　　　3.2.1　描述性统计进行数据探索..60
　　　3.2.2　制作报表与统计制图..69
　　　3.2.3　制图的步骤..76
　3.3　指标体系..81
　　　3.3.1　建立指标标准..82
　　　3.3.2　什么是指标体系..83
　　　3.3.3　构建指标体系的意义..85
　　　3.3.4　构建指标库..86
　　　3.3.5　搭建管理分析视图和指标应用模式....................................89
　3.4　本章练习题..90

第 4 章　数据采集与数据预处理..92
　4.1　数据采集方法..92
　　　4.1.1　市场研究中的数据..92
　　　4.1.2　概率抽样方法..93
　　　4.1.3　非概率抽样方法..99
　　　4.1.4　概率抽样和非概率抽样的比较..101
　4.2　市场调研和数据录入..101
　　　4.2.1　市场调研流程..101
　　　4.2.2　市场调研目标设定..102
　　　4.2.3　市场调研前的准备工作..102
　　　4.2.4　实施调研..109
　4.3　数据预处理基础..110
　　　4.3.1　数据预处理基本步骤..110
　　　4.3.2　错误数据识别与处理..111
　　　4.3.3　连续型变量离群值识别与处理..116
　　　4.3.4　分类型变量概化处理..117
　　　4.3.5　缺失值处理..118
　　　4.3.6　连续型变量分布形态转换..122
　　　4.3.7　连续型变量中心标准化或归一化......................................122

　　　　4.3.8　变量降维 123
　　　　4.3.9　WoE 转换 124
　4.4　本章练习题 125

第 5 章　宏观业务分析方法 129
　5.1　矩阵分析法 129
　5.2　连续型变量降维 134
　　　　5.2.1　方法概述 135
　　　　5.2.2　变量筛选 136
　　　　5.2.3　维度归约 136
　5.3　主成分分析法 137
　　　　5.3.1　主成分分析简介 137
　　　　5.3.2　主成分分析原理 138
　　　　5.3.3　主成分分析的运用 141
　　　　5.3.4　实战案例：在 Python 中实现主成分分析 142
　　　　5.3.5　基于主成分的冗余变量筛选 145
　5.4　因子分析 146
　　　　5.4.1　因子分析模型 146
　　　　5.4.2　因子分析算法 148
　　　　5.4.3　实战案例：在 Python 中实现因子分析 151
　5.5　多维尺度分析 155
　5.6　本章练习题 159

第 6 章　用户标签体系与用户画像 165
　6.1　标签体系的整体框架 167
　6.2　标签的分类 168
　　　　6.2.1　从研究客体的数据类型角度分类 168
　　　　6.2.2　从标签的时态角度分类 170
　　　　6.2.3　从标签的加工角度分类 171
　　　　6.2.4　业务指标与用户标签的关系 175
　6.3　用户画像 181
　　　　6.3.1　细分市场与 STP 模型 182
　　　　6.3.2　快速入手用户画像 182

- 6.3.3 用户分群的发展历程 185
- 6.3.4 用户的决策进程 186
- 6.3.5 马斯洛需求理论 187
- 6.3.6 用户消费的成本与收益 187
- 6.3.7 用户细分的方法 188
- 6.3.8 基于用户分群的精准营销 190
- 6.3.9 标签与数据科学的过程 191

6.4 实战案例：用 Python 实现用户画像 192
- 6.4.1 使用 Python 进行用户画像的基础知识 192
- 6.4.2 用户画像在诊断阶段中的应用 192
- 6.4.3 样本数据集介绍 193
- 6.4.4 使用 SQL 语句进行数据处理 195
- 6.4.5 使用 Python 进行用户画像 198

6.5 本章练习题 202

第 7 章 使用统计学方法进行变量有效性测试 205

7.1 假设检验 205
- 7.1.1 假设检验的基本概念 206
- 7.1.2 假设检验中的两类错误 207
- 7.1.3 假设检验与区间估计的联系 209
- 7.1.4 假设检验的基本步骤 209
- 7.1.5 配对样本 t 检验 211

7.2 方差分析 211
- 7.2.1 单因素方差分析 212
- 7.2.2 多因素方差分析 217

7.3 列联表分析与卡方检验 220
- 7.3.1 列联表 220
- 7.3.2 卡方检验 222

7.4 线性回归 224
- 7.4.1 简单线性回归 225
- 7.4.2 多元线性回归 227
- 7.4.3 多元线性回归的变量筛选 236

- 7.4.4 线性回归模型的经典假设 ... 239
  - 7.4.5 建立线性回归模型的基本步骤 ... 248
- 7.5 Logistic 回归 ... 249
  - 7.5.1 逻辑回归的相关关系分析 ... 252
  - 7.5.2 逻辑回归模型及实现 ... 253
  - 7.5.3 逻辑回归的极大似然估计 ... 264
  - 7.5.4 模型评估 ... 266
  - 7.5.5 因果推断模型 ... 274
- 7.6 本章练习题 ... 278

第 8 章 使用时间序列分析方法做预报 ... 294

- 8.1 认识时间序列 ... 294
- 8.2 效应分解法 ... 295
  - 8.2.1 时间序列的效应分解 ... 296
  - 8.2.2 时间序列 3 种效应的组合方式 ... 296
- 8.3 平稳时间序列分析 ARMA 模型 ... 297
  - 8.3.1 平稳时间序列 ... 297
  - 8.3.2 ARMA 模型 ... 298
  - 8.3.3 在 Python 中进行 AR 建模 ... 304
- 8.4 非平稳时间序列分析 ARIMA 模型 ... 310
  - 8.4.1 差分与 ARIMA 模型 ... 310
  - 8.4.2 在 Python 中进行 ARIMA 建模 ... 313
- 8.5 ARIMA 建模方法总结 ... 322
- 8.6 本章练习题 ... 323

第 9 章 用户分群方法 ... 327

- 9.1 用户细分与聚类 ... 327
  - 9.1.1 用户细分的重要意义 ... 327
  - 9.1.2 用户细分的不同商业主题 ... 328
- 9.2 聚类分析的基本概念 ... 335
- 9.3 聚类模型的评估 ... 336
  - 9.3.1 轮廓系数 ... 336
  - 9.3.2 平方根标准误差 ... 337

9.3.3 R^2 337
9.3.4 ARI 338
9.4 层次聚类 338
9.4.1 层次聚类的算法描述 338
9.4.2 层次聚类分群数量的确定 342
9.4.3 层次聚类应用案例 343
9.4.4 层次聚类的特点 347
9.5 K-means 聚类算法 347
9.5.1 K-means 聚类算法描述 347
9.5.2 K-means 聚类算法的应用：用户细分 348
9.6 聚类事后分析：决策树应用 356
9.6.1 决策树的基本概念 356
9.6.2 决策树解读用户分群后的特征 357
9.7 本章练习题 359

第 10 章 业务流程分析与流程优化 364
10.1 价值流程图 364
10.2 对比测试 366
10.2.1 转换漏斗 366
10.2.2 对比测试 367
10.3 本章练习题 371

第 11 章 运筹优化模型 373
11.1 线性规划 373
11.2 整数规划 380
11.3 二次规划 386
11.4 本章练习题 390

第 12 章 数据治理 393
12.1 数据治理的驱动因素 393
12.2 数据治理体系 394
12.2.1 数据治理域 395
12.2.2 数据管理域 397

目录

  12.2.3 数据应用域 401
 12.3 如何开展数据治理 404
  12.3.1 准确地定位数据治理 404
  12.3.2 明确数据应用方向 405
  12.3.3 多层级全方位进行治理 406
 12.4 本章练习题 406

第 13 章 数据模型管理 408

 13.1 数据分类 408
 13.2 数据建模 411
  13.2.1 数据架构的基本概念 411
  13.2.2 数据模型介绍 413
  13.2.3 数据建模基础 413
  13.2.4 主题域分类 414
  13.2.5 概念模型 414
  13.2.6 逻辑模型 415
  13.2.7 物理模型 416
 13.3 数据建模案例 416
 13.4 数据仓库体系和 ETL 419
 13.5 本章练习题 423

第 14 章 智能对话分析与预测 426

 14.1 导入数据 430
 14.2 数据探索 430
  14.2.1 缺失值 430
  14.2.2 重复值 431
  14.2.3 异常值 431
  14.2.4 相关分析 432
 14.3 可视化展示 434
  14.3.1 多变量图 434
  14.3.2 回归拟合图 434
  14.3.3 联合分布图 436
 14.4 逻辑回归模型 436

- 14.4.1 划分数据集 ... 436
- 14.4.2 初步建模 ... 437
- 14.4.3 模型优化 ... 438
- 14.4.4 模型预测与评估 ... 439

第 15 章 CDA 职业发展 ... 442

- 15.1 CDA 职业概述 ... 442
  - 15.1.1 CDA 职业背景 ... 442
  - 15.1.2 CDA 职业特点 ... 443
  - 15.1.3 CDA 职业前景 ... 444
- 15.2 CDA 认证简介 ... 445
  - 15.2.1 CDA 认证标准 ... 445
  - 15.2.2 CDA 认证方式 ... 446
  - 15.2.3 CDA 认证流程 ... 447
  - 15.2.4 CDA 认证证书 ... 448
- 15.3 CDA 持证人与会员 ... 449
  - 15.3.1 成为 CDA 会员 ... 449
  - 15.3.2 CDA 持证人权益 ... 450
  - 15.3.3 年检和继续教育 ... 451

第 1 章　EDIT 模型概述

本章主要讲解 EDIT（探索、诊断、指导和工具）模型的基本思想。

首先是关于感知型企业与 EDIT 数字化模型的由来。感知型企业的定义来源于同名畅销书。在"感知型企业"的概念中，把企业分为 5 个不同的阶段，分别是敏捷分析阶段、行为数据阶段、协同思维阶段、分析应用阶段和自主决策阶段，如图 1-1 所示。

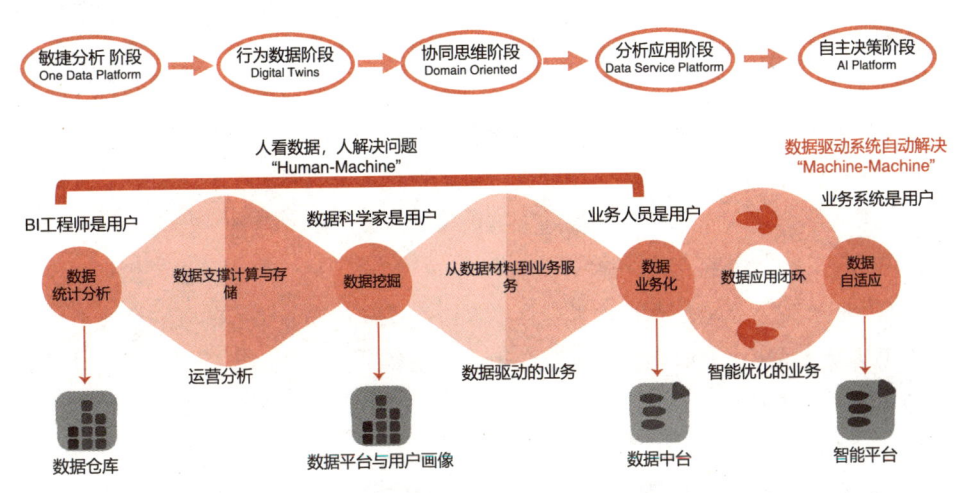

图 1-1　"感知型企业"与数据应用系统的演进图

敏捷分析是第一阶段，是对于某个类型的企业在进行经营决策时所需要的数据分析支撑。例如，分析某款产品是否有利可图，或者公司现在的某个业务绩效如何，又或者企业投资了多家机构之后试算投资产出比是多少等问题。我们经常会遇到这样的问题，相对传统的机构需要每个部门在指定日期上报相关指标，但是经常发现不同部门相同指标的计算方法和口径不一致，或者上个月计算的指标和这个月计算的指标不一致，原因是计算的人员发生了改变。因此需要企业进行规范，由统一的部门负责数据采集、数据整理和指标计算，在这里企业所用的平台一般被称为数据仓库。传统的数据仓库是整个企业数据的集散中心，它从很多源系统中把数据采集过来，根据统一的指标定义进行数据加工，用于满足业务部门常用的报表或可视化平台数据分析等需求。在这类数据分析中，主要工作者是 BI 工程师。

在敏捷分析阶段，主要针对业务宏观方面的分析，如财务报表、财务报告或经营分析等，希望能够从业务宏观角度把控结果。但是，如果企业准备开展某款产品的精准营销，想了解哪些用户更容易接受这次营销，又或者某家银行想对一批用户推广贷款业务，需要明确哪些用户的违约概率最低，这些问题都需要进行微观行为分析，对每个个体进行算法建模来预测其行为结果。那么，什么是行为分析或行为数据呢？行为数据就是用户与企业交互中产生的动账类数据和非动账类数据。例如，银行对某个用户进行贷款营销推广，这个用户接受本次营销，于是产生的就是申请贷款的行为。如果该用户办理贷款后未按时还款，那么就出现了违约行为。在行为数据阶段，我们其实需要预测用户未来的行为是什么。在进行预测时，我们是在用户个体层面上进行分析、建立模型的，这样的分析属于微观层面。但用户行为产生的数据量是非常大的，这些数据全部被存储在数据仓库中是不现实的。过去传统的数据仓库基本上存储的都是用于处理公司业务的经营业绩等数据，目前很多产品 App 中存在着大量的用户浏览行为数据，这类数据一般情况下是不会被存储到数据仓库的，但是为了对用户行为偏好进行数据挖掘，会将这部分数据保存在数据平台中。数据平台底层（也称为数据湖）存储着大量用户的交易和行为方面的数据，而用户标签体系就是将用户的基本行为信息进行抽象，从而建立标签，如用户的平均收入标签或收入波动性标签，都是可以通过对用户过去 6 个月的账户余额求均值或计算过去一年每个月收入的变异系数来分别衡量的。这些标签被提炼出来可以用于进行产品或渠道的用户画像。因为数据平台中存在大量的数据，而建立用户标签是一个非常复杂的过程，既需要用户掌握编程语言，又需要学习统计学和机器学习方法，甚至需要会一些深度学习的算法，所以数据平台的主要用户是数据科学家。

在开始建立模型时，一般情况下都是数据科学家主导建模的。例如，银行需要对用户信用等级进行评分，但是数据科学家对业务的理解并不是那么透彻，而且数据科学家没有从事银行一线工作，对具体的需求并不了解，难以分析业务真正的需求。为了更好地分析业务需求，业务运营人员与数据科学家进行深度合作，企业进入协同思维阶段，也被称为协同分析。

在协同思维阶段，业务运营人员会逐渐认识到数据驱动的重要性，与数学科学家合作一同完成模型的开发，也就是业务与技术的协同。

随着数据应用场景逐渐丰富，企业开始进行数据产品化管理，大量的数据产品使用相同的算法模型，如信用评分卡，在很多场景中都会被使用。这些场景包括个人经营贷款、信用卡申请、小微企业贷款，甚至可以用在整个生态中与其他合作伙伴共享。因此，建立数据产品制度被重视起来。数据产品的需求量越来越大，于是进入了分析应用阶段，其依赖的基础就是数据中台。

数据中台主要是为数据产品服务的，可以理解为一个数据产品的生产工厂。数据中台提供数据产品开发的流水线。只有满足业务需求的数据产品，才是最有价值的，所以数据中台的用户更多的是业务人员。数据中台提供数据资产化的指标、标签、知识图谱和算法模型等，还集成了 DataOps 和 MLOps 工具，从而方便业务人员自主建立数据产品，包括从简单地制作各种报表，到诸如预测用户响应和识别反欺诈等复杂模型。

最后的阶段是自主决策阶段，实现数据自适应，业务流程完全自动化。例如，当业务运行时，突然发现某个信贷产品的申请通过率从过去的 50% 降到 20%，这时就要分析出现问题的原因。在该阶段的流程中，当发现存在生产问题时，会自动识别出现问题的具体原因，是客群发生变化，还是策略调整出现问题，又或是数据出现问题，找到出现问题的原因并进行及时修正。如果是数据出现问题，那么就需要重新计算标签、训练模型、调整参数。

以上就是企业数据应用能力的 5 个层次，为了简洁地描述数字化企业的工作模式，我们提出了 EDIT 企业数字化模型，如图 1-2 所示。

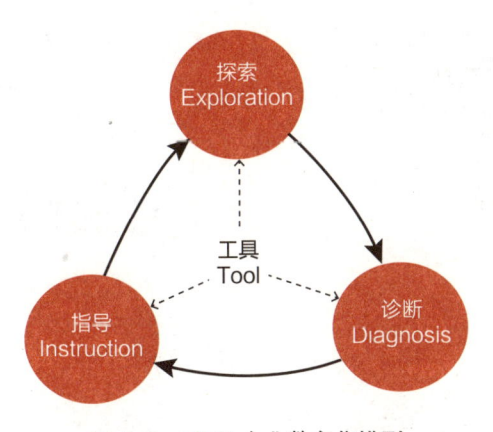

图 1-2　EDIT 企业数字化模型

外环是企业的业务部门要做的事情，如对业务的探索、发现运营中存在的问题、定位问题后进行原因诊断。诊断完毕后提供解决方案并指导落地，这是需要业务人员来完成的。而数字化工作中需要用到的一些工具，如数据模型、算法模型、优化模型，都需要企业的数据部门提供。

1.1 探索阶段

什么是探索阶段？简单来说是利用基于 KPI 逐级分解构建的精益指标体系，实现可视化的业务运营监控看板，这个监控看板支持治理、管理、运营 3 个层面。如图 1-3 所示就是一个可视化业务运营监控看板。

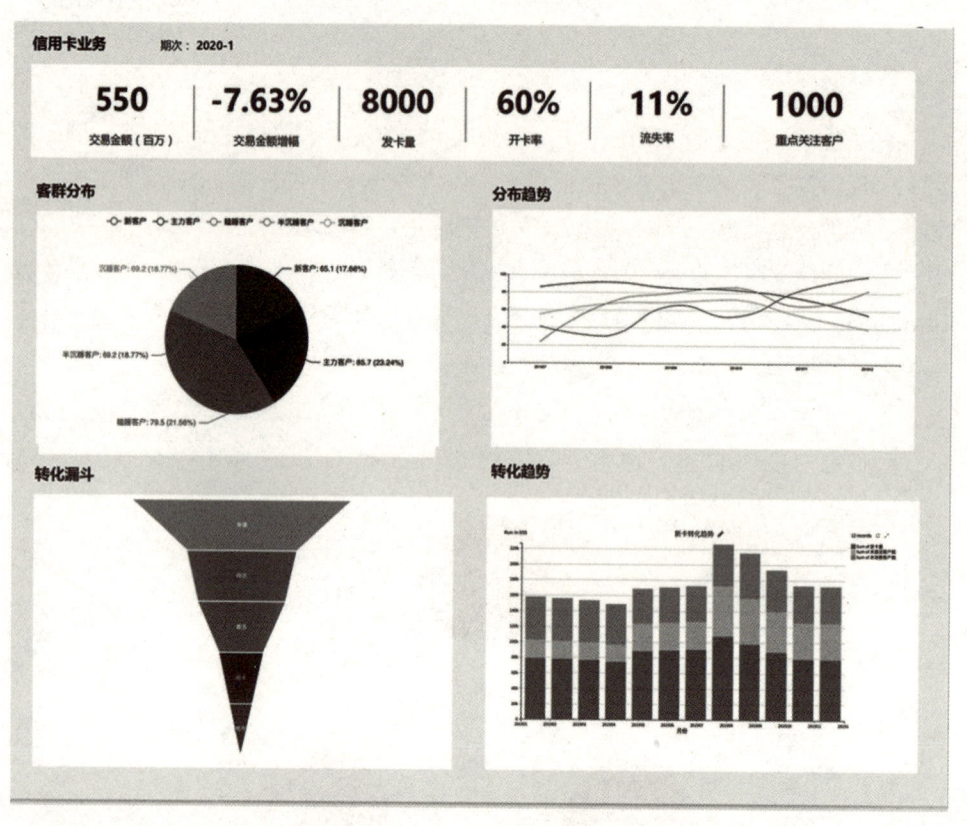

图 1-3 可视化业务运营监控看板

我们先从一个案例讲起。如图 1-4 所示是一个线上的消费金融贷款产品的申请完成率波动图，业务人员十分关注这个贷款产品的申请完成率情况，因为申请完成率是一个很重要的 KPI 指标。

申请完成率

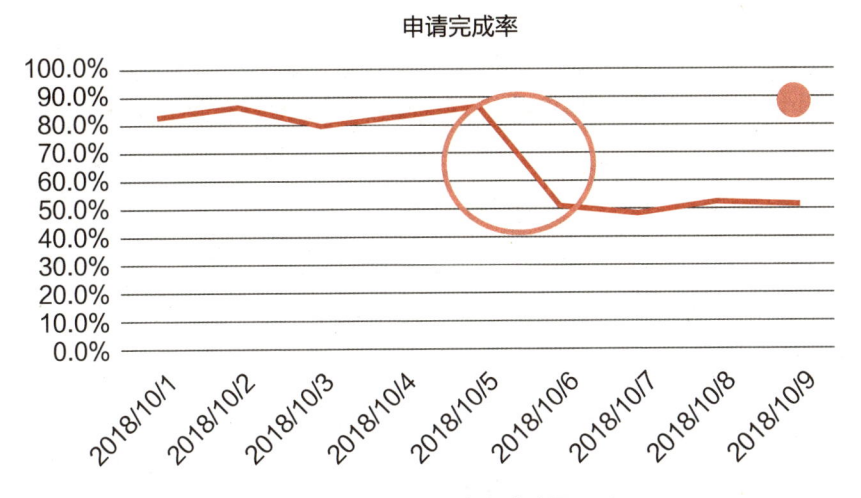

图1-4 申请完成率波动图

申请完成率的突然下降对一款线上消费金融产品的影响是巨大的。那么，这时业务人员就需要对此进行业务探索，弄清楚到底是什么原因导致的申请完成率下降。

在消费金融领域，营销成本和信用风险成本同等重要。如果这个线上的贷款产品想要获取一个用户，我们可以简单试算一下到底需要多少成本。假设公司投入的营销成本计费方式是按照固定次数收取的，如用户点击贷款产品浏览页面完成申请的营销成本是100元。当申请完成率为80%时，贷款产品获得一个用户的成功申请成本是100/0.8元，是125元。但是当申请完成率降到50%时，获客成本就提高到了200元（100/0.5元）。所以，申请完成率对于评估业务盈利能力是一项重要的评价指标。然而现在申请完成率明显下降，到底是什么原因导致的，这个问题要在诊断阶段进行分析。

1.2 诊断阶段

当业务人员看到申请完成率下降时，就要做原因分析，弄清楚是因为什么下降的。在分析维度方面主要从宏观方面和微观方面来定位原因，包括定性的外部因素分析、内部因素分析，以及定量的画像分群分析、趋势维度分析、漏斗洞察分析、行为轨迹分析和留存分析等。

首先是外部因素分析，考虑国家政策是否有变化、外部需求是否有变化、运营是否有变化等。经过分析发现这些外部因素均没有变化。那么接下来就要分析内部因素，调研发现公司内部的业务部门与一家物业公司进行了一次联合获客。这家物业公司规模较大，并且在全国范围内有大量的用户。通过物业公司获得的用户一般都是拥有房产的人，资金实力相对雄厚，相对来说是比较优质的用户群体。

接下来我们进行定量分析。首先关注2021年6月4日前后的用户年龄特征，如图1-5所示。可以看出用户年龄段发生了偏移，2021年6月5日以后年轻用户群体占比变少、中年用户群体占比增加。这与内部因素分析结论相符，通过物业公司获得的用户基本上都是有房产等固定资产的，相对而言年龄应该是偏大的，与分析结果也是契合的。

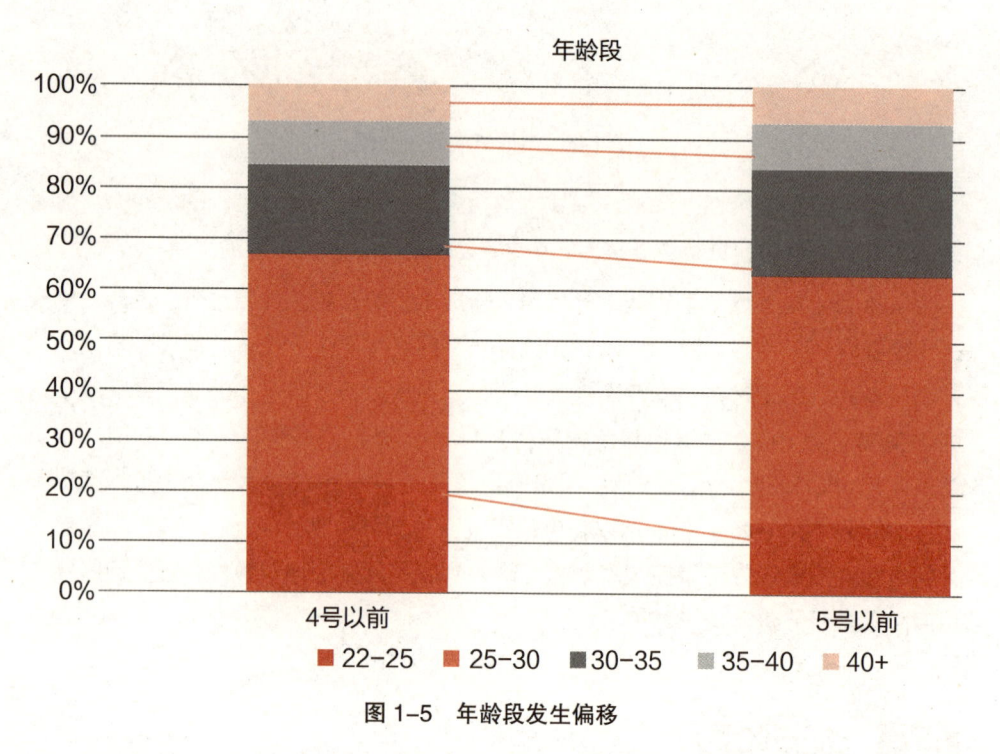

图1-5 年龄段发生偏移

然后进行漏斗分析，对比图如图1-6所示。这款贷款产品审批有3个步骤，注册手机号、采集身份信息、采集生物信息。在注册时需要获取手机号，验证无误后进行身份信息采集，主要是采集身份证等证件信息。接着需要采集生物识别信息，如人脸识别。从表1-1中可以看出，在申请贷款的过程中，生物识别阶段的转化率下降比较多，也就是说2021年6月5日以后的用户更不愿意提供他们的生物信息。这表明新增的用户要么比较关注隐私，要么对完成生物信息采集缺乏耐心。一般高价值用户都会有以上两种表现，这与定性分析中的发现也相符。

第1章 EDIT 模型概述

打开注册网站：500人
注册完成、提交：158人
人工审批：130人

2021年6月4日以前

打开注册网站：500人
注册完成、提交：75人
人工审批：67人

2021年6月5日以后

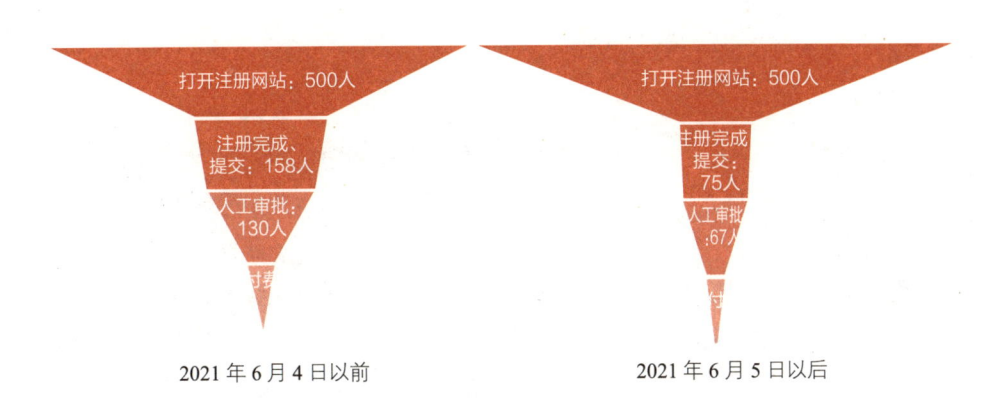

图 1-6 漏斗分析对比

表 1-1 2021年6月4日以前与2021年6月5日以后审批步骤转化率对比

转化率	2021年6月4日以前	2021年6月5日以后
注册手机号	99%	97%
身份信息采集	85%	82%
生物信息采集	76%	54%

针对这个案例还可以将漏斗分析更加细化，如年龄段、渠道等，能定位问题所在。通过原因分析，我们大致能够判断出是什么原因造成申请完成率的下降，很可能就是最近与物业公司的联合获客导致的。这次获客吸引的中年用户较多，他们在申请贷款时有可能觉得生物识别阶段的操作比较麻烦，或者担心泄露隐私，导致放弃申请。当然，也有可能是我们推广的这款贷款产品对这类用户缺乏吸引力，这些都是我们通过分析得到的假设。

下面结合调研，与中途放弃申请的用户进行电话沟通，因为这些用户在之前已经注册过手机号，所以是可以与他们取得联系的。经过沟通了解到，用户本身是有贷款需求的，但是发现产品额度并不高，只有几万元。另外，他们在申请贷款时发现采集的相关信息很多，由于贷款金额不高，利率偏高且申请麻烦，因此用户放弃申请。我们过去的产品利率偏高、额度偏小，很可能不适合这类用户。通过一系列的分析，我们找到了问题所在。

1.3 指导阶段

接下来进入指导阶段，这是一个策略优化过程。对于新用户，我们该采用什么样的策略促进其成交呢？从前面的电话访谈中可以得知这类用户是需要贷款的，只是贷款产品对于他们来说没有吸引力，并且贷款申请流程对于此类高价值新用户而言比较麻烦。经过更加细致的用户画像分析，如图 1-7 所示，我们发现新用户的年龄段向年长方向有所偏移，并且男性用户居多，大部分用户资产状况良好，有车贷或房贷，且已婚居多，建立了自己的家庭，并且有一定的理财经验。

2021年6月5日以后新申请用户的用户画像

图 1-7　深度用户画像

通过分析用户画像，我们推测这些新用户的需求主要集中在以下几个方面。

第一，如果这类用户需要办理消费金融贷款，那么几乎不会满足于几万元的贷款额度，大概率是需要高额度贷款的。

第二，这类用户有可能希望获得小微贷款用于支持企业经营，而不是个人消费金融贷款。

在分析用户画像之后，我们制定一个优化策略，即一旦发现新用户没有完成贷款申请，就向该用户发送个人经营贷款产品的邀请短信，为用户提供利息更低、额度更高的贷款产品。如果用户需要申请个人经营贷款，则由专人服务、现场办理，简化用户贷款的流程。虽然降低了利息，但是贷款额度高，对于公司来说综合收益也会提高。在分析过程中，我们利用小数据用户调研和大数据用户画像辅助制定策略。

而提升贷款申请率这件事，需要业务部门和数据团队的配合。

如图 1-8 所示为客群—产品—渠道图，可以帮助数据分析人员进行用户画像分析。

第 1 章　EDIT 模型概述

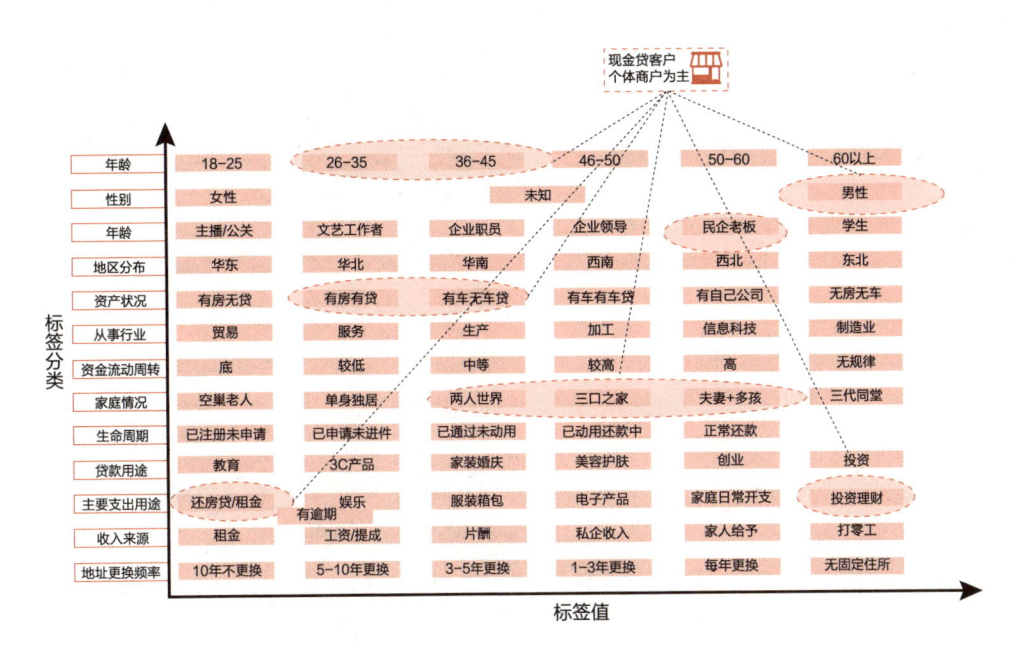

标签分类							
年龄	18-25	26-35	36-45	46-50	50-60	60以上	
性别	女性		未知			男性	
年龄	主播/公关	文艺工作者	企业职员	企业领导	民企老板	学生	
地区分布	华东	华北	华南	西南	西北	东北	
资产状况	有房无贷	有房有贷	有车无车贷	有车有车贷	有自己公司	无房无车	
从事行业	贸易	服务	生产	加工	信息科技	制造业	
资金流动周转	底	较低	中等	较高	高	无规律	
家庭情况	空巢老人	单身独居	两人世界	三口之家	夫妻+多孩	三代同堂	
生命周期	已注册未申请	已申请未进件	已通过未动用	已动用还款中	正常还款	投资	
贷款用途	教育	3C产品	家装婚庆	美容护肤	创业	投资	
主要支出用途	还房贷/租金	娱乐	服装箱包	电子产品	家庭日常开支	投资理财	
		有逾期					
收入来源	租金	工资/提成	片酬	私企收入	家人给予	打零工	
地址更换频率	10年不更换	5-10年更换	3-5年更换	1-3年更换	每年更换	无固定住所	

现金贷客户 个体商户为主

图 1-8　客群 – 产品 – 渠道图

1.4　工具支持

业务人员在进行探索、诊断和指导的过程中，需要用到数据和算法工具。在第一阶段，我们进行业务洞察，就要建立指标库，方便业务人员进行业务洞察。在第二阶段，我们在分析申请完成率指标下降原因时进行用户画像需要用到用户标签，以及产品标签、渠道标签和文档标签等。在第三阶段，在制定策略时我们要基于用户、产品、渠道的特点进行策略的优化。如图 1-9 所示是一个理财产品推荐的策略案例。

以上数据资产需要丰富到知识库中。此外，还要明确业务操作流程，如上文中提到的个人消费金融贷款业务，当用户未完成贷款申请即退出后，我们通过短信方式为该用户推荐个人经营贷款产品，这其实是跨产品甚至是跨部门的合作。业务人员不可能对所有的产品业务流程都熟悉，所以需要建立一个流程库，方便业务人员及时调用。

此外，这些工作还需要算法的支持，如要完成精准营销，就需要建立精准营销模型，这个领域被称为核心数据资产层。那么，如何去实现核心数据资产层呢？这就需要对数据湖层面的数据进行加工，而数据湖层面的数据来自源系统。

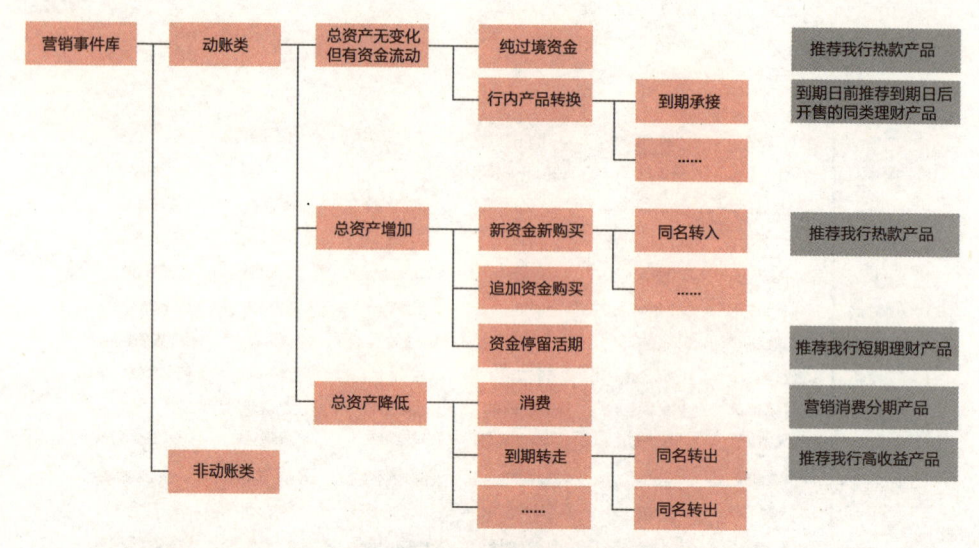

图 1-9 理财产品推荐的策略案例

1.5 本章练习题

（单选题）关于"感知型企业"的划分，下列说法正确的是（ ）。

A、敏捷分析阶段对应的是微观个体层面的洞察

B、行为分析阶段是在用户层面上进行的分析与预测

C、协同思维指的是技术与用户行为的协同

D、自适应阶段不会涉及业务流程优化

答案：B

（单选题）EDIT 模型包括探查、诊断、指导及工具使用，其中，属于策略优化过程的是（ ）。

A、探查

B、诊断

C、指导

D、工具使用

答案：C

（单选题）在"感知型企业"的概念中，将企业分为 5 个阶段，下列不属于其中一个阶段的是（　　）。

A、敏捷分析阶段

B、行为数据阶段

C、分析应用阶段

D、决策反馈阶段

答案：D

第 2 章 数据处理

在实际的数据处理工作中，经常需要同时处理多张表，以及对多张表的字段进行合并、提取等操作。例如，在审批贷款时，需要结合用户的基本信息进行信用评估。本章主要介绍数据处理的基本方法，包括数据读取、数据整合及数据清洗。本章知识涉及的软件是 Python。

将用户贷款信息表和用户基本信息表两张表合并，两张表的部分信息内容分别如表 2-1 和表 2-2 所示。

表 2-1 用户贷款信息表部分内容

u_id	credit_record	work_city	house_hold	year_born	house_type	car_type
3,350	2	310,100	350,700	1,987	1	1
10,208	2	330,100	420,600	1,985	2	2
12,084	3	510,100	510,800	1,985	1	1
14,642	2	410,100	410,100	1,963	6	1
15,054	2	320,500	320,500	1,986	2	2
15,092	2	440,100	440,100	1,981	2	3
16,084	2	350,200	350,200	1,978	1	1

表 2-2 用户基本信息表部分内容

id	gsd_zone_id	zone_id	c_time	remark
1,679,735	350,100	350,100	3788736:08:13	出生日期:1984 年 10 月 工作所在地:福州

续表

id	gsd_zone_id	zone_id	c_time	remark
1,679,792	500,100	500,100	3788736:35:06	名下是否有车产：无 是否有两年内信用记录
1,679,798	370,200	370,200	3788736:40:07	名下是否有车产：有 是否有两年内信用记录
1,679,841	310,100	310,100	3788737:03:02	出生日期：1978 年 5 月 工作所在地：上海
1,679,849	130,200	130,200	3788737:08:58	出生日期：1982 年 3 月 工作所在地：唐山
1,679,869	320,200	320,200	3788737:15:09	名下是否有车产：无 是否有两年内信用记录
1,679,955	321,100	321,100	3788738:26:54	出生日期：1980 年 8 月 工作所在地：镇江

合并表涉及表的横向连接，是一个典型的数据整合问题。此外，为了进行数据整合，我们还需要对数据进行列选择、创建、删除等基本操作。

整合好的数据很可能存在错误和异常，如非正常的交易时间、未开通业务地区的交易记录，因此需要进行数据清洗。本章将对这些内容进行详细介绍。

2.1 使用 pandas 读取结构化数据

pandas 是 Python 中的一个库，它是基于 NumPy 开发的更高级的结构化数据分析工具，提供 Series、DataFrame 等数据结构，可以很方便地对序列、截面数据（二维表）进行处理。DataFrame 即我们常见的二维数据表，包含多个变量（列）和样本（行），通常被称为数据框。Series 是一个一维结构的序列，包含指定的索引信息，可以被视作 DataFrame 中的一列，其操作方法与 DataFrame 的操作方法相似。

由于这些对象的常用操作方法相似，因此本节读取与保存数据及后续章节讲解的数据操作，都使用 DataFrame 进行演示。

2.1.1　读取数据

1. 使用 pandas 读取文件

Python 的 pandas 库提供了便捷地读取本地结构化数据的方法，本节主要以 CSV 数据为例进行介绍。pandas.read_csv 函数可以实现读取 CSV 数据，读取方式见以下代码，其中 data/sample.csv 表示文件路径：

```
import pandas as pd
csv = pd.read_csv('data/sample.csv')
csv

id name   scores
0   1   小明      78.0
1   2   小红      87.0
2   3   小白      99.0
3   4   小青   99999.0
4   5   小兰        NaN
```

按照惯例，pandas 会以 pd 作为别名。pd.read_csv 读取指定路径下的文件，然后返回一个 DataFrame 对象。在命令行中打印 DataFrame 对象，可读性可能会略差一些，如果在 Jupyter Notebook 中执行命令，则 DataFrame 的可读性会大幅提升，如图 2-1 所示。

	id	name	scores
0	1	小明	78.0
1	2	小红	87.0
2	3	小白	99.0
3	4	小青	99999.0
4	5	小兰	NaN

图 2-1　Jupyter Notebook 中的 DataFrame 展现

打印出来的 DataFrame 包含索引（index，第 1 列）、列名（column，第 1 行）及数据内容（values，除第 1 行和第 1 列外的部分）。

此外，pandas.read_csv 函数还有很多参数可以设置，这里仅列出常用参数，如表 2-3 所示。

表 2-3　pandas.read_csv 函数的常用参数

参数	说明
filepath_or_buffer	CSV 文件的路径
sep = ','	分隔符，默认为逗号

续表

参数	说明
header = 0	int 或 list of ints 类型，0 代表第 1 行，为列名，若设定为 None，则使用数值列名
names = [...]	list 类型，重新定义列名，默认为 None
usecols = [...]	list 类型，读取指定列，设定后将缩短读取数据的时间与内存消耗，适合大数据量读取，默认为 None
dtype = {...}	dict 类型，定义读取列的数据类型，默认为 None
nrows = None	int 类型，指定读取大数据量的前多少行，默认为 None
na_values = ...	str、list 或 dict 类型，指定读取为缺失值的值
na_filter = True	bool 类型，自动发现数据中的缺失值功能，默认打开（True），若确定数据无缺失，则可以设定为 False 以提高数据载入的速度
chunksize = 1000	int 类型，分块读取，当数据量较大时可以设定分块读取的行数，默认为 None。若设定行数，则返回一个迭代器
encoding = 'utf-8'	str 类型，数据的编码，Python 3 默认为 utf-8，Python 2 默认为 ASCⅡ

pandas 除可以直接读取 CSV、Excel、JSON、HTML 等文件并生成 DataFrame 外，也可以从列表、元组、字典等数据结构中创建 DataFrame。

2. 读取指定行和指定列

使用参数 usecol 和 nrows 可以读取指定的列和前 n 行，加快数据读取的速度。读取原数据的两列、两行，代码如下：

```
csv = pd.read_csv('data/sample.csv',\
                  usecols=['id','name'],\
                  nrows=2) #读取 'id' 和 'name' 两列，仅读取前两行
csv
  id name
0  1  小明
1  2  小红
```

3. 使用分块读取

使用参数 chunksize 可以指定分块读取的行数，此时返回一个可迭代对象，这里 big.csv 是一个 4500 行 4 列的 CSV 数据，设定 chunksize=900，分 5 块读取数据，

每块 900 行 4 列，代码如下：

```
csvs = pd.read_csv('data/big.csv',chunksize=900)
for i in csvs:
    print (i.shape)
(900, 4)
(900, 4)
(900, 4)
(900, 4)
(900, 4)
```

可以使用 pd.concat 函数读取全部数据，代码如下：

```
csvs = pd.read_csv('data/big.csv',chunksize=900)
dat = pd.concat(csvs,ignore_index=True)
dat.shape
(4500, 4)
```

4. 缺失值操作

使用 na_values 参数可以指定预先定义的缺失值，在 sample.csv 中，"小青"的分数有取值为 99999 的情况，这里将其读取为缺失值，代码如下：

```
csv = pd.read_csv('data/sample.csv',
                  na_values='99999')
csv
  id  name  scores
0  1   小明   78.0
1  2   小红   87.0
2  3   小白   99.0
3  4   小青   NaN
4  5   小兰   NaN
```

5. 文件编码

在读取数据时，常会遇到乱码的情况，需要弄清楚原始数据的编码形式是什么，再以指定的编码形式进行读取。例如，sample.csv 编码为 utf-8，这里以指定编码（参数 encoding）读取，代码如下：

```
csv = pd.read_csv('data/sample.csv',
                  encoding='utf-8')
```

```
csv
   id  name    scores
0  1   小明     78.0
1  2   小红     87.0
2  3   小白     99.0
3  4   小青     99999.0
4  5   小兰     NaN
```

2.1.2 写出数据

pandas 的数据框对象有很多方法，其中 pandas.to_csv 方法可以将数据框对象以 CSV 格式写入本地。pandas.to_csv 方法的常见参数如表 2-4 所示。

表 2-4 pandas.to_csv 方法的常见参数

参数	解释
path_or_buf	写入本地 CSV 文件的路径
sep = ','	分隔符，默认为逗号
na_rep = ''	缺失值写入代表符号，默认为 ''
header = True	bool 类型，是否写入列名，默认为 True
cols = [...]	list 类型，写入指定列，默认为 None
index = True	bool 类型，是否写出索引列，默认为 True
encoding = str	str 类型，以指定编码写入

例如，data/write.csv 表示写出的路径，encoding = 'utf-8' 表示以 utf-8 编码方式输出，index=False 表示不写出索引列。

2.2 数据整合

本节主要介绍 pandas 中常见的数据整合方法，可能涉及 NumPy 的操作。

2.2.1 行、列操作

使用 pandas 数据框可以方便地选择指定列、指定行。例如，通过函数 np.random.

randn(4, 5) 生成一个 4 行 5 列的正态分布随机数组，利用这个数组生成一个数据框，参数 columns 表示定义相应的列名，代码如下：

```
import numpy as np
import pandas as pd
np.random.seed(0)  # 为保证代码每次运行都能得到相同的一组数据，设置随机数种子
sample = pd.DataFrame(np.random.randn(4,5)
                      ,columns=list("abcde")
                      )
sample
          a         b         c         d         e
0  1.764052  0.400157  0.978738  2.240893  1.867558
1 -0.977278  0.950088 -0.151357 -0.103219  0.410599
2  0.144044  1.454274  0.761038  0.121675  0.443863
3  0.333674  1.494079 -0.205158  0.313068 -0.854096
```

1. 选择单列

选择单列有很多方法，最直接的方法是用列名选择列，代码如下：

```
sample['a']
0    1.764052
1   -0.977278
2    0.144044
3    0.333674
Name: a, dtype: float64
```

数据框的 iloc 方法和 loc 方法都可以用于选择行、列。iloc 方法基于位置的索引，只能使用索引位置信息选择行、列。loc 方法基于标签的索引，只能使用索引名字即行名或列名选择行、列。

如下代码使用 iloc 方法选择 a 列：

```
sample.iloc[:,0]
0    1.764052
1   -0.977278
2    0.144044
3    0.333674
Name: a, dtype: float64
```

如下代码使用 loc 方法选择 a 列：

```
sample.loc[:,"a"]
0    1.764052
1   -0.977278
2    0.144044
3    0.333674
Name: a, dtype: float64
```

注意，在选择单列时，返回的是 pandas 序列结构的类，也可以使用以下方式在选择单列时返回 pandas 数据框类，代码如下：

```
sample[['a']]
        a
0  1.764052
1 -0.977278
2  0.144044
3  0.333674
```

2. 选择多行和多列

在使用数据框选择行时，可以直接使用行索引进行选择，代码如下（注意在使用基于标签的索引即 loc 方法选择时，索引区间是全闭的）：

```
sample.loc[:1,:"b"]
    a           b
0  1.764052    0.400157
1 -0.977278    0.950088
```

也可以使用基于位置的索引即 iloc 方法进行选择，代码如下：

```
sample.iloc[0:2,0:2]
    a           b
0  1.764052    0.400157
1 -0.977278    0.950088
```

3. 创建和删除列

创建新列有两种方法，第一种方法直接通过列赋值完成。例如，新建 new_col 列，取值由已知两列的值计算得出，代码如下：

```
sample['new_col'] = sample['a'] - sample['b']
sample
     a         b         c         d         e        new_col1
0  1.764052  0.400157  0.978738  2.240893  1.867558  1.363895
1 -0.977278  0.950088 -0.151357 -0.103219  0.410599 -1.927366
2  0.144044  1.454274  0.761038  0.121675  0.443863 -1.310230
3  0.333674  1.494079 -0.205158  0.313068 -0.854096 -1.160405
```

第二种方法是使用数据框的 assign 方法完成赋值，不过使用这个方法生成的新变量并不会被保留在原始表中，需要赋值给新表才可以保存，代码如下：

```
sample.assign(new_col2 = sample['a'] - sample['b'],
              new_col3 = sample['a'] + sample['b'])
     a         b         c         d         e        new_col1  new_col2  new_col3
0  1.764052  0.400157  0.978738  2.240893  1.867558  1.363895  1.363895  2.164210
1 -0.977278  0.950088 -0.151357 -0.103219  0.410599 -1.927366 -1.927366 -0.027189
2  0.144044  1.454274  0.761038  0.121675  0.443863 -1.310230 -1.310230  1.598317
3  0.333674  1.494079 -0.205158  0.313068 -0.854096 -1.160405 -1.160405  1.827753
```

在删除列时，可以使用数据框的 drop 方法，这个方法默认返回一个新对象，并不会对原始表产生影响。如果需要删除原表的数据并保留结果，可以通过参数进行设置。例如，删除 sample 数据框中的 a 列，代码如下：

```
sample.drop(columns='a')
     b         c         d         e        new_col1
0  0.400157  0.978738  2.240893  1.867558  1.363895
1  0.950088 -0.151357 -0.103219  0.410599 -1.927366
2  1.454274  0.761038  0.121675  0.443863 -1.310230
3  1.494079 -0.205158  0.313068 -0.854096 -1.160405
```

在删除多列时，可以使用如下方法：

```
sample.drop(columns=['a','b'])
     c         d         e        new_col1
0  0.978738  2.240893  1.867558  1.363895
1 -0.151357 -0.103219  0.410599 -1.927366
2  0.761038  0.121675  0.443863 -1.310230
3 -0.205158  0.313068 -0.854096 -1.160405
```

2.2.2 条件查询

在进行条件查询前，生成案例数据框，代码如下：

```
sample =pd.DataFrame({'group':[1,1,1,2,1,2]
                     ,'name':['Bob','Lindy','Mark','Miki','Sully','Rose']
                     ,'score':[98,78,87,77,65,67]
                     ,})sample
     group   name   score
0      1     Bob     98
1      1     Lindy   78
2      1     Mark    87
3      2     Miki    77
4      1     Sully   65
5      2     Rose    67
```

1. 单条件

在涉及条件查询时，一般使用比较运算符。比较运算符有 >、==、<、>=、<=。比较运算符产生布尔类型的索引可用于条件查询。例如，在 sample 数据框中查询 score 大于 70 分的人，首先生成 bool 索引，代码如下：

```
sample.score > 70
0    True
1    True
2    True
3    True
4    False
5    False
Name: score, dtype: bool
```

再通过指定索引进行条件查询，返回 bool 值为 True 的数据：

```
sample[sample.score > 70]
     group   name   score
0      1     Bob     98
1      1     Lindy   78
2      1     Mark    87
3      2     Miki    77
```

pandas 中支持的比较运算符如表 2-5 所示。

表 2-5 pandas 中支持的比较运算符

运算符	意 义	案 例	返回值
==	等于	1==2	False
>	大于	1>2	False
<	小于	1<2	True
>=	大于或等于	1>=2	False
<=	小于或等于	1<=2	True
!=	不等于	1!=2	True

2. 多条件

在多条件查询时，涉及 bool 运算符，pandas 支持的 bool 运算符有 &、~、|，分别代表逻辑运算"与""非""或"。

当查询条件多于一个时，可以使用 bool 运算符生成完整的逻辑。例如，查询组 1 且分数高于 70 分的所有记录：

```
sample[(sample.score > 70) & (sample.group == 1)]  # 且
  group  name   score
0   1    Bob    98
1   1    Lindy  78
2   1    Mark   87
```

筛选非组 1 的所有记录：

```
sample[~(sample.group ==1)]  # 非
  group  name   score
3   2    Miki   77
5   2    Rose   67
```

筛选组 1 或组 2 的所有记录：

```
sample[(sample.group ==2) | (sample.group ==1)]
    group  name   score
0    1     Bob    98
1    1     Lindy  78
2    1     Mark   87
```

```
3      2    Miki    77
4      1    Sully   65
5      2    Rose    67
```

3. 使用 query

pandas 数据框提供了 query 方法,用于完成指定的条件查询。例如,查询数据框 sample 中分数大于 90 分的记录:

```
sample.query('score > 90')
group   name   score
0       1      Bob    98
```

多条件查询的写法与 bool 索引的写法类似:

```
sample.query('(group ==2) |(group == 1)')
group   name    score
0       1       Bob     98
1       1       Lindy   78
2       1       Mark    87
3       2       Miki    77
4       1       Sully   65
5       2       Rose    67
```

4. 其他

pandas 还提供了一些有用的方法可以让用户更加简便地完成查询任务,这些方法如表 2-6 所示。

表 2-6 pandas 常用条件查询方法

方 法	案 例	对 象	解 释
between	Df [Df.col.between(10,20)]	pandas.Series	col 为 10~20 的记录
isin	Df [Df.col.isin(10,20)]	pandas.Series	col 等于 10 或 20 的记录
str.contains	Df[Df.col.str.contains('[M]+')]	pandas.Series	col 匹配以 M 开头的记录

between 方法类似 SQL 中的 between…and。例如,查询 sample 中分数在 70 到 80 之间的记录,这里 70 与 80 的边界是包含在内的,若不希望边界包含在内,则可以将参数 inclusive 设定为 False:

```
sample[sample['score'].between(70,80,inclusive=False)]
```

```
group   name   score
1       1      Lindy   78
3       2      Miki    77
```

对于字符串列来说，可以使用 isin 方法进行查询。例如，筛选名字为 Bob、Lindy 的人的记录：

```
sample[sample['name'].isin(['Bob','Lindy'])]
group   name   score
0       1      Bob     98
1       1      Lindy   78
```

另外，还可使用 str.contains 进行正则表达式匹配查询。例如，查询名字以 M 开头的人的所有记录：

```
sample[sample['name'].str.contains('[M]+')]
group   name   score
2       1      Mark    87
3       2      Miki    77
```

2.2.3　横向连接

在本章开篇中提到了用户基本信息表与用户贷款信息表连接的问题。

pandas 数据框提供了 merge 方法以完成各种表的横向连接操作，这种连接操作与 SQL 中的连接操作是类似的，包括内连接和外连接。此外，**pandas** 也提供了按照行索引进行横向连接的方法，下面进行详细讲解。

1. 内连接

内连接（Inner join）：查询结果只包括两张表中匹配的观测，用法简单，但是在进行数据分析时要谨慎使用，容易造成样本的缺失，如图 2-2 所示。

图 2-2　内连接示意图

下面以两个数据框 **df1** 和 **df2** 为例进行内连接，代码如下：

```
df1 = pd.DataFrame({ 'col1':['a','b','c'],
```

```
                    'id':[1,2,3],
                })
df2 = pd.DataFrame({ 'col2':['d','e'],
                    'id':[4,3],
                }) df1
col1  id
0   a   1
1   b   2
2   c   3
 df2
   col2  id
0   d   4
1   e   3
```

内连接使用 merge 函数,根据公共字段保留两张表共有的信息,how='inner' 表示使用内连接,on 表示两张表连接的公共字段,若公共字段在两张表中名称不一致,则可以通过 left_on 和 right_on 指定,代码如下:

```
df1.merge(df2,how='inner',on='id')
col1  id col2
0   c   3   e
df1.merge(df2,how='inner',left_on='id',right_on='id')
col1  id col2
0   c   3   e
```

2. 外连接

外连接(Outer join)包括左连接(Left join)、右连接(Right join)和全连接(Full join)3 种,如图 2-3 所示。

图 2-3 外连接示意图

左连接通过公共字段,保留左表的全部信息,右表在左表中缺失的信息会以 NaN 补全,具体操作通过 merge 函数的参数 how='left' 来实现,依旧以前面的 df1

和 df2 为例，代码如下：

```
df1.merge(df2,how='left',on='id')
  col1  id col2
0  a    1  NaN
1  b    2  NaN
2  c    3  e
```

右连接和左连接相对，右连接通过公共字段，保留右表的全部信息，左表在右表中缺失的信息会以 NaN 补全，具体操作通过 merge 函数的参数 how='right' 来实现，依旧以前面的 df1 和 df2 为例，代码如下：

```
df1.merge(df2,how='right',on='id')
  col1   id col2
0  c    3.0   e
1  NaN  4.0   d
```

全连接通过公共字段，保留两张表的全部信息，两张表互相缺失的信息会以 NaN 补全，具体操作通过 merge 函数的参数 how='outer' 来实现，依旧以前面的 df1 和 df2 为例，代码如下：

```
df1.merge(df2,how='outer',on='id')
   col1   id col2
0   a    1.0  NaN
1   b    2.0  NaN
2   c    3.0   e
3  NaN   4.0   d
```

3. 行索引连接

除类 SQL 连接外，pandas 还提供了直接按照索引连接，使用 pd.concat 函数或数据框的 join 方法，代码如下：

```
df1 = pd.DataFrame({'id1':[1,2,3],
                    'col1':['a','b','c']},
                   index = [1,2,3])
df2 = pd.DataFrame({'id2':[1,2,3],
                    'col2':['aa','bb','cc']},
                   index = [1,3,2])
df1
```

```
    col1  id1
1     a    1
2     b    2
3     c    3
df2
    col2  id2
1    aa    1
3    bb    2
2    cc    3
```

在上述两张表中，df1 行索引为 1、2、3，df2 行索引为 1、3、2，按照索引连接后，行索引会一一对应。pd.concat 函数可以完成横向和纵向合并，通过参数 axis 来控制，当参数 axis=1 时，表示进行横向合并，代码如下：

```
pd.concat([df1,df2],axis=1)
    col1  id1 col2  id2
1     a    1   aa    1
2     b    2   cc    3
3     c    3   bb    2
df1.join(df2)
    col1  id1 col2  id2
1     a    1   aa    1
2     b    2   cc    3
3     c    3   bb    2
```

2.2.4 纵向合并

某公司 4 个季度的销售数据分散于 4 张表上，4 张表的字段名与含义完全相同，如果汇总全年的数据，就需要拼接 4 张表，此时便涉及数据的纵向合并。

数据的纵向合并指将两张表或多张表纵向拼接起来，将原来两张表或多张表中的数据整合到一张表上，如图 2-4 所示。

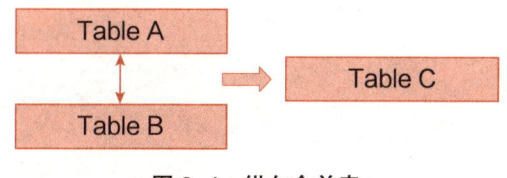

图 2-4　纵向合并表

下面以两个数据框为例，**df1** 与 **df2** 中的列变量名称相同，代码如下：

```
df1 = pd.DataFrame({'id':[1,1,1,2,3,4,6],
                    'col':['a','a','b','c','v','e','q']})
df2 = pd.DataFrame({'id':[1,2,3,3,5],
                    'col':['x','y','z','v','w']})
df1
    col  id
0    a   1
1    a   1
2    b   1
3    c   2
4    v   3
5    e   4
6    q   6

df2
    col  id
0    x   1
1    y   2
2    z   3
3    v   3
4    w   5
```

pandas 中提供的 pd.concat 方法用于完成横向和纵向合并，当参数 axis=0 时，类似 SQL 中的 UNION ALL 操作。ignore_index=True 表示忽略 df1 与 df2 原来的行索引，合并并重新排列索引，代码如下：

```
pd.concat([df1,df2],ignore_index=True,axis=0)
   col  id
0   a   1
1   a   1
2   b   1
3   c   2
4   v   3
5   e   4
6   q   6
```

```
7     x    1
8     y    2
9     z    3
10    v    3
11    w    5
```

注意，这种纵向连接是不去除完全重复的行的，若希望纵向连接并去除重复值，可直接调用数据框的 **drop_duplicates** 方法，类似 SQL 中的 UNION 操作，代码如下：

```
pd.concat([df1,df2],ignore_index=True).drop_duplicates()
   col   id
0    a    1
2    b    1
3    c    2
4    v    3
5    e    4
6    q    6
7    x    1
8    y    2
9    z    3
11   w    5
```

此时重复的第一行被去除了。

另外，在进行纵向连接时，若连接的表的列名或列个数不一致，则不一致的位置会产生缺失值。首先将 **df1 col** 列重新命名为 **new_col**：

```
df3 = df1.rename(columns = {'col':'new_col'})
df3
   new_col   id
0     a      1
1     a      1
2     b      1
3     c      2
4     v      3
5     e      4
6     q      6
```

然后进行纵向合并，不一致处被填补 NaN，代码如下：

```
pd.concat([df1,df3],ignore_index=True).drop_duplicates()
col    id   new_col
0      a    1         NaN
2      b    1         NaN
3      c    2         NaN
4      v    3         NaN
5      e    4         NaN
6      q    6         NaN
7      NaN  1         a
9      NaN  1         b
10     NaN  2         c
11     NaN  3         v
12     NaN  4         e
13     NaN  6         q
```

2.2.5 排序

在很多分析任务中，需要按照某个或某些指标对数据进行排序。pandas 在排序时，根据排序的对象不同可分为 sort_values 和 sort_index，与其字面意义一致，分别表示按照数值进行排序和按照索引进行排序。最常见的是按照数值进行排序。

以数据框 sample 为例，代码如下：

```
sample=pd.DataFrame({'group':[1,1,1,2,1,2],
                     'name':['Bob','Lindy','Mark','Miki','Sully','Rose'],
                     'score':[98,78,87,77,77,np.nan],
                     })
sample
   group  name   score
0  1      Bob    98.0
1  1      Lindy  78.0
2  1      Mark   87.0
3  2      Miki   77.0
4  1      Sully  77.0
```

```
5        2     Rose     NaN
```

如下代码按照学生成绩降序排列数据，函数 sort_values 的第 1 个参数表示排序的依据列，此处设为 score；ascending=False 表示按降序排列，设为 True 时表示按升序排列（默认）；na_position='last' 表示缺失值数据排列在数据的最后（默认值），该参数还可以被设为 first，表示缺失值排列在数据的最前面：

```
sample.sort_values('score',ascending=False,na_
position='last')
      group   name    score
0       1     Bob     98.0
2       1     Mark    87.0
1       1     Lindy   78.0
3       2     Miki    77.0
4       1     Sully   77.0
5       2     Rose    NaN
```

当然，排序的依据变量也可以是多个列，如按照班级（group）、成绩（score）升序排列：

```
sample.sort_values(['group','score'])
      group   name    score
4       1     Sully   77.0
1       1     Lindy   78.0
2       1     Mark    87.0
0       1     Bob     98.0
3       2     Miki    77.0
5       2     Rose    NaN
```

2.2.6　分组汇总

在公司销售数据分析中，按照销售区域找到最高销量纪录，这就是分组汇总，即 SQL 中的 group by 语句。在分组汇总操作中，会涉及分组变量、度量变量和汇总统计量。pandas 提供了 groupby 方法进行分组汇总，以如下数据为例：

```
sample = pd.DataFrame({"name":['Bob','Lindy','Mark','Miki','Sully','Rose']
                      ,"class":[1,1,1,2,1,2]
                      ,"grade":[1,1,1,2,2,2]
```

```
                    ,"chinese":[88,78,86,56,77,54]
                    ,"math":[98,78,87,77,77,np.nan]
                    })
sample
    name  class  grade  chinese    math
0   Bob     1      1       88      98.0
1   Lindy   1      1       78      78.0
2   Mark    1      1       86      87.0
3   Miki    2      2       56      77.0
4   Sully   1      2       77      77.0
5   Rose    2      2       54      NaN
```

在 sample 数据框中,年级(grade)为分组变量,数学成绩(math)为度量变量,现需要查询年级 1 和年级 2 中数学的最高成绩。groupby 方法后面的参数 grade 表示数据中的分组变量,max 表示汇总统计量为 max(最大),代码如下:

```
sample.groupby('grade')[['math']].max()
        math
grade
1       98.0
2       77.0
```

1. 分组变量

在进行分组汇总时,分组变量可以有多个,如按照年级、班级顺序对数学成绩进行均值查询,此时在 groupby 方法后接多个分组变量,以列表形式写出,结果中产生了多重索引,指代相应组的情况,代码如下:

```
sample.groupby(['grade','class'])[['math']].mean()
                math
grade class
1     1        87.666667
2     1        77.000000
      2        77.000000
```

2. 度量变量

在进行分组汇总时,度量变量可以有多个,如按照年级计算数学、语文成绩,汇总统计量为均值,代码如下(在 groupby 方法后直接使用方括号筛选相应列,再连接汇总统计量）：

```
sample.groupby(['grade']) [['math','chinese']].mean()
        math        chinese
grade
1       87.666667   84.000000
2       77.000000   62.333333
```

3. 汇总统计量

groupby 方法后可接的汇总统计量如表 2-7 所示。

表 2-7　汇总统计量

方　　法	解　　释
mean	均值
max	最大值
min	最小值
median	中位数
std	标准差
mad	平均绝对偏差
count	计数
skew	偏度
quantile	指定分位数

这些统计量方法可以直接连接 groupby 对象使用。另外，agg 方法提供了一次汇总多个统计量的方法。例如，汇总各个班级数学成绩的均值、最大值、最小值，代码如下（可在 agg 方法后接多个字符串用于指代相应的汇总统计量）：

```
sample.groupby('class')['math'].agg(['mean','min','max'])
        mean    min     max
class
1       85.0    77.0    98.0
2       77.0    77.0    77.0
```

4. 多重索引

在进行分组汇总操作时，产生的结果并不是常见的二维表数据框，而是具有多重索引的数据框。pandas 开发者设计这种类型的数据框借鉴了 Excel 数据透视表的功能，这里简单介绍一下 pandas 数据框的多重索引功能，以下面的分组汇总数据框为例：

```
df=sample.groupby(['grade','class'])
[['math','chinese']].agg(['min','max'])
df
             math          chinese
min     max      min    max
grade  class
1       1       78.0   98.0      78   88
2       1       77.0   77.0      77   77
2              77.0   77.0      54   56
```

上述按照年级、班级顺序对学生的数学成绩、语文成绩进行分组汇总，汇总统计量为最小值和最大值。此时 df 数据框中有两个行索引和两个列索引。

当需要筛选列时，第 1 个中括号表示筛选第 1 重列索引，第 2 个中括号表示筛选第 2 重列索引。例如，查询各个年级、班级的数学成绩的最小值：

```
df['math']['min']
grade   class
1        1        78.0
2        1        77.0
         2        77.0
```

此外，也可以用 loc 方法查询指定的列，注意多重列索引以"()"方式写出：

```
df.loc[:,('math','min')]
grade   class
1        1        78.0
2        1        77.0
2                 77.0
```

类似地，在查询行索引时，也可以用相同方式写出。例如，查询 1 年级 1 班数学成绩的最小值：

```
df.loc[(2,2),('math','min')]
77
```

2.2.7 拆分列

在进行数据处理时,有时要将原数据的指定列按照列的内容拆分为新的列,如图 2-5 所示。

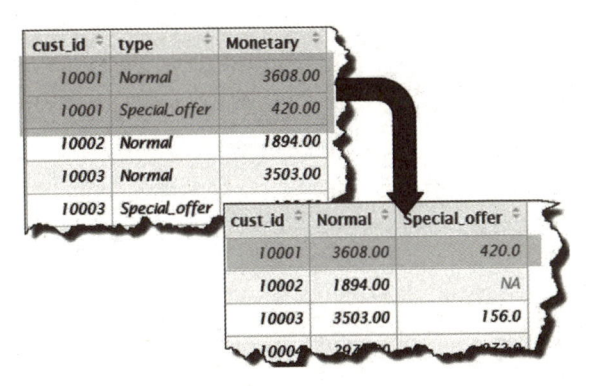

图 2-5 拆分列

在上述数据中,原数据由标示变量 cust_id、分组变量 type、值变量 Monetary 组成,经过拆分后,相当于原先分组变量 type 中的每个取值成为新列,相应值由原数据值变量 Monetary 的取值填补。

pandas 提供了 pd.pivot_table 函数用于拆分列。以如下数据为例:

```
table = pd.DataFrame({'Monetary':[3608,420,1894,3503,4567],
                      'cust_id':[10001,10001,10002,10002,10003],
                      'type':['Normal','Special_offer',\
                   'Normal','Special_offer','Special_offer']
                      })
table
Monetary   cust_id        type
0    3608     10001       Normal
1     420     10001   Special_offer
2    1894     10002       Normal
3    3503     10002   Special_offer
4    4567     10003   Special_offer
```

现在需要将 type 列拆分为两列,这里使用 pd.pivot_table 函数,第 1 个参数为待拆分列的表,index 表示原数据中的标示列,columns 表示该变量中的取值将成为新变量的变量名,values 表示待拆分的列。拆分列结果如下,拆分列后默认使用的汇总函数为 mean 函数，且缺失值由 NaN 填补：

```
pd.pivot_table(table,index='cust_id',columns='type',values='Monetary')
type       Normal    Special_offer
cust_id
10001      3608.0    420.0
10002      1894.0    3503.0
10003      NaN       4567.0
```

另外，pd.pivot_table 函数提供了 fill_value 参数和 aggfunc 函数用于指定拆分列后的缺失值和分组汇总函数。在如下拆分列操作中，缺失值填补 0，汇总统计量为求和，代码如下：

```
pd.pivot_table(table,index='cust_id',columns='type',values='Monetary',
        fill_value=0,aggfunc='sum')
type       Normal    Special_offer
cust_id
10001      3608.0    420.0
10002      1894.0    3503.0
10003      0         4567.0
```

2.2.8 赋值与条件赋值

1. 赋值

在一些特定场合下，如错误值处理、异常值处理，可能会对原数据的某些值进行修改，此时涉及类似 SQL 的 insert 或 update 操作。pandas 提供了一些方法能够快速、高效地完成赋值操作。

在如下数据中，有一个学生的成绩为 999 分，想将其替换为缺失值，代码如下：

```
sample = pd.DataFrame({'name':['Bob','Lindy','Mark',
        'Miki','Sully','Rose'],
        'score':[99,78,999,77,77,np.nan],
        'group':[1,1,1,2,1,2],})
sample
group    name    score
```

```
0    1    Bob      99.0
1    1    Lindy    78.0
2    1    Mark    999.0
3    2    Miki     77.0
4    1    Sully    77.0
5    2    Rose     NaN
```

可使用 replace 方法替换值,代码如下:

```
sample.score.replace(999,np.nan)
0    99.0
1    78.0
2     NaN
3    77.0
4    77.0
5     NaN
Name: score, dtype: float64
```

当遇到一次替换多个值时,可以写为字典形式。如下面的代码所示,该操作将 sample 数据框中 score 列所有取值为 999 的值替换为 NaN、name 列中取值为 Bob 的值也替换为 NaN。

```
sample.replace({'score':{999:np.nan},
                'name':{'Bob':np.nan}})
   group  name   score
0    1    NaN     99.0
1    1    Lindy   78.0
2    1    Mark    NaN
3    2    Miki    77.0
4    1    Sully   77.0
5    2    Rose    NaN
```

2. 条件赋值

在修改数据时,一般都是进行条件查询后再进行赋值。这里介绍 pandas 中的条件赋值方法,以 sample 数据为例:

```
sample
   group  name   score
0    1    Bob     99.0
```

```
1   1    Lindy   78.0
2   1    Mark    999.0
3   2    Miki    77.0
4   1    Sully   77.0
5   2    Rose    NaN
```

条件赋值可以通过 apply 方法完成，pandas 提供的 apply 方法可以对一个数据框对象进行行、列的遍历操作，将参数 axis 设为 0 时表示对行 class_n 进行循环，将 axis 设为 1 时表示对列进行循环，且 apply 方法后面接的汇总函数是可以自定义的。

现需要根据 group 列生成新列 class_n：当 group 为 1 时，class_n 列为 class1；当 group 为 2 时，class_n 列为 class2，代码如下：

```
def transform(row):
    if row['group'] == 1:
        return ('class1')
    elif row['group'] == 2:
        return ('class2')

sample.apply(transform,axis=1)
0    class1
1    class1
2    class1
3    class2
4    class1
5    class2
dtype: object
```

使用 apply 方法生成 pd.Series 类型的对象，进而可以通过 assign 将对象加入到数据中：

```
sample.assign(class_n = sample.apply(transform,axis=1))
  group    name   score class_n
0    1     Bob    99.0   class1
1    1     Lindy  78.0   class1
2    1     Mark   999.0  class1
3    2     Miki   77.0   class2
4    1     Sully  77.0   class1
```

```
5        2     Rose    NaN    class2
```

除 apply 方法外，还可以通过条件查询直接赋值，如下所示，注意第一句 sample = sample.copy() 最好不要省略，否则可能弹出警告信息：

```
sample = sample.copy()
sample.loc[sample.group==1,'class_n']='class1'
sample.loc[sample.group==2,'class_n']='class2'
sample
    group   name    score   class_n
0     1     Bob     99.0    class1
1     1     Lindy   78.0    class1
2     1     Mark    999.0   class1
3     2     Miki    77.0    class2
4     1     Sully   77.0    class1
5     2     Rose    NaN     class2
```

2.3 数据清洗

数据清洗是数据分析的必备环节，在分析过程中，有很多不符合分析要求的数据，例如重复、错误、缺失、异常类的数据。

2.3.1 重复值处理

在数据录入和数据整合过程中都可能产生重复数据，直接删除是处理重复数据的主要方法。pandas 提供的查看和处理重复数据的方法分别为 duplicated 和 drop_duplicates。以如下数据为例：

```
sample = pd.DataFrame({'group':[1,1,1,2,1,2],
                       'id':[1,1,1,3,4,5],
                       'name':['Bob','Bob','Mark','Miki'
,'Sully','Rose'],
                       'score':[99,99,87,77,77,np.nan],
                       })
sample
    group   id    name    score
```

```
0    1    1    Bob     99.0
1    1    1    Bob     99.0
2    1    1    Mark    87.0
3    2    3    Miki    77.0
4    1    4    Sully   77.0
5    2    5    Rose    NaN
```

查看重复数据使用 duplicated 方法完成:

```
sample[sample.duplicated()]
   group  id  name  score
1    1    1   Bob   99.0
```

需要去重时,可以使用 drop_duplicates 方法完成:

```
sample.drop_duplicates()
   group  id  name   score
0    1    1   Bob    99.0
2    1    1   Mark   87.0
3    2    3   Miki   77.0
4    1    4   Sully  77.0
5    2    5   Rose   NaN
```

使用 drop_duplicates 方法可以按照某列去重,例如删除 id 列重复的所有记录:

```
sample.drop_duplicates('id')
   group  id  name   score
0    1    1   Bob    99.0
3    2    3   Miki   77.0
4    1    4   Sully  77.0
5    2    5   Rose   NaN
```

2.3.2 缺失值处理

　　缺失值是数据清洗中比较常见的情况,缺失值一般由 NaN 表示,在处理缺失值时要遵循一定的原则。

　　首先需要根据业务理解处理缺失值,弄清楚缺失值产生的原因是故意缺失还是随机缺失,再通过一些业务经验进行填补。一般来说,当缺失值数量少于 20% 时,连续变量可以使用均值或中位数填补;分类型变量不需要填补,单算一类即可,或者可以用众数填补。当缺失值数量处于 20%~80% 时，填补方法同上，同时每个有缺失值的变量可以生成一个指示哑变量，参与后续的建模。当缺失值数量多于 80% 时，每个有缺失值的变量生成一个指示哑变量，参与后续的建模，原始变量不再被使用。

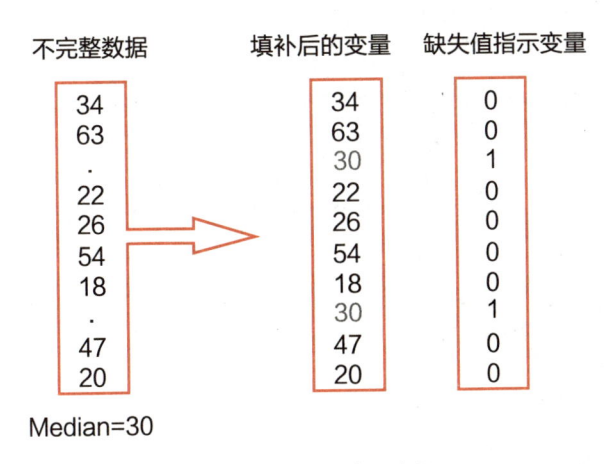

图 2-6 展示了中位数填补缺失值和缺失值指示变量的生成过程。

不完整数据	填补后的变量	缺失值指示变量
34	34	0
63	63	0
.	30	1
22	22	0
26	26	0
54	54	0
18	18	0
.	30	1
47	47	0
20	20	0

Median=30

图 2-6　缺失值填补案例

pandas 提供了 fillna 方法用于替换缺失值数据，其功能类似之前讲解的 replace 方法，例如对于如下数据：

```
sample
    group   id    name   score
0   1.0    1.0    Bob    99.0
1   1.0    1.0    Bob    NaN
2   NaN    1.0    Mark   87.0
3   2.0    3.0    Miki   77.0
4   1.0    4.0    Sully  77.0
5   NaN    NaN    NaN    NaN
```

下面分步骤进行缺失值的查看和填补。

1. 查看缺失情况

在进行数据分析前，一般需要了解数据的缺失情况，在 Python 中可以构造一个 lambda 函数查看缺失情况，在该 lambda 函数中，sum(col.isnull()) 表示当前列有多少缺失，col.size 表示当前列总共有多少行数据：

```
sample.apply(lambda col:sum(col.isnull())/col.size)
group    0.333333
id       0.166667
name     0.166667
score    0.333333
dtype: float64
```

2. 以指定值填补

pandas 数据框提供了 fillna 方法完成对缺失值的填补，例如对 sample 表的 score 列填补缺失值，填补方法为均值：

```
sample.score.fillna(sample.score.mean())
0    99.0
1    85.0
2    87.0
3    77.0
4    77.0
5    85.0
Name: score, dtype: float64
```

当然，还可以用分位数填补缺失值，比如下面的代码用中位数填补缺失值：

```
sample.score.fillna(sample.score.median())
0    99.0
1    82.0
2    87.0
3    77.0
4    77.0
5    82.0
Name: score, dtype: float64
```

3. 缺失值指示变量

pandas 数据框对象可以直接调用方法 isnull，生成缺失值指示变量，如生成 score 变量的缺失值指示变量：

```
sample.score.isnull()
0    False
1    True
```

```
2    False
3    False
4    False
5     True
Name: score, dtype: bool
```

若想转换为数值 0、1 型指示变量,可以使用 apply 方法,int 表示将该列替换为 int 类型:

```
sample.score.isnull().apply(int)
0    0
1    1
2    0
3    0
4    0
5    1
Name: score, dtype: int64
```

2.4 本章练习题

(单选题)下列不属于"脏数据"的是( )。

A、重复数据　　B、错误数据　　C、交叉数据　　D、缺失数据

答案:C

解析:本题考查对脏数据的理解。脏数据是因数据重复录入、共同处理等不规范操作而产生的混乱、无效数据。这些数据不能为企业带来价值,反而会占据存储空间,浪费企业的资源。因此重复数据、错误数据和缺失数据都属于脏数据的范畴,交叉数据是交叉验证过程中使用的。因此本题选 C。

(单选题)在数据清洗阶段,以下( )处理方式可以用来处理缺失值。

①用均值填充　②转换为哑变量(0,1)表示数据是否缺失　③使用回归模型预测缺失值

A、①②③　　　　B、②③　　　　C、①③　　　　D、①②

答案:A

解析:本题考查缺失值的处理方法。常见的处理缺失值的方法有用均值

填充、使用哑变量（0,1）表示数据是否缺失、使用回归模型预测缺失值等，因此本题选 A。

（单选）在数据分析过程中数据并不是完美的，比如数据中的缺失值会影响我们的分析，下面关于缺失值的填补说法错误的是（　　）。

A、一般来说，当缺失值数量少于 20% 时，连续变量必须使用均值或中位数填补

B、分类型变量不需要填补，单算一类即可，或者可以用众数填补

C、当缺失值数量处于 20%~80% 时，填补方法同上，同时每个有缺失值的变量可以生成一个指示哑变量，参与后续的建模

D、当缺失值数量多于 80% 时，每个有缺失值的变量生成一个指示哑变量，参与后续的建模，原始变量不再被使用

答案：A

解析：一般来说，当缺失值数量少于 20% 时，连续变量可以使用均值或中位数填补；分类型变量不需要填补，单算一类即可，或者可以用众数填补。当缺失值数量处于 20%~80% 时，填补方法同上，同时每个有缺失值的变量可以生成一个指示哑变量，参与后续的建模。当缺失值数量多于 80% 时，每个有缺失值的变量生成一个指示哑变量，参与后续的建模，原始变量不再被使用。

（单选题）在数据整合阶段，经常需要将多张表的数据组合在一起进行更全面的分析工作。关于表的拼接描述正确的是（　　）。

A、内连接指查询结果包括两张表中左表的全部取值

B、外连接指的是左连接和右连接

C、外连接指的是全连接

D、外连接包括左连接、右连接和全连接

答案：D

解析：内连接指查询结果只包括两张表中匹配的观测，外连接包括左连接、右连接和全连接。

第 3 章　指标体系与数据可视化

对于不同层级的决策而言，有一个统一的指标体系是支持决策的关键。其重要性是，第一，统一规范，如在机构范围内形成对指标的一致认识，避免出现"同名不同义""同义不同名"等容易产生混淆和歧义的情况；第二，用数服务，如未来为公司不同业务用户自主灵活地用数和查询统计提供良好的指标基础，为用户提供用数服务，引导用户自主用数，提升数据使用能力；第三，决策支持，如从企业业务战略的高度梳理并展现业务经营、财务、风险、绩效等方面的关键指标，有效支持管理层的决策。同时，数据的可视化展示也是数据分析过程中必不可少的内容。

本章主要介绍建立有效的指标体系、数据可视化方法及用例。

3.1　Python 可视化

3.1.1　Matplotlib 绘图库

在实际工作中，很多场景都需要对数据进行直观的展示。Matplotlib 是一个综合库，用于在 Python 中创建静态、动画和交互式可视化。本节主要介绍 Matplotlib 中常用的图表绘制方法。

1. 线图

通常使用 pandas 对绘图数据进行处理，在绘图之前需要导入 3 个库并进行数据读取，代码如下：

```
import numpy as np
```

```python
import pandas as pd
import matplotlib.pyplot as plt

df = pd.read_excel(r"D:\data\2017股价.xlsx")
df
```

日期	收盘价	最高价	最低价	开盘价	涨跌额	涨跌幅	成交量
2017-08-25	3331.5221	3331.9146	3271.4608	3271.4608	60.0104	1.8343	205839482
2017-08-28	3362.6514	3375.0339	3336.1264	3336.1264	31.1293	0.9344	257461438
2017-08-29	3365.2261	3374.5947	3354.4627	3362.0604	2.5747	0.0766	219504535
2017-08-30	3363.6266	3376.6481	3357.0803	3361.8207	-1.5995	-0.0475	246863312
2017-08-31	3360.8103	3367.3581	3340.6865	3361.4621	-2.8163	-0.0837	234419781
2017-09-01	3367.1194	3381.9252	3358.4724	3365.9913	6.3091	0.1877	282497584
2017-09-04	3379.5830	3381.4027	3359.1309	3369.7185	12.4636	0.3702	267427849
2017-09-05	3384.3170	3390.8233	3371.5706	3377.1968	4.7340	0.1401	216552946
2017-09-06	3385.3888	3391.0105	3364.7645	3372.4277	1.0718	0.0317	229090785
2017-09-07	3365.4974	3387.7956	3363.1765	3383.6281	-19.8914	-0.5876	221118685
2017-09-08	3365.2426	3380.8898	3353.6876	3364.4275	-0.2548	-0.0076	198405184
2017-09-11	3376.4188	3384.8100	3360.0462	3365.3506	11.1762	0.3321	219011019
2017-09-12	3379.4880	3391.0694	3370.8519	3381.4870	3.0692	0.0909	272910319
2017-09-13	3384.1470	3387.1397	3366.5412	3374.7185	4.6590	0.1379	194550715
2017-09-14	3371.4256	3391.6435	3361.3335	3383.4700	-12.7214	-0.3759	221306487

如果数值型数据是在不同的时间点上获得的，即时间序列数据，则可以绘制线图。线图主要反映现象随时间变化的特征。

从以上数据中选取4列绘制线图，下面是绘制线图的代码：

```
plt.figure(figsize=(10,4))  #生成画布并设置画布尺寸
plt.plot(range(15),df.loc[:,"收盘价"],'-*')  #共15个数据点，x轴需要15个刻度点
plt.plot(range(15),df.loc[:,"开盘价"],'-o')
plt.plot(range(15),df.loc[:,"最高价"],'-v')
plt.plot(range(15),df.loc[:,"最低价"],'-^')
plt.title('股价走势图')  #设置标题
plt.xlabel('时间')  #设置x轴标签
plt.ylabel('股价')  #设置y轴标签
```

```
    plt.xticks(range(15),df.index,rotation=30)  # 设置刻度的标
签，倾斜度
    plt.legend([' 收盘价 ',' 开盘价 ',' 最高价 ',' 最低价 '])  # 设置图
例
    plt.show()# 展示图形
```
绘制的线图如图 3-1 所示。

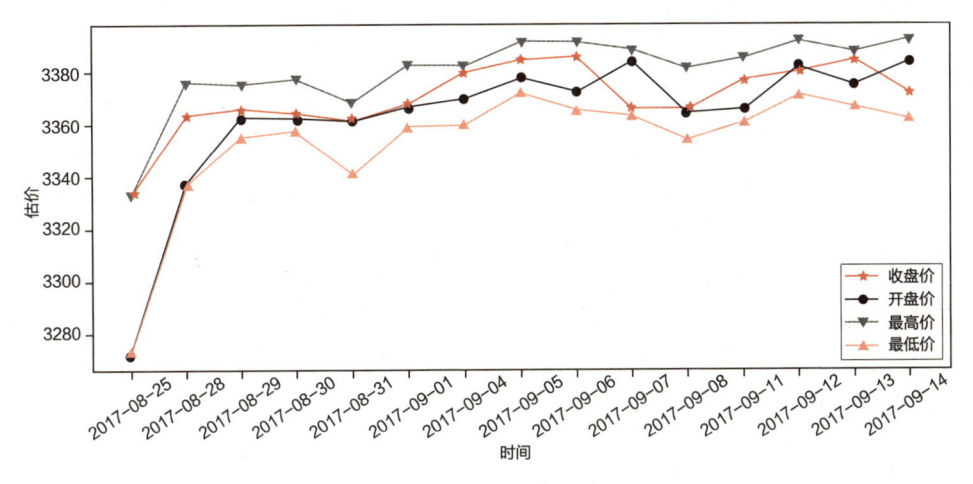

图 3-1　股价走势线图

2. 饼图

饼图的作用是展示分组数据在整体中的占比。饼图中的每个扇形表示一组数据，扇形面积的大小表示这组数据占总体的比例。扇形面积越大，该组数据占总体的比例越大。

生成一组数据，表示不同方案的支持数：

```
   np.random.seed(1)
   df=pd.DataFrame(data={" 方 案 ":["plan A","plan B","plan C","plan D","plan E"]
                                           ," 投票人数 ":np.random.randint(10,100,5)})
   df
  方案      投票人数
  0  plan A       47
  1  plan B       22
  2  plan C       82
```

```
3  plan D           19
4  plan E           85
```

绘制饼图的代码如下：

```
# 设置rc动态参数
plt.rcParams['font.sans-serif']=['Simhei']    # 显示中文
plt.rcParams['axes.unicode_minus']=False      # 设置显示中文后，负号显示受影响，显示负号

plt.figure(figsize=(6,6))
plt.pie(df.投票人数  # 饼图数据源
       ,labels=df.方案  # 设置每个扇形对应的标签
       ,autopct='%.2f%%'  # 设置百分比精度
       ,textprops={'fontsize':13} # 设置饼图中文字的字号
       )
plt.title('方案投票占比饼图',fontsize=14);
plt.show()
```

绘制的饼图如图3-2所示。

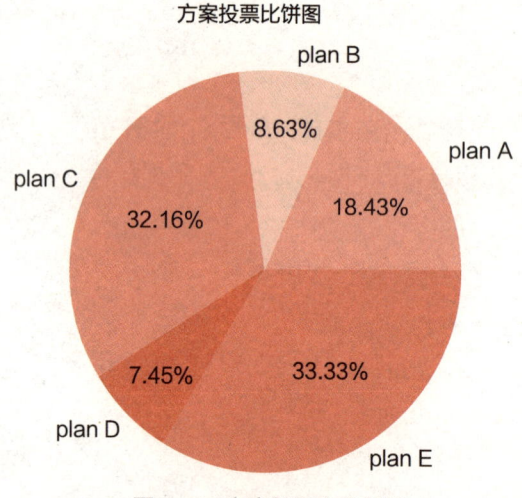

图3-2 方案投票占比饼图

3. 条形图

条形图是展示分类型变量数据分布的常用图形。使用宽度相同的条形的高度或长短表示数据的多少，其中的条形可以纵向展示，也可以横向展示，当纵向展示时，

也被称为柱形图。

以 df 数据框为例，绘制柱形图的代码如下：

```
#设置rc动态参数
plt.rcParams['font.sans-serif']=['Simhei']  #显示中文
plt.rcParams['axes.unicode_minus']=False    #设置显示中文后，负号显示受影响，显示负号

plt.figure(figsize=(8,4))
plt.bar(df.方案,df.投票人数,width=0.6)
plt.title("各方案投票人数柱形图",fontsize = 14)
plt.ylabel("投票人数",fontsize = 13)
plt.xlabel("方案",fontsize = 13)
plt.show()
```

绘制的柱形图如图 3-3 所示。

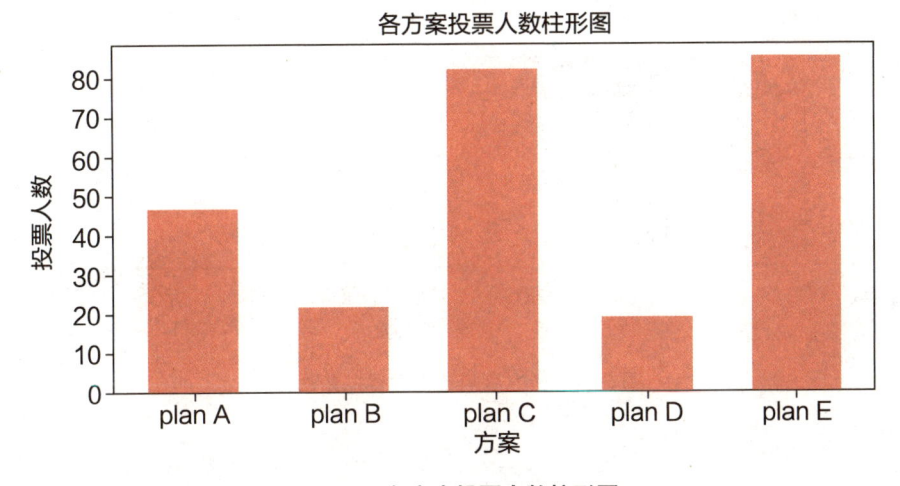

图 3-3　各方案投票人数柱形图

在绘制横向条形图时，一般会按照条形的长短从上到下顺序排列，所以在绘制时需要按照数值大小对原数据进行排序，具体代码如下：

```
#设置rc动态参数
plt.rcParams['font.sans-serif']=['Simhei']  #显示中文
```

```
    plt.rcParams['axes.unicode_minus']=False       # 设置显示中文
后,负号显示受影响,显示负号

    plt.figure(figsize=(8,4))
    plt.barh(df.sort_values("投票人数").方案,df.sort_values("投
票人数").投票人数,height=0.6)
    plt.xlabel("投票人数",fontsize = 13)
    plt.ylabel("方案",fontsize = 13)
    plt.title("各方案投票人数条形图",fontsize = 14)
    plt.show()
```

绘制的横向条形图如图3-4所示。

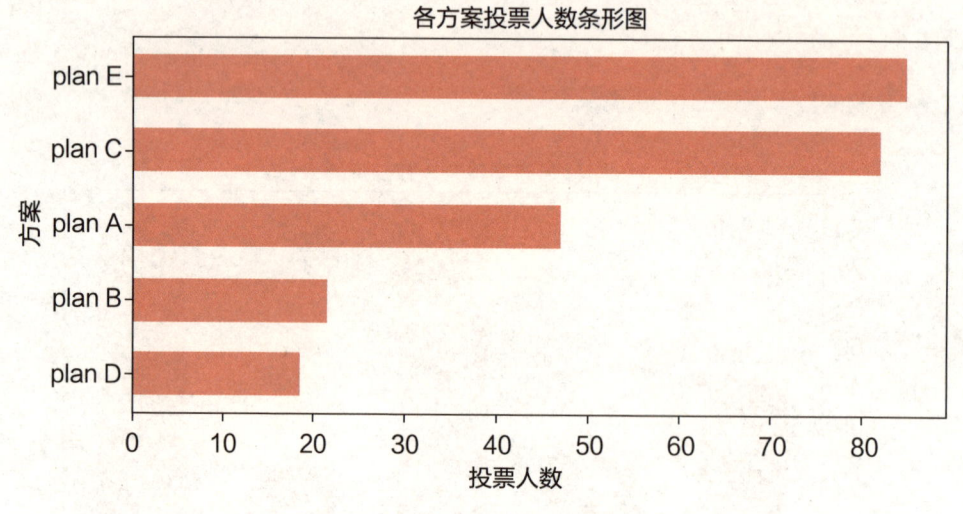

图3-4 各方案投票人数横向条形图

4. 直方图

直方图是展示连续变量数据分布的一种图形,用条形的宽度和高度(面积)表示频数分布。

生成的一组数据如下:

```
np.random.seed(1)

data = np.random.normal(loc=80, scale=20,size=200).astype(int)
data
```

```
array([112,  67,  69,  58,  97,  33, 114,  64,  86,  75, 109,  38,  73,
        72, 102,  58,  76,  62,  80,  91,  57, 102,  98,  90,  98,  66,
        77,  61,  74,  90,  66,  72,  66,  63,  66,  79,  57,  84, 113,
        94,  76,  62,  65, 113,  81,  67,  83, 122,  82,  92,  86,  72,
        57,  73,  75,  91,  96,  98,  85,  97,  64, 105,  90,  74,  89,
        78, 102, 110, 123,  52,  51,  69,  83,  97,  86,  39,  73,  96,
        84,  95,  75,  75,  83,  88,  83,  82,  66,  87,  82, 102, 103,
        83,  72,  67,  88,  81,  73,  80,  67,  93,  71, 104,  88,  91,
        58,  83,  94,  60,  74,  80,  52,  86,  96,  62,  87,  53,  79,
        47, 102,  88,  79,  64, 105, 119,  42, 104, 112,  86,  56,  97,
        76,  67,  55,  91,  95,  67,  90,  57,  96,  80,  76,  77,  97,
        95,  90,  82,  81,  92,  84,  93,  73,  31, 100, 123,  88,  77,
        77,  77,  80,  57,  69,  60,  84,  74,  89,  76,  99,  84, 123,
        42,  67,  98, 130,  75,  80,  75, 106,  74,  93,  73,  54,  86,
        90, 105,  77,  67,  91,  84,  85,  78, 103,  87, 118, 102,  93,
        47,  92,  88,  96, 100])
```

绘制直方图的代码如下：

```
plt.hist(data,[30,40,50,60,70,80,90,100,110,120,130])
plt.xticks([30,40,50,60,70,80,90,100,110,120,130])
plt.show()
```

绘制的直方图如图 3-5 所示。

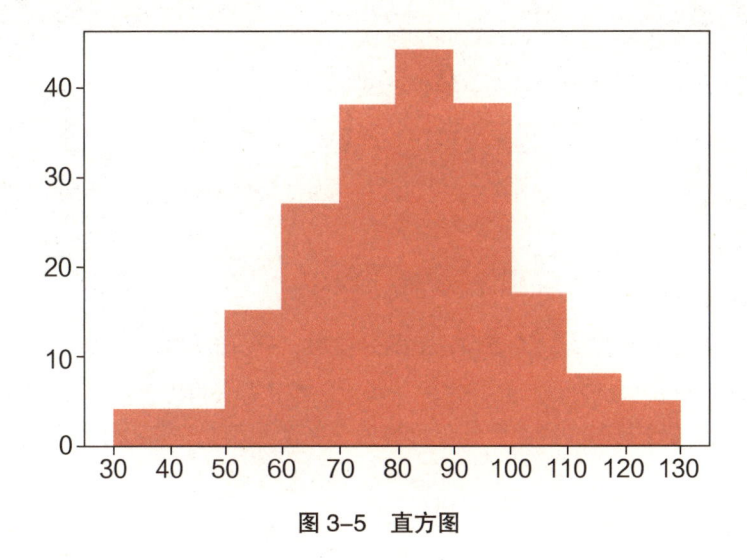

图 3-5　直方图

直方图与柱形图都是用纵向条形展示数据的，但两者完全不同。

首先，柱形图用条形的长度表示频次或百分比数值的大小，条形的宽度是固定的，除表示不同类别外，没有其他意义。而直方图用面积表示各组频数的多少，条形的高度表示每组数据的频数或频率，条形的宽度表示各组数据的组距，因此高度和宽度都有意义。

其次，直方图的各条形连续排列，而柱形图的各条形分开排列。

最后，直方图展示数值型数据，而柱形图展示分类数据。

5. 散点图

散点图是使用二维坐标展示两个变量的关系的一种图形。生成的一组数据如下：

```
df = pd.DataFrame({"产量":[2200,3300,4400,5500,5700,7300,8000]
       ,"降水量":[22,39,55,66,105,100,122]})
df
```

```
   产量    降水量
0  2200   22
1  3300   39
2  4400   55
3  5500   66
4  5700   105
5  7300   100
6  8000   122
```

绘制降水量与产量的散点图，绘制代码如下：

```
plt.scatter(df.降水量,df.产量)
plt.show()
```

绘制的散点图如图 3-6 所示。

6. 箱线图

箱线图是由一组数据的中位数、上四分位数、下四分位数、距离上四分位数 1.5 倍四分位距（IQR）内的最大值、距离下四分位数 1.5 倍四分位距（IQR）内的最小值这 5 个特征值绘制而成的，主要反映数据分布的特征，还可以进行多组数据分布特征的比较。

图 3-6　降水量与产量散点图

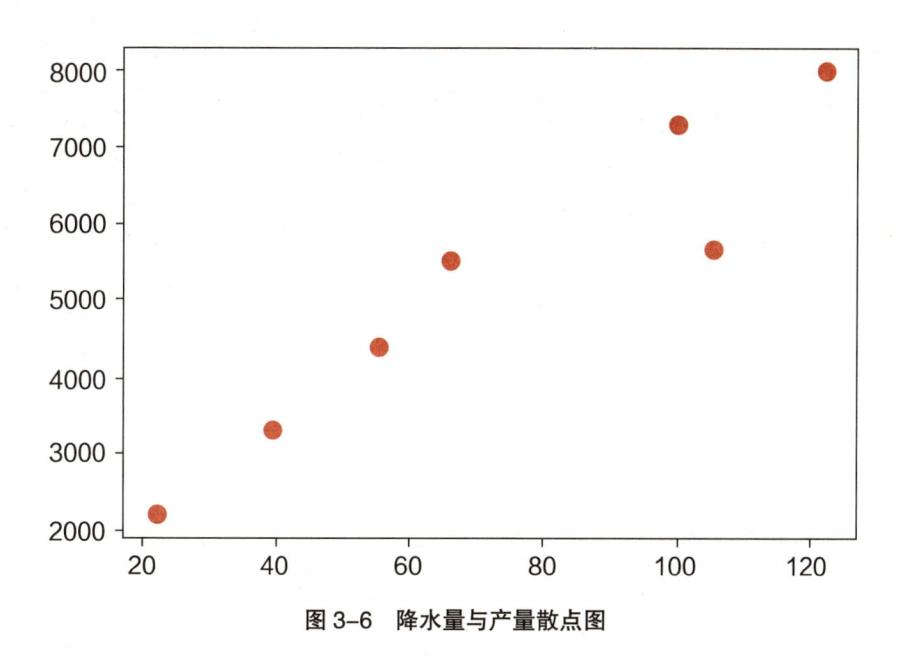

有如下数据：

```
np.random.seed(1)
df=pd.DataFrame({"语文":np.random.randint(60,150,10)
,"英语":np.random.randint(40,150,10)
,"数学":np.random.randint(20,150,10)})
df
```

	语文	英语	数学
0	97	116	70
1	72	111	88
2	132	149	116
3	69	46	106
4	135	65	27
5	65	90	83
6	139	60	81
7	124	141	42
8	76	58	77
9	61	124	21

绘制 3 科成绩的箱线图，绘制代码如下：

```
plt.figure(figsize=(8,6))
plt.boxplot([df.语文,df.英语,df.数学]
            ,labels=['语文','英语','数学'])
```

绘制的箱线图如图 3-7 所示。

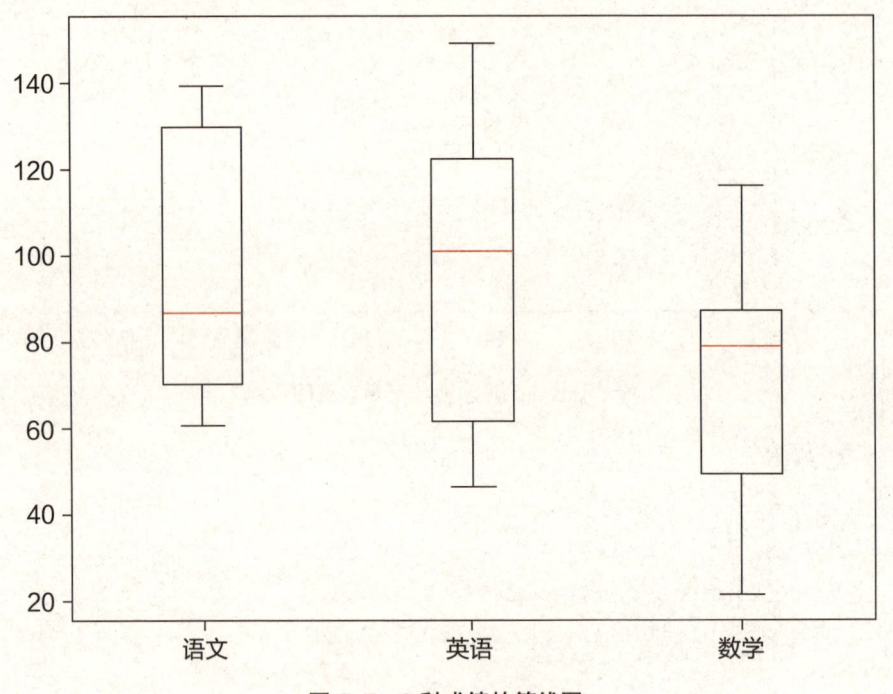

图 3-7　3 科成绩的箱线图

从箱线图中可以看出，数学成绩的中心水平明显低于英语成绩和语文成绩的中心水平；从离散程度看，数学成绩比较集中；从分布形状看，语文成绩呈现右偏分布，英语成绩和数学成绩都呈现左偏分布。

3.1.2　Seaborn 绘图库

Seaborn 是一个基于 Matplotlib 的 Python 数据可视化库，提供了一个用于绘制有吸引力和信息丰富的统计图形的高级界面。

1. 带核密度估计的直方图

直方图旨在通过分箱和计数观察近似生成数据的潜在概率密度函数。Seaborn 中的核密度估计为同一个问题提供了不同的解决方案。核密度估计图不使用离散箱，

而使用高斯核平滑观察,产生连续的密度估计,以如下数据为例:

```
import seaborn as sns
import matplotlib.pyplot as plt
import numpy as np
import pandas as pd
np.random.seed(1)
np.random.seed(1)
data = np.random.normal(loc=80, scale=20,size=200).astype(int)
data
```

```
array([112,  67,  69,  58,  97,  33, 114,  64,  86,  75, 109,  38,  73,
        72, 102,  58,  76,  62,  80,  91,  57, 102,  98,  90,  98,  66,
        77,  61,  74,  90,  66,  72,  66,  63,  66,  79,  57,  84, 113,
        94,  76,  62,  65, 113,  81,  67,  83, 122,  82,  92,  86,  72,
        57,  73,  75,  91,  96,  98,  85,  97,  64, 105,  90,  74,  89,
        78, 102, 110, 123,  52,  51,  69,  83,  97,  86,  39,  73,  96,
        84,  95,  75,  75,  83,  88,  83,  82,  66,  87,  82, 102, 103,
        83,  72,  67,  88,  81,  73,  80,  67,  93,  71, 104,  88,  91,
        58,  83,  94,  60,  74,  80,  52,  86,  96,  62,  87,  53,  79,
        47, 102,  88,  79,  64, 105, 119,  42, 104, 112,  86,  56,  97,
        76,  67,  55,  91,  95,  67,  90,  57,  96,  80,  76,  77,  97,
        95,  90,  82,  81,  92,  84,  93,  73,  31, 100, 123,  88,  77,
        77,  77,  80,  57,  69,  60,  84,  74,  89,  76,  99,  84, 123,
        42,  67,  98, 130,  75,  80,  75, 106,  74,  93,  73,  54,  86,
        90, 105,  77,  67,  91,  84,  85,  78, 103,  87, 118, 102,  93,
        47,  92,  88,  96, 100])
```

绘制带核密度估计的直方图的代码如下:

```
sns.displot(data,bins=[30,40,50,60,70,80,90,100,110,120,130],kde=True)
# kde=True 显示核密度估计曲线
plt.show()
```

绘制完成的带核密度估计的直方图如图3-8所示。

图 3-8 带核密度估计的直方图

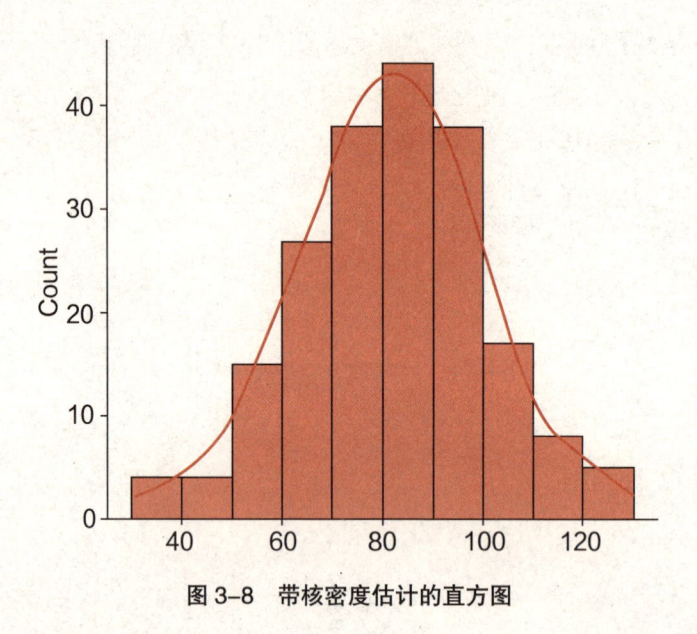

2. 二元分布图

绘制联合分布和边际分布，使用两个变量的边际分布扩充二元关系图或二元分布图。以如下数据为例：

```
np.random.seed(0)
mean, cov = [0, 1], [(1, .5), (.5, 1)]
data = np.random.multivariate_normal(mean, cov, 200)
df = pd.DataFrame(data, columns=["x", "y"])
df.head()

          x          y
0  -1.727793  -0.327636
1  -1.968059   1.272835
2  -1.128714  -1.105992
3  -0.747122   0.101521
4  -0.115909   1.294689
```

绘制联合图的代码如下：

```
sns.jointplot(x="x", y="y", data=df)
plt.show()
```

绘制完成的联合图如图 3-9 所示。

图 3-9　联合图

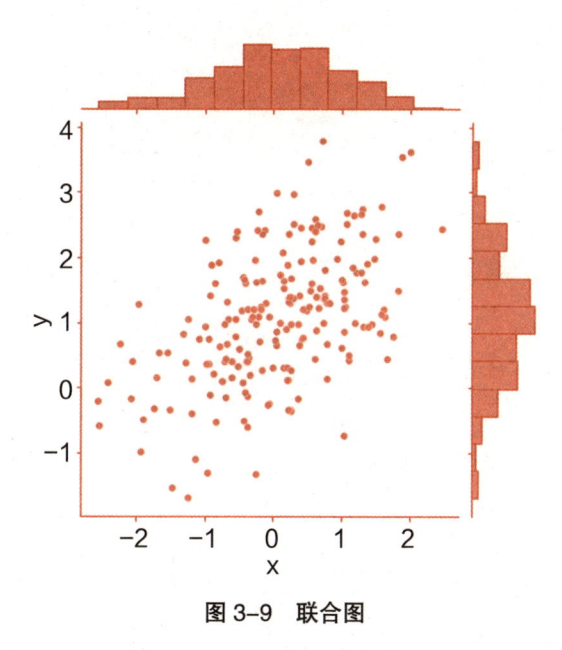

如果只需要绘制中间的散点图，不需要绘制单个变量的分布图，则绘制代码如下：

```
sns.relplot(x="x", y="y", data=df)
plt.show()
```

绘制完成的散点图如图 3-10 所示。

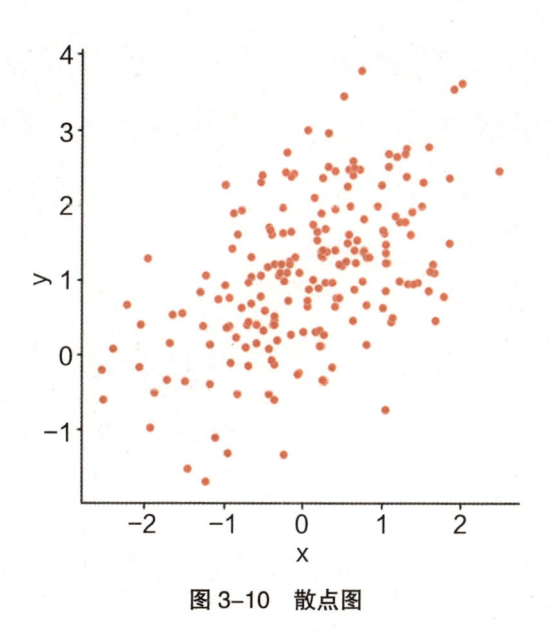

图 3-10　散点图

绘制带核密度估计的二元分布图，代码如下：

```
sns.jointplot(x="x", y="y", data=df, kind="kde")
plt.show()
```
绘制完成的带核密度估计的二元分布图如图 3-11 所示。

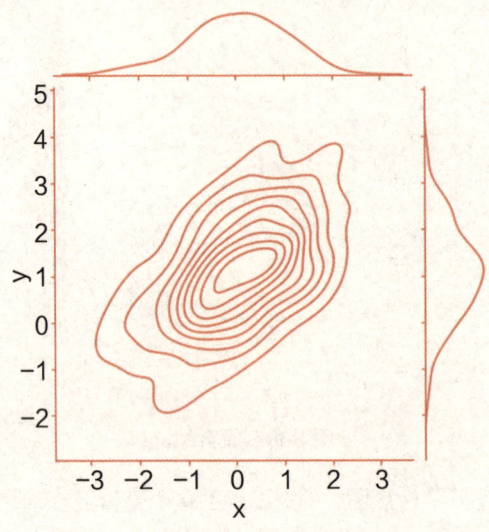

图 3-11　带核密度估计的二元分布图

如果只需要绘制中间的密度曲线图，不需要绘制单个变量的密度曲线图，则绘制代码如下：

```
sns.displot(data=df, x="x", y="y", kind="kde")
plt.show()
```
绘制完成的密度曲线图如图 3-12 所示。

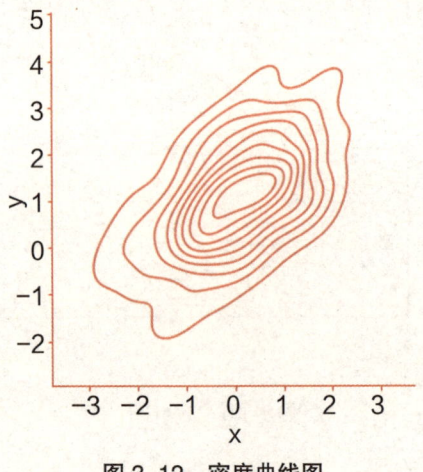

图 3-12　密度曲线图

3. 热力图

在查看变量间的关系强弱时，通常会用到热力图，如关系数据如下：

```
np.random.seed(0)
df0=pd.DataFrame(np.random.uniform(
-1,1,(7,7)),index=list("abcdefg"),columns=list("ABCDEFG"))
df0
```

	A	B	C	D	E	F	G
a	0.097627	0.430379	0.205527	0.089766	-0.152690	0.291788	-0.124826
b	0.783546	0.927326	-0.233117	0.583450	0.057790	0.136089	0.851193
c	-0.857928	-0.825741	-0.959563	0.665240	0.556314	0.740024	0.957237
d	0.598317	-0.077041	0.561058	-0.763451	0.279842	-0.713293	0.889338
e	0.043697	-0.170676	-0.470889	0.548467	-0.087699	0.136868	-0.962420
f	0.235271	0.224191	0.233868	0.887496	0.363641	-0.280984	-0.125936
g	0.395262	-0.879549	0.333533	0.341276	-0.579235	-0.742147	-0.369143

从数据表中很难观测变量间相关关系的强弱，通过热力图可以很好地解决这个问题，绘制热力图的代码如下：

```
plt.figure(figsize=(8,6))
sns.set(font_scale=1.5)# 设置字体大小
sns.heatmap(df0)
```

绘制完成的热力图如图 3-13 所示。

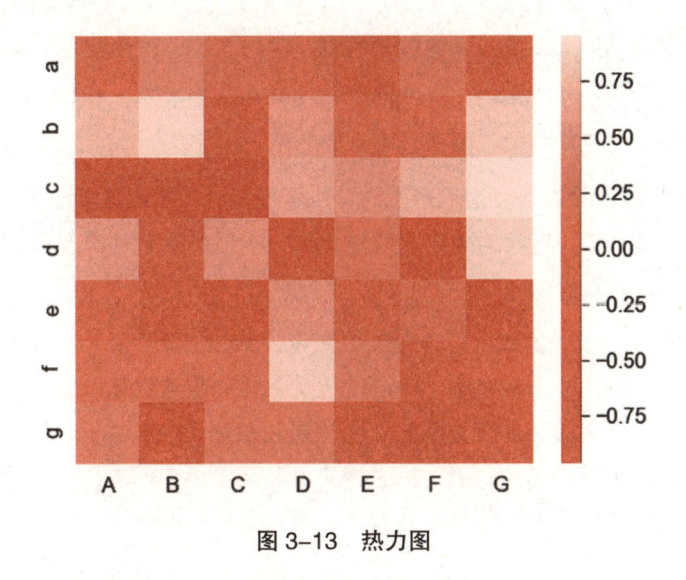

图 3-13 热力图

在热力图中，颜色越深，两者的负相关关系越强；颜色越浅，两者的正相关关系越强。

3.2 描述性统计分析与绘图

描述性统计分析是数据分析过程中的第一步，也有人称其为探索性数据分析。两者有细微差别。数据描述强调方法，即从现有的数据中获得主要的信息，如人们的平均收入等。数据探索强调过程，即通过数据描述的方法，对研究的客体有更深入的认识，如人们的平均收入是多少、每年变化情况如何、受什么因素的影响。

在一个数据科学模型开发的过程中，探索数据贯穿始终，占用整个模型开发工作量的40%。本节将系统地介绍Python描述性统计分析与绘图的相关技巧。

3.2.1 描述性统计进行数据探索

本节主要介绍常见的数据描述性统计分析方法并举例进行说明，以便在深入分析前了解数据集的特征。

1. 变量度量类型与分布类型

在进行数据分析之前，要明确变量的度量类型。

（1）名义变量（无序分类型变量）：包含类别信息的变量，并且类别间没有大小、高低、次序之分，如人口统计学中的"性别""民族""居住城市"等指标。

（2）等级变量（有序分类型变量）：是一种分类型变量，类别间有大小、高低、次序之分，如问卷调查中的"消费者满意度"、人口统计学中的"年龄段"等指标。

（3）连续型变量：在规定的范围内可以取任意值，如人口统计学中的"收入"指标，只要不低于0，其他的数字都可能出现，类似的变量还有互联网领域的"网站流量"指标、宏观经济数据中的GDP指标等。

名义变量和等级变量被统称为分类型变量，分类型变量是相对于连续型变量而言的。从表象来看，取值的水平（不同的值）数量有限的就是分类型变量，数量无限的就是连续型变量。但是在实际工作中需要注意两点：①由于分类型变量的水平数量过多会给分析带来麻烦，因此过多水平的名义变量需要进行水平数量的压缩，被称为"概化"。过多水平的等级变量可以选择进行"概化"或当作连续型变量进行分析。从统计学的角度讲，等级变量是不能当作连续型变量处理的，但是在实际工作中我们会不由自主地这样做，如在分析年龄时，虽然本质上这个变量是一个多水平的等级变量，但是我们都把它当作连续型变量来处理。至于等级变量的水平数量超过多少才算作连续型变量，是由数据分析师自己决定的，不过一般的建议阈值是 20。②变量的度量类型是统计学上的概念，和 Python 的基本数据类型（存储类型）是两码事。比如，民族是名义变量，但是在数据存储时为了节约空间，并不会存储"汉族""回族"等汉字，而是存储其编码，比如 1、2，其中"1"表示"汉族"、"2"表示"回族"等。这时进行数据分析要倍加小心，因为 Python 在统计功能上并不完善，如果不特别声明，则 Python 会把所有数值变量当作连续型变量来处理。这个问题在后续使用 statsmodels 和 scikit-learn 建立统计和数据挖掘模型时会遇到。

变量的分布类型是对实际变量分布的概括和抽象。我们经常说某个变量服从某个分布，这都是从简化分析的角度做的一个假设，并基于该假设进行后续的分析。比如，经常遇到的分布有二项分布、正态分布、均匀分布和泊松分布等。这里探察变量分布的意义在于，只要知道某个变量服从（根据人为判断）某个分布，就可以很快地了解变量在相应取值时的概率（分布是从无数个变量频率得到的，对其统计特性有深入的分析），并且结合相应的业务场景做出解释。

以正态分布为例对变量的分布形态进行解读，如图 3-14 所示。首先，正态分布是关于均值左右对称的，呈钟形。其次，正态分布的均值和标准差具有代表性，只要知道其均值和标准差，这个变量的分布情况就完全知道了。再次，在正态分布中，均值 = 中位数 = 众数。

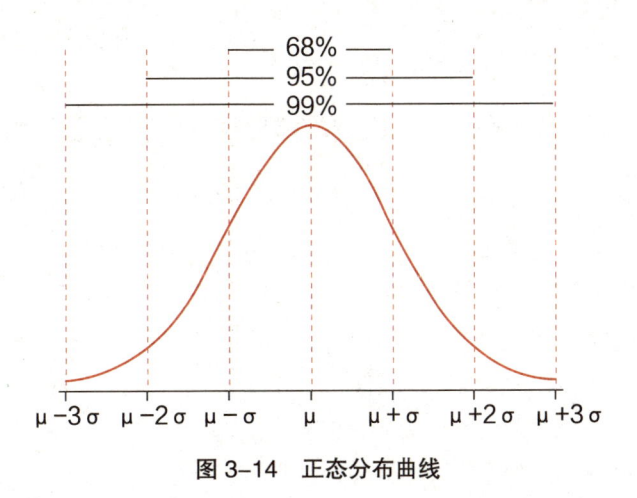

图 3-14 正态分布曲线

正态分布的标准差和曲线下的面积有一些比较好记忆的关系。比如，变量取值距离均值两倍标准差内出现的概率为 95%。这表明该变量出现大于均值加两倍标准差的概率为 2.5%，小于均值减两倍标准差的概率也为 2.5%。

图 3-15 是其他常见分布的分布曲线。依照右偏程度，由低到高排列分别是正态分布、伽马分布和对数正态分布。这里需要提一下对数正态分布，其在社会科学的统计分析中运用较为广泛。顾名思义，这种类型的分布在取对数后服从正态分布。由于具有这样的良好属性，因此只要是右偏较大的变量，在精确度要求并不严格（用于营销、管理的分析精度要求都不高）的统计分析中，通常先对偏态分布进行对数转换。而在精确度要求较高（银行、保险、生物等行业）的统计分析领域，采用有针对性的分析方式，如伽马回归。

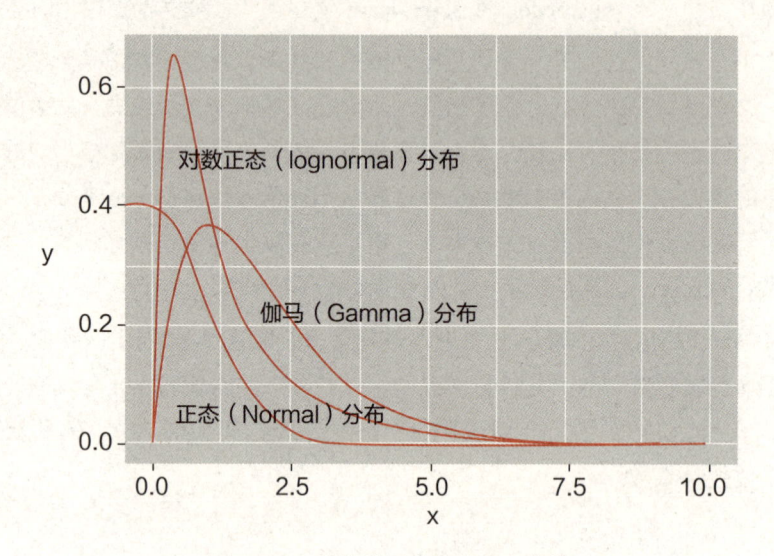

图 3-15　其他常见分布的分布曲线

一个变量的分布有有限个参数，只要明确这些参数的取值，该变量分布的具体形态和性质就可以确定了。比如，二项分布的参数为任意一个类别的概率；正态分布的参数有两个，分别是均值和方差。

2. 分类型变量的统计量

名义变量和等级变量被统称为分类型变量，其中名义变量是指变量值不能比较大小的分类型变量，是没有方向的，如性别（男/女），我们既不能说女性高于男性，也不能说男性高于女性。这类变量还有民族（汉/回/满等）、职业（教师/工人/服务员等）、行业（采掘业/制造业等）。等级变量是指变量值之间有等级关系，可以比较大小/高低的分类型变量，是有方向的，如教育程度（小学＜初中＜高中

<大学)、产品质量(低<中<高)等。

名义变量有两类统计量,分别是频次、百分比。等级变量有 4 类统计量,分别是频次、百分比、累计频次、累计百分比。这里以一个名义变量为例,名义变量的分布即为相应类别下数据的频次。以"是否出险"变量为例,其在相应类别下的频次与百分比如表 3-1 所示。

表 3–1 名义变量的统计量

是否出险	频次(次)	百分比(%)
否	3028	71.5
是	1205	28.5

根据统计量绘制的柱形图如图 3-16 所示。柱形图用柱形的高度表示分类型变量的统计量,既可以表示频次,也可以表示百分比。

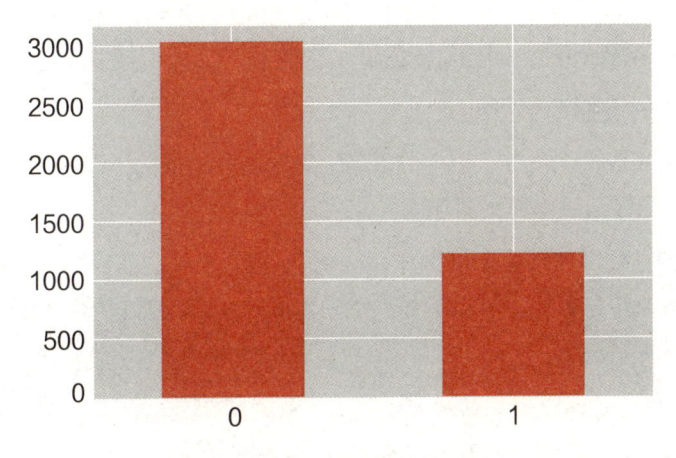

图 3–16 名义变量的柱形图

在图 3-16 所示的柱形图中,0 代表没有出险,1 代表出险。

3. 连续型变量的分布与集中趋势

描述连续型变量的统计量主要有图 3-17 所示的 4 类,分别用于描述数据的集中趋势、离中趋势、偏度和峰度,其中第一类统计量常常作为整个变量的代表,因此非常重要。

数据的集中水平:使用某个指标表示数据的集中趋势,常见的指标有平均数、中位数与众数。

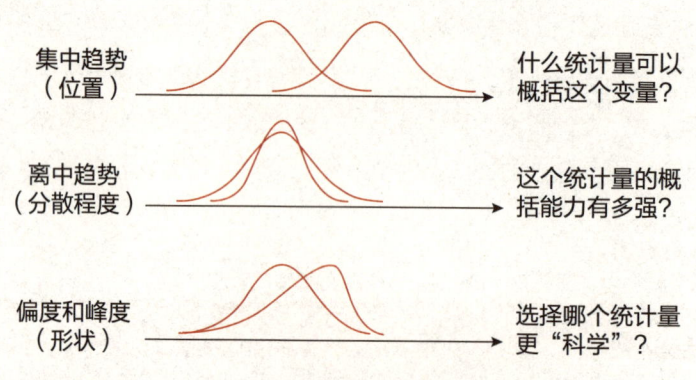

图 3-17 统计量描述连续型变量的数据形态

（1）平均数：用加总变量的取值除以变量的个数，反映数据的集中水平。例如，使用人均 GDP 体现某个国家或地区的人民生活水平。

（2）中位数/四分位数/百分位数：首先将数据从小到大排列，再选取中间位置的数字作为数据的集中水平，这个数字就是中位数。当选取其他位置的数据时，如四分之一水平与四分之三水平的位置时，就变成了四分位数。

与之类似的还有百分位数。

中位数使用数据的次序信息而非取值，这是其与均值的不同之处，而某些时候中位数比均值更能反映数据的集中水平。

上述两种指标对连续型变量都有实际意义，但对分类型变量则毫无意义。例如，性别的平均数或中位数难以展示数据的集中水平，而众数能够很好地体现分类型变量的数据集中水平。

（3）众数：数据中出现次数最多的值，在分类型变量中是出现次数最多的一类数据，当然对连续型变量也能够计算众数，只是不常用。

图 3-18 所示描述了在不同的分布情况下，均值、中位数、众数的差异和数据分布形态。

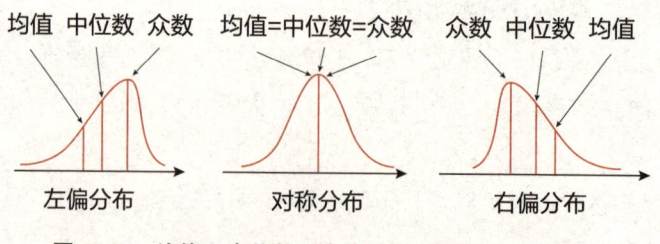

图 3-18 均值、中位数、众数的差异和数据分布形态

可以看到，当数据分布对称时，三者数值大小是一致的，在这种情况下，三者都可以很好地反映数据的集中趋势。当数据分布不对称时，三者会有明显区别，描述数据集中水平的能力也有所差异。例如，收入是一个典型的右偏分布的变量，高收入的人数极少，但收入极高，这样就会影响数据的分布，平均值会被极高收入的人拉高，此时中位数更能反映数据的集中趋势。实际上，很多国家在描述收入的集中趋势时使用的就是收入的中位数，而非平均数。

接下来讲解如何在 Python 中计算变量的平均数、中位数、四分位数及输出变量分布的直方图。

sndHsPr 数据集是一份二手房屋价格的数据，在 pandas 中导入该数据并删除缺失值，代码如下：

```
import pandas as pd
data = pd.read_csv('sndHsPr.csv')
```

其中变量 price 表示单位面积房价，是一个连续型变量。

求 price 的平均数，代码如下：

```
 snd.price.agg(['mean','median','std'])
mean        61151.810919
median      57473.000000
std         22293.358147
```

求 price 的四分位数，忽略缺失值，代码如下：

```
data.price.quantile([0.25,0.5,0.75])
0.25     42812.25
0.50     57473.00
0.75     76099.75
Name: price, dtype: float64
```

查看 price 变量的分布，这里的参数 bins 表示直方图下面的区间个数，绘制直方图的代码如下：

```
data.price.hist(bins=20)
```

绘制完成的房屋价格直方图如图 3-19 所示。

图 3-19　房屋价格直方图

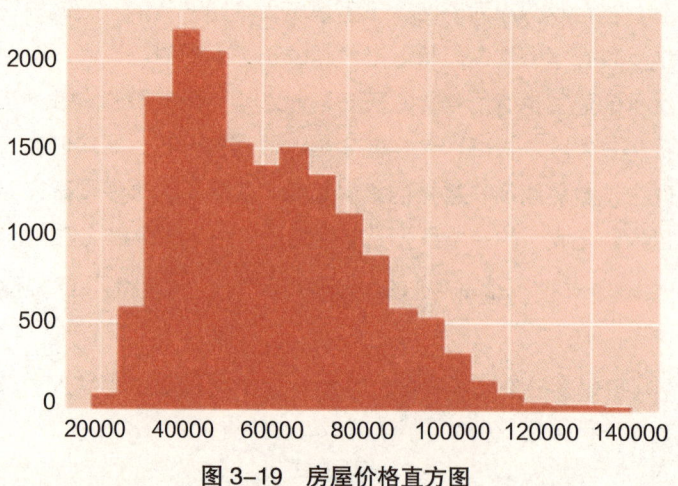

可以看出单位面积房价略有一些右偏。

直方图是观察连续型变量分布最直观的工具。它与柱形图类似，由于连续型变量取任意一个值的概率趋于零，因此需要将连续型变量分段（称为分箱），然后统计每段数据中的频次，如图 3-20 所示。

4. 连续型变量的离散程度

只描述数据的集中水平是不够的，因为这样会忽视数据的差异情况。这里需要引入另一个指标或统计量用来描述数据的离散程度。

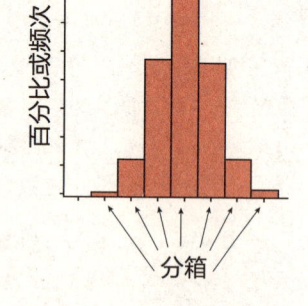

图 3-20　直方图中的分箱

描述数据离散程度的常见指标有极差、方差、标准差和平均绝对偏差。

（1）极差：变量的最大值与最小值之差。

（2）方差（Variance）。

$$\sigma^2 = \frac{1}{n-1}\sum_{i=1}^{n}(x_i - \bar{x})^2$$

（3）标准差（Standard Deviation）。

$$\sigma = \sqrt{\frac{1}{n-1}\sum_{i=1}^{n}(x_i - \bar{x})^2}$$

(4) 平均绝对偏差 (Mean Absolute Deviation):

$$\mathrm{MAD} = \frac{1}{n}\sum_{i=1}^{n}|x_i - \bar{x}|$$

以上 4 个指标都能够反映数据的离散程度, 方差和标准差以其良好的数学特性 (可求导) 得到广泛应用。

在 Python 中可以使用以下方法求变量的极差、方差、标准差与平均绝对偏差。

这里仍旧使用信用评分变量 price。在求 price 的极差时, 可以通过 max 函数与 min 函数得到变量的最大值与最小值:

```
data.price.max()-data.price.min()
```

求 price 的方差与标准差:

```
data.price.var() # 求方差
data.price.std() # 求标准差
```

5. 数据分布的对称与高低

数据分布是否对称会影响平均数是否能够表示数据的集中水平。那么在描述数据分布的对称与高低时, 应使用什么指标呢? 这里需要引入偏度和峰度的概念。

偏度即数据分布的偏斜程度, 峰度即数据分布的高低程度。对于标准正态分布 (均值为 0, 标准差为 1) 的变量, 其偏度与峰度都为 0, 如图 3-21 所示 (因样本量的原因偏度和峰度不为 0)。

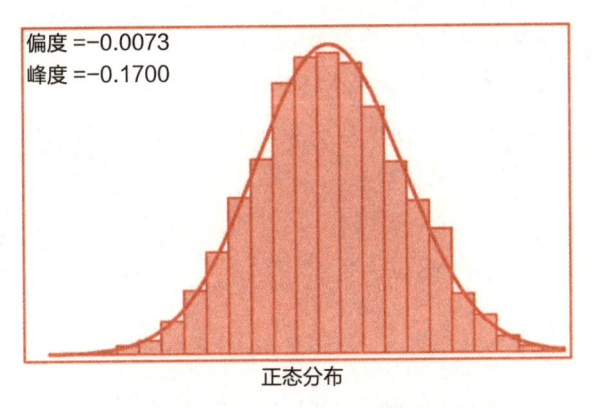

图 3-21 正态样本的偏度和峰度示意图

偏度大小及正负取决于分布偏移的方向及程度, 如图 3-22 所示。

图 3-22 偏度与变量形态

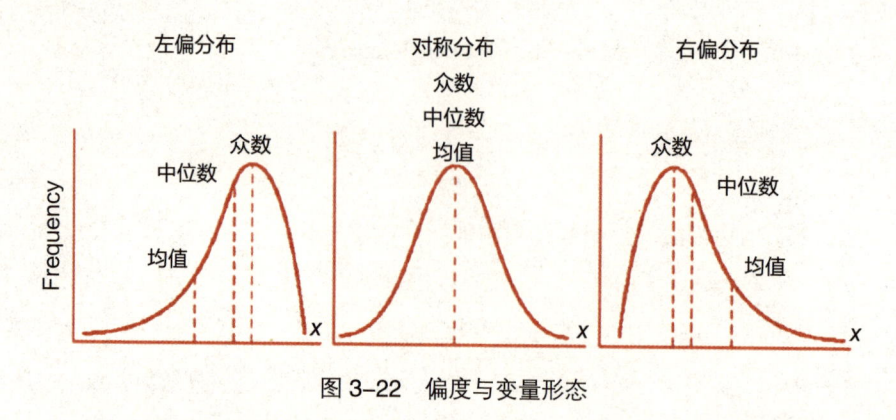

当左偏分布时，偏度小于 0；当对称分布时，偏度为 0；当右偏分布时，偏度大于 0。

峰度大小及正负取决于分布相较标准正态分布的高低，如图 3-23 所示。

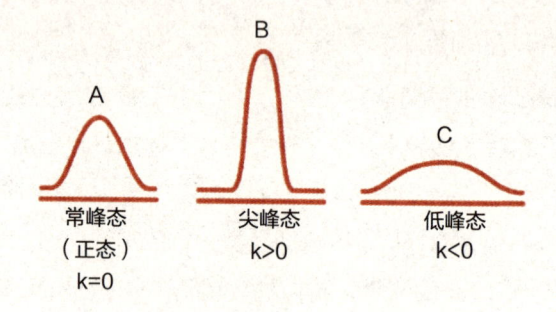

图 3-23 峰度与变量形态

峰度大于 0，说明变量的分布相较标准正态分布更加集中。同理，峰度小于 0，说明变量的分布相较标准正态分布更为分散。

pandas 提供了 skew 和 kurtosis 方法实现偏度与峰度的计算。例如，模拟 100 个标准正态分布的随机数，代码如下：

```
normal = pd.Series(np.random.randn(1000),name='normal')
```

计算数据的偏度，使用 skew 方法：

```
normal.skew()
-0.019933802156108845
```

计算数据的峰度，使用 kurtosis 方法：

```
normal.kurtosis()
-0.014272384542110217
```

3.2.2 制作报表与统计制图

报表是展现数据的主要信息载体,分为维度(分类型变量)和度量(连续型变量)。仅含有维度的报表(默认度量为频次)被称为频次表(单个分类型变量)和交叉表(两个及两个以上分类型变量)。含有维度和度量的报表被称为汇总表,其中度量总是以某个统计量的形式出现的,最常见的是均值、总和、频次。图形作为数据信息输出的一种方式,被广泛运用于数据展示、交流等各个方面,是最为形象的一种数据输出方式。条形图是运用非常广泛的一种数据展示图,便于分类型变量之间的数据对比。条形图和报表有一一对应的关系,其中"要绘图的列"是汇总表中的分类型变量。如果是一个分类型变量,就是一维的条形图;如果有两个分类型变量,那么条形图就是二维的。条形的长度对应频次或度量的某个统计量(如图 3-24 所示)。

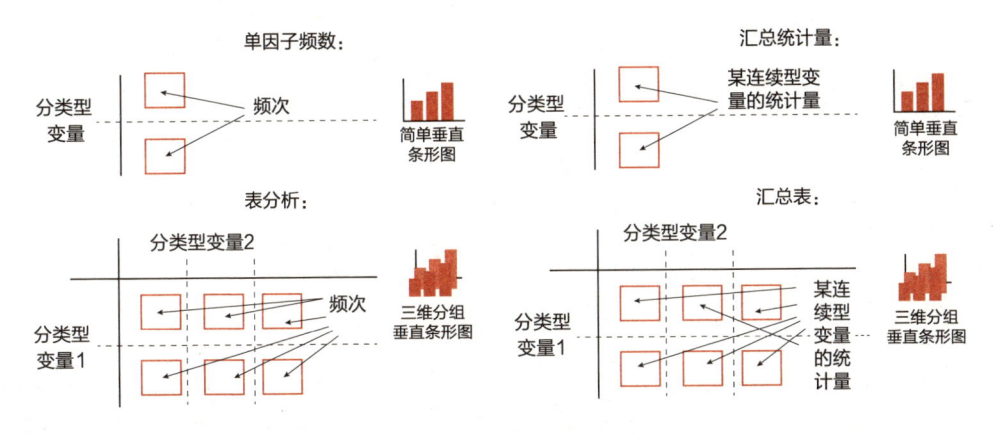

图 3-24 报表与统计图形

接下来使用一份二手房数据(sndHsPr.csv)讲解如何制作报表,并进行可视化展示。表 3-2 是该数据的变量名和意义。我们关心的是单位面积房价,不但关心其自身的统计特征(统计量),还关心影响这个变量的因素。

表 3-2 二手房变量影响因素

变量名	意　义
dist	城区(拼音)
roomnum	卧室数
halls	厅数
AREA	房屋面积

续表

变量名	意　义
floor	楼层
subway	是否地铁房
school	是否学区房
price	单位面积房价
district	城区（中文）

制作报表就是根据数据类型，选取适合的统计量并进行展示的过程。图3-25所示是一个比较全面的二维表模板。水平轴和垂直轴分别是两个分类型变量。单元格中展示的是某个变量的统计量。如果单元格中没有放入任何变量，则单元格展示的是频次或百分比等统计量。如果单元格中放入了某个连续型变量，则单元格展示的就是这个连续型变量的某个统计量，如均值、总和等。

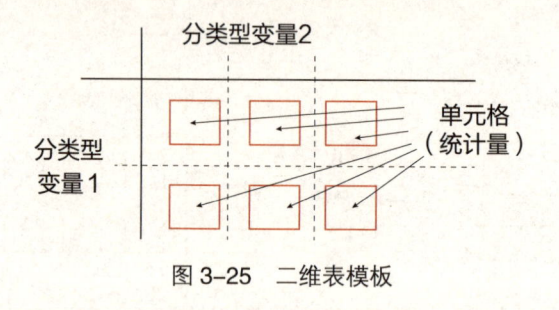

图3-25　二维表模板

将二维表模板的内容进行简化，分别是单因子频数、表分析、汇总统计量和汇总表分析，具体说明如下。

单因子频数：仅分析单个分类型变量的分布情况，提供每个水平的频次、百分比和累计值，如图3-26所示。

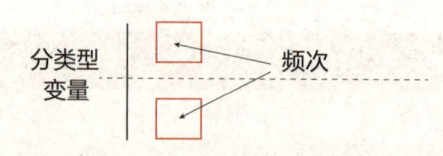

图3-26　单因子频数统计

snd 为读入数据后的数据框名称，district 为房屋所在城区的中文名称，value_counts() 获取每个城区出现的频次，完整的语句为 snd.district.value_counts()。用条形图展示这个频次统计的语句为 snd.district.value_counts().plot(kind = 'bar')，其中"kind"为图表类型，柱形图为 bar，饼形图为 pie，如图 3-27 所示。

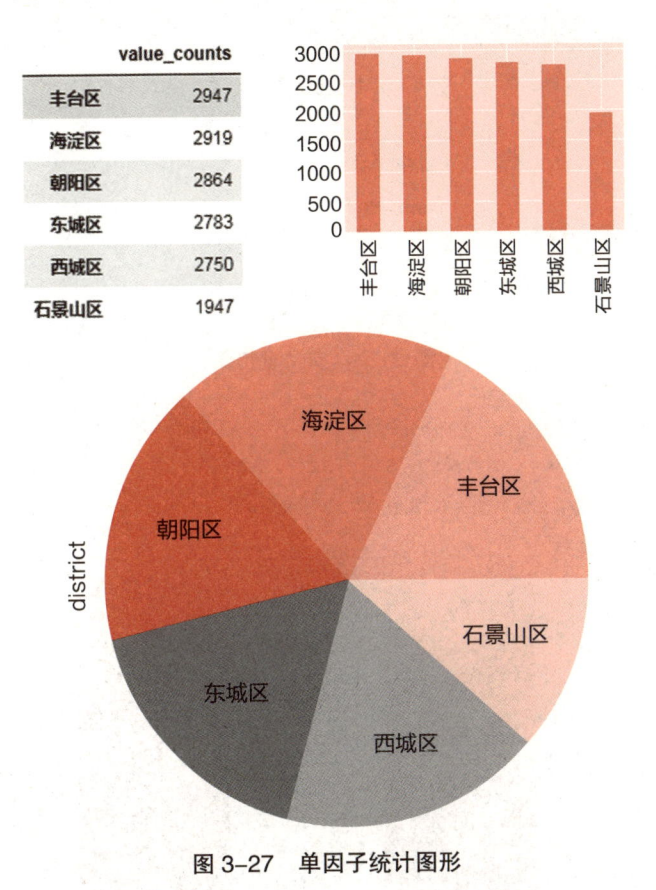

	value_counts
丰台区	2947
海淀区	2919
朝阳区	2864
东城区	2783
西城区	2750
石景山区	1947

图 3-27 单因子统计图形

表分析：分析两个分类型变量的联合分布情况，提供每个单元格的频次、百分比和边沿分布情况，如图 3-28 所示。

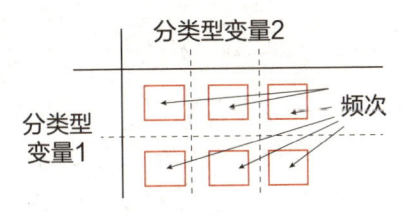

图 3-28 表分析示意图

表分析（也称为交叉表）使用的函数为 pd.crosstab()，比如分析是否有地铁与是否是学区房之间的关系，语句为 pd.crosstab(snd.subway,snd.school)。可以使用标准化的堆叠柱形图对表分析的结果进行展示。其步骤是先获取交叉表的结果（如图 3-29 所示），然后使用 div(sub_sch.sum(1),axis = 0) 计算交叉表的行百分比，最后绘制柱形图（如图 3-30 所示）。

```
pd.crosstab(snd.subway,snd.school)
```

school	0	1
subway		
0	2378	413
1	8919	4500

图 3-29 交叉表结果

```
sub_sch = pd.crosstab(snd.subway,snd.school)
sub_sch = sub_sch.div(sub_sch.sum(1),axis = 0)
sub_sch.plot(kind = "bar",stacked = True)
```

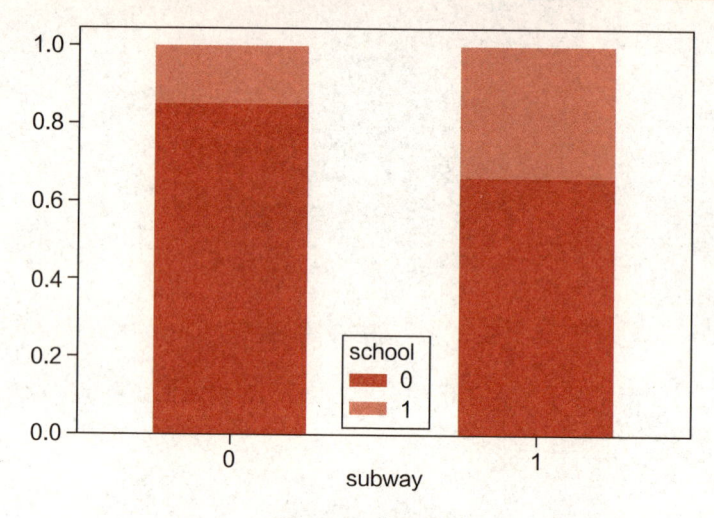

图 3-30 柱形图

标准化堆叠柱形图无法展示横轴变量本身的分布情况，所以许多报告中使用堆叠柱形图。但是堆叠柱形图不易观察比较关系，因此笔者不推荐使用。读者可以使用图 3-31 展示全部交叉表信息。笔者使用 stack2dim() 制作图 3-31，其中参数 raw 为 pandas 的 DataFrame 数据框；i、j 分别为两个分类型变量的变量名称，要求带引号，如 "school"。

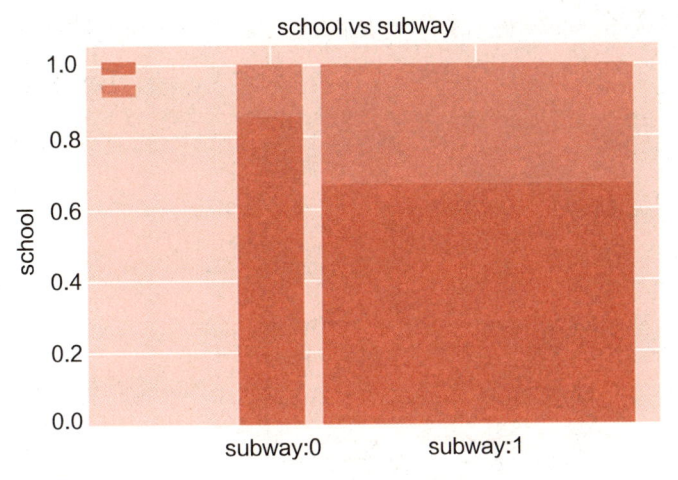

图 3-31 堆叠柱形图示意

汇总统计量：按照某个分类型变量分组，对连续型变量进行描述性统计，如图 3-32 所示。

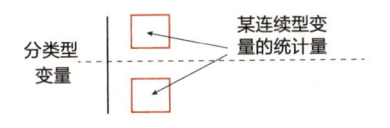

图 3-32 汇总统计量示意图

图 3-33 展示了每个城区单位面积房价的主要统计信息，可以使用 pandas 中相应的方法 snd.price.groupby(snd.district).agg(['mean','max','min'])，该语句的含义为按照 district 变量分组，计算 price 的均值、最大值、最小值，其中 agg() 的功能是归并若干个函数的结果。

district	mean	max	min
东城区	71883.595041	149254	20089
丰台区	42500.904309	87838	18348
朝阳区	52800.624651	124800	23011
海淀区	68757.602261	135105	25568
石景山区	40286.889574	100000	18854
西城区	85674.778545	149871	21918

图 3-33 汇总统计表与图形

盒须图也被称为箱线图，能够提供某变量分布及异常值的信息，其通过分位数来概括某变量的分布信息，从而比较不同变量的分布，如图 3-34 所示。

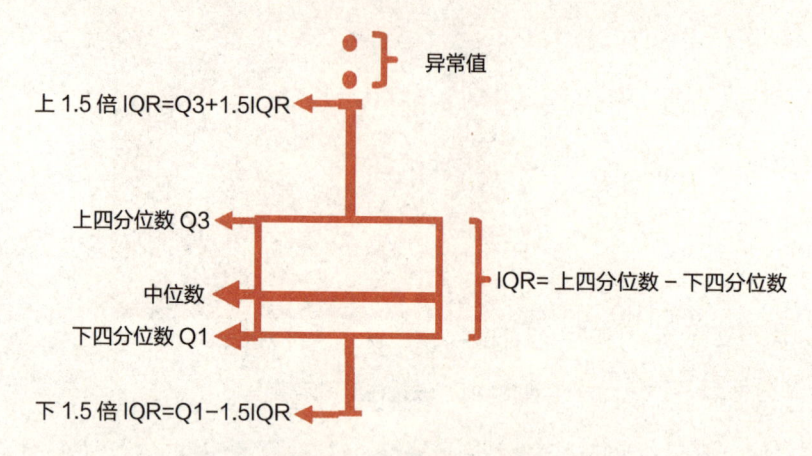

图 3-34 箱线图示意图

箱线图的基本元素如下。

（1）IQR：变量上、下四分位数之间的数据，这个范围表示中间 50% 的数据。

（2）中位数：中位数的位置表示变量中位数在总体分布中的位置。

（3）1.5 倍 IQR：上、下 1.5 倍 IQR 表示上、下 1.5 倍 IQR 范围的数据。超出这个围的数据是异常值。

多个箱线图的比较：在比较不同变量的箱线图时，可以通过中位数位置比较两个变量的中位数差异情况。

图 3-35 是直方图与箱线图的对比，可以看出两者具有一致性。

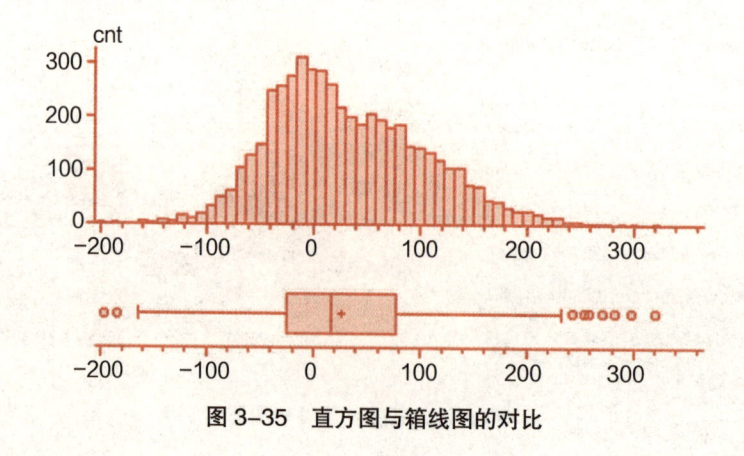

图 3-35 直方图与箱线图的对比

分类盒须图展示连续型变量的多个统计信息，如果只展示一个统计量，则使用柱形图，使用的语句为 snd.price.groupby(snd.district).mean().plot(kind = 'bar')，其中使用每个城区单位面积房屋均价作为柱高，如图 3-36 所示。

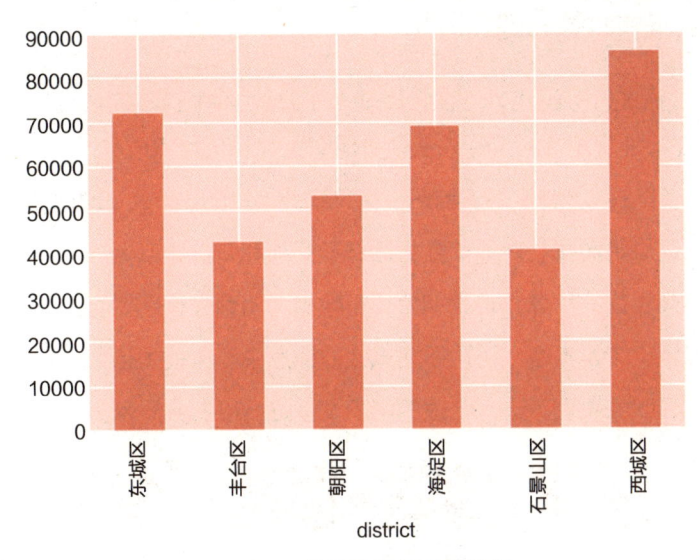

图 3-36　柱形图及展示的数据

如果我们关心的是每个城区平均房屋价格的排序情况，则适合使用条形图（如图 3-37 所示）展示。绘制条形图的语句如下：

```
snd.price.groupby(snd.district).mean().sort_values(ascending= True).plot(kind = 'barh')
```

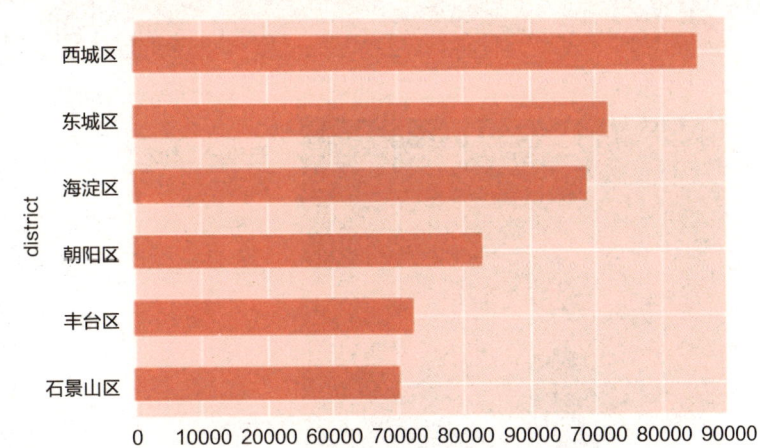

图 3-37　不同城区平均房屋价格的条形图

条形图与柱形图非常相似，如果各因子对应的统计量是排序好的，则通常使用条形图；如果各因子本身是有序的（如按年统计的销售均价），则通常使用柱形图。

3.2.3 制图的步骤

通过对数据进行可视化，可以很直观地了解数据的分布情况，进而做出业务解释。本节将详细讲解制图的步骤，使读者能够更加规范地完成数据的可视化工作。

在进行描述性图表展示时，制图步骤大致分为以下4步（如图3-38所示）。

（1）整理原始数据：对原始数据进行预处理和清洗，以达到制图的要求。

（2）明确表达的信息：根据初始可用数据，明确分析所要表达的信息。

（3）确定比较的类型：明确所要表达的信息中要比较的目标类型。

（4）选择图表类型：选择合适的图表类型进行绘制并展示。

图 3-38 制图的步骤

制图的具体步骤如下。

（1）整理原始数据。对原始数据进行预处理以达到制图的要求，预处理环节包括对数据的分组汇总及对不良、错误、缺失值的处理，如图3-39所示。

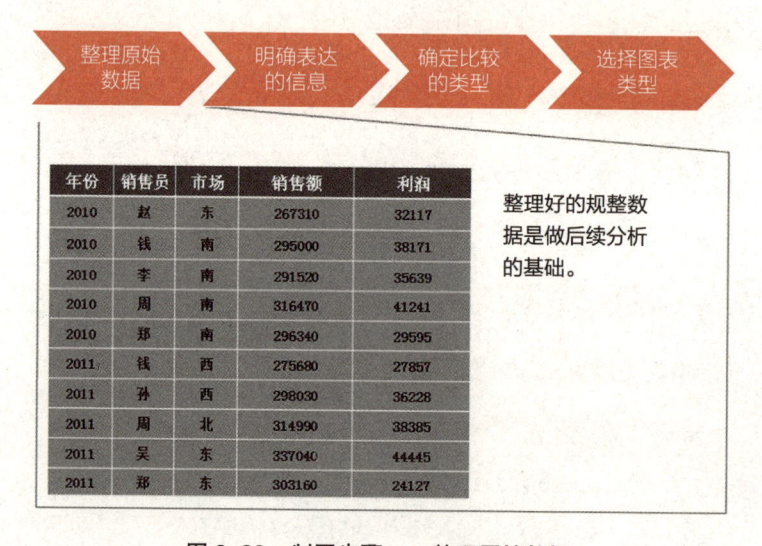

年份	销售员	市场	销售额	利润
2010	赵	东	267310	32117
2010	钱	南	295000	38171
2010	李	南	291520	35639
2010	周	南	316470	41241
2010	郑	南	296340	29595
2011	钱	西	275680	27857
2011	孙	西	298030	36228
2011	周	北	314990	38385
2011	吴	东	337040	44645
2011	郑	东	303160	24127

整理好的规整数据是做后续分析的基础。

图 3-39 制图步骤——整理原始数据

（2）明确表达的信息。数据经过整理后蕴含了很多信息，根据业务目标重点处理需要关注的信息。例如，在图 3-40 中，原始数据可以表达两个方面的信息，即时间序列信息与区域比较信息，此时可以根据需求对这些信息进行比较并为下一步的展示打好基础。

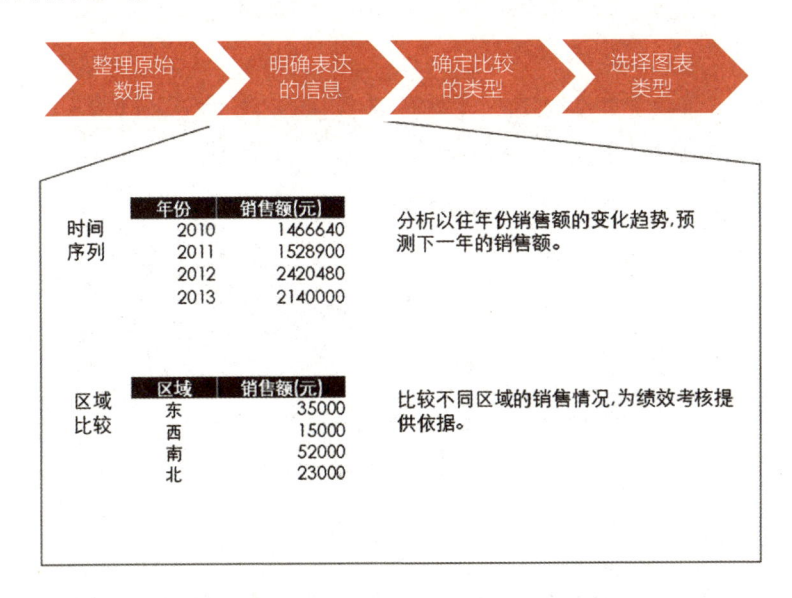

时间序列	年份	销售额(元)	分析以往年份销售额的变化趋势，预测下一年的销售额。
	2010	1466640	
	2011	1528900	
	2012	2420480	
	2013	2140000	

区域比较	区域	销售额(元)	比较不同区域的销售情况，为绩效考核提供依据。
	东	35000	
	西	15000	
	南	52000	
	北	23000	

图 3-40　制图步骤——明确表达的信息

（3）确定比较的类型。展示图形是为了比较各个维度的差异情况，如时间序列可以比较不同时间指标的差异、区域维度可以比较不同地域指标的差异情况，除此之外还有多种比较类型，如图 3-41 所示。

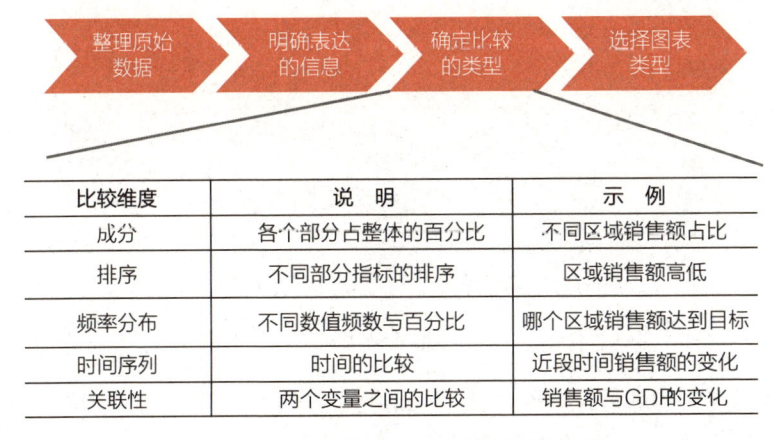

比较维度	说明	示例
成分	各个部分占整体的百分比	不同区域销售额占比
排序	不同部分指标的排序	区域销售额高低
频率分布	不同数值频数与百分比	哪个区域销售额达到目标
时间序列	时间的比较	近段时间销售额的变化
关联性	两个变量之间的比较	销售额与GDP的变化

图 3-41　制图步骤——确定比较的类型

（4）选择图表类型。图表类型多种多样，选择合适的图表类型展示特定的信息是必要的，如图 3-42 所示。

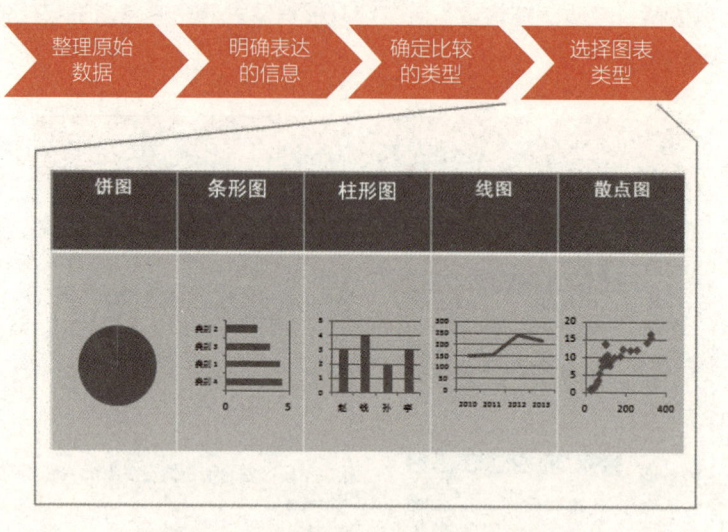

图 3-42　制图步骤——选择图表类型

而不同的图表在表达特定的信息时也是有所不同的，可参考图 3-43。

图 3-43　单变量信息表达与常用图形

这里需要说明的是，条形图与柱形图具有细微的差异，两个图形经常被混用。因此，在使用时可参考以下场景进行区分：按照因子排序展示数据常用柱形图（如使用时间作为因子）；如果因子是无序的，则按照数据大小进行展示常用条形图（如展示不同地区的房价，房价从高到低排序）。

双轴图由于存在两个 Y 轴，容易被混淆，因此广受诟病。其实双轴图在使用中有其特殊的用途和约定俗成的使用情景。其中，X 轴为时间指标的刻度，左 Y 轴为水平（也称作绝对量，如 GDP）指标的刻度；右 Y 轴为增长率（也称作变化率，如 GDP 增长率）指标的刻度。而且用柱形表示水平指标，用线形表示增长率指标。

统计图是对统计汇总表的形象展示。例如，Excel 虽然提供了很多图表功能，但是严格来说，使用 Excel 并不能直接做出统计图，需要在个体记录原始数据的基础上进行统计汇总，然后根据汇总数据进行作图。而 Python 中的很多作图功能直接基于个体记录的原始数据进行作图。

制作统计图是为了满足特定的叙述目的，而且类似语言，统计图有其明确的定义与叙述方式。复杂叙述目的的实现需要综合运用每类统计图，而不是创造出复杂的图形。好的统计图可以使阅读者在仅阅读标题关键字和图形，并且不用注意任何坐标轴、刻度和附注的情况下顺利地理解图形表达的含义。

统计图分为描述性统计图和检验性统计图。描述性统计图是对某些变量分布、趋势的描述，多出现在工作报告中和统计报告中，如饼图、条形图。检验性统计图是对特定统计检验和统计量的形象展示，仅出现在特定统计报告中，一般不会出现在工作报告中，如直方图、箱线图、P-P 图和 ROC 曲线。不过这种界限有些模糊，如箱线图一开始是检验性统计图，后来人们觉得它可以很直观地展示连续型函数和分类型变量的关系，所以也被广泛地应用于工作报告中。

图 3-44 是展示两个变量关系的常用图形。

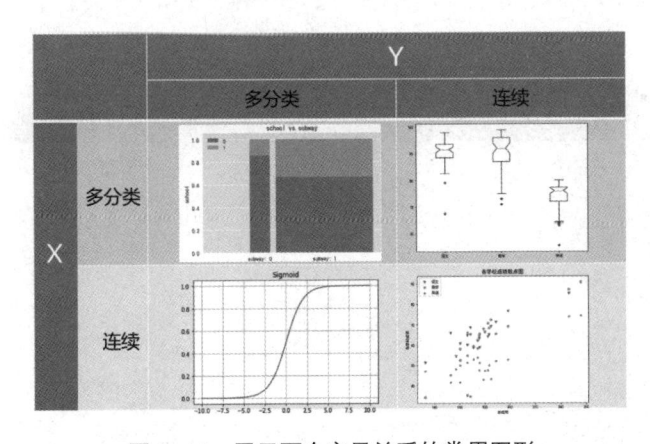

图 3-44　展示两个变量关系的常用图形

下面讲解双变量关系的图像，一个是表示两个连续型变量关系的散点图，另一个是表示连续型变量对二分类型变量影响的 Logit 图。

以二手房价数据（"sndHsPr.csv"）中的房屋使用面积和单位面积房价这两个变量为例，分析两个变量之间的关系。使用的语句为 snd.plot.scatter(x = 'AREA', y ='price')。其中，snd 是数据框，x 表示横轴，y 表示纵轴。如图 3-45 所示是使用以上语句绘制的散点图，没有发现两者有明显关系。

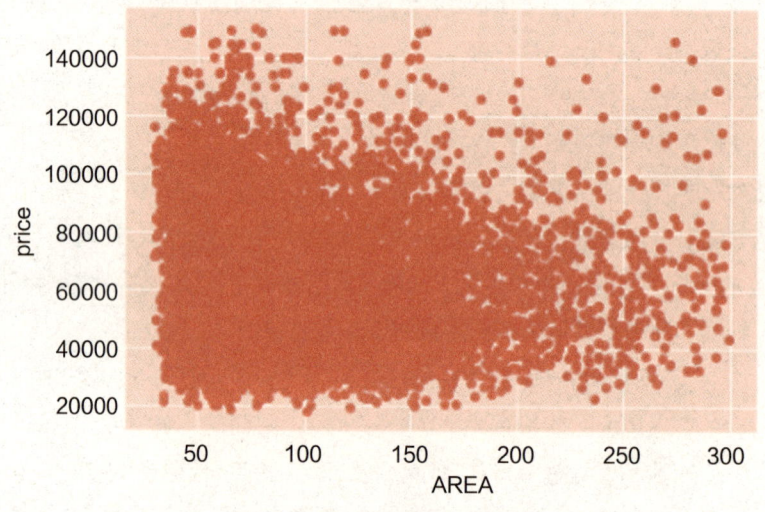

图 3-45　使用两个变量绘制的散点图

Logit 图用于分析连续型变量对二分类型变量影响，因此被研究的变量必须是二分类型变量。表 3-3 是车辆出险保险理赔数据（auto_ins.csv）的变量说明，Loss 为 0/1 变量，表示车辆是否出险，其他变量为车主特征和汽车特征。

表 3-3　车辆出险保险理赔数据的变量说明

变量名	含　义
EngSize	引擎大小
Age	年龄
Gender	性别
Marital	婚姻
Exp	驾龄
Owner	是否所有者

续表

变量名	含义
vAge	车龄
Garage	固定车位
AntiTFD	防盗
import	是否进口
Loss	是否出险

图 3-46 是司机的驾龄和是否出险的 Logit 图,其中折线表示两个变量之间的关系,柱形表示司机驾龄的分布情况。可以看出,随着驾龄的增加,出险的概率在下降。此处使用 woe 包进行计算,语句为 woe.fit(auto.exp,auto.Loss),该函数只要第 1 个参数属于横轴变量、第 2 个参数是输入的被解释的分类即可。

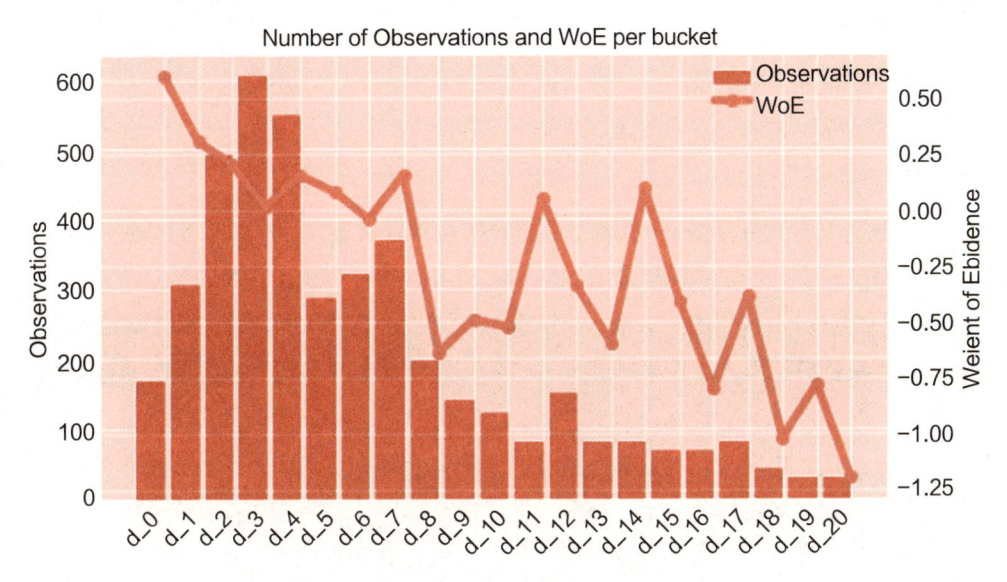

图 3-46 司机的驾龄和是否出险的 Logit 图

3.3 指标体系

有人觉得指标体系与我们相距甚远,实际上做任何一项工作,都要为最终结果负责,都需要构建指标体系。在做一项工作前,要规划好对应的度量体系是什么,再谈如何做。没有明确的目标是不行的，有目标就要有度量。所以，无论是做用户运营，还是做风险管控，都要先建立起指标体系。

本节不讲解具体指标体系的构建流程，主要讲解指标体系构建的方法论。先学习基础知识，再具体到某个场景怎样去做。只要将方法论掌握好，具体场景的转换就比较简单了。

3.3.1 建立指标标准

1. 指标标准

指标标准是数据管控体系的核心，是连接基础数据和数据应用的桥梁。

为什么要构建指标体系？

举个例子，很多银行机构的指标体系过去很混乱。以不良用户数量为例，不良的定义是什么？如果从"MX"维度来判断，M6可以被认为是不良。看上去好像很简单，但实际做起来很难。

如果某个产品是由合作机构兜底的，一旦有用户贷款预期超过M6，就会被计入不良用户吗？

即使这个产品有合作机构兜底，在统计不良用户数量时，也必须将其统计在内，不能因为产品设计的差异而修改统计标准。所以，在统计阶段只关心有哪些不良用户，而不是有规则、有法规，又有条文去破坏标准。从监管角度来说，如果都有兜底，则发生风险的概率更大。但是那些兜底机构却不在监管单位的管辖范围，这个风险就会无限地扩大下去，如图3-47所示。

如果真的发生较大事件，合作机构的注册资金能够兜底吗？所以，统一的标准很重要。同一个事项、同一个指标的标准传递到具体的业务部门会被演绎得五花八门，各有各的说法，但是无论业务部门怎么说，在统计指标时，必须有一个归口部门做最终解释。因此，统一规范、统一指标是非常重要的工作。

有了统一规范、统一指标之后，才可以提供更好的数据服务。而且标准是统一的，也便于决策的支持。这也是建立指标体系的一个诉求。简单来说，指标标准就是组织内的成员都用同一个词汇、同一套标准。车同轨，路同辙。

图 3-47　体系混乱结果列举

2. 统一规范

在组织内形成对指标的一致认识，避免出现"同名不同义""同义不同名"等容易产生混淆和歧义指标的情况，保证组织内统一、有效的指标统计应用。

3. 用数服务

为组织内不同业务用户自主灵活地用数和查询统计提供良好的指标基础，提升组织的数据使用能力。

4. 决策支持

从企业业务战略的高度梳理并展示业务经营、财务、风险、绩效等方面的关键指标，有效支持管理层的决策。

3.3.2　什么是指标体系

指标体系是由什么构件组成的呢？指标和维度。

指标其实就是与业务相关的连续型变量的某个统计量，比如金额、频次、数量等。

维度就是分类型变量，一般是按照产品和渠道做分类的。

指标是反映企业经营管理在一定时间和条件下的规模、程度、比例、结构等的概念和数值。

维度（也被称为统计维度、筛选条件）是对企业在业务经营过程中涉及的对象的属性进行划分的方式。

指标体系是指系统地反映评价对象整体的多个具体指标的集合。

与单个指标相比，指标体系能反映评价对象或评价目标更为全面的属性特征。

指标怎么来的呢？

指标是通过基础数据汇总来的。例如，每年一次的"双11"。"双11"总消费指标是怎么来的呢？是通过交易明细汇总得到的。通过基础数据汇总指标，指标再跟维度信息相结合，就得到了"双11总消费额"指标。

另外，"双11总消费额"指标还可以细分，如按地区区分、按产品区分、按渠道区分，甚至按客群区分；也可分为年轻人的消费额和老年人的消费额，这是从维度方面区分的。最终指标和维度相结合，以报表形式呈现，继而可以做仪表盘、进行多维分析等，如图3-48所示。

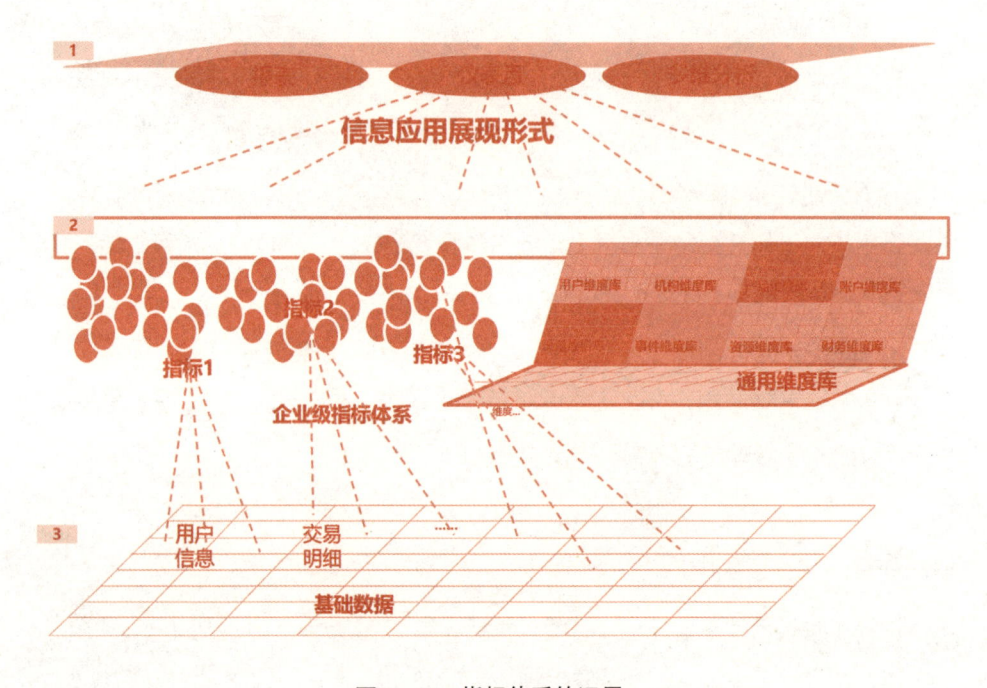

图3-48 指标体系的运用

3.3.3 构建指标体系的意义

作为底层基础数据和统计分析报表的中间层,指标体系构建的意义(如图3-49所示)在于:

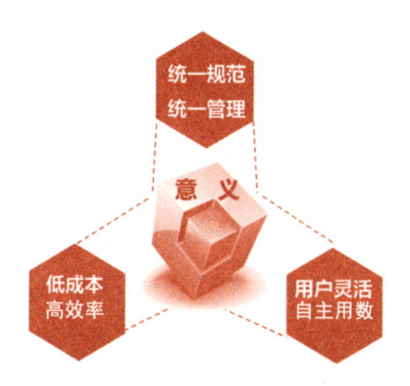

图 3-49 指标体系的意义

(1)指标口径清晰、统一规范;

(2)支持用户的自主、灵活用数;

(3)有效控制报表开发成本。

怎样分析一个报表体系的需求呢?

一般情况下,需要归纳各个业务部门的需求,即归纳如下三个层面的需求。

第一个层面,决策层。决策层就是高级管理层。

第二个层面,管理层。管理层一般就是部门负责人。

第三个层面,执行层。执行层即部门内部员工,收集他们各方面的指标需求,通过指标需求把数据按照维度进行归纳。

归纳以上需求,可以满足固定报表、指标、多维分析的要求,还可以根据主题进行查询,满足企业管理的各种要求。

例如,有一家银行,管理层很关心用户流失情况,到下属部门询问对方怎样定义用户流失,而下属部门对用户流失的定义五花八门。因此,需要统一规范,明确发生什么事件称作用户流失,然后根据这个口径建立用户流失的指标,从而计算用户流失量是多少,在评分维度呈现这个指标。如果没有这些指标,根本就不知道哪些用户是流失的,也无法进行用户挽回。

先看指标。指标有企业的用户收入、机构的用户收入。

再看维度，维度与指标相结合。

还有一个角度是，对公属性与"根指标"相结合，也就是分项的服务业、采矿业等的收入情况，以及其他。

3.3.4 构建指标库

1. 指标体系的构建

指标体系包括根指标、组合指标和派生指标。

一般业务方最关心的指标被认为是根指标。比如，贷款余额是贷款部门最关心的，那么贷款余额就是贷款部门指标体系中的根指标。

根指标与最常用的维度取值相结合，生成组合指标。比如，个人消费的贷款余额，个人消费维度与贷款余额根指标相结合，生成组合指标。

通过根指标和组合指标之间的运算得到派生指标。比如，不良贷款率即不良贷款余额除以贷款总余额得到的派生指标。如图 3-50 所示是指标体系的构建示意图。

图 3–50 指标体系的构建示意图

2. 指标库

如表 3-4 所示为指标库（部分）案例。

表 3-4 中左边两列是不同的领域所使用的根指标、组合指标和派生指标。表 3-4 中右边三列是标准化指标的名称、指标业务定义和指标业务口径。

表 3-4 是常见指标库的情况，通过根指标一步步推演。因此，一般情况下先推导根指标，归纳有哪些根指标，以及根指标与维度某个取值结合得到组合指标，再根据实际业务需求得到派生指标，最终生成指标体系。

表 3-4　指标库（部分）案例

指标类型	原指标名称	标准化指标名称	指标业务定义	指标业务口径
根指标	用户个数	用户个数	截至统计时点或在统计期间，银行的用户数量	截至统计时点或在统计期间的用户数量，按照用户编号去重，根据对应筛选条件对用户进行归集
组合指标	个人网上银行用户个数	个人网上银行用户个数	截至统计时点，个人网上银行用户的个数	根指标：用户个数。原子筛选条件：个人网上银行用户
组合指标	个人网上银行普通用户个数	个人网上银行普通用户个数	截至统计时点，个人网上银行普通用户的个数	根指标：用户个数。原子筛选条件：个人网上银行普通用户
组合指标	个人网上银行活动用户个数	个人网上银行活动用户个数	在统计期间，个人网上银行活动用户的个数	根指标：用户个数。原子筛选条件：个人网上银行活动用户
派生指标	使用一代网银盾的个人网上银行高级用户覆盖度	使用一代网银盾的个人网上银行高级用户覆盖度	截至统计时点，使用一代网银盾的个人网上银行高级用户覆盖度	使用一代网银盾的个人网上银行高级用户覆盖度＝使用一代网银盾的个人网上银行高级用户个数/个人用户个数
派生指标	使用二代网银盾的个人网上银行高级用户覆盖度	使用二代网银盾的个人网上银行高级用户覆盖度	截至统计时点，使用二代网银盾的个人网上银行高级用户覆盖度	使用二代网银盾的个人网上银行高级用户覆盖度＝使用二代网银盾的个人网上银行高级用户个数/个人用户个数
派生指标	使用动态令牌的个人网上银行高级用户覆盖度	使用动态令牌的个人网上银行高级用户覆盖度	截至统计时点，使用动态令牌的个人网上银行高级用户覆盖度	使用动态令牌的个人网上银行高级用户覆盖度＝使用动态令牌的个人网上银行高级用户数/个人用户数
派生指标	使用文件证书的个人网上银行高级用户覆盖度	使用文件证书的个人网上银行高级用户覆盖度	截至统计时点，使用文件证书的个人网上银行高级用户覆盖度	使用文件证书的个人网上银行高级用户覆盖度＝使用文件证书的个人网上银行高级用户数/个人用户数

3. 维度库

除指标库外，还需要建立维度库。所谓维度，类似参考数据。什么是参考数据？一般情况下参考数据是供业务系统参照使用的数据，如国别、性别、产品码，这些都是参考数据。

维度指标与参考数据关系密切。比如，客群维度按照不同的渠道拆分出个人网上银行用户，然后查看等级、状态、活跃度、登录方式等，都是分类别的，这些分类其实就形成了维度，把分类情况进行存储，就构建了一个维度库，各个维度以维度树的形式展现，如图 3-51 所示。

图 3-51 维度库案例

几乎所有报表都涉及不同维度的组合，因此要设置维度库。在以往的信息统计过程中，早已约定俗成地形成了各种维度。

维度有什么作用？维度可以实现灵活取数。灵活取数的平台基本上是由一个度量指标库（如贷款余额指标库）和维度库组成的。比如，银行一般分几十种维度，如地域维度、产品维度、客群维度、科学维度等。

假设当前需要地域维度，打开维度库后，会按最大的地域查询，如按国别、省、市，这就是所谓的嵌套维度数。举个例子，查看河北省的"贷余"，把"河北省"拖曳出来，指标是"贷款余额"，通常这个过程可以通过灵活取数平台自动实现。假如日常使用的是 Power BI 等工具，那么只要把度量、指标和维度设置好，可视化结果就水到渠成了。

4. 指标体系案例

如图 3-52 所示是一个指标体系分析案例。

图 3-52　指标体系分析案例

如图 3-53 所示是一个银行的常用指标库，这里不做详细展开，仅供读者参考。

图 3-53　银行的常用指标库

3.3.5　搭建管理分析视图和指标应用模式

1. 搭建管理分析视图

有了指标体系后，可以根据不同用户的需求，搭建管理分析视图，如图 3-54 所示。

图 3-54　管理分析视图

比如，集团管理层需要了解企业整体运营状况，公司管理层需要了解企业重点项目、重点用户的整体概要，用户经理需要了解运营方面的情况。

2. 搭建指标应用模式

指标应用可以有各种不同的展现方式。结合不同的用户需求，搭建不同的指标应用模式，如固定报表、灵活查询、应急预测和可视化的、便捷的工具。

3.4　本章练习题

（单选题）以下（　　）统计量不能反映数据的离中趋势。

A、标准差

B、变异系数

C、极差

D、中位数

答案：D

解析：本题考查离中趋势分析。离中趋势分析指标包含标准差、变异系数和极差等，而中位数是反映集中趋势分析的重要指标。

（单选题）在统计中，直方图的主要作用是（　　）。

A、反映整体的平均水平

B、反映整体的波动大小

C、反映整体的分布情况

D、可以看出整体的最大值和最小值

答案：C

解析：本题考查直方图的作用。直方图是用来反映连续型变量分布的，可以反映整体的分布情况，并不能反映整体的平均水平、整体的波动大小及整体的最大值和最小值等，因此本题选 C。

（单选题）如果准备观察单维数值型字段的分布情况，优先使用（　　）。

A、条形图

B、直方图

C、散点图

D、折线图

答案：B

解析：本题考查图分析的应用。单维数值型字段表明观察对象为连续型变量，应该优先使用直方图。条形图适合描述分类型变量，散点图用于描述两个连续型变量，折线图适合描述时间和连续型变量之间的关系。因此本题选 B。

（多选题）下列属于柱形图可视化方法特点的是（　　）。

A、一种以长方形的长度为变量表达图形的统计报告图

B、通过柱形的高度反映数据之间的差异

C、用来比较两个或两个以上的类别差异

D、仅适用于大规模的数据集

答案：A、B、C

解析：本题考查对柱形图的理解。柱形图是一种以长方形的长度为变量表达图形的统计报告图，长方形的长度代表统计量，并且柱形图可以通过柱形的高度比较两个或两个以上的数据差异。至于数据集规模，无论是大规模的数据集，还是小规模的数据集，柱形图都适用。因此本题选择 ABC。

第4章 数据采集与数据预处理

本章主要介绍数据采集与数据预处理,包括市场研究中的数据、数据的采集方法及数据的预处理方法。

4.1 数据采集方法

4.1.1 市场研究中的数据

在做市场研究时,会用到多种不同类型的数据。下面先来看一下根据不同的划分标准,数据可以分为哪些不同的类型。

按照数据的收集方式,可以将数据分为实验数据和观测数据。实验数据一般是在科学实验条件下取得的数据。在实验中,实验环境是受到严格控制的,数据的产生一定是某些约束条件下的结果。比如,对新药疗效研究的实验数据,需要在实验前做好分组,并且做好实验的前测和后测。观测数据是对客观现象进行实地观测所取得的数据,在数据获取的过程中一般没有人为控制和条件约束。观测数据又可以分为追溯型数据和跟踪型数据。追溯是最常见的观测数据获取形式,一般是通过一次调研获取的,产生的数据为截面数据。比如,研究教育程度对个人收入的影响,需要调研目前已经有工作的人的收入、教育水平、个人及家庭背景信息,即截面数据。跟踪型数据是对多个个体进行多期调研,产生的数据为面板数据。在社会经济问题研究中,观测是取得数据最主要的方法。

按照描述对象与时间的关系,可以将数据分为时间序列数据、截面数据和面板数据。时间序列数据是按时间顺序在不同时点收集某个个体的多期数据,可以表现研究对象随时间变化的情况。比如，1997—2020年我国对外贸易总额就是时间序列数据。截面数据是在某个时点对不同对象的调查数据，可以表现对象在某个时点的变异情况，如各个班级的语文平均分就属于截面数据。面板数据是对一个观测群体进行多个时点的观察，在时间序列上取多个截面，在这些截面上同时选取样本观测值构成的样本数据。面板数据是进行因果分析的重要数据基础，偏向于进行学术型数据分析，目前在商业分析中较少运用。

按照数据的来源，可以将数据分为原始数据和二手数据。原始数据是指研究者通过观察、调查或实验收集的数据，也被称为一手数据。例如，民意调查机构要预测选举结果，直接向选民询问所得到的数据就是原始数据。原始数据不易收集，有赖于完善的收集技术与筹划，其所花费的人力、时间、金钱很多，收集的数据更符合当前分析的需求。二手数据是指私人、机关、团体收集的数据。二手数据的收集省时省力又省钱，但是与当前研究主题的相关性较弱，经常不能完全适合所要研究的问题。

4.1.2 概率抽样方法

概率抽样又被称为随机抽样，是指从总体中随机抽取一部分个体作为样本进行调查，并根据样本调查结果推断总体特征（总体分布的参数，如均值、标准差、偏度等）的数据收集方法，具有经济性好、时效性强、适应面广、准确性高等特点。

概率抽样方法分为简单随机抽样、分层抽样、系统抽样、多段抽样。

（1）简单随机抽样是在总体中不进行任何分组、划类、排序等操作，完全随机地抽取调查个体，每个个体被抽中的概率相等，样本中的每个个体完全独立，彼此之间无关联性和排斥性。简单随机抽样是其他各种抽样形式的基础。因为简单随机抽样完全随机，所以有时抽样的效果并不是太好，对总体的代表性不易控制。另外，当总体数量很大时，就难以实现简单随机抽样，并且抽样误差较大，因此只有小型研究或总体数量较小时，才会用简单随机抽样。

（2）分层抽样也被称为类型抽样，基本思想是将总体分成不同的"层"，然后在每层内进行抽样。研究中往往涉及分析一些可调节因素或控制变量对研究变量的影响，要求样本在可调节因素或控制变量的每个分组中有充分的样本，因此在抽样时需要先将总体按变量的重要程度分为若干个二级总体，然后从每个二级总体中随机抽样，最后将这些小样本组成一个大样本。比如，将企业按规模分为大、中、小、微企业,将家庭收入分为高收入、中等收入、低收入等。通过分层抽样可以减小偏差,提高样本对总体的代表性。另外,还可以根据研究的情况,将分层抽样分为两种方法:一种是等数分配法,即在每个层里面抽取相同的样本量,如从大、中、小、微4个层级中分别抽取1000个样本;另一种是等比分配法,即根据大、中、小、微企业分别在总体中的占比情况进行抽样。一般情况下,在做实际研究时常使用等数分配法。

(3) 系统抽样也被称为等距抽样,先按某个标志值的大小对总体样本进行排队并顺序编号,然后根据确定的抽样比例确定抽样间距,随机确定第一个样本的位置,再按顺序从总体中等间距地抽取其余样本。系统抽样的随机性主要体现在第一个样本位置的选取上,因此一定要保证抽取第一个样本位置的随机性,该方法适用于总体样本中有天然序号的场景。

(4) 多段抽样是将调查分成两个或两个以上的阶段进行抽样,第一个阶段先将总体按照一定的规范分成若干个抽样单位,称为一级抽样单位,再把抽中的一级抽样单位分成若干个二级抽样单位,从抽中的二级抽样单位中再分出三级抽样单位等,这样就形成了一个多阶段的抽样过程,分成若干个阶段逐步进行抽样。一般较大型的抽样调查使用分段抽样,如全国性质的家庭户经济调查。假设要从北京市抽取10000人组成样本单位,但是没有北京市的总体抽样框,怎么办呢?要进行抽样,就必须有抽样框,抽样框包含总体的信息,我们没有抽样框,就不能针对个体使用概率抽样方法。但是我们可以获取市区全部列表,即市区的抽样框。因此,可以先从市里抽几个区,再从区里抽几个街道,然后通过街道办事处或信息统计的渠道获取最终的样本,这里不再过多地赘述,因为这种方法常用于大型的调查,一般情况下在企业中很少用到。

以上是对概率抽样的不同抽样方式的简单介绍,是偏理论的。在抽样的操作层面,还需要考虑样本的抽取方式。按抽取方式的不同,抽样方法可以分为两类。

(1) 重复抽样。从总体 N 个单位中抽取一个容量为 n 的样本,每次从总体中抽取一个,连续抽取 n 次,登记结果后将抽取的单位样本放回总体,重新参加下一次抽选。在重复抽样的过程中,被抽取的总体单位总数始终保持不变,每次抽样时各单位样本被抽到的概率都相同,每次抽样结果相互独立,每个个体都有被重复抽取的可能。

(2) 不重复抽样。从总体 N 个单位中抽取一个容量为 n 的样本,每次从总体中抽取一个,连续抽取 n 次,被抽取的单位样本在登记结果后,不再放回总体参加下一次的抽选。任何个体都不会被重复抽到，也可以一次性抽取所需要的样本单位数。在实际应用中通常采用不重复抽样方法。

经典统计学中的各类统计量都是假设每个样本被等概率地抽到，那就需要采用重复抽样的方法。但是在实际工作中，重复抽样会造成样本重复，因此当总体数量较大且抽样数量较少时，我们首选不重复抽样。

调查结果与现象的实际结果之间是有偏差的，被称为数据的误差。按照形成原因的不同，一般可将误差分为抽样误差和非抽样误差两大类。

（1）抽样误差是在用样本统计量推断总体参数时的误差，属于一种代表性误差，抽样误差会随样本量的增大而减少。抽样误差可以计算，并且可以通过增大样本量的方法将其控制在任意小的范围。误差的产生来源于抽样的随机性，如研究北京二手房的价格，房价会受到所处地段的影响、是否有配套设施的影响，我们在对其进行抽取时有可能对配套设施的抽样偏多了，使得抽样得到的样本均值高于总体均值，这就属于抽样误差。

（2）非抽样误差不是由抽样引起的。它包括登记性误差、测量偏差、响应偏差（不正确的或不真实的响应）等，非抽样误差不随样本量的增大而降低。比如，在实际的测量中，如果将尺子拉的比较松，就会导致度量偏大；如果将尺子拉的比较紧，就会导致度量偏小，这就是测量误差。在这种情况下增加样本量也不能降低误差。

在调查研究中，抽取的样本量越多，统计分析的精度就越高。但是在实际工作中，样本量的规模受经济约束、时间约束、样本的可得性等多种因素的影响，因此在满足分析精度要求的情况下，一般会尽可能少地提取样本。下面是最小抽样量的计算公式：

$$n = \frac{(Z_{a/2})^2 \sigma^2}{e^2}$$

其中，n 为样本量；σ^2 为研究总体的方差，表示变量总体本身的变异程度，总体数值分布越分散，其方差越大，需要的采样量越多；e 为抽样误差（可以根据均值的百分比设定），与最小抽样量是倒数平方的关系，即如果需要将抽样误差减小 1/2，则抽样量需要增加 4 倍。

$Z_{a/2}$ 为可靠性系数，当置信度为 95% 时，$Z_{a/2}$=1.96；当置信度为 90% 时，$Z_{a/2}$=1.645，即置信度越高，需要的样本量越多，95% 置信度比 90% 置信度需要的采样量多 40%。

HS 银行想要研究用户购买理财产品的情况，现在有 5369 条数据，需要从中抽取适当的样本进行分析。

（1）样本量的确定。

对于这项研究，怎样进行样本的选取呢？首先计算样本量，比如，我们要调研用户对某款理财产品是否感兴趣，"是否感兴趣"是一个二分选项，并且两点分布的方差为 $p(1-p)$，将其代入样本量计算公式：

$$n = Z^2 \times \frac{p(1-p)}{e^2}$$

其中，p 为研究对象变化程度（百分比），在没有调研之前是不知道具体数值的。

假设希望对真值的估计偏差不超过 ± 0.05，即 $e=0.05$；对应调查结果值 95% 的置信范围，即 $Z=1.96$，一般情况下不知道 p 的取值，通常可以取 $p(1-p)$ 最大的情况，即 $p=0.5$，故样本量为：

$$p = 1.962 \times \frac{0.5^2}{0.05^2} = 196$$

（2）样本的选取。

科学的样本选取决定了所有后续的数据收集与分析工作的合理性与可信度，因此在样本选取上要综合考虑市场发展状况、消费者个人情况的多样性、HS 产品的目标消费群体等多种因素，在有效控制调研规模与成本的同时，获得具有充分市场代表性的消费者信息。

- 简单随机抽样。

从总体 N 个单位中任意抽取 n 个单位作为样本。

- 分层抽样（单一维度/多维度分层）。

首先将总体的 N 个单位分成互不交叉、互不重复的 k 个部分，称为层，然后在每个层内分别随机抽样。

因为研究用户理财情况，所以要结合 HS 银行定位和网点分布情况，选取年龄在 18 岁以上、有过投资经验、本人或亲属非金融行业工作者为研究总体。

用 **Python** 进行简单随机抽样和分层抽样的自定义函数如下：

```
def get_sample(df, sampling="simple_random", k=1, stratified_col=None):
    """
```

```
    对输入的 dataframe 进行抽样的函数
    参数：
        - df: 输入的数据框 pandas.dataframe 对象
        - sampling: 抽样方法, str 类型
            可选值有 ["simple_random","stratified","systematic"]
            按顺序分别为简单随机抽样、分层抽样、系统抽样
        - k: 抽样个数或抽样比例, int 或 float 类型
            (若为 int 类型, 则 k 必须大于 0; 若为 float 类型, 则 k 必须在 (0,1) 中)
            如果 0 < k < 1, 则 k 表示抽样占总体的比例
            如果 k >= 1, 则 k 表示抽样的个数; 当为分层抽样时, k 表示每层的样本量
        - stratified_col: 需要分层的列名的列表, list 类型
            只有在分层抽样时才生效
    返回值：
        pandas.dataframe 对象, 抽样结果
    """
    import random
    import pandas as pd
    from functools import import reduce
    import numpy as np
    import math

    len_df = len(df)
    if k <= 0:
        raise AssertionError("k不能为负数")
    elif k >= 1:
        assert isinstance(k, int), "在选择抽样个数时, k 必须为正整数"
        sample_by_n=True
        if sampling is "stratified":
    alln=k*df.groupby(by=stratified_col)[stratified_col[0]]\
    .count().count() # 有问题的
            if alln >= len_df:
                raise AssertionError("请确认k乘以层数不能超过总样本量")
```

```python
    else:
        sample_by_n=False
        if sampling in ("simple_random", "systematic"):
            k = math.ceil(len_df * k)

    if sampling is "simple_random":
        print("使用简单随机抽样")
        idx = random.sample(range(len_df), k)
        res_df = df.iloc[idx,:].copy()
        return res_df

    elif sampling is "systematic":
        print("使用系统抽样")
        step = len_df // k+1           #step=len_df//k-1
        start = 0                      #start=0
        idx = range(len_df)[start::step]
        res_df = df.iloc[idx,:].copy()
        return res_df

    elif sampling is "stratified":
         assert stratified_col is not None, "请传入包含需要分层的列名的列表"
         assert all(np.in1d(stratified_col, df.columns)), "请检查输入的列名"
         grouped = df.groupby(by=stratified_col)[stratified_col[0]].count()
        if sample_by_n==True:
            group_k = grouped.map(lambda x:k)
        else:
            group_k = grouped.map(lambda x: math.ceil(x * k))

        res_df = pd.DataFrame(columns=df.columns)
        for df_idx in group_k.index:
            df1=df
            if len(stratified_col)==1:
```

```
                    df1=df1[df1[stratified_col[0]]==df_idx]
            else:
                for i in range(len(df_idx)):
                    df1=df1[df1[stratified_col[i]]==df_idx[i]]
            idx = random.sample(range(len(df1)), group_k[df_idx])
            group_df = df1.iloc[idx,:].copy()
            res_df = res_df.append(group_df)
        return res_df

    else:
        raise AssertionError("sampling is illegal")
```

4.1.3 非概率抽样方法

非概率抽样又被称为不等概率抽样、非随机抽样和主观抽样,均是研究者用自己方便的形式或主观判断抽取样本的方法。这类方法不是严格按随机抽样原则来抽取样本的,无法评估抽样误差,也无法正确地说明样本的统计值在多大程度上适合总体。虽然根据样本调查的结果也可以在一定程度上说明总体的性质、特征,但不能从数量上推断总体。此类抽样方法一般适用于以下情况。

- 研究目的的需要。例如,探索性研究、试调查、不打算推论总体的研究。
- 无法界定总体边界。例如,农民工研究、流浪儿童研究。
- 总体规模较小或同质性较强。例如,吸毒问题研究。
- 时间、人力等条件有限。

适用情况不同,非概率抽样的方式也有多种,具体可以分为以下几种类型。

(1)偶遇抽样,又被称为方便抽样、自然抽样,是指研究者根据实际情况,用自己方便的形式抽取偶然遇到的人作为调研对象,或者仅仅选择那些离得最近的、最容易抽取的人作为调研对象。例如,海飞丝品牌在做用户调研时,在人口流动性大的地方发问卷,采用拦截方式收集用户满意度信息。

有一个经典的调查研究,"都市里的吉卜赛人——对武汉市外来务工、经商人员的调查",在武汉市外来务工、经商人员集中的几条主要街道(如汉正街)按照偶遇抽样原则发放280份调查问卷，调查问卷由58个问题组成，采用自填法，现场作答并进行回收，不识字的调研对象由调研人员协助填写，最终回收有效问卷252份，有效回收率达到90%。

（2）判断抽样，又被称为立意抽样、目的抽样，是研究者根据自己主观的分析选择和确定调研对象的方法。研究者从总体中选择那些被判断为最能代表总体的单位作为样本的抽样方法。当研究者对自己的研究领域十分熟悉、对研究总体比较了解时，采用这种抽样方法，可获取代表性较高的样本。这种抽样方法多应用于总体小而内部差异大、总体边界无法确定，以及研究者的时间与人力、物力有限的场景。

（3）定额抽样，也被称为配额抽样，先将总体按照某种标准分层（群），然后根据各层样本数与该层总体数成比例的原则主观抽取样本。定额抽样与分层概率抽样相似，最大的不同是分层概率抽样的各层样本是随机抽取的，而定额抽样的各层样本是非随机抽取的。总体也可以按照多种标准的组合分层（群）。例如，在研究某高中学生的作息时间时，考虑到年级与性别都可能对作息时间有影响，可将调研对象分为高一男性、高二男性、高三男性、高一女性、高二女性、高三女性6组，然后从各组非随机地抽样。定额抽样是经常使用的非概率抽样方法，样本除所选标识外无法保证代表性。

（4）滚雪球抽样，是一种比喻的说法，是指先找少量的，甚至个别的调研对象进行调研，然后通过他们再去寻找新的调研对象，依次类推，就像滚雪球一样越滚越大，直至达到调研目的。滚雪球抽样适用于总体的个体信息不充分或难以获得，不能使用其他抽样方法抽取样本的调查研究。滚雪球抽样用于某个特殊群体的调研往往可以收到奇效。但是，当总体规模较大时，有许多个体无法被找到，有时调研对象会出于某种考虑故意漏掉一些重要个体，这都可能导致抽样样本产生误差，无法正确反映总体状况。

（5）空间抽样，是对非静止的、暂时性的空间相邻的群体的抽样方法。例如，游行与集会没有确定的总体，参加者从一地到另一地，一些人离去，又有一些人加入，但这些事件是在一定范围进行的。对这样的总体在同一时间内抽样十分重要，以便样本组成不会经历时间上的太大变化。具体作法是若干名调研人员以间隔均匀的距离，从某个方向开始访问离他最近的人，然后每隔一定步数抽取一人为调研对象。

以上是非概率抽样的5种方法，非概率抽样方法简单易行、成本低、省时间，在统计上也比概率抽样简单，采用非概率抽样能够便捷地收集调研对象的各种信息，有助于调研人员形成想法、拓展思路，并且得出结论。但是，非概率抽样不能估计抽样误差，难以评价样本所具有的代表性，其结果不能推算出总体的情况，通常存在较大的偏倚。

4.1.4　概率抽样和非概率抽样的比较

概率抽样和非概率抽样是两种不同性质的抽样，根据研究的问题不同，可以选择适当的抽样方法。

概率抽样能估算抽样误差，其调查结果可以用来推断总体，但是必须遵守的抽样计划执行程序会大幅延长收集资料的时间，一般来说费用较高。非概率抽样简单易行、成本低、省时间，但是无法控制和客观地测量样本的代表性，因此样本不具有推论总体的性质。

相对而言，概率抽样更为严格。概率抽样以概率理论和随机原则为依据抽取样本，是使总体中的每个单位样本都有一个事先已知的非零概率被抽中的抽样方式，即概率抽样认为样本统计量的理论分布是存在的，可以根据调查结果推断总体。非概率抽样不依赖随机原则抽取样本，样本统计量的分布也是不确定的。非概率抽样就是调研人员根据自己的方便或主观判断抽取样本的方法，因此无法根据调研结果推断总体。

4.2　市场调研和数据录入

4.2.1　市场调研流程

假如某家公司要进行产品的市场拓展，那么首先需要了解用户的需求、用户对产品的评价、市场营销趋势等信息，然后需要思考如何避免各种认知偏差、谬误、靠直觉做出的错误商业判断，如何在商业决策、产品设计、业务运营、市场营销中用客观的信息和数据分析形成深刻的商业洞察，这些都需要通过市场调研来确定。系统化地收集目标用户对现有产品或设计中的产品的反馈数据的过程，就是市场调研。

市场调研的一般流程如图 4-1 所示。

| 商业策略数据分析 |

图 4-1 市场调研的一般流程

（1）目标设定。在对行业的分析调研中，拆解目标，提取关键问题。

（2）调研前的准备。主要进行调研对象的选取和问卷设计。

（3）调研。一般通过座谈会、访谈、填写问卷等形式进行。

（4）数据处理与分析。审核数据、录入数据库、统计分析和数据挖掘。

（5）拟写调查报告。总结调查结论，形成决策建议。

本节主要为读者介绍前三部分的内容，后两部分的内容属于另外的数据分析和调查报告编写的内容。

HS是某市银行，为了科学地策划理财产品，分析产品的发展状况，推动HS银行理财产品销售，计划进行理财产品创新，通过调研着重了解用户对理财产品的认知与选择、HS银行在市场中的排名，从而发现并捕捉新产品的机会。HS银行将与M咨询公司合作，对重点地区目标消费人群进行访谈调研，获得及时、深入的用户洞察，了解用户的需求。

4.2.2 市场调研目标设定

在调研前需要设定一个调研目标。比如，在用户需求分析方面，明确用户需要什么样的理财产品，用户对理财产品的偏好及认知；在市场竞争方面，了解HS银行的理财产品所处的竞争地位；在创新型理财产品设计方面，了解用户认可的同类产品是什么、哪些产品与什么特质的用户比较匹配等。

在此阶段，我们可以通过研究报告、行业研究等深入了解其背景和现状，这个过程也被称为文案研究。

4.2.3 市场调研前的准备工作

下面通过一个例子讲解市场调研前的准备工作。比如，我们要结合HS银行理财产品，介绍一个市场调研项目的完整流程、展示选取关键问题常用的市场分析方法及实现过程。那么，我们应该如何准备？

在开展市场调研之前，需要完成两项工作，首先是对访谈客群进行定位、抽样，其次是设计调查问卷。调查问卷可以分为结构化问卷和非结构化问卷。非结构化问卷是指仅列出问题，不设置可供选择的备选答案的问卷，又被称为开放式问卷。比如，专家访谈、座谈会等。结构化问卷是指提出问题的同时，也提供备选答案。

完整的市场调研分为案头研究、定性访谈、定量调研三个阶段。案头研究主要是了解行业背景，形成对研究问题的初步认识。访谈所面对的行业专家包括公司内部业务人员组成的内部专家和行业内比较权威的外部专家。早期会问一些开放式问题，后期会问一些只有题干而没有备选答案的问题。定量调研主要使用选择题形式的结构化问卷，基本上都是一些浅显的问题，主要是对案头研究和定性访谈阶段中形成的认识和观点进行数据佐证。

市场调研方法种类繁多，常见的有焦点小组座谈会、深度访问、实验市场和产品试销、定点拦截访问、中心定点访问、网上调查问卷、电话调查访问等。调研方式和抽样方式在理论上是正交的，但是实际上不同的调研方式与某些抽样方式配合较多，因此与数据采集方法不同。前面讲解的抽样调查主要分为概率抽样和非概率抽样，而市场调研方法在使用过程中可能涉及概率抽样，也可能涉及非概率抽样，因此需要深入理解每个市场调研方法的使用方式。

深度访问指的是一对一访问的形式，由一个掌握高级技巧的调研人员深入地访问一个被调研者，以揭示对某个问题的潜在动机、信念、态度和感情。深度访问通常采用非概率抽样方式，包括判断抽样、定额抽样和滚雪球抽样等。深度访问从本质上来说和焦点小组座谈会是同一类型的，深度访问在一般情况下会找行业专家进行访谈，有内部专家，也有外部专家（权威）。当完成案头研究之后，就会找行业专家做深度访问。这种方式的调查结果会更加深入、真实地反映被调研者的诉求，当然也不可避免地造成了深度访问需要的时间更长、成本更高。

焦点小组座谈会，通常可以理解为几个人座谈，主要应用于调研中期。对公司内部业务专家的访谈，主要关心产品特征、市场定位、业绩情况、售后情况。对重点消费者的访谈，主要关心他们的购买产品情况、使用情况、满意度情况等。焦点小组座谈会通常采用非概率抽样方式，包括偶遇抽样、判断抽样和定额抽样等。这种方式的优点是能够深层次地理解某个群体的喜好，但也存在缺点，那就是当样本数量太少时不能代替整个市场的情况，而且成本高、无法量化评价指标，仅可作为探索性调研等。

／商业策略数据分析／

实验市场和产品试销。一般在访问之后还需要通过实验市场和产品试销的方式让用户试用产品，从而实现在有限且精心挑选的市场（试销市场）中进行模拟销售。这些试用的用户也是经过精挑细选的优质用户，往往是从焦点小组座谈会的用户中抽选的。一般使用概率抽样或非概率抽样（偶遇抽样）方式。其优点是可以精选消费者样本、符合实际分布情况、有针对性，但是不可避免地出现方式复杂、费用多等问题，同时还要对现场进行掌控。

定点拦截访问，可以理解为类似守株待兔的访问方式，在选定位置拦截过客进行调研，如在某银行网点大厅中，对到访用户进行询问访谈，一般情况下采用非概率抽样的方式（偶遇抽样）。定点拦截访问方式具有准备工作简单、成本低等优点，但是由于访问过程中带有一些随机性和不可控性，因此样本的代表性及均衡性稍差，受天气影响大，调研对象回答的真实性不确定。

中心定点访问，其形式更正式一些，访问内容与拦截访问内容类似，根据样本分配比例选择调研对象，按组分期、分批预约到指定测试点参与调研，可同时在多个地点进行。通常不是让调研对象填写问卷，而是将调研对象邀请到比较正式的访谈区域，在访谈时通过定额抽样等方式控制入围用户的样本情况。一般情况下采用概率抽样或非概率抽样（定额抽样）的方式。中心定点访问建立在考虑样本人口特征分配的基础上，因此得到的结果均衡性好，调研对象的答案相对真实，但是也存在整个过程麻烦且需要严格控制、成本高、对组织者要求高等缺点。

网上调查问卷，其形式是将问卷放到相关论坛等行业性网站上，由网友自由回答，当然也可以通过短信发送的形式控制填写问卷的用户。网上调查问卷一般采用概率抽样或非概率抽样（偶遇抽样）方式。由于作答的用户比较随机，而且网上填写问卷的用户相对来说具有一定的倾向性，所以从效果上更偏向于非概率抽样。网上调查问卷具有不受时间和空间限制、成本低等优势，但是不能保证样本的均衡性，也不能保证回答的真实性。

电话调查访问，主要通过设计问卷、主动外呼、采取问答的形式收集用户的意见。电话调查访问一般采用概率抽样或非概率抽样（偶遇抽样）方式。如果是概率抽样，则电话调查访问的效果比网上调查问卷的效果好一些，因为有时用户拒接电话的概率是比较低的，与用户通话能更加容易获取用户的意愿。经统计，电话调查访问的成功率能达到20%~30%，而网上调查问卷的成功率很低，达到1%~2%已经是很好的效果了。另外，电话调查访问具有样本均衡性好、不受时间和空间限制、结果可控等优点，同时也有成本高、需要激励措施保证答题顺畅进行等缺点。当然，电话调查访问的成本要比定点拦截访问的成本和中心定点访问的成本低很多，因为与用户通话并不需要专人调研，减少了这部分经济支出。

返回到本节提出的题目上，由于对理财产品情况尚不了解，尤其是在理财产品市场的整体情况和定位十分复杂的前提下，本项目采用深度访问（专家访谈）、焦点小组座谈会和中心定点访问相结合的方法。前面阶段属于定性分析阶段，通过与专家沟通快速抓住分析重点，便于设计量化问卷；后面阶段属于定量分析阶段，用于验证之前阶段的假设，可以采用分层随机抽样的方式。

以上就是我们的调研方式确认，下一个重要的问题就是设计问卷，首先要注意问卷中问题表述原则和注意事项。读者大多有被邀请填写调查问卷的经历，经验表明，过长的问卷会让调研对象难以认真填写，所以问卷一定要站在填写人的角度去设计。从问卷表述上来看，主要有以下几个方面的要求。

- 具体性。调查问卷的内容要具体，不提抽象、笼统的问题。也就是说，如果设计问卷的人自己都没想明白要问什么，那就不要着急设计问卷，先把前面的访谈等工作做好，把具体问题弄清楚。
- 单一性。在调查问卷中，一次只问一个问题。如果调查问卷中存在很多混杂的问题，而用户的时间比较紧张，就会导致不能专一地完成作答。所以，当一次提问很多问题时，很容易出现调研对象答非所问的情况。
- 通俗性。调查问卷中的语言要通俗易懂，不使用专业术语。很多参与问卷调查的用户不是专业人士，因此调查问卷的语言一定要通俗。
- 准确性。调查问卷用语准确，不用模棱两可、含糊不清、易产生歧义的语言。调查问卷中的选项一定要准确，每个选项的差异一定要明显。
- 客观性。问卷设计者态度要客观，不要有诱导性或倾向性。一般调查问卷先有一段描述，再给一个假设，最后进行提问。注意调查问卷中不要有误导性、侮辱性或政治问题等。
- 非否定性。一般来说，问卷题目避免使用否定句。

从调查问卷提出问题的结构来看，一般需要遵循以下几点。

- 按问题的类别、性质排列。
- 按问题的复杂程度进行排列，先易后难。
- 按问题的时间顺序排列。
- 降低阅读的复杂度。在设计问卷时，设置的问题是正反两方面的，看用户是否答得认真，这也叫作验证式问题，是问卷调研时的一种方法。问卷题目的设置要让用户按一个方向作答，就是均回答"是"或均回答"否"，避免用户有过多的阅读压力。

调查问卷主要包括以下几个方面的内容。

- 调研对象准入的问题。有些调研对调研对象有准入门槛，比如理财产品的购买者必须是有经济条件和行为能力的成年人，因此不要找年龄小于 24 岁的用户。
- 调研质量控制的问题。一般调研会采用分层抽样或定额抽样的方式，因此需要填写分层变量的信息，如年龄段、性别、学历等常见分层变量，这些问题将来在做用户画像或预测性模型时，充当解释变量的角色。
- 产品或服务相关属性的问题。比如，理财产品的期限、利率、风险等产品相关问题，用以获取调研对象的产品偏好，这些问题将来在做用户画像或预测性模型时，充当被解释变量的角色。
- 调研对象自身的问题。比如，人口基本信息、经济状况信息，这些问题将来在做用户画像或预测性模型时，充当解释变量的角色。不过在问卷中不要问过于隐私的问题，以免引起用户反感。如果是针对公司老用户的问卷调研，则尽量在 IT 系统中提取这部分信息。
- 调研对象产品购买偏好的问题。比如，信息获取渠道、产品购买渠道、购买时机方面的问题，这些问题将来在做用户画像时，充当解释变量的角色。
- 用于特殊目的的问题。有些分析会涉及制作用户感知图，因此问卷中会问一些用户对本公司和其他公司产品的比较和相似性打分的问题。

在设计问卷时，调查问卷的问题类别主要包括以下几类。

- 是非题（二选一）。
- 选择题（单选、多选）。
- 顺位题（序列题）。
- 赋值题（标尺法）。
- 核对题（矩阵法）。
- 自由回答题（开放题）。

其中，是非题、选择题和顺位题是最常见的问题，赋值题和核对题对应的分析方法是多维尺度分析、对应分析等方法。

问卷的设计方式直接决定了访问是否可以获得真实有用的调研对象的信息。问卷的设计原则与调研执行方法应该尽量符合调研对象对调查内容的心理接受程度，能够使每次访问都在轻松愉快的气氛中进行，并且保证所收集到的信息都是明确统一和高度定量化的。接下来详细解释4种常见的问卷设计题型和具体的编码设计。

1. 单选题

单选题指答案只能有一个选项。

例：请问您的投资出现何种程度的波动时，您会呈现明显的焦虑？（单选）

- 低于收益预期　　　　　　　　1
- 低于同期银行存款利率　　　　2
- 出现轻微本金损失　　　　　　3
- 出现本金10%以内的损失　　　4
- 出现本金10%以上的损失　　　5

此时问卷编码只定义一个变量，值为1、2、3等选项。在录入时录入选项对应值即可，如选择"出现轻微本金损失"，则录入"3"。

2. 多选题

多选题指答案可以有多个选项，其中又有项数不定多选和项数定多选之分。

例：请问您投资过以下哪类产品？（多选）

- 信托　　1
- 债券　　2
- 储蓄　　3
- 基金　　4
- 股票　　5
- 保险　　6
- P2P　　7
- 外汇　　8

在录入编码时采用二分法编码，把每个选项定义为一个变量，未选的变量值为"0"，选中的变量值为"1"。在录入时把调研对象选中的选项录入"1"，把没

107

选中的选项录入"0"。

还有一种多选题限制了选项的数目。

例：请问您选择理财产品最关注的因素是什么？（选两项）

- 预期收益率　　1
- 投资期限　　　2
- 投资标的　　　3
- 手续费　　　　4
- 是否保本　　　5
- 购买渠道　　　6
- 其他　　　　　7

此时编码仍采用二分法编码，或者定义两个变量，值分别为选中的两个选项。在录入时如调研对象选择了"投资期限"和"手续费"两个选项，则第一个变量的值为"2"、第二个变量的值为"4"。

3. 排序题

排序题是对选项重要性进行排序。

例：在选择理财产品时，您认为下面这些因素的重要性顺序是：（1表示最重要，请按照重要性顺序在括号中依次列出来）

- 预期收益率高　　　1　　（　）
- 期限灵活　　　　　2　　（　）
- 手续费低　　　　　3　　（　）
- 渠道值得信赖　　　4　　（　）
- 风险低　　　　　　5　　（　）
- 购买方便　　　　　6　　（　）

在编码时定义6个变量，分别代表第1位到第6位。录入的数字1、2、3、4、5、6分别代表6个选项，如调研对象把"风险低"排在第1位，则在代表第1位的变量下输入"5"。

4. 开放题

开放题指调研对象可自由填写，可填写数字或文字。

例 1：您常在哪家银行购买理财产品？_____

例 2：您是否会推荐 AZY 银行的理财产品给您的朋友？（开放式）

推荐　　　　1（勾选）

理由是 _____

不推荐　　　2（勾选）

理由是 _____

在编码时，一个变量不定义具体值，录入调研对象实际填入的数值或文字。如果答案内容为文字，则需要做定性分析，因此在强调定量分析的问卷中一般不多设开放题，而是把可能的结论归纳为若干个选项。

4.2.4　实施调研

调研前的准备工作完成之后，接下来就要进行具体的调研了，按照之前的分析，采用专家访谈、焦点小组座谈会和中心定点访问相结合的方法进行调研。

首先进行专家访谈，邀请行业专家、理财产品设计专业人士参加专家访谈。需要搜集、开拓理财产品设计的大体思路。

需要事先准备专家访谈提纲，访谈提纲一般是非结构化或半结构化的。非结构化提纲类似专家访谈，基本上都是开放式的问题，有可能连底稿都没有，直接向专家请教。半结构化提纲就是按照前期调研的情况，根据行业研究结果整理出一系列的问题，这些问题是按照从宏观到微观、从标杆行到案例行的问题一一列出来的。案例提纲如下：

理财产品的理解 & 案例分享

目标：了解设计理财产品需要考虑的因素，理财产品市场分析。

内部问题清单：

请您全面地介绍一下理财产品在设计过程中需要综合考虑的因素有哪些。

请您全面地介绍一下时下银行理财产品的现状，包括产品类型、规模、竞争情况等方面的问题。

您认为时下理财产品的市场发展趋势是怎样的？

您设计的理财产品有哪些？如可能，请分享行业案例。

……

之后召开焦点小组座谈会。此阶段是邀请用户共同参与的，一般用户参加的都是半结构化访谈，需要用户口头回答问题。比如，可以从数据库中选取 8 名用户，邀请参加座谈会。访谈由经验丰富且经过严格项目培训的访谈员主持，访谈员的年龄为 20~35 岁，性格开朗、善于沟通，知道或了解基本的理财信息。根据调研目标和关键问题提前制定访谈提纲，将访谈时间控制在 2 小时左右。

需要事先准备座谈会大纲，案例提纲如下：

理财产品的选择动机

目标：了解理财用户在选择理财产品时的主要考虑因素。

内部问题清单：

请问您投资过哪些理财产品？

您都是通过哪些途径了解以上理财产品的？

在选择理财产品的过程中，主要考虑的因素有哪些？

市场上有哪些理财产品是您期望购买但未能实现的？

将用户引导至舒适的调研场所并为用户提供舒适的回答环境。调研问卷一般是结构化问卷，基本上是单选题、多选题，少部分是问答题。之后按照编码规定录入问卷数据，这就是实施调研的具体过程。

4.3 数据预处理基础

4.3.1 数据预处理基本步骤

数据问题主要可以归纳为以下 3 部分。

1. 单变量数据问题

- 连续型变量异常值（可能是离群值，也可能是异常值）。
- 分类型变量含有稀有水平（出现次数较少的类别）或错误值。
- 缺失值、单一值。
- 时间序列的噪音值。

总体来说，此类问题与后续采用何种算法没有关系。

2. 单变量数据分布问题

- 修改连续型被解释变量的数据分布。
- 修改输入的连续型变量的数据分布。

此类问题与后续选取的统计分析模型有关系。

3. 两个变量间的关系问题

- 两个连续型解释变量之间的高度线性关系。
- 连续型解释变量和连续型被解释变量非线性关系线性化。
- 连续型解释变量和二分类被解释变量 Logit 之间非线性关系线性化。

数据预处理基本步骤如下。

（1）错误数据识别与处理。

（2）连续型变量离群值识别与处理。

（3）分类型变量概化处理。

（4）缺失值处理。

（5）连续型变量分布形态转换。

（6）连续型变量中心标准化或归一化。

（7）变量降维。

（8）WoE 转换。

接下来对每个步骤进行详细介绍。

4.3.2 错误数据识别与处理

数据分析一般属于数据价值流的后端，在这个阶段识别数据错误的成本较高，一般采用识别异常值的方式发现错误值。异常值是指有悖常理的取值，可能是错误值，也可能是离群值。

通过观察直方图数据分布的情况，我们可以快速发现和找出异常值数据，在发现数据的异常之后可以回溯数据的来源找出问题所在，从而对其进行修正或删除。

修正的方法如下。

- 如果有足够多的信息，则直接补充正确信息。

- 在信息不足的情况下，对照其他信息源进行修正。
- 若所有的信息都不能支撑我们补充该信息，则将其视为空值。

对于错误的异常值数据，还可以进行以下删除操作。

- 删除记录。
- 删除字段操作。

下面是错误数据识别与处理案例（电信精准营销 Python 代码）。

```python
import pandas as pd
import os
import numpy as np
# 导入数据
camp = pd.read_csv('teleco_camp_orig.csv')
# 脏数据或数据不正确
import matplotlib.pyplot as plt
plt.hist(camp['AvgIncome'], bins=20, normed=True)# 查看人均收入分布情况
```

人均收入分布图如图 4-1 所示。

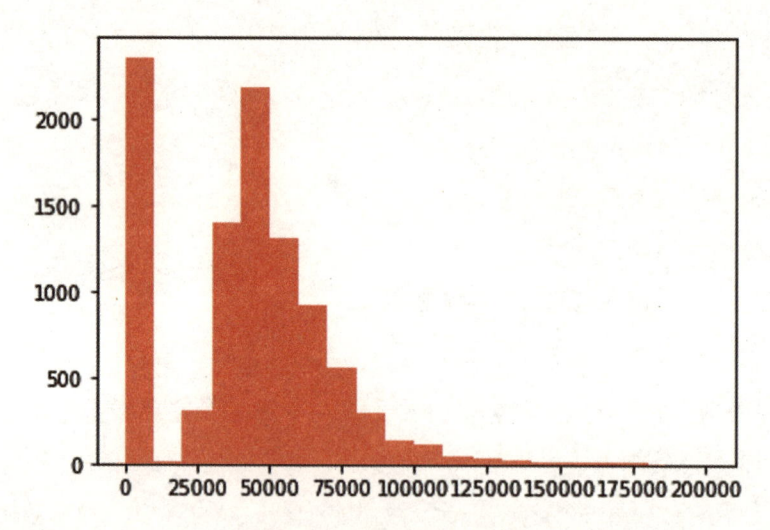

图 4-1 人均收入分布图

```
camp['AvgIncome'].describe(include='all')
Out[ ]:
count          9686.000000
```

```
mean          40491.444249
std           28707.494146
min               0.000000
25%           24464.000000
50%           43100.000000
75%           56876.000000
max          200001.000000
Name: AvgIncome, dtype: float64
# 查看数据分布情况
plt.hist(camp['AvgHomeValue'], bins=20, normed=True)
```

AvgHomeValue 变量分布图如图 4-2 所示。

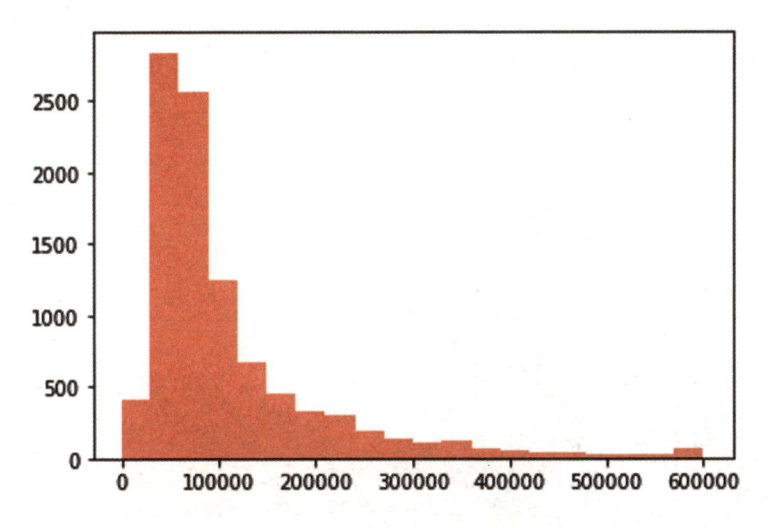

图 4-2 AvgHomeValue 变量分布图

```
camp['AvgHomeValue'].describe(include='all')
Out[ ]:
count       9686.000000
mean      110986.299814
std        98670.855450
min            0.000000
25%        52300.000000
50%        76900.000000
75%       128175.000000
```

```
max            600000.000000
Name: AvgHomeValue, dtype: float64
# 这里的0值应该是缺失值，处理0值。
camp['AvgIncome']=camp['AvgIncome'].replace({0: np.NaN})
# 像这种从外部获取数据要小心，经常意义不清晰或出现错误值。
AvgHomeValue变量也有这种情况
plt.hist(camp['AvgIncome'],
bins=20,
normed=True,
range=(camp.AvgIncome.min(),camp.AvgIncome.max())# 由于数
据中存在缺失值，因此需要指定绘图的值域
```

处理零值后的 AvgHomeValue 变量分布图如图 4-3 所示。

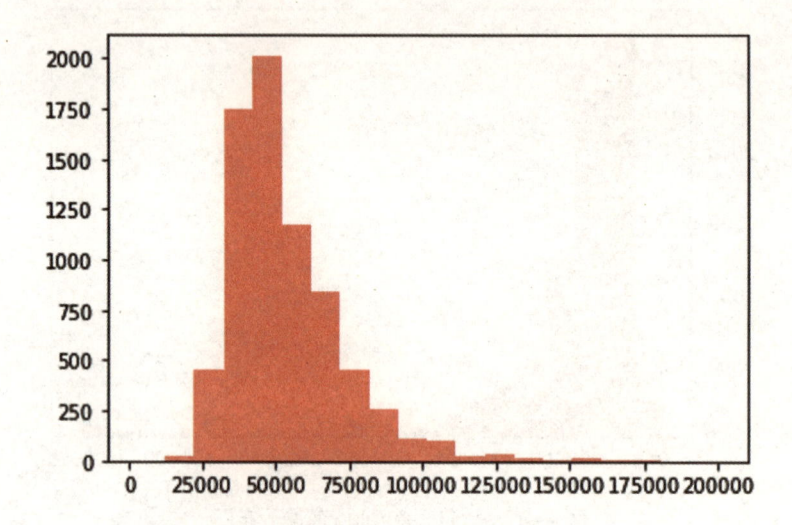

图 4-3　处理零值后的 AvgHomeValue 变量分布图

```
camp['AvgIncome'].describe(include='all')
Out[ ]:
count       7329.000000
mean       53513.457361
std        19805.168339
min         2499.000000
25%        40389.000000
50%        48699.000000
```

```
75%        62385.000000
max       200001.000000
Name: AvgIncome, dtype: float64
camp['AvgHomeValue']=camp['AvgHomeValue'].replace({0:
np.NaN})
#将0替换为缺失值
plt.hist(camp['AvgHomeValue'],
        bins=20,
normed=True,
range=(camp.AvgHomeValue.min(),camp.AvgHomeValue.max())
)#由于数据中存在缺失值，因此需要指定绘图的值域
```

含有缺失值的 AvgHomeValue 变量分布图如图 4-4 所示。

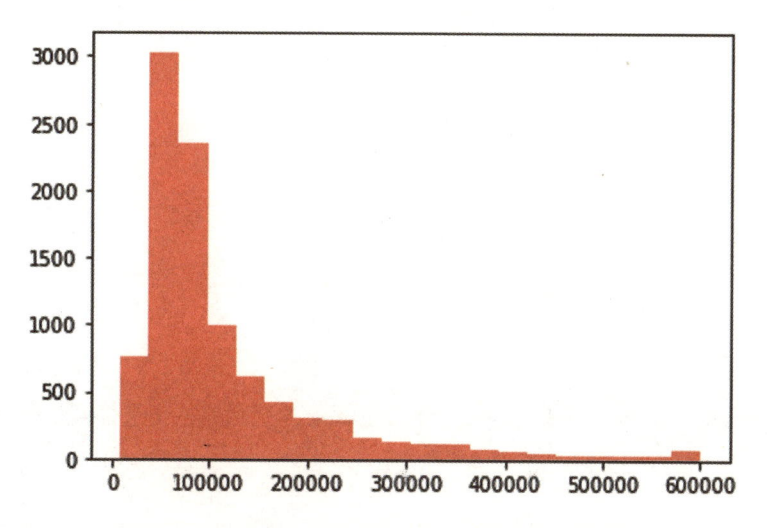

图 4-4　含有缺失值的 AvgHomeValue 变量分布图

```
camp['AvgHomeValue'].describe(include='all')
Out[ ]:
count      9583.000000
mean     112179.202755
std       98522.888583
min        7500.000000
25%       53200.000000
50%       77700.000000
```

```
75%        129350.000000
max        600000.000000
Name: AvgHomeValue, dtype: float64
```

4.3.3 连续型变量离群值识别与处理

利用盒须图、散点图等进行协同分析，可以方便地发现连续型变量是否存在疑似离群值，也可以用平均值法直接计算，平均值 $\pm n$ 倍标准差之外的数据（SR）被视为离群值，建议的临界值如下。

- |SR| > 2，用于观察值较少的数据集。
- |SR| > 3，用于观察值较多的数据集。

四分位数法：

IQR = Q3 − Q1

Q1 − 1.5 × IQR ~ Q3 + 1.5 × IQR

离群值和错误值在概念上很容易区分，但是在实际操作中针对每个样本的数据就很难区分，主要原因是识别这两类问题使用的分析手段是相同的。

如果排除数据是由错误造成的，则可以认定为离群值。离群值指该样本取值超出了合理的范围，如做小微企业贷款分析，有的企业年收入超过 2 亿元。

可以直接删除离群值样本，也可以使用盖帽法、分箱法、WoE 法等进行处理。

盖帽法是将某连续型变量均值上下三倍标准差范围外的记录替换为均值上下三倍标准差值，即盖帽处理，如图 4-5 所示。

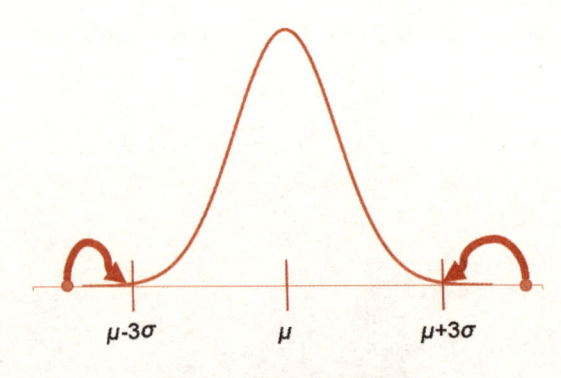

图 4-5 盖帽法处理案例

在 Python 中可自定义函数完成盖帽法处理。下面的代码定义闭包函数 blk()，参数 floor 表示数据的下限，参数 root 表示数据的上限，默认凡是小于 floor 和大于 root 的值将会被 floor 与 root 替代：

```
def blk(floor, root): # 'blk' will return a function
    def f(x):
        if x < floor:
            x = floor
        elif x > root:
            x = root
        return x
    return f

q1 = camp['Age'].quantile(0.01)  # 计算百分位数
q99 = camp['Age'].quantile(0.99)
blk_tot = blk(floor=q1, root=q99)  # 'blk_tot' is a function
camp['Age']= camp['Age'].map(blk_tot)
camp['Age'].describe()
```

未处理噪声的变量直方图和处理完噪声的变量直方图分别如图 4-6 和图 4-7 所示。

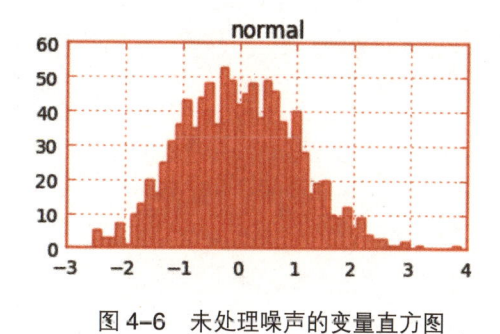

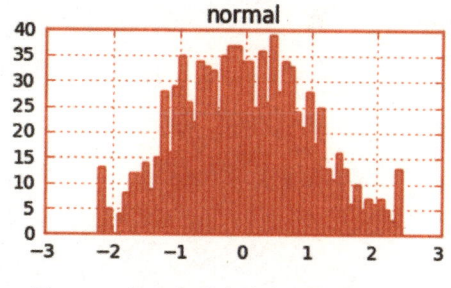

图 4-6　未处理噪声的变量直方图　　图 4-7　处理完噪声的变量直方图

4.3.4　分类型变量概化处理

利用条形图、饼图等图形可以发现分类型变量中是否含有稀有水平或错误值。识别出的占比极少的观察个体可能是稀有水平或错误值。

概化处理主要分为 3 个方面，分别如下。

- 简单合并，将占比少的水平直接合并为一个大类。原则上要求合并后的大类样本占比大于 5%，样本量不应低于 50 个。
- 事实合并，根据每个水平内被解释变量的均值、P 值、Logit 值的大小进行合并。原则上要求合并后的大类样本占比大于 5% 且样本量不应低于 50 个。
- 基于算法的合并，该方法经常与分箱方法结合使用。分箱方法是常用的消除异常值、离群值、极端值的方法。连续型变量分箱算法包括对连续型变量进行等距分箱、等频分箱，分类型变量则是对水平进行合并。图 4-8 所示是常用的分箱方法。对于分类型变量，如果取值个数很多，则将其合并为个数较少的几个水平。例如，将省份分为"{北，上，广}，{苏，浙，皖}，{黑，吉，辽}，{闽，粤，湘}，其他"。

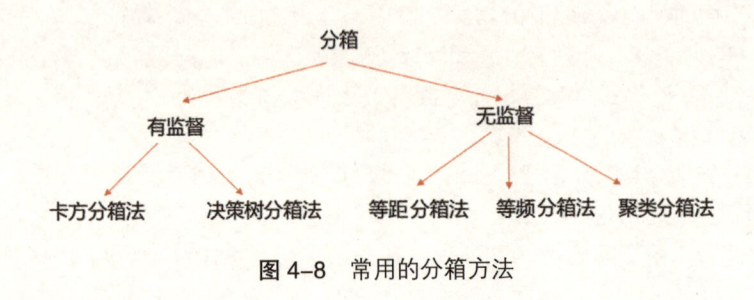

图 4-8　常用的分箱方法

4.3.5　缺失值处理

在市场调研过程中，很多原因都会导致数据的缺失。在调研阶段，调研对象可能拒绝回答某些问题，如关于调研对象的收入及其他较为隐私的问题，这些问题的空白处就是数据缺失的表现。在数据整理阶段，也会出现数据缺失的现象，研究人员会将明显不符合实际的数据删除。因此，即使做到万无一失的控制，仍然会有数据的缺失。倘若是较小规模的数据缺失，则对调研结果的影响不太大；如果是大规模的数据缺失，那么后果就比较严重了，会导致调研结果和真实结果完全不符。具体来说，数据缺失的影响主要表现在：第一，增大了估计误差；第二，导致有偏差的样本估计。

在对缺失数据进行处理前，了解数据缺失的机制是十分必要的。数据的缺失分为解释（X）变量数据的缺失与被解释（Y）变量数据的缺失。数据集中不含缺失值的变量（属性）被称为完全变量，数据集中含有缺失值的变量被称为不完全变量，

Little 和 Rubin 定义了以下 3 种不同的数据缺失机制。

- 完全随机缺失：数据的缺失与不完全变量及完全变量均无关。
- 随机缺失：数据的缺失仅依赖完全变量。
- 非随机、不可忽略缺失：不完全变量中数据的缺失依赖不完全变量本身，这种缺失是不可忽略的，往往会造成有偏差的样本估计。

缺失值的处理方式主要有删除法和插补法。删除法主要应用于 Y 变量数据缺失的情况，即直接删除 Y 缺失的样本。如果 X 变量数据有缺失，则可以采用插补法进行修复。而插补法又分为单一插补法、多重插补法和截断数据处理。

单一插补法主要应用于完全随机缺失数据，又可以细分为推理插补法、集中性统计量插补法、邻近插补法和比率或回归插补法。这几种方法的应用还是有些差异的，具体差异如下。

- 推理插补法适合在缺失值可以通过业务知识推断出来的情况下使用。
- 集中性统计量插补法用于对随机缺失的数据进行处理，分为均值插补法、中位数插补法和众数插补法。其中，对称分布的连续型变量使用均值插补法，偏态分布的连续型变量使用中位数插补法，分类型变量使用众数插补法。
- 近邻插补法适用于前后数据相关的情况，如时间序列数据。
- 比率或回归插补法通过一定规则进行填补，与多重插补法类似。

对于非完全随机缺失的数据，可以使用多重插补法，该方法用其他 X 变量数据预测当前变量数据，切不可用 Y 变量数据预测缺失的 X 变量数据。

截断数据处理方法用于处理非随机、不可忽略的缺失数据。

从处理原则看，首选基于业务的填补方法，其次根据单变量分析进行填补，多重插补的填补方法只有在粗略清洗数据时才会使用。

在处理缺失数据时先从行的角度看，若一个样本数据缺失比较严重，则直接删除该样本数据，然后从列的角度分析每个变量。处理缺失数据的流程（如图 4-9 所示）如下。

- 横向观察样本数据缺失是否过多，缺失数据过多的样本可将其删除。
- 纵向观察每个，连续型变量的缺失值可以考虑用均值或中位数进行填补，离散型变量可以使用众数填补（如教育程度），字符型变量可设置为"未知"。

此外，有些缺失数据可以通过对比其他数据源获取，或者通过分类建模、聚类均值进行填补。

❷ 再纵向分析每个变量数据的缺失情况

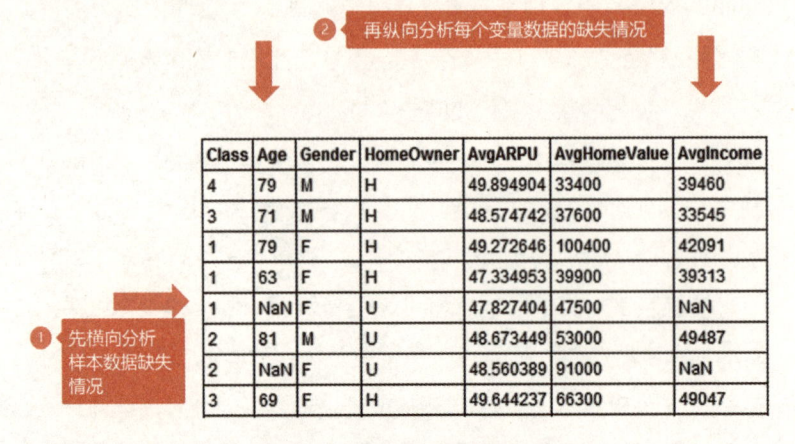

Class	Age	Gender	HomeOwner	AvgARPU	AvgHomeValue	AvgIncome
4	79	M	H	49.894904	33400	39460
3	71	M	H	48.574742	37600	33545
1	79	F	H	49.272646	100400	42091
1	63	F	H	47.334953	39900	39313
1	NaN	F	U	47.827404	47500	NaN
2	81	M	U	48.673449	53000	49487
2	NaN	F	U	48.560389	91000	NaN
3	69	F	H	49.644237	66300	49047

❶ 先横向分析样本数据缺失情况

图 4-9　缺失数据分析流程

在分析每个变量的缺失情况时遵循如下原则。

- 当缺失数据少于 20% 时，连续型变量一般使用均值或中位数填补。分类型变量可以将缺失部分单算一类，也可以用众数填补。
- 当缺失数据为 20%~80% 时，填补方法同缺失数据小于 20% 的情况。另外，每个有缺失数据的变量需要生成一个指示哑变量，参与后续的建模。
- 当缺失数据大于 80% 时，每个有缺失数据的变量生成一个指示哑变量，参与后续的建模，不使用原始变量。

比如，对于图 4-10 中不完整的数据，通过填补和使用指示哑变量可以完成对缺失数据的处理。不完整数据的均值为 30，可以用来填补缺失值，并在指示哑变量中标记 1，以示区分。

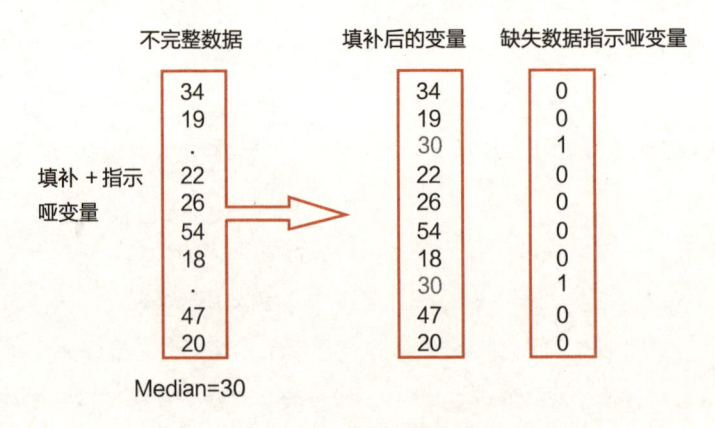

不完整数据	填补后的变量	缺失数据指示哑变量
34	34	0
19	19	0
.	30	1
22	22	0
26	26	0
54	54	0
18	18	0
.	30	1
47	47	0
20	20	0

填补 + 指示哑变量

Median=30

图 4-10　填补缺失数据

下面对时间序列数据进行异常值处理。假如图 4-11 是某个信用卡中心每天交易额的数据集，经过观察发现在某天有一个异常值。这个异常值有可能是错误的，也有可能是离群值，需要通过分析确定。从时间维度看，这个异常值出现在 2013 年 3 月 9 日，挨着"三八妇女节"，并且是周六，很容易出现消费值较高的情况，所以该异常值是离群值的可能性较大。

对于这样的离群数据，我们仍然需要处理。因为时间序列是用来整体预测趋势的，而这个离群值明显不是正常预测范围的。应该把节日因素剔除，用合理推断的方式选取最合适的数值进行替换，一般可以用其他周六交易额的均值替代。在遇到节假日干扰因素时，最简单的方法就是求节假日实际交易额与以往平均交易额的差值，在预测第二年节假日交易额时，在原有基础上加上这个差值即可。因此，在做时间序列分析时，无论是阳历的节假日，还是阴历的节假日，其实都要做这样的处理，这些都是合理推断的方法。

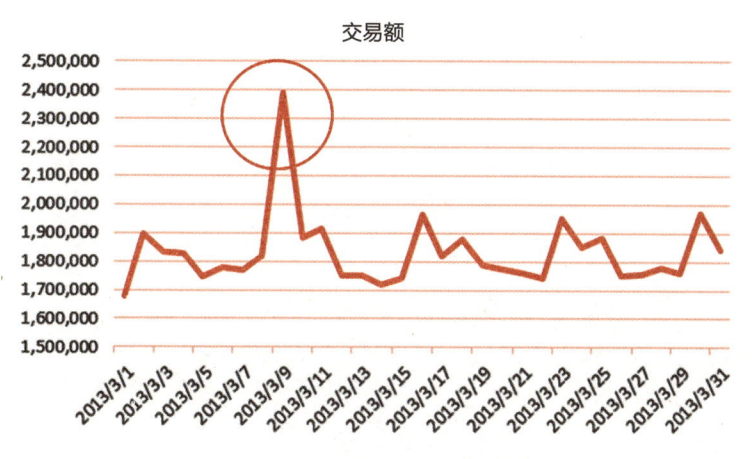

图 4-11　某信用卡中心交易额数据

对此，有两种方法处理噪声。一种是简单移动平均法，要求各元素的权重都相等。简单移动平均法的计算公式为：

$$F_t = (A_{t-1} + A_{t-2} + A_{t-3} + \cdots + A_{t-n})/n$$

另一种是加权移动平均法，加权移动平均法给固定跨越期限内的每个变量值以不相等的权重，其原理是历史各期产品需求的数据信息对预测未来的需求量的作用是不一样的。除以 n 为周期的周期性变化外，远离目标期的变量值的影响力相对较小，故应给予较低的权重。加权移动平均法的计算公式为：

$$F_t = W_1 A_{t-1} + W_2 A_{t-2} + \cdots + W_n A_{t-n}$$

4.3.6 连续型变量分布形态转换

连续型变量本身存在一定的分布形态，自然科学中的很多变量服从正态分布，如身高、降雨量等。但是很多社会科学中的变量会出现所谓"幂律"现象，即存在右偏等情况，当我们需要调整连续型变量分布形态时，通常可以采用3种方法。

第一种是百分位秩。百分位秩就是把变量从小到大排列，然后依次赋予序列号，最后用总的样本量除以序列号，值域为[0,100]。

第二种是Tukey正态分布打分。先把变量转换为百分位秩，然后转换为正态分布。

第三种是变量取自然对数。对数的正态分布是右偏的，变量取对数之后可以转换为正态分布的状态，有时根据数据的实际情况可能需要取两次自然对数。数学表达式如下：

$$A = \ln(x)$$

这3种方法对比来看，非对称变量在聚类分析中选用百分位秩和Tukey正态分布打分比较多，在回归分析中取自然对数比较多。因为商业上的聚类模型关心的是用户的排序情况，而回归模型关心的是其具有的经济学意义，自然对数表达的是百分比的变化。

4.3.7 连续型变量中心标准化或归一化

对连续型变量的中心标准化是主成分等分析方法默认的，具体公式为：

$$A = \frac{x_i - \text{mean}(x)}{\text{std}(x)}$$

而极差标准化和中心标准化类似，只不过值域为[0,1]，该方法没有命令可以实现，只能用公式编程完成，公式为：

$$A = \frac{x_i - \min(x)}{\max(x) - \min(x)}$$

图4-12所示是原始变量及经过中心标准化和极差标准化后的数据分布图。

a. 原始变量

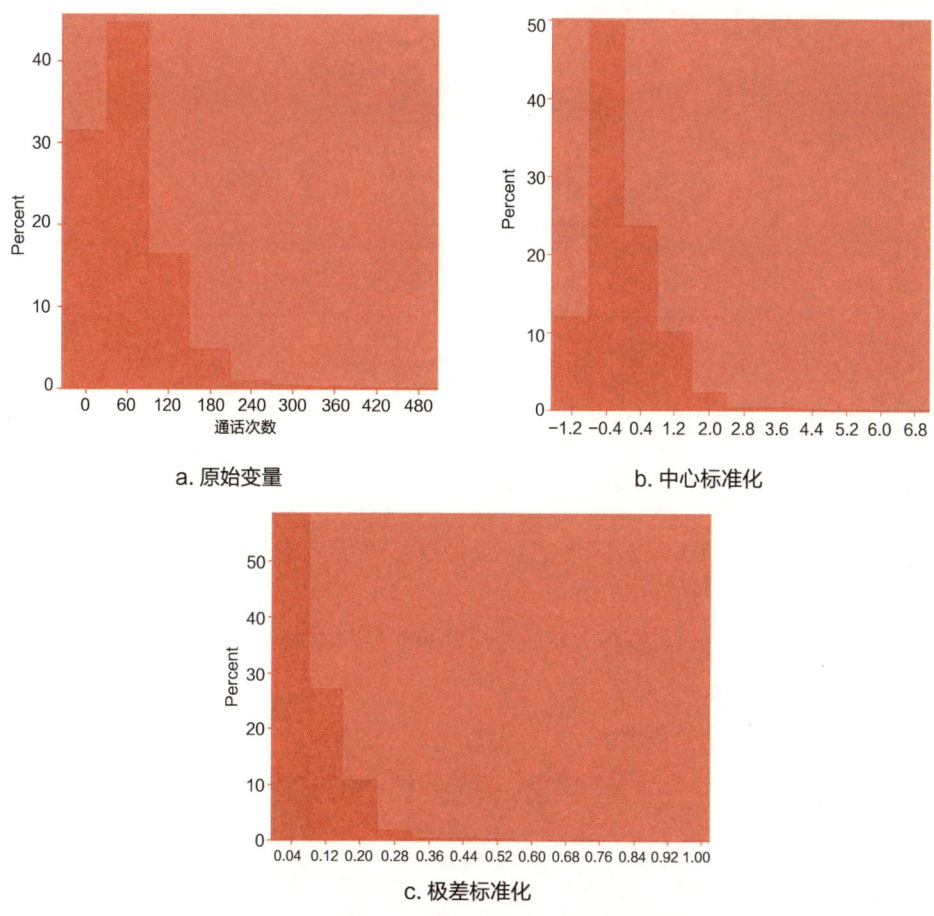

b. 中心标准化

c. 极差标准化

图 4-12 原始变量及经过标准化后的数据分布图

4.3.8 变量降维

变量降维分为两种不同的类型。一种是连续型变量降维，另一种是分类型变量降维。连续型变量降维指的是很多变量之间相关性比较强，出现了变量共线性的问题，因此需要通过降维减少变量的数量。常见的连续型变量降维分为主成分分析、因子分析和变量聚类等方法。分类型变量降维使用概化处理。具体变量降维方式如图 4-13 所示。

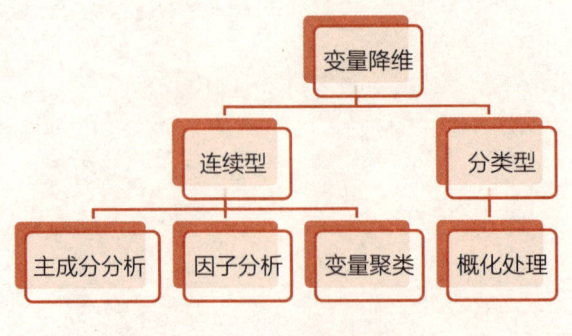

图 4-13 变量降维方式

4.3.9 WoE 转换

在讲解 WoE 转换前先介绍连续型变量分箱。分箱方法通过考察数据的"近邻"来光滑、有序数据的值，使有序值分布到一些桶或箱中。通常分为两种方法，分别是等深分箱和等宽分箱。等深分箱是每个分箱中的样本量一致，等宽分箱是每个分箱中的取值范围一致。

比如，排序后的价格数据：4,8,15,21,21,24,25,28,34。

进行等深分箱：

- 箱 1: 4,8,15。
- 箱 2: 21,21,24。
- 箱 3: 25,28,34。

进行等宽分箱：

- 箱 1: 4,8。
- 箱 2: 15,21,21,24。
- 箱 3: 25,28,34。

WoE 转换方法经常作为"根据事实合并"和"基于算法合并"的后续操作，尤其在信用评分卡技术中被广泛应用。

其中，WoE 编码操作是一种用数值代替非数值的操作，目的是让模型能够对其进行数学运算。在评分卡模型开发中，完成变量的分箱后，所有的变量都变成了组别，此时需要对其进行编码才能进行下一步的建模。在评分卡模型中常用 WoE（Weight of Evidence）的形式进行分箱后的编码，其计算公式如表 4-1 所示。

表 4-1　WoE 值的计算过程

Bin	BadCount	GoodCount	BadPercent	GoodPercent	WoE
1	B_1	G_1	B_1/B	G_1/G	$\ln(\frac{G_1/G}{B_1/B})$
2	B_2	G_2	B_2/B	G_2/G	$\ln(\frac{G_2/G}{B_2/B})$
……	……	……	……	……	……
N	B_N	G_N	B_N/B	G_N/G	$\ln(\frac{G_N/G}{B_N/B})$
Total	$B=\sum B_i$	$G=\sum G_i$			

WoE 的计算公式也可以是：

$$\ln\left(\frac{B_1/B}{G_1/G}\right)$$

公式的不同只会影响回归系数的正负号。注意在一个项目中公式不可以调换。

4.4　本章练习题

（单选题）一项针对某城市小微企业税收扶持和税收种类的调研，本打算调研 500 家企业，但忽然发现税务中心的数据库中已存有这项调研数据，并且有权限获取这份数据，请问这是什么类型的调研方式？（　　）

A、分层抽样

B、概率抽样

C、非概率抽样

D、非抽样调查

答案：D

解析：本题考查对抽样调研方式的理解。本题全部企业数据都在税务中心的数据库中，并且不只包含这 500 家企业的数据，这种情况属于非抽样调研。因此本题选 D。

（单选题）关于多选题和单选题的优缺点，说法不正确的是（　　）。

A、多选题比单选题提供的信息量大

B、单选题提供的信息量相对较少，但比较便于后期编码和统计分析

C、单选题和多选题可以同时被放在一张问卷中

D、一般尽量使用多选题，因为提供的信息量多，信效度分析和统计分析比较容易

答案：D

解析：本题考查多选题和单选题的区别。选项 D 表述错误，在一般问卷设计中多使用单选题，因为多选题虽然提供的信息量多，但是信效度分析和统计分析相对于单选题复杂。其余选项表述均正确，因此本题选 D。

（单选题）在调查问卷中，调查员需要收集用户"是否购买过指定产品"的数据。如果从方便数据处理的角度出发，下列方法最适宜的是（　）。

A、需要编码为数值变量

B、需要编码为字符变量

C、需要编码为多分类型变量

D、需要编码为二分变量

答案：D

解析：本题考查调查问卷的设计。题目要求从方便数据处理的角度出发，那么采用二分变量的方式能够极为方便地提升数据的处理效率。题目中需要收集用户是否购买过指定产品的数据，只要将二分变量设为是或否，就能方便地进行统计。因此本题选 D。

（单选题）"将总体中的所有单位（抽样单位）按一定顺序排列，在规定的范围随机抽取一个单位作为初始单位，然后按事先规定好的规则确定其他的样本单位"，这种抽样方法被称为（　）。

A、多阶段抽样

B、分层随机抽样

C、简单随机抽样

D、系统抽样

答案：D

解析：本题考查对抽样方法的理解。A 选项多阶段抽样一般是按照单位顺序从大到小进行抽样的。B 选项分层随机抽样一般是按照性别、年龄等属性

进行分层后再抽样的。C 选项简单随机抽样是不加任何限制地从总体的所有单位中随机进行抽取的。题干的描述符合系统抽样的定义，因此本题选 D。

（多选题）下面的抽样方法属于非概率抽样方法的是（　　）。

A、多段抽样

B、定额抽样

C、分层抽样

D、判断抽样

答案：BD

解析：选项 A 和 C 均属于概率抽样的方法。

（单选题）如果准备观察单维数据的异常值，优先使用以下哪种图形？（　　）

A、箱形图

B、甘特图

C、雷达图

D、K 线图

答案：A

解析：本题考查对箱形图的理解。观察单维数据的异常值应优先使用盒须图，即箱形图。甘特图通常用于项目管理。雷达图可以对多维数据进行展示。K 线图一般用于反映市场价格，如股票的价格。因此本题选 A。

（单选题）下列哪项方法对发现异常值有帮助？（　　）

A、使用均值 ±3 倍标准差设置阈值

B、梯度下降法

C、相关性分析

D、归一化处理

答案：A

解释：本题考查异常值的发现方法。选项 A 表述的信息是用均值 ±3 倍标准差构造的阈值范围来筛选异常数据。梯度下降法适用于计算最优值。相关性分析是对两个或多个具备相关性的变量进行分析，从而衡量两个变量的相关密切程度。归一化处理是将原始数据映射到统一范围，主要是为了数据处理更

127

加方便。因此本题选 A。

（单选题）下列哪项方法对发现异常值没有帮助？（   ）

A、均值加减标准差法

B、百分数法

C、聚类法

D、梯度下降法

答案：D

解析：本题考查异常值的发现方法。使用均值加减标准差法、百分数法和聚类法都是可以发现异常值的。梯度下降法是用于求解最优值的，与发现异常值无关。因此本题选 D。

（单选题）以下方法可以改变数据分布偏态的是（   ）。

A、对数据做归一化处理

B、对数据做 z-score 标准化

C、对数据取对数

D、以上都是

答案：C

解析：本题考查数据分布修改。A 选项归一化处理只能将数据限制在特定范围（0，1）内，无法改变数据分布的形态。B 选项对数据做 z-score 标准化可将数据的均值转换为 0、标准差转换为 1，并没有改变数据分布的形态。C 选项对数据取对数可将数据分布形态变为正态，是可以改变数据分布偏态的。因此本题选 C。

第 5 章　宏观业务分析方法...

在实际业务中，收集到的数据往往维度众多，将其全部纳入模型进行分析不仅会造成维度灾难，而且成本较高。本章主要从宏观业务角度出发，讲解大数据小分析的基本思想与合理性，并介绍常用的数据降维方法——主成分分析法与因子分析法。

5.1 矩阵分析法

矩阵分析法的基本思想是大数据小分析，所谓大数据小分析就是在做决策时对数据进行降维，以便决策者更加明确地了解事务的本质。因此，在学习矩阵分析法之前先引入维度分析的思想。

众所周知，无论是一个国家还是一家企业，在制定决策时，都不会询问每个人的意见。比如，对于国家而言，通常会收集各行各业代表的意见；对于企业而言，会选择一些有代表性的人员进行意见调研。同理，当我们需要对大量数据进行分析时，是否一定要纳入很多变量来构建模型呢？比如，实际上逻辑回归模型可纳入的变量个数是比较少的，那么当变量个数有成千上万个时，还可以构建逻辑回归模型吗？此时，就需要引入维度分析的思想，即选取在一些重要维度中有代表性的变量进行分析。比如，某电信公司想要预测用户是否流失，而影响用户流失的维度可能包括服务质量差、费用高等。那么，如何从各维度中选取有代表性的变量进行分析呢？一般来讲，在收集的数据中有很多是高度相关的，这表明这些变量很可能提供的是同一个维度的信息，这时就需要对数据进行压缩，从大量的数据中归纳出少量的、最具代表性的变量，选取的变量应该满足同目标变量相关且各个变量之间互不相关的两个基本要求。

从成千上万个变量中选择符合上述条件的变量，就是维度分析。这里的维度是指表述事物的不同方面。比如，从长、宽、高 3 个维度描述立体图形；从思维、认识、创造、适应环境和表达 5 个维度描述一个人的智力情况。

下面举几个例子说明维度分析的重要性。

案例 1：某企业有多个产品，如何根据不同产品的表现制定发展战略？

案例分析：企业中可以获取的产品信息有很多，比如利润率、费用比率、年销售增长率、市场饱和度、产品知名度和市场占有率等。这些信息看起来对制定产品发展战略都有意义，然而波士顿咨询公司却认为，只有相对市场占有率和市场成长率两个变量在这个问题的回答上最有价值，并将其固化为"波士顿矩阵"，如图 5-1 所示。那么，为什么会选择这两个变量呢？原因在于产品相对市场占有率和利润率、产品知名度有较强的关系，反映了该产品的市场地位和产生现金流的能力，而市场成长率和市场饱和度强相关，反映了产品的市场发展潜力，也就是说这两个变量是最具代表性的两个变量，符合维度分析的基本思想。

图 5-1 波士顿矩阵

这两个代表性变量背后隐含的其实是在做产品分析时总会说到的产品生命周期理论，产品生命周期指的是随着时间的推移，产品总会经历初创期、成长期、成熟期和衰退期这几个阶段，如图 5-2 所示。在初创期，产品的收益率存在较大的波动性，且成长率不太高；蛰伏很长时间后，产品进入成长期，销售额及盈利均呈现快速增长趋势；之后进入成熟期，该时期市场增长率开始下降，同时伴随着前期投资的变现，收益率提高；最后是衰退期，该时期如果追加投资，则净资产收益率（ROE）会很低，而且市场中已经有很多衰退期的产品了，竞争非常激烈，市场增长率也会偏低。

进一步分析，市场成长率反映了产品生命周期的变化情况，而市场占有率反映了企业具体产品的市场渗透情况，也就是说它们是两个独立的变量，分别反映不同维度（市场成长率反映了市场的情况，市场占有率反映了企业在市场上的情况）的信息，从而通过不同的维度对产品进行正确的分类。以 2005 年的 IBM 公司为例，

第 5 章 宏观业务分析方法

我们来看一下 IBM 公司对个人笔记本（PC）、服务器、咨询这几种不同类型的业务做出了怎样的决策。首先是 PC 业务，其市场占有率并不高，同时市场成长率也比较低，属于瘦狗产品；其次是服务器业务，其市场占有率非常高，市场成长率处在成长期和成熟期之间，更偏向于金牛产品；最后是咨询业务，其市场成长率很高，处于成长期，但是市场占有率偏低，属于问号产品。基于以上分析背景，IBM 公司做出了以下决策：将瘦狗产品 PC 业务直接进行出售；金牛产品服务器业务继续保留并投资；问号产品咨询业务经过不断扶持，发展成为明星产品，之后成为金牛产品，最后进入瘦狗产品的行列。

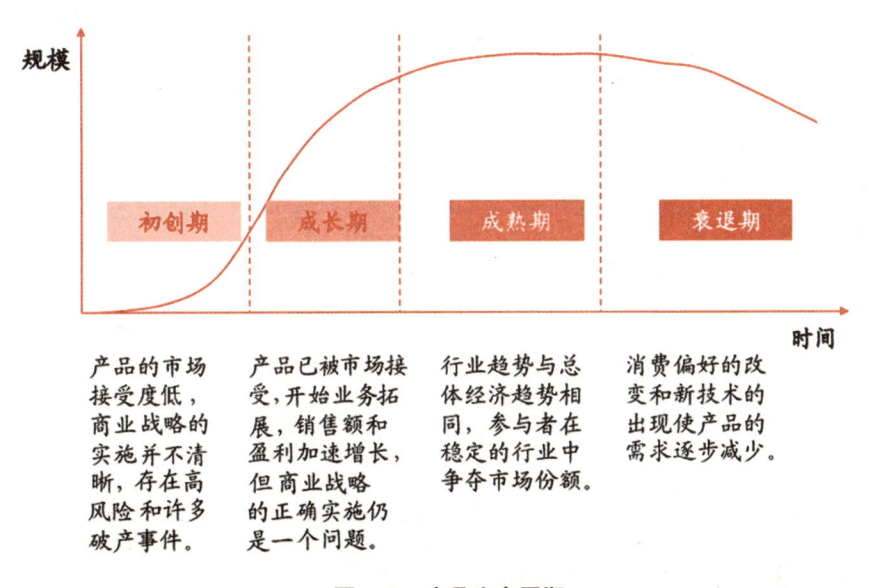

图 5-2 产品生命周期

上述案例分析表明，波士顿矩阵分析可以帮助企业制定出不同的产品发展战略，包括资源分配、拟定业务战略、制定绩效目标及平衡投资组合等。具体来讲，对于瘦狗产品，一般不会对其进行发展性资源的分配，而且制定的绩效会比较苛刻；对于问号产品，要观察其未来市场的发展情况，如果发展良好，市场占有率不断增加，则可以考虑为其配置战略性资源，制定温和的绩效目标（比如用户黏性、用户增长率、用户好评度等）；而对于金牛产品，更加关注其收益类指标，至于用户黏性基本不做过多关注。

最后，对波士顿矩阵的象限特征进行总结，并根据不同类型产品的特征制定不同的发展战略，如图 5-3 所示。

	明星产品	问号产品
	利润：高、稳定、增长中	利润：低、不稳定、增长中
	现金流：中	现金流：负
	战略：维持增长率或投资以提高增长率	战略：增加市场份额或收获/放弃
	金牛产品	瘦狗产品
	利润：高、稳定	利润：低、不稳定
	现金流：高、稳定	现金流：中或负
	战略：维持或增加市场份额	战略：收获/放弃

图 5-3　波士顿矩阵象限特征

在矩阵分析法中，问号产品的发展轨迹如图 5-4 所示。

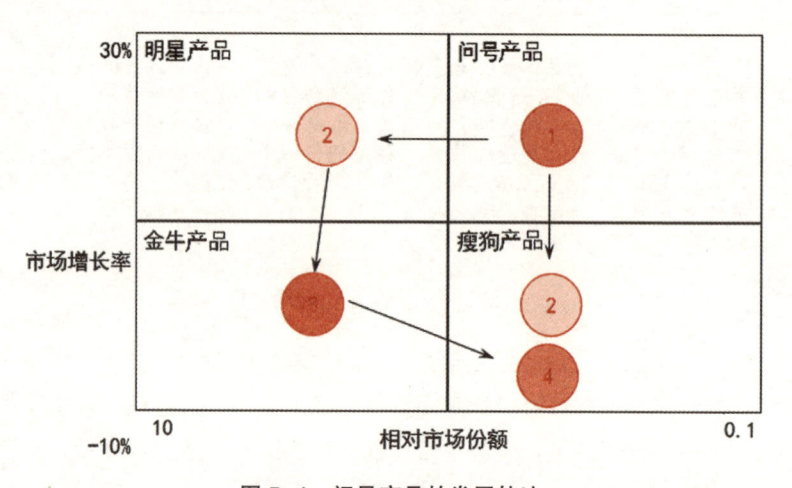

图 5-4　问号产品的发展轨迹

案例 2：某外企计划开拓中国市场，应该先主攻哪个省呢？

案例分析：模拟波士顿矩阵，波士顿咨询公司给出了答案，描述这个问题的两个重要变量分别是市场规模和市场增长率，运用这两个变量对省（市）进行分类，如图 5-5 所示，从而做出相应的选择。同时，除上述变量外，还引入了第 3 个变量——市场收入增长额。

第 5 章 宏观业务分析方法

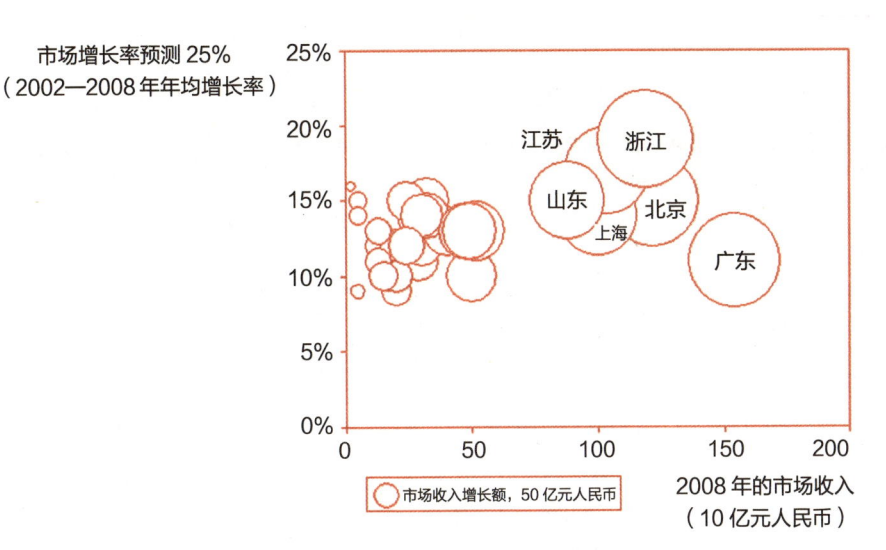

图 5-5 中国各省（市）的市场分析

数据资料来源：中国人民银行、公司年报、各种分析报告、BCG 分析

可以看出，江苏省、浙江省市场规模较大且市场增长率较高，可以作为开拓中国市场的起点。

案例 3：一家信用卡公司希望将用户按照价值贡献—活跃度进行分类，有哪些类型？如何进行用户维护？

案例分析：根据波士顿矩阵分析思路，对个体用户打标签，通过聚类分析，得到用户的类别，并且投影在由循环信用次数和交易次数这两个指标组成的二维空间上，便于业务人员理解，如图 5-6 所示。其中，交易次数反映用户的黏性，循环信用次数反映用户的价值。总体来说，本案例是通过维度分析的方法对用户进行分类的。

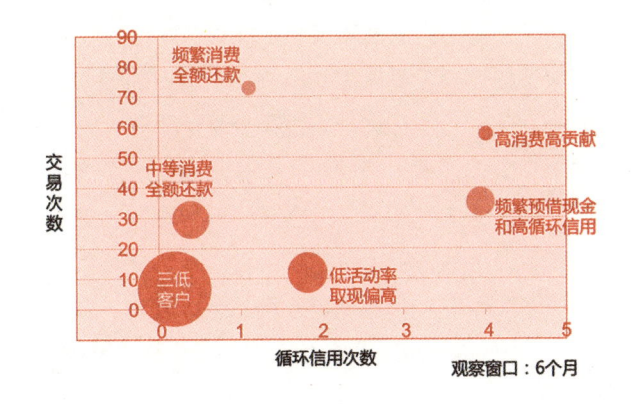

图 5-6 用户分类

以上几个案例使用的都是维度分析的方法，即帮助决策层根据矩阵分析的结果获得决策的依据，并决定产品投资与否；如果当前没有波士顿矩阵，那么数据分析师该如何产出该矩阵呢？即如何从成千上万个指标中选出有代表性的指标进行分析呢？这就用到了常用的信息压缩方法——主成分分析法。主成分分析法能够将多个指标压缩为少量的几个综合指标，但是这几个综合指标没有实际的业务含义，于是就产生了因子分析。因子分析可以在主成分分析的基础上探查综合指标的业务含义，最终可以直接根据因子分析的结果构建相应的分析矩阵，也可以根据因子分析的结果发现与因子相关的变量，根据具有代表性的变量构造分析矩阵。

在实际工作中，随着获取的数据日益丰富，建模使用的原始数据包含的变量可能有成千上万个，这个现象会给建模带来很多的问题。其中的一大问题就是引入了冗余变量。针对冗余变量的问题，通常依据降维的思想对多维连续型变量进行处理，从而达到变量筛选和降维的目的。

降维的本质就是去除冗余变量，保留主要变量。在进行建模时，一般原始变量非常多，若直接建模，计算量会随变量数量的增加呈指数级增长，同时模型稳定性下降，维护成本增加。此时就需要通过各种方法降低数据的维度并筛选对模型有用的变量。若数据的维度能够被降低到符合预期的程度且不至于损失太多对模型有用的信息，那么这种降维就是理想的。

5.2　连续型变量降维

在实际工作中，由于建模使用的原始数据包含的变量（特征）有成千上万个，因此会对建模的解释造成一定的困难。建模的两大问题是引入了不相关变量和冗余变量。不同算法剔除不相关变量的方式不同，比如在分类模型中可以通过两个变量统计检验、逐步法、决策树等模型算法剔除不相关变量；而聚类模型完全依靠分析师的个人经验，借助维度分析的手段进行不相关变量的剔除。至于去除冗余变量，统一采用主成分算法及其变体，将相关性较强的变量合成一个变量，或者只选取其中一个变量。本章针对冗余变量的问题，依据降维的思想对多维连续型变量的数据进行处理，从而达到变量筛选和降维的目的。虽然特征选择与转换在理论上可以针对所有类型的变量，但在实操中只有连续型变量才能比较方便地降维，分类型变量往往先进行水平规约，然后转换为连续型变量（该方法被称为 WoE 转换）进行降维。

本章的特征选择是指从一些相关性较强的变量中提取有代表性的变量，在统计学中称为变量聚类。特征转换是指将相关性较强的一组变量合成为一个变量，代表算法是主成分分析法和因子分析法。本章的原始章名为"连续型变量的维度归约"，但是有专业人员认为本章的内容不能涵盖维度归约的全部内容，因此更改了章名。维度在数据科学中有丰富的含义，维度有广义（指反映事物特征的方面）和狭义（指特征或变量）两种定义，本章是从狭义方面进行讲解的。维度分析既是学习数据科学的重点，又是难点。当今恰逢机器学习的热潮，有些数据挖掘工程师动辄要对上万个变量进行建模，从理论上和实操上都是不妥的。决策类分类模型（也被称为排序类分类模型）用于对人的行为进行建模，虽然影响一个人行为的因素很多，但是理论上这些影响因素会被归纳到少量的维度上。比如，个人信用违约，其影响因素可以被归为基本属性、社会经济状况、经济稳定性、还款意愿、信用历史、还款能力、还款偏好、资金紧张程度等。如此多的影响因素，最顶尖的分析师能总结出二十个维度就已经是极限了。每个维度中的变量也有可能非常多，比如资金紧张程度维度可以包括最近信用卡申请查询次数、个人贷款查询次数、互金贷款查询次数等几十个变量。这些变量之间的相关性通常很强，最终一个维度中不相关的变量往往只有三四个，因此最终被放入模型的有预测价值的变量数量极限也就是几十个而已。另外，模型中变量数量太多会降低模型的稳定性，增加模型的维护成本。模型稳定性和鲁棒性是容易被混淆的两个概念，前者是数据挖掘实操中的概念，指因不同期输入数据漂移而造成模型预测的均值发生改变；后者是机器学习的概念，指模型算法的适应性，比如对异常值的容忍程度。

在高数据维度上建模的实际价值在于获得该运用主题的最高的模型效果，比如反欺诈模型，在对欺诈情况并不了解的情况下，可以将数据离散化后在高维数据集上建立一个大模型。而随着对欺诈情况的深入了解，数据挖掘最佳实践中是分不同情况分别进行建模的，也就是说可以对一个数据挖掘主题建立多个模型，而不是建立上万个变量的模型。因此在排序类分类模型中，数据分析人员放弃进行维度分析，放任算法自行在高维数据上建模是建模的初级阶段。

5.2.1 方法概述

前面已经提到，在进行建模时，一般原始数据包含的变量非常多，若直接建模，计算量就会随变量数量的增加呈指数级增长，同时模型稳定性下降，维护成本增加。此时需要通过各种方法降低数据的维度并筛选出对模型有用的变量。若数据的维度能够被降低到符合预期的程度且不至于损失太多对模型有用的信息，那么这种降维就是理想的。

降低数据维度属于特征变换的操作，分为变量筛选和维度规约两个方面。

5.2.2 变量筛选

变量筛选的目的是保存对被解释变量有解释价值的变量。变量筛选的方法分为两个变量独立性检验和模型筛选法。前者通过在被解释变量和单个解释变量之间做假设检验来完成，包括卡方检验、方差分析（含两个样本 t 检验）、相关分析。后者使用与建模算法高度融合的算法进行有价值的变量筛选，比如决策树通过计算熵增益、基尼增益等指标筛选出高价值变量。之后在线性回归中，也会介绍变量筛选的方法，包括向前回归法、向后回归法、逐步回归法等，这些方法的核心思想都是删除那些无法提升模型效果的变量，从而降低建模复杂度。

5.2.3 维度归约

维度归约就是减少数据的特征数目，摒弃不重要的特征，尽量只用少数的关键特征描述数据。我们可以重新构造原数据的近似表示，但是该维度归约是有损的。很多人担心信息损失的问题，实际上模型的可运用性才是最重要的。一般预测类模型要求信息损失越少越好，而聚类模型为了追求模型的可解释性，信息损失可以多一点，这也体现了抓大放小的思想。

本节主要介绍维度规约的方法，主要包括主成分分析、变量聚类、因子分析和奇异值分解等。

（1）主成分分析。

主成分分析是考察多个变量之间线性相关性的一种多元统计方法。从原始变量中导出少数几个主成分，使它们尽可能多地保留原始变量的信息，并且彼此间互不相关，以达到用少数几个主成分揭示多个变量间结构的目的。由于原始数据经过主成分分析之后，得到的主成分不再具有可解释性，因此该方法多用于不可解释类的预测模型，比如神经网络、支持向量机等。

（2）变量聚类。

从本质上讲，变量聚类是主成分分析的一个运用。变量聚类方法通过摒弃一些相关性较强的变量，达到减少冗余信息、避免共线性的目的。该方法多用于构建可解释类预测模型前的特征处理，比如线性回归、逻辑回归、决策树等，也可用于聚类模型。

（3）因子分析。

根据因子分析的底层逻辑，少量的因素会驱动事务的发展，研究人员可以根据自定义变量进行数据采集，如驱动个人智力发展的因素有逻辑思维、计算能力、时空认知等，而考试成绩体现为数据、语文、物理等成绩数据。因子分析方法就是力图从表象数据中提取深层次的影响因子。因子分析的方法众多，如因子旋转法的因子分析是主成分分析的延伸。由于主成分不具有可解释性，而社会科学（商业、心理学、社会学等）工作者在研究问题时又非常关心变量的可解释性，因此通常通过调整主成分在原始变量中的权重来发现（实际上一大部分是人为赋予的）主成分所代表的含义。该方法主要用于描述性统计分析和聚类模型，多用于市场研究、研究报告中，不用于预测类模型建模。

（4）奇异值分解

奇异值分解是主成分分析在非方阵情况下的推广，某些方面与对称矩阵或Hermite矩阵基于特征向量的对角化类似。奇异值分解方法被广泛用于推荐算法，也可以用于缺失值填补。

5.3 主成分分析法

5.3.1 主成分分析简介

众所周知，两个连续型变量相关性的强弱可以通过散点图进行直观的展示，也可以通过计算公式生成表示线性相关性强弱的相关系数。当连续型变量多于两个时，生成的相关系数矩阵直观地展示多个连续型变量之间的关系。当多个变量两两之间的相关性较强时，表示这些变量之中共同的信息比较多，此时若能通过一种方法提取多个变量之间的共同信息，同时又能最大程度地保留原始数据信息，那么就可以把复杂的多元分析问题变得简单。

主成分分析的目的是构造输入变量的少数线性组合，从而达到降维的目的，并且尽量多地解释原始数据的变异性。这些线性组合被称为主成分，可用于后续的预测或聚类模型。

5.3.2 主成分分析原理

1. 几何解释

假设有两个有较强线性关系的连续型变量 X 和 Y，其散点图如图 5-7 所示。第一个主成分由图 5-7 中比较长的直线代表，在这个方向上能够最多地解释数据的变异性，即数据在该轴上投影的方差最大。第二个主成分由图 5-7 中比较短的直线代表，与第一个主成分正交，能够最多地解释数据中剩余的变异性。一般而言，每个主成分都需要与之前的主成分正交，并且能够最多地解释数据中剩余的变异性。

假设有三个有比较强线性关系的连续型变量 X、Y、Z，其散点图如图 5-8 所示。

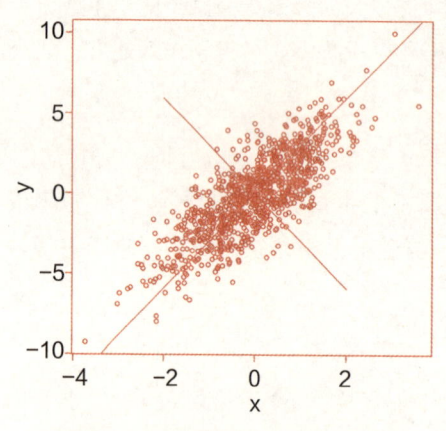

图 5-7　两个连续型变量的散点图 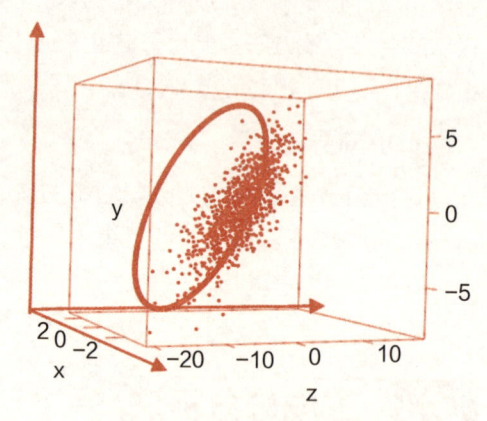　　图 5-8　三个连续型变量的散点图

三维空间中的相关连续型变量呈压扁的椭球状分布，只有这样的分布才需要做主成分分析。如果散点在空间中呈球形分布，则说明变量间没有线性相关关系，没有必要做主成分分析，也不能做变量的压缩。

在三个变量中，首先找到这个空间中椭球的最长轴，即数据变异最大的轴，如图 5-9 所示。

在与第一个主成分直线垂直的所有方向上，找到第二根最长的轴，然后在垂直于第一个、第二个主成分直线的所有方向找到第三根最长的轴，如图 5-10 所示。

这三根轴可以提取原多元数据的信息。在这个案例中，第一根轴是最长的，其携带的信息量也是最多的，第二根轴和第三根轴所携带的信息量依次减少，三根轴累计提取了原数据的所有的信息量。如果前两个轴上的信息占较高的比例，如超过 90%，则第三个轴上的信息就可以丢弃不用，从而达到压缩变量的目的。

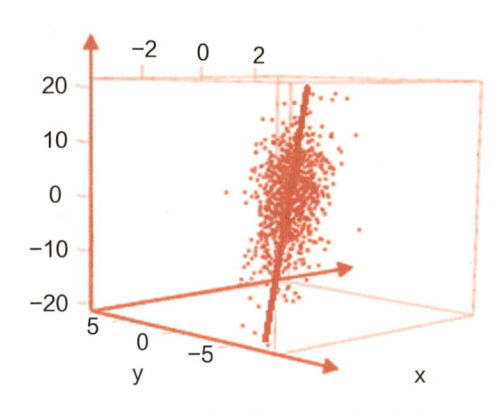

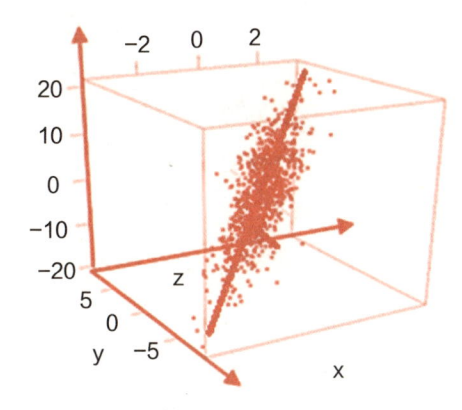

图 5-9　找到第一个主成分直线　　图 5-10　找到第二个和第三个主成分直线

2. 线性代数解释（基于协方差矩阵的主成分提取）

主成分是在原始数据空间中的线性转换，其表达式如下：

$$\begin{cases} P_1 = \beta_1 \times X = \beta_{11}X_1 + \beta_{12}X_2 + \cdots + \beta_{1p}X_p \\ P_2 = \beta_2 \times X = \beta_{21}X_1 + \beta_{22}X_2 + \cdots + \beta_{2p}X_p \\ P_3 = \beta_3 \times X = \beta_{31}X_1 + \beta_{32}X_2 + \cdots + \beta_{3p}X_p \\ P_p = \beta_p \times X = \beta_{p1}X_1 + \beta_{p2}X_2 + \cdots + \beta_{pp}X_p \end{cases}$$

设多个随机向量集合为 $X=(X_1, X_2, X_3, \cdots X_P)$，其协方差矩阵为：

$$\Sigma = \begin{bmatrix} \text{cov}(X_1, X_1) & \text{cov}(X_1, X_2) & \cdots & \text{cov}(X_1, X_p) \\ \text{cov}(X_2, X_1) & \text{cov}(X_2, X_2) & \cdots & \text{cov}(X_2, X_p) \\ \text{cov}(X_p, X_1) & \text{cov}(X_p, X_2) & \cdots & \text{cov}(X_p, X_p) \end{bmatrix}$$

则通过线性代数的知识可以得到主成分 P 的方差的计算公式：

$$\text{VAR}(P) = \beta \Sigma \beta^{\text{T}}$$

其中，β 代表主成分在每个变量上的权重。主成分算法的目标函数是计算特征向量 β，使得上式取得最大值，即主成分上的方差取得最大值。这个求极值的过程就是线性代数中计算方阵的特征向量和特征根的算法。

显然协方差矩阵 Σ 是一个 $P \times P$ 的对称矩阵，对此矩阵求解特征值与特征向量，主成分就是特征向量，设该协方差矩阵的特征值为 $\lambda_1 > \lambda_2 > \cdots > \lambda_k$，对应的

特征向量为 $\boldsymbol{\beta}_1=\begin{pmatrix}\beta_{11}\\\beta_{12}\\\cdots\\\beta_{1p}\end{pmatrix}$, $\boldsymbol{\beta}_2=\begin{pmatrix}\beta_{21}\\\beta_{22}\\\cdots\\\beta_{2p}\end{pmatrix}$, $\cdots$, $\boldsymbol{\beta}_p=\begin{pmatrix}\beta_{p1}\\\beta_{p2}\\\cdots\\\beta_{pp}\end{pmatrix}$,那么对于这个协方差矩阵有：

$$\begin{pmatrix}\operatorname{cov}(X_1,X_1) & \operatorname{cov}(X_1,X_2) & \cdots & \operatorname{cov}(X_1,X_p)\\ \operatorname{cov}(X_2,X_1) & \operatorname{cov}(X_2,X_2) & \cdots & \operatorname{cov}(X_2,X_p)\\ \cdots & \cdots & \cdots & \cdots\\ \operatorname{cov}(X_p,X_1) & \operatorname{cov}(X_p,X_2) & \cdots & \operatorname{cov}(X_p,X_p)\end{pmatrix}\times(\boldsymbol{\beta}_1,\boldsymbol{\beta}_2,\cdots,\boldsymbol{\beta}_p)=(\boldsymbol{\beta}_1,\boldsymbol{\beta}_2,\cdots,\boldsymbol{\beta}_p)\begin{pmatrix}\lambda_1 & 0 & \cdots & 0\\ 0 & \lambda_1 & \cdots & 0\\ \cdots & \cdots & \cdots & \cdots\\ 0 & \cdots & \cdots & \lambda_p\end{pmatrix}$$

这样就可以写出主成分得分。

由于特征向量 $\boldsymbol{\beta}_1=\begin{pmatrix}\beta_{11}\\\beta_{12}\\\cdots\\\beta_{1p}\end{pmatrix}$, $\boldsymbol{\beta}_2=\begin{pmatrix}\beta_{21}\\\beta_{22}\\\cdots\\\beta_{2p}\end{pmatrix}$, $\cdots$, $\boldsymbol{\beta}_p=\begin{pmatrix}\beta_{p1}\\\beta_{p2}\\\cdots\\\beta_{pp}\end{pmatrix}$ 两两正交，因此主成分之间无相关性。

主成分分析有如下几个特点。

（1）有多少个变量就会有多少个正交的主成分。

（2）主成分的变异（方差）之和等于原始变量的所有变异（方差）之和。

（3）前几个主成分的变异（方差）可以解释原多元数据中的绝大部分变异（方差）。

（4）如果原始变量不相关，即协方差为 0，则不需要做主成分分析。

那么，选取多少个主成分表达原多元数据合适呢？通常的选取原则为单个主成分解释的变异（特征值）不应该小于 1，并且选取的前几个主成分累计解释的变异能够达到总体的 80%～90%。

主成分解释变异的能力可以以方差解释比例来计算：

$$\frac{\lambda_k}{\lambda_1+\lambda_2+\cdots+\lambda_p}$$

λ_k 表示主成分 k 的特征值大小，分母表示所有特征值的和。

3. 线性代数解释（基于相关系数矩阵的主成分提取）

既然主成分分析是根据原始变量的方差进行计算的，那么就要求所有变量在取值范围上是可比的，不能出现一个变量的取值范围是 0~10000，而另一个变量的取值范围是 0~1。例如，变量"企业销售额"和"利润率"，"企业销售额"的方差非常大，而"利润率"的方差则比较小，这样计算出的协方差矩阵就有问题。由于原始变量取值范围不可比，因此一般情况下不使用协方差矩阵计算主成分。

这种情况下需要先进行中心标准化，然后构建协方差矩阵，而更多时候可以直接使用变量的相关系数矩阵代替协方差矩阵作为主成分分析的基础。大部分软件的主成分分析默认都是使用相关系数矩阵而非协方差矩阵的。

4. 主成分的解释

可以根据每个主成分对应的主成分方程来解释主成分的含义，如下面的主成分方程：

$$P_1 = \beta_{11}X_1 + \beta_{12}X_2 + \cdots + \beta_{13}X_p$$

若$|\beta_{12}|$最大，则X_2所占权重最大，该主成分就可以使用变量X_2的实际含义解释。

不过在很多情况下，主成分方程的系数差异不大，此时解释起来会比较困难，应使用因子旋转的因子分析法对主成分结果进行解释。

5.3.3 主成分分析的运用

主成分分析可以用于以下4个方面。

（1）综合打分。这种情况在日常工作中经常遇到，如员工绩效的评估和排名、城市发展综合指标等。这种情况只要求得出一个综合分数，因此使用主成分分析比较适合。相对于单项成绩简单加总的方法，主成分分析会使评分更聚焦于单一维度上，即更关注这些原始变量的共同部分，去除掉不相关的部分。不过当主成分分析不支持取一个主成分时，就不能使用该方法了。

（2）对数据进行描述。描述产品情况，如子公司的业务发展状况、区域投资潜力等，这些情况通常需要将多个变量压缩到少数几个主成分进行描述，能压缩到两个主成分是最理想的。这类分析一般只进行主成分分析是不适宜的，进行因子分析会更好。

（3）为聚类或回归等分析提供变量压缩。消除数据分析中的共线性问题，常用的有三种方法：①在同类变量中保留一个最有代表性的变量，即变量聚类；②保留主成分或因子；③从业务理解上进行变量修改。主成分分析是以上3个方面的基础。

（4）去除数据中的噪声，如图像识别。

5.3.4 实战案例：在 Python 中实现主成分分析

一家电信运营商希望根据用户在几个主要业务上的使用情况，对用户进行分群分析。数据表"profile_telecom"记录了这些数据，该数据包含 4 个变量，如表 5-1 所示。

表 5-1 数据字典

变量名	类型	解释
cnt_call	连续型	打电话次数
cnt_msg	连续型	发短信次数
cnt_wei	连续型	发微信次数
cnt_web	连续型	浏览网站次数

由于变量之间可能存在相关性，因此这个数据不能直接用于用户分群，需要使用主成分分析提取多个变量的共同信息。

引入必要的分析工具包，代码如下：

```
import pandas as pd
import numpy as np
import matplotlib.pyplot as plt
```

读取数据，代码如下：

```
profile = pd.read_csv('profile_telecom.csv')
profile.head()
```

上述代码的运行结果如图 5-11 所示。

	ID	cnt_call	cnt_msg	cnt_wei	cnt_web
0	1964627	46	90	36	31
1	3107769	53	2	0	2
2	3686296	28	24	5	8
3	3961002	9	2	0	4
4	4174839	145	2	0	1

图 5-11 代码的运行结果

分析变量之间的相关关系，代码如下：

```
data = profile.loc[:,'cnt_call':]
```

```
data.corr(method = 'pearson')
```
运行代码得到的相关系数矩阵如图 5-12 所示。

	cnt_call	cnt_msg	cnt_wei	cnt_web
cnt_call	1.000000	0.052096	0.117832	0.114190
cnt_msg	0.052096	1.000000	0.510686	0.739506
cnt_wei	0.117832	0.510686	1.000000	0.950492
cnt_web	0.114190	0.739506	0.950492	1.000000

图 5-12　运行代码得到的相关系数矩阵

可以看到部分变量之间存在较强的线性关系，如发微信次数和浏览网站次数的相关系数为 0.95。这说明我们需要使用主成分分析对数据进行变量压缩。

这份数据中变量的量纲虽然一致，但是取值范围差别较大，数据的变异会受到数据值域的影响。因此，我们在对这份数据进行主成分分析前，需要进行数据的标准化操作。

本案例先进行数据标准化，再进行主成分分析，代码如下：

```
from sklearn.preprocessing import scale
from sklearn.decomposition import PCA
data_scaled = scale(data)
pca = PCA(n_components = 2, whiten = True).fit(data_scaled)
pca.explained_variance_ratio_

array([0.62510442, 0.24620209])
```

对数据进行标准化的函数为 scale()，默认进行中心标准化。虽然使用 PCA 函数可以对数据进行白化（Whiten）处理，但是该算法来自机器学习领域，而非统计学领域。经试验，白化处理方法的实际效果与中心标准化方法的实际效果有一定差异。为了保险起见，建议先进行中心标准化。

可以看到中心标准化后的数据，仅使用两个主成分就能解释原始变量 87% 的变异，因此保留两个主成分，代码如下：

```
pca.components_

array([[ 0.11085805,  0.50974123,  0.57909319,  0.62651852],
       [ 0.99020127, -0.12736724, -0.01900236, -0.05401806]])
```

以上结果展示了每个主成分在原始变量上的权重。其中，行代表主成分，列代表原始变量。从权重的角度考虑，第一组向量可以看作第一个主成分在每个原始变量上的权重，第二组向量可以看作第二个主成分在每个原始变量上的权重。原始的 4 个变量分别为打电话次数、发短信次数、发微信次数、浏览网站次数，第一个主成分在打电话次数（cnt_call）上的权重相对较小，而在发短信次数（cnt_msg）、发微信次数（cnt_wei）和浏览网站次数（cnt_web）上的权重较大。比如，第一个主成分在第二个变量上的权重是 0.5097，说明该成分主要代表了 cnt_msg、cnt_wei、cnt_web 这 3 个变量；而第二个主成分相反，在第一个变量上的权重明显高于在其他变量上的权重（同样要忽略正负号），因此它主要代表 cnt_call 变量。从业务角度来看，短信、微信和浏览网站都属于电信增值业务，而电话属于传统的基础电信业务，因此第一个主成分可以认为是代表了用户对新型增值业务的偏好，而第二个主成分可认为是代表了用户对传统基础业务的偏好。如果输出每个样本的主成分得分，就会更加清楚，代码如下：

```
pca.transform(data_scaled)

array([[ 2.30183615, -0.89716788],
       [-0.74694076, -0.04035188],
       [-0.11502116, -0.59578592],
       ...,
       [ 2.19333782,  0.04953167],
       [-0.07833419, -0.10944885],
       [-0.6621524 ,  1.16641367]])
```

在以上结果中，列代表主成分的取值（也被称为打分），行代表每个观测。从结果看，第一个样本的第一个主成分得分高，第二个主成分得分较低，说明该用户偏好增值业务。样本在每个主成分上取值的含义就是这个样本在该主成分上偏离均值标准差的倍数，因此第一个样本的第一个主成分得分为 2.3，可以解释为该用户在第一个主成分上的取值偏离均值 2.3 个标准差。当该主成分分布服从正态分布时，则可以认为该用户在增值业务的消费中大概处于前 2% 的位置，即这些业务的前 2% 的高消费用户。最后一个样本的第二个主成分得分高，第一个主成分得分低，说明该用户是一个偏好传统基础电信业务的用户。

通过以上分析，我们甚至可以给这两个主成分赋予实际的业务含义，也可以为其命名。例如，第一个主成分可以被命名为"增值业务偏好得分"，第二个主成分可以被命名为"基础电信业务偏好得分"。

需要说明的是，以上主成分分析案例可以通过分析主成分在原始变量上的权重找到合理的商业解释，但并非所有的数据都可以做到这一点，尤其当参与分析的变量较多时。主成分代表从数据中提取的信息，它不一定是业务层面能解释的。在进行主成分分析时，我们需要从变量相关性和业务分析的角度出发，对那些相关性较强并能从业务理解上进行归纳的变量进行主成分分析，这样得出的结论更容易被理解和推广，而不是一股脑地将变量全部放进模型中。

例如，在本案例中，我们通过相关系数与业务理解，将 cnt_msg、cnt_wei 和 cnt_web 抽取出来进行主成分分析，而保留与其他变量相关性不大且业务上明显无法与其他变量进行归纳提取的 cnt_call，这样分析后得出的主成分提取了增值业务的主要信息，而 cnt_call 本身就有明确的业务含义，在模型解释中可以更加清晰和明确。读者可以自行尝试进行这样的分析并解释模型结论。

5.3.5 基于主成分的冗余变量筛选

在进行数据分析时有两种数据的筛选。第一种是变量的价值，考量纳入模型的变量是否对被解释变量有解释力度，这类筛选方法使用的是有监督筛选法，即统计检验方法。第二类是变量的信息冗余，考量纳入模型的变量是否有强线性相关性，这类筛选方法使用无监督筛选法，即变量聚类的方法。如图 5-13 所示，首先根据所有输入变量之间的相关性将它们分成不同的类，然后在每个类中找出一个最有代表性的变量。

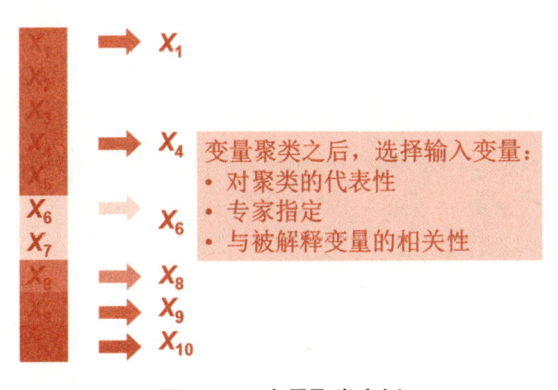

图 5-13　变量聚类案例

图 5-14 是在每个类中选择最有代表性的变量的依据，即求 $(1-R^2)$Ratio 数值最

小的变量。其分子是1减每个变量与其所在组的主成分之间的相关系数的平方，分母是1减该变量与其他所有组的主成分之间最大的相关系数的平方。该值越小，表明该变量在它所在的组内最有代表性。

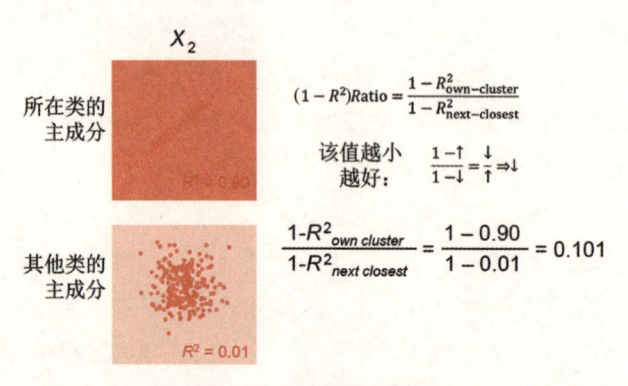

$$(1-R^2)Ratio = \frac{1-R^2_{own-cluster}}{1-R^2_{next-closest}}$$

该值越小越好：$\frac{1-\uparrow}{1-\downarrow} = \frac{\downarrow}{\uparrow} \Rightarrow \downarrow$

$$\frac{1-R^2_{own\ cluster}}{1-R^2_{next\ closest}} = \frac{1-0.90}{1-0.01} = 0.101$$

图 5-14 变量选取的思路

5.4 因子分析

因子旋转法的因子分析是主成分分析的延伸，最早由英国心理学家C.E.斯皮尔曼提出，他发现学生的各科成绩之间存在着一定的相关性，某科成绩好的学生往往其他科成绩也比较好，从而推想是否存在某些潜在的共性因子，或者某些一般智力条件影响着学生的学习成绩。因子分析可在许多变量中找出隐藏的具有代表性的因子。将相同本质的变量归入一个因子，可减少变量的数目，还可检验变量间关系的假设。

在电信运营商案例中，其主成分在每个原始变量上的权重分布不均匀，有的权重很高，有的权重很低，这样主成分就具有了业务可解释性。根据这个思路，统计学家发明了因子旋转法，尽量加大主成分在原始变量上权重的差异性，使得原本主成分权重小的因子权重更小，原本主成分权重大的因子权重更大，最终提高了主成分的可解释性。这就是因子旋转法的思路。

5.4.1 因子分析模型

主成分分析的问题在于得到的主成分有时极不好解释。如果希望得到的主成分具有更好的可解释性，就需要用到因子分析。因子分析的方法众多，如极大似然法、主成分法。本节讲解的是基于主成分的因子分析法，该方法是在主成分分析的基础上进行因子旋转，使得主成分更容易解释（称为因子），即可对因子的含义做出比较明确的解释。

1. 因子分析模型

假设随机变量的集合 $X=(X_1, X_2, \cdots, X_p)$

因子分析模型可以被写为：

$$X_1 = \mu_1 + \alpha_{11} F_1 + \alpha_{12} F_2 + \cdots + \alpha_{1m} F_m + \varepsilon_1$$
$$X_2 = \mu_2 + \alpha_{21} F_1 + \alpha_{22} F_2 + \cdots + \alpha_{2m} F_m + \varepsilon_2$$
$$\cdots$$
$$X_i = \mu_i + \alpha_{i1} F_1 + \alpha_{i2} F_2 + \cdots + \alpha_{im} F_m + \varepsilon_i$$
$$\cdots$$
$$X_p = \mu_p + \alpha_{p1} F_1 + \alpha_{p2} F_2 + \cdots + \alpha_{pm} F_m + \varepsilon_p$$

a_{im} 代表变量 X_i 的第 m 个公共因子 F_m 的因子的系数，又被称为因子载荷；ε_i 表示公共因子外的随机因子；μ_i 表示 X_i 的均值，因子载荷矩阵为：

$$\begin{pmatrix} a_{11} & a_{12} & \cdots & a_{1m} \\ a_{21} & a_{22} & \cdots & a_{2m} \\ \cdots & \cdots & & \cdots \\ a_{p1} & a_{p2} & \cdots & a_{pm} \end{pmatrix}$$

这里公共因子 F_m 是一个不可观测的内在属性或特征，并且公共因子和随机因子两两正交，这与主成分分析中的主成分两两正交类似。另外，m 一般小于或等于 p，否则就不能达到以少数因子表达多数变量信息的目的。

2. 因子分析模型的矩阵形式

因子分析模型的矩阵形式为：

$$X - \mu = AF + \varepsilon$$

$$X - \mu = \begin{pmatrix} X_1 - \mu_1 \\ X_2 - \mu_2 \\ \cdots \\ X_p - \mu_p \end{pmatrix}$$

A 表示因子载荷矩阵：$A = \begin{pmatrix} a_{11} & a_{12} & \cdots & a_{1m} \\ a_{21} & a_{22} & \cdots & a_{2m} \\ \cdots & \cdots & & \cdots \\ a_{p1} & a_{p2} & \cdots & a_{pm} \end{pmatrix}$；

F 表示公共因子向量，$F=(F_1, F_2, \cdots, F_m)$；$\varepsilon$ 为随机因子向量，$\varepsilon=(\varepsilon_1, \varepsilon_2, \cdots, \varepsilon_p)$。

3. 因子分析中的几个重要概念

在因子分析模型中，有以下几个概念需要明确。

（1）因子载荷。

因子载荷 a_{im} 的统计意义就是第 i 个变量与第 m 个公共因子的相关系数，表示 X_i 依赖 F_m 的份量（比重），统计学术语称作权重，心理学家把它叫作载荷。a_{im} 的绝对值越大，表示相应的公共因子 F_m 能提供表达变量的信息越多，即认为信息更多"承载"在该因子上面。

（2）变量共同度。

共同度是指一个原始变量在所有因子上的因子载荷平方和，代表所有因子合起来对该原始变量的变异解释量，我们知道因子用来代替繁多的原始变量的简化测量指标，那么共同度高即代表某个原始变量与其他原始变量相关性高，而共同度低则表明该原始变量与其他原始变量相关性很低，也就是说，这个原始变量的独特性很强。若其值接近1，则说明因子分析的效果不错。

（3）方差贡献。

公共因子 F_m 的方差贡献就是在所有变量中该公共因子的因子载荷平方和，用其可以衡量公共因子 F_m 能够提供多少信息。

5.4.2 因子分析算法

1. 因子载荷矩阵的估计：主成分分析法

因子载荷矩阵的估计有很多方法，这里介绍主成分分析法。

假设随机变量的集合 $X=(X_1, X_2, \cdots, X_p)$，其协方差矩阵为 Σ，设该协方差矩阵的特征值为 $\lambda_1 > \lambda_2 > \cdots > \lambda_k$，相对应的特征向量为 $\boldsymbol{\beta}_1 = \begin{pmatrix} \beta_{11} \\ \beta_{12} \\ \cdots \\ \beta_{1p} \end{pmatrix}$，$\boldsymbol{\beta}_2 = \begin{pmatrix} \beta_{21} \\ \beta_{22} \\ \cdots \\ \beta_{2p} \end{pmatrix}$，$\cdots$，$\boldsymbol{\beta}_p = \begin{pmatrix} \beta_{p1} \\ \beta_{p2} \\ \cdots \\ \beta_{pp} \end{pmatrix}$，

那么这个协方差矩阵有：

$$\Sigma = [\boldsymbol{\beta}_1 \boldsymbol{\beta}_2 \ldots \boldsymbol{\beta}_p] \begin{bmatrix} \lambda_1 & \cdots & 0 \\ \vdots & & \vdots \\ 0 & \cdots & \lambda_p \end{bmatrix} \begin{bmatrix} \boldsymbol{\beta}_1^T \\ \boldsymbol{\beta}_2^T \\ \cdots \\ \boldsymbol{\beta}_p^T \end{bmatrix} = \lambda_1 \boldsymbol{\beta}_1 \boldsymbol{\beta}_1^T + \lambda_2 \boldsymbol{\beta}_2 \boldsymbol{\beta}_2^T + \cdots + \lambda_p \boldsymbol{\beta}_p \boldsymbol{\beta}_p^T$$

假设 P 个公共因子中前 m 个公共因子贡献较大，则上述公式可以写为：

$$\Sigma \approx \lambda_1 \boldsymbol{\beta}_1 \boldsymbol{\beta}_1^T + \lambda_2 \boldsymbol{\beta}_2 \boldsymbol{\beta}_2^T + \cdots + \lambda_m \boldsymbol{\beta}_m \boldsymbol{\beta}_m^T$$

同时，我们又知道因子模型的矩阵形式可以写为：

$$X - \boldsymbol{\mu} = AF + \varepsilon$$

可以推导：

$$\Sigma = \mathrm{Var}(X - \boldsymbol{\mu}) = A\mathrm{Var}(F)A + \mathrm{Var}(\varepsilon) = AA^T + D$$

其中，A 表示因子载荷矩阵，D 表示随机因子的协方差矩阵。

所以：

$$\Sigma = AA^T + D$$
$$\approx \lambda_1 \boldsymbol{\beta}_1 \boldsymbol{\beta}_1^T + \lambda_2 \boldsymbol{\beta}_2 \boldsymbol{\beta}_2^T + \cdots + \lambda_m \boldsymbol{\beta}_m \boldsymbol{\beta}_m^T$$

则

$$AA^T + D \approx \lambda_1 \boldsymbol{\beta}_1 \boldsymbol{\beta}_1^T + \lambda_2 \boldsymbol{\beta}_2 \boldsymbol{\beta}_2^T + \cdots + \lambda_m \boldsymbol{\beta}_m \boldsymbol{\beta}_m^T + D$$

$$= (\sqrt{\lambda_1} \boldsymbol{\beta}_1, \sqrt{\lambda_2} \boldsymbol{\beta}_2, \ldots, \sqrt{\lambda_m} \boldsymbol{\beta}_m) \begin{pmatrix} \sqrt{\lambda_1} \boldsymbol{\beta}_1^T \\ \sqrt{\lambda_1} \boldsymbol{\beta}_1^T \\ \cdots \\ \sqrt{\lambda_p} \boldsymbol{\beta}_m^T \end{pmatrix} + D$$

因子载荷矩阵的估计值为：

$$A = \begin{pmatrix} \alpha_{11} & \alpha_{12} & \cdots & \alpha_{1m} \\ \alpha_{21} & \alpha_{22} & \cdots & \alpha_{2m} \\ & & \cdots & \\ \alpha_{p1} & \alpha_{p1} & \cdots & \alpha_{pm} \end{pmatrix} \approx \begin{pmatrix} \sqrt{\lambda_1} \boldsymbol{\beta}_{11} & \sqrt{\lambda_2} \boldsymbol{\beta}_{21} & \cdots & \sqrt{\lambda_1} \boldsymbol{\beta}_{m1} \\ \sqrt{\lambda_1} \boldsymbol{\beta}_{12} & \sqrt{\lambda_2} \boldsymbol{\beta}_{22} & \cdots & \sqrt{\lambda_1} \boldsymbol{\beta}_{m2} \\ & & \cdots & \\ \sqrt{\lambda_1} \boldsymbol{\beta}_{1p} & \sqrt{\lambda_2} \boldsymbol{\beta}_{2p} & \cdots & \sqrt{\lambda_1} \boldsymbol{\beta}_{mp} \end{pmatrix}$$

对于变量 X_i 的第 m 个公共因子 F_m，其因子载荷的估计值为 $\sqrt{\lambda_i} \boldsymbol{\beta}_{mi}$，因子方程可以写为：

$$X_i = \sqrt{\lambda_i} \boldsymbol{\beta}_{1i} F_1 + \sqrt{\lambda_i} \boldsymbol{\beta}_{2i} F_2 + \cdots + \sqrt{\lambda_i} \boldsymbol{\beta}_{mi} F_m$$

2. 因子旋转——最大方差法

有些时候，估计出的因子载荷在各个因子上不太明显与突出，在解释因子时有困难。而因子载荷矩阵并不唯一，可以通过旋转的方式突出因子的特征，便于解释，如图5-15和图5-16所示。其中，图5-15为因子旋转前，散点代表原始变量在因子（与主成分概念一致）上的权重数值，由于所有变量在第一个因子上的权重均高，因此不好解释其含义。图5-16为因子旋转后，有的权重在第一个因子上高，有的权重在第二个因子上高，因此便于解释每个因子的含义。

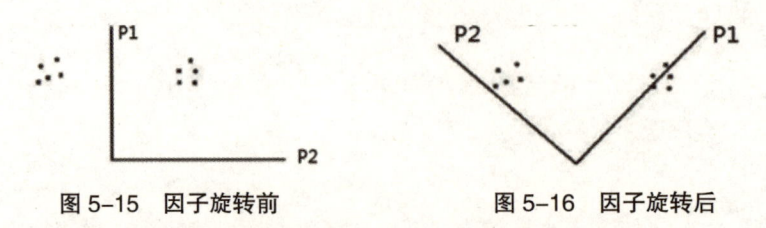

图 5-15　因子旋转前　　　　图 5-16　因子旋转后

这里使用最大方差法进行因子旋转，最大方差法的思想是使因子载荷的平方和最大，即使因子贡献的方差最大，这样可以使得各个因子的载荷尽量拉开距离，让某些载荷偏大而另一些载荷偏小，从而达到便于解释因子的目的。

3. 因子得分

公共因子本身是未知变量，一般通过因子载荷对因子进行定性解释。接下来需要对公共因子本身的数值进行下一步分析，这里就涉及因子得分。

在估计因子得分时，一般以因子载荷矩阵为自变量，以 $X-\boldsymbol{\mu}$ 为因变量，构造回归方程进行估计：

$$\begin{cases} X_1 - \mu_1 = \alpha_{11} F_1 + \alpha_{12} F_2 + \cdots + \alpha_{1m} F_m + \boldsymbol{\varepsilon}_1 \\ X_2 - \mu_2 = \alpha_{21} F_1 + \alpha_{22} F_2 + \cdots + \alpha_{2m} F_m + \boldsymbol{\varepsilon}_2 \\ \quad\quad\quad\quad\quad\quad \cdots \\ X_p - \mu_p = \alpha_{p1} F_1 + \alpha_{p2} F_2 + \cdots + \alpha_{pm} F + \boldsymbol{\varepsilon}_p \end{cases}$$

因为随机因子向量 $\boldsymbol{\varepsilon}$ 方差不齐，所以估计方法为加权最小二乘法，这里不再详细介绍。

于是对于随机变量集合 X 的某个观测，就可以估计其在各个公共因子上的得分了。

4. 因子分析总结

（1）因子分析是主成分分析法的拓展，可以很好地辅助进行维度分析。

（2）对于缺乏业务经验的数据分析人员来说，可以通过观察每个原始变量在因子上的权重绝对值来给因子命名。而业务知识丰富的数据分析人员已经对变量的分类有一个预判，并且可以通过不同的变量转换方式和旋转方式使得预判为同一组的原始变量在共同的因子上权重绝对值最大化。所以，因子分析的要点在于选择变量转换方式。

（3）因子分析是构造合理的聚类模型的必然步骤，也是在建立分类模型时重要的维度分析手段。在这方面，主成分回归法只是在建模时间紧张和缺乏业务经验情况下的替代办法。

5.4.3　实战案例：在 Python 中实现因子分析

下面使用城市经济发展水平数据 cities_10.csv 演示因子分析，其中每个变量及其含义如表 5-2 所示。

表 5-2　变量及其含义

变量	含义
X1	GDP
X2	人均 GDP
X3	工业增加值
X4	第三产业增加值
X5	固定资产投资
X6	基本建设投资
X7	社会消费品零售总额
X8	海关出口总额
X9	地方财政收入

读取数据并查看，代码如下：

```
import pandas as pd
#1.导入数据
model_data = pd.read_csv("cities_10.csv",encoding='gbk')
model_data.head()
```

数据查看结果如图 5-17 所示。

我们对数据进行相关性分析，发现多数变量之间存在明显的线性相关关系，因此可以运用因子分析对数据进行降维。

	AREA	X1	X2	X3	X4	X5	X6	X7	X8	X9
0	辽宁	5458.2	13000	1376.2	2258.4	1315.9	529.0	2258.4	123.7	399.7
1	山东	10550.0	11643	3502.5	3851.0	2288.7	1070.7	3181.9	211.1	610.2
2	河北	6076.6	9047	1406.7	2092.6	1161.6	597.1	1968.3	45.9	302.3
3	天津	2022.6	22068	822.8	960.0	703.7	361.9	941.4	115.7	171.8
4	江苏	10636.3	14397	3536.3	3967.2	2320.0	1141.3	3215.8	384.7	643.7

图 5-17　数据查看结果

为了确定因子个数，可以先对数据进行主成分分析，这里需要对数据预先进行标准化处理，如图 5-18 所示，代码如下：

```
data = model_data.loc[ :,'X1':]
data.head()
```

	X1	X2	X3	X4	X5	X6	X7	X8	X9
0	5458.2	13000	1376.2	2258.4	1315.9	529.0	2258.4	123.7	399.7
1	10550.0	11643	3502.5	3851.0	2288.7	1070.7	3181.9	211.1	610.2
2	6076.6	9047	1406.7	2092.6	1161.6	597.1	1968.3	45.9	302.3
3	2022.6	22068	822.8	960.0	703.7	361.9	941.4	115.7	171.8
4	10636.3	14397	3536.3	3967.2	2320.0	1141.3	3215.8	384.7	643.7

图 5-18　原始数据

```
# 3.做主成分之前，进行中心标准化
from sklearn import preprocessing
data = preprocessing.scale(data)

from sklearn.decomposition import PCA
pca = PCA(n_components=9)
pca.fit(data)
print(pca.explained_variance_)
print(pca.explained_variance_ratio_)
[8.01129553e+00  1.22149318e+00  6.07923991e-01
 9.88894782e-02
   3.86004507e-02  1.51746715e-02  4.88067443e-03
 1.33610801e-03
   4.05920593e-04]
```

```
  [8.01129553e-01  1.22149318e-01  6.07923991e-02
9.88894782e-03
   3.86004507e-03  1.51746715e-03  4.88067443e-04
1.33610801e-04
   4.05920593e-05]
```

根据主成分保留原则，以上结果适合保留两个主成分，累计解释的数据变异达到 92%。

接下来，使用 fa_kit 包提供的因子旋转法进行因子分析。因子分析有 4 个步骤：数据导入与转换（load_data_samples）、抽取主成分（extract_components）、确定保留因子的个数（find_comps_to_retain）、进行因子旋转（rotate_components）。

运行下面的代码执行前两步操作，即导入数据并进行主成分提取。为了保险，数据需要进行中心标准化，方法和在 scikit-learn 中的主成分分析方法完全一致。

```
# 1.因子分析的概念很多，作为刚入门的人，我们可以认为因子分析是主成分分析的延续
from fa_kit import FactorAnalysis
from fa_kit import plotting as fa_plotting
fa = FactorAnalysis.load_data_samples(
        data,        #标准化数据
        preproc_demean=True,
        preproc_scale=True
        )
fa.extract_components()
```

运行下面的代码执行第三步操作，即确定保留因子的数量。建议先使用 scikit-learn 做主成分分析，确定保留的因子个数，然后使用 "top_n" 法，并且设置好 num_keep 的值。

```
# 2.设定提取主成分的方式。默认为 "broken_stick" 方法，建议使用 "top_n" 法
fa.find_comps_to_retain(method='top_n',num_keep=2)
```

运行以下代码执行第 4 步操作，使用最大方差法进行因子旋转。

```
# 3.通过最大方差法进行因子旋转
fa.rotate_components(method='varimax')
pd.DataFrame(fa.comps["rot"])# 查看因子权重
```

因子权重结果如图 5-19 所示。

经过因子分析后，我们需要对原始数据进行因子转换，即得到每个观测的因子得分。首先看一下因子载荷矩阵（因子权重也被称为因子载荷），了解每个因子代表的含义，即在哪些变量上权重绝对值高。comps 中保存因子旋转前后的数据，rot 表示选取因子旋转后的数据。

	0	1
0	0.362880	-0.196047
1	-0.001945	0.943648
2	0.364222	0.006565
3	0.369255	-0.028775
4	0.361258	0.111596
5	0.352799	-0.007144
6	0.370140	-0.118691
7	0.295099	0.061400
8	0.346765	0.199650

图 5-19　因子权重结果

在因子载荷矩阵中，列为每个因子在原始变量上的因子载荷。从结果来看，在第一个因子载荷上，除第二个变量外，其他变量的载荷均较大（注意这里对因子载荷取了转置）；而在第二个因子载荷上，只有第二个变量的载荷相对较大（同样忽略正负号）。分析原始变量发现，第二个变量是人均 GDP，代表经济发展的人均规模，而其他变量均代表经济发展的总量规模，因此，可以给每个因子进行命名。例如，第一个因子可被命名为"经济发展总量水平"，第二个因子可被命名为"经济发展人均水平"，它们分别代表经济发展的不同方面，这样就可以很好地对数据进行归纳和信息提取了。

下面是获取因子得分和给每个因子更换名称的脚本。第一个因子表示经济发展的总量规模，命名为 Gross；第二个因子表示人均 GDP，命名为 Avg。

```
from pylab import mpl
mpl.rcParams['font.sans-serif'] = ['SimHei']  # 指定默认字体
mpl.rcParams['axes.unicode_minus'] = False  # 解决保存图像是负号显示为方块的问题

import matplotlib.pyplot as plt
x=citi10_fa['Gross']
y=citi10_fa['Avg']
label=citi10_fa['AREA']
plt.scatter(x, y)
for a,b,l in zip(x,y,label):
    plt.text(a, b+0.1, '%s.' % l, ha='center', va='bottom',fontsize=14)
```

```
plt.show()
```

我们使用两个因子绘制的散点图如图 5-20 所示，从该图中可以对原始数据有一个直观的认识。可以看到广东、江苏是经济发展总量较高的省份，而天津、广西则是经济总量较小的省市（因子得分不能忽略正负号，这与因子载荷矩阵及主成分向量不同），上海和广东属于经济发展人均水平较高的省市，这与实际情况是一致的。

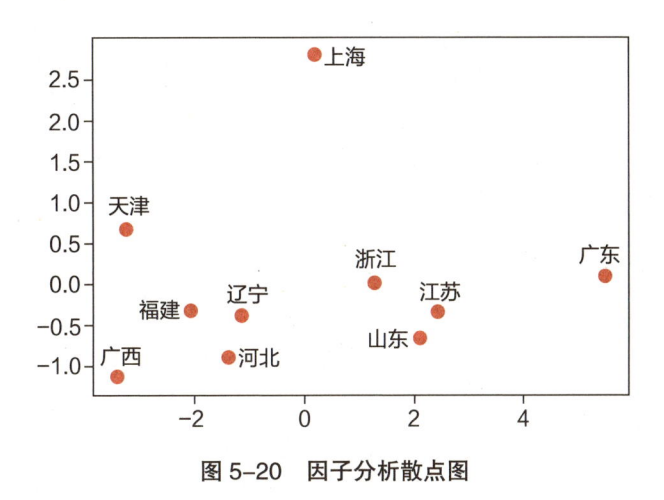

图 5-20　因子分析散点图

因为对主成分进行了旋转，所以因子载荷在各变量之间的差异更大，这样可以更好地对信息进行归纳和综合，在一些情况下降维的效果更优。针对同一份数据，分别进行主成分分析和因子分析，最终的结果可能会有差异，这一点在讲解聚类分析时再进一步讨论。

5.5　多维尺度分析

在商业分析中，经常需要了解不同观测之间（不同产品之间、不同服务之间、不同品牌或体验之间等）的差异程度或相似程度，用以发现产品间的关系、明确互相竞争的产品、发现市场机会等。差异性或相似性一般用不同观测间的"距离"来衡量。

由于需要比较的距离是多个观测之间的，而且一般要求在二维或三维空间中展示出来（用于直观比较并发现特征），因此出现了一种被称为多维尺度分析（Multi-Dimensional Scaling，MDS）的技术。如果各个变量为连续型变量，则相应的多维尺度分析也被称为计量多维尺度（Metric MDS，MMDS）。相对地，基于等级变量的多维尺度分析被称为非计量多维尺度（Nonmetric MDS，NMMDS），如用户对不同品牌相似度的评分属于定序分类型变量，需要使用 NMMDS 分析。

多维尺度分析会在原始距离矩阵的基础上，寻找每个观测在较低维度上的位置，以使得基于这个位置计算的距离矩阵与原始距离矩阵的差异尽可能小。

例如，城市间的距离是用球面（地球表面）上的相对位置计算出来的，可以将原始位置看作是三维的，经过多维尺度分析后，可以将每个点的位置坐标降到二维，因此多维尺度分析实际上也起到了降维的作用。图 5-21 中的左图记录了城市间的距离，右图是经过 MDS 处理后的结果。

图 5-21 MDS 应用示意图

下面介绍多维尺度分析的计算原理。

原始数据矩阵为：

$$X = \begin{bmatrix} x_1 \\ x_2 \\ \dots \\ x_r \end{bmatrix} = \begin{bmatrix} a_{11} & a_{12} & \dots & a_{1c} \\ a_{21} & a_{22} & \dots & a_{2c} \\ \dots & \dots & \dots & \dots \\ a_{r1} & a_{r2} & \dots & a_{rc} \end{bmatrix}$$

定义任意两个样本间的距离为（以欧氏距离为例）：

$$d_{ij} = \sqrt{\sum_{i,j=1}^{r}(x_i - x_j)^2}$$

设需要求取的矩阵（在较低维空间上的位置）为 M，M 同样有 r 行，对应 r 个样本。

$$M = \begin{bmatrix} m_1 \\ m_2 \\ \dots \\ m_r \end{bmatrix}$$

设定的目标函数（被称为应力函数或压力函数）为：

$$S(\boldsymbol{M}, a, b) = \frac{\sqrt{\sum_{i,j=1}^{r}[\|m_i - m_j\| - (a + bd_{ij})]^2}}{\sqrt{\sum_{i,j=1}^{r}(\|m_i - m_j\|^2)}}$$

多维尺度分析的问题就是取 $\boldsymbol{M}$、a、b，使得压力函数最小，即

$$\min_{\boldsymbol{M}, a, b} S(\boldsymbol{M}, a, b)$$

使用前面的城市间距离矩阵，经过 MDS 处理后，在输出的评估结果中，Stress 为模型压力函数收敛后的最小值，RSQ 为总变异中能被相对距离所解释的比例，本例中为 0.99996，说明模型的解释力度很强，如图 5-22 所示。

```
         For    matrix
Stress  =  .00298         RSQ =  .99996
```

图 5-22　模型评估结果

可以使用 Python 代码实现 MDS 算法过程，先导入数据并查看数据，代码如下：

```
%matplotlib inline

import pandas as pd
import numpy as np
import matplotlib.pyplot as plt
df = pd.read_csv('CITY_DISTANCE.csv', skipinitialspace=True)
df
```

上述代码的运行结果如图 5-23 所示。

	City	Atlanta	Chicago	Denver	Houston	LosAngeles	Miami	NewYork	SanFrancisco	Seattle	Wanshington
0	Atlanta	0	NaN	NaN	NaN	NaN	NaN	NaN	NaN	NaN	NaN
1	Chicago	587	0.0	NaN	NaN	NaN	NaN	NaN	NaN	NaN	NaN
2	Denver	1212	920.0	0.0	NaN	NaN	NaN	NaN	NaN	NaN	NaN
3	Houston	701	940.0	879.0	NaN	NaN	NaN	NaN	NaN	NaN	NaN
4	LosAngeles	1936	1745.0	831.0	1374.0	0.0	NaN	NaN	NaN	NaN	NaN
5	Miami	604	1188.0	1726.0	968.0	2339.0	0.0	NaN	NaN	NaN	NaN
6	NewYork	748	713.0	1631.0	1420.0	2451.0	1092.0	0.0	NaN	NaN	NaN
7	SanFrancisco	2139	1858.0	949.0	1645.0	347.0	2594.0	2571.0	0.0	NaN	NaN
8	Seattle	2182	1737.0	1021.0	1891.0	959.0	2734.0	2408.0	678.0	0.0	NaN
9	Wanshington	543	597.0	1494.0	1220.0	2300.0	923.0	205.0	2442.0	2329.0	0.0

图 5-23　数据运行结果

然后对数据进行预处理和建模，得到 MDS 转换后的结果，代码如下：

```
# 数据预处理
df_filled = df.fillna(0)
distance_array = np.array(df_filled.iloc[:, 1:])
cities = distance_array + distance_array.T
# 建模
from sklearn.manifold import MDS

mds = MDS(n_components=2, dissimilarity='precomputed', random_state=123)
mds.fit_transform(cities)
mds.stress_
mds.embedding_
```

MDS 转换后的结果如下：

```
array([[  716.61625448,  -148.16931503],
       [  384.93295013,   338.19627187],
       [ -481.42120431,    25.85317473],
       [  157.13523411,  -574.28615625],
       [-1207.2958236 ,  -371.75217682],
       [ 1127.90413892,  -587.76572233],
       [ 1077.08560846,   506.5484897 ],
       [-1420.83429788,   -95.07851906],
       [-1336.36870742,   581.2975099 ],
       [  982.24584712,   325.1564433 ]])
```

接下来绘制感知图，代码如下：

```
# 绘制感知图
import seaborn
seaborn.set()
x = mds.embedding_[:, 0]
y = mds.embedding_[:, 1]
plt.scatter(x, y,)
for a, b, s in zip(x, y, df['City']):
    plt.text(a, b, s, fontsize=12)
plt.show()
```

绘制的感知图结果如图 5-24 所示。

图 5-24 感知图

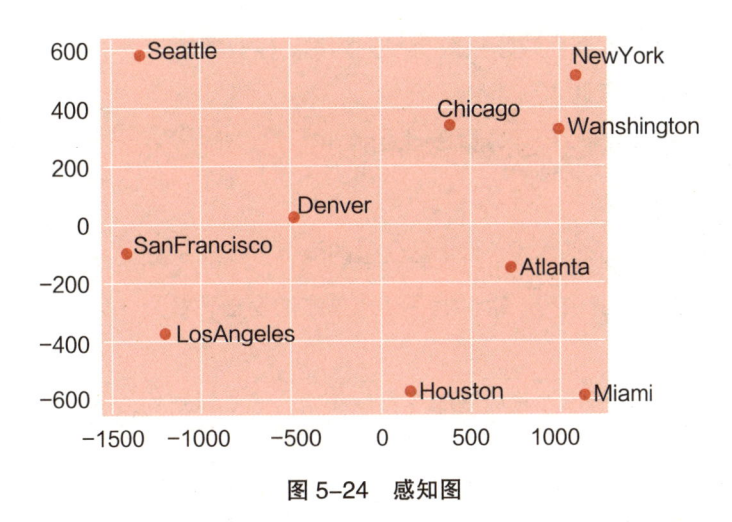

5.6 本章练习题

（单选题）在主成分分析中，从第一个主成分到最后一个主成分的方差具有的特征是（   ）。

A、依次递增

B、依次递减

C、大小相等

D、先变大后变小

答案：B

解析：本题考查主成分分析的相关知识。在主成分分析中，方差是依次递减的，因此本题选 B。

（单选题）在实际应用中，关于主成分数量 K 的选取，下列说法错误的是（   ）。

A、各主成分之间相互正交

B、特征根从大到小排序，通常要求前 K 个特征根都大于 1

C、通常要求 K 个主成分的累计方差比超过 80%

D、各个主成分之间的方向夹角需要尽可能的小

答案：D

解析：本题考查主成分分析的相关知识。D 选项中各个主成分之间的方向夹角为 90 度，因此本题选 D。

（单选题）对于主成分分析叙述错误的是（　　）。

A、主成分分析是一种降维的方法

B、主成分分析不适用于分类型变量的降维

C、通过正交变换将一组可能存在相关性的变量转换为一组线性不相关的变量

D、主成分分析设法将原来的变量重新组合成一组新的、彼此相关的几个综合变量

答案：D

解析：本题考查主成分分析的相关知识。主成分分析的原理是设法将原来的变量重新组合成一组新的、相互无关的几个综合变量，选项 D 表述错误，其余选项表述均正确，因此本题选 D。

（单选题）对于主成分分析来说，主要关注的是（　　）。

A、行观测和列变量两者的相关性

B、变量之间的相关性

C、行观测之间的相似性

D、维度的含义

答案：B

解析：本题考查主成分分析的相关知识。主成分分析主要关注的是变量之间的相关性，因此 B 选项表述正确。A 选项中的行观测和列变量两者之间是没有任何关系的。C 选项行观测之间的相似性主要在聚类中使用。D 选项与主成分分析关注点无关。因此本题选 B。

（单选题）进行主成分分析的前提条件是，各变量之间应该（　　）。

A、相互独立

B、低度相关

C、高度相关

D、完全不相关

答案：C

解析：本题考查主成分分析的相关知识。进行主成分分析的前提条件是各变量之间高度相关，因此本题选 C。

（单选题）以下关于主成分分析的描述正确的是（　　）。

A、主成分分析的本质就是找到解释变量的公共因子和特殊因子

B、在主成分分析中，对应最大特征值的特征向量，其方向正是协方差矩阵变异最小的方向

C、我们一般只保留前 k 个主成分，其对应主成分特征根之和大于 1 就可以了

D、我们一般使得保留的前 k 个主成分累计能够解释数据 80% 以上的变异

答案：D

解析：本题考查主成分分析的相关知识。选项 A 表述的是因子分析，不是主成分分析。选项 B 中主成分分析对应的最大特征值的特征向量，其方向正是协方差矩阵变异最大的方向，因此选项 B 表述错误。选项 C 前 k 个主成分特征根单个需要大于 1，因此选项 C 表述错误。选项 D 表述正确，因此本题选 D。

（单选题）主成分分析中得到的第一个主成分和第二个主成分之间的协方差（　　）。

A、为 0

B、大于 0

C、小于 0

D、不为 0

答案：A

解析：本题考查主成分分析的相关知识。主成分分析中第一个主成分和第二个主成分完全不相关，它们之间的协方差为 0，因此本题选 A。

（单选题）关于主成分的方差表述错误的是（　　）。

A、任意两个主成分的协方差是 0

B、主成分的总方差等于原变量的总方差

C、主成分的方差等于第 k 个主成分与第 j 个变量样本间的相关系数

D、第 k 个主成分的方差为对应的特征根

答案：C

解析：本题考查主成分分析的相关知识。主成分的方差等于第 k 个主成分的特征根，C 选项表述错误，其余选项表述正确，因此本题选 C。

（单选题）以下关于主成分分析说法错误的是（　　）。

A、PCA 可以用来进行降维处理

B、PCA 可以通过奇异值分解来实现

C、PCA 可以通过特征值分解来实现

D、PCA 可以实现线性组合最小化样本方差

答案：D

解析：本题考查主成分分析的相关知识。主成分分析可以实现线性组合最大化样本方差，选项 D 表述错误，其余选项表述正确，因此本题选 D。

（单选题）关于主成分分析和因子分析的区别描述错误的是（　　）。

A、主成分分析中的主成分是综合指标且互相无关

B、因子分析得到的因子是相关的

C、因子分析得到的因子具有较强的可解释性

D、主成分分析是组合的过程，因子分析是分解的过程

答案：B

解析：本题考查主成分分析和因子分析的对比。因子分析得到的因子一般情况下是不相关的，选项 B 表述错误，其余选项表述正确，因此本题选 B。

（多选题）下列关于主成分分析算法的说法正确的是（　　）。

A、需要研究数据的协方差矩阵

B、主成分分析选取能够最大化解释数据变异的成分

C、它是借助一个正交变换，将分量相关的原随机向量转换为其分量不相关的新随机向量

D、可以用于分类数据

答案：ABC

解析：本题考查主成分分析的相关知识。主成分分析算法是构造输入连

续型变量的少数线性组合，能解释数据的变异性，无法用于分类数据，因此选项 D 表述错误，本题选 ABC。

（单选题）关于因子分析，下列说法错误的是（   ）。

A、因子分析是一种数据简化的技术

B、最大似然法是因子载荷矩阵的估计方法之一

C、因子旋转时采用的最大方差旋转是一种正交旋转

D、因子分析中把因子表示成各个变量的线性组合

答案：D

解析：本题考查因子分析的相关知识。因子分析中把变量表示成各因子的线性组合，而主成分分析中则把主成分表示成几个变量的线性组合，选项 D 表述错误，其余选项表述均正确，因此本题选 D。

（单选题）下面关于因子分析说法错误的是（   ）。

A、因子分析通过发掘隐藏在数据下的一组基本无法观测的变量来解释一组可观测变量的相关性

B、因子分析和主成分分析一样，都是数据降维技术

C、使用因子分析前不需要对数据进行标准化处理

D、因子旋转分为正交旋转和斜交旋转

答案：C

解析：本题考查因子分析的相关知识。选项 A 为因子分析的基本概念，表述正确。因子分析和主成分分析都是数据降维技术，选项 B 表述正确。在使用因子分析前需要对数据进行标准化处理，选项 C 表述错误。因子旋转分为正交旋转和斜交旋转，选项 D 表述正确。因此本题选 C。

（单选题）下列不属于因子分析计算过程步骤的是（   ）。

A、估计因子载荷矩阵

B、进行因子旋转

C、估计特殊因子得分

D、估计公共因子（因子得分）

答案：C

解析：本题考查因子分析的相关知识。因子分析计算过程的步骤包括估计因子载荷矩阵、进行因子旋转、估计公共因子（因子得分），不包含估计特殊因子得分，因此本题选 C。

（单选题）下列属于因子分析计算过程步骤的有（ ）。

A、估计因子载荷矩阵

B、进行因子旋转

C、估计公共因子（因子得分）

D、以上都是

答案：D

解析：本题考查因子分析的相关知识。因子分析计算过程的步骤包括估计因子载荷矩阵、进行因子旋转、估计公共因子（因子得分），因此本题选 D。

（单选题）因子分析中提取的因子数一般要求（ ）。

A、小于变量个数

B、等于变量个数

C、大于变量个数

D、不等于变量个数

答案：A

解析：本题考查因子分析的相关知识。因子分析中提取的因子数一般要求小于变量个数，因此本题选 A。

（多选题）因子分析中因子旋转的方法有（ ）。

A、方差最小正交旋转

B、方差最大正交旋转

C、斜交旋转

D、正交旋转

答案：BCD

解析：本题考查因子分析的相关知识。因子分析中因子旋转的方法包括正交旋转和斜交旋转，其中正交旋转的要求是方差最大，永远没有方差最小。因此表述正确的选项为 BCD。

第6章 用户标签体系与用户画像

本章内容属于用户微观视角下的数据分析,用户标签是进行用户画像的基础,用户画像可以辅助业务人员制定用户分群策略,用户分群在企业战略、用户运营、风险防控方面具有广泛的应用。用户分群的具体算法将在本书的第9章讲解,本章讲解用户分群的基础,即用户标签体系和用户画像。

在移动互联网高速发展的今天,各企业的营销成本逐渐增加,追求千人千面,精准营销已经深入企业数字化转型,并逐渐成为企业营销战略的核心部分。那么,用户标签体系应该如何设计呢?我们经常接触的指标跟标签有何区别?用户画像报告如何编写呢?为什么要设计标签体系和用户画像呢?用户画像和预测型模型之间的关系是什么呢?接下来会逐一解答这些疑问。

首先看一个精准营销的案例:"宝马中国"在某 App 上进行社交营销推广(如图 6-1 所示),应该如何实现精准的广告投放呢?

图 6-1 "宝马中国"在某 App 上的推送广告

实现精准投放的本质是识别目标消费群体,主要通过两个维度来识别,如图6-2所示。第一个维度是识别目标消费群体的消费意愿,第二个维度是识别目标消费群体的消费能力。一般来说,有消费意愿但无消费能力,我们可以认为是未来的潜在用户;而有消费能力但没有消费意愿,则是进行了错误定位。只有这两个维度的要求同时被满足,才能实现用户的精准定位。那么,该App目前的数据资源是否能满足这两个要求,从而实现用户的精准营销呢?该App广告推送主要有以下特点。

(1)基于大数据分析,包括分析用户搜索、朋友圈行为,以及朋友圈图片内容。

(2)涉及自然语义理解、图像识别等技术。

(3)不仅是推送广告服务,也是对企业人工智能技术的试验反馈。

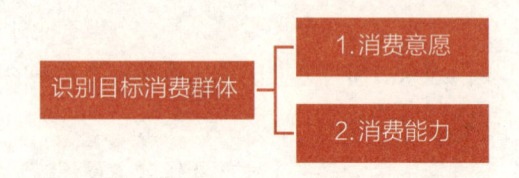

图6-2 识别目标消费群体的两个维度

先看第一个维度:目标消费群体的消费意愿的识别。在用户洞察的过程中有一句话:"当你凝望深渊的时候,深渊也在凝望着你。"这句话我们可以简单理解为当一个人对某件物品有需求时,在寻求此物品相关信息的时候会留下痕迹,而商家可以获取并分析这些痕迹,从而推测用户的内在需求。以宝马广告投放为例,可以通过用户朋友圈的以下信息识别目标用户。

- 关注汽车类公众号,尤其是与宝马汽车相关的品牌公众号。
- 经常公开提到汽车,尤其提到宝马汽车的用户。
- 时常发送汽车图片的用户,尤其发送宝马汽车图片或相关高端品牌汽车图片的用户。
- 对汽车类信息评论和转发率高的用户。
- 对汽车类信息的评论中出现"买""口水""长草"、"忍不了"等关键词的用户。

只要用户在使用App软件的过程中留下以上痕迹,我们就可以将此用户打上"对宝马汽车感兴趣"的标签。这些方法都是从识别目标消费群体的消费意愿入手的,利用App海量的用户行为数据,识别"想买宝马汽车"的用户。

另外，很多 App 软件还有一个杀手锏——搜索功能。在商业层面，搜索功能可以让用户主动提出诉求，搜索服务商在方便用户查找信息的同时，也获取了非常有价值的用户需求信息。因为用户搜索的关键词一般是用户感兴趣的内容，如用户近期经常搜索一些高端品牌汽车的型号，表明用户极有可能近期有购买高端品牌汽车的需求，正在使用搜索工具进行信息的获取。一般而言，搜索关键词所反映的用户需求比其他用户行为所反映的用户需求的准确度要高。

同时，我们还可以对此用户的圈子打标签，也就是通过社交圈子进一步定位用户。例如，某运营商曾经在 201X 年统计用户通信好友中使用 iPhone 的比例，若该比例超过 30%，则可以将此圈子定义为"iPhone 亲密用户群体"，从而对此圈内未购买 iPhone 手机的用户推送 iPhone 产品广告来刺激消费。

我们接着来看第二个维度：识别目标消费群体的消费能力，可以通过用户的消费数据评估用户的购买能力。比如：

- 在"朋友间付款"中年净支出额大于 5 万元的用户；
- 在同类产品消费过程中支付价格高于平均价格的用户；

……

当某个用户同时符合以上两个维度的条件，即同时具备消费意愿和消费能力时，我们就可以对其进行该产品的广告推送。

6.1 标签体系的整体框架

本节介绍用户标签体系的整体框架。用户标签能够以多种形式存在，一种是用户的自然属性，一种是对用户交易、资产数据的统计指标，还有一种是基于某些算法归纳总结出来的规则。以上任意一种形式都可以理解为通过用户行为数据分析得到的在某个维度上具有一定差异性的用户形容词。如图 6-3 所示是个人标签体系案例，可以看到其包含了用户身份属性、教育属性、社交属性、工作属性等各个方面的标签。

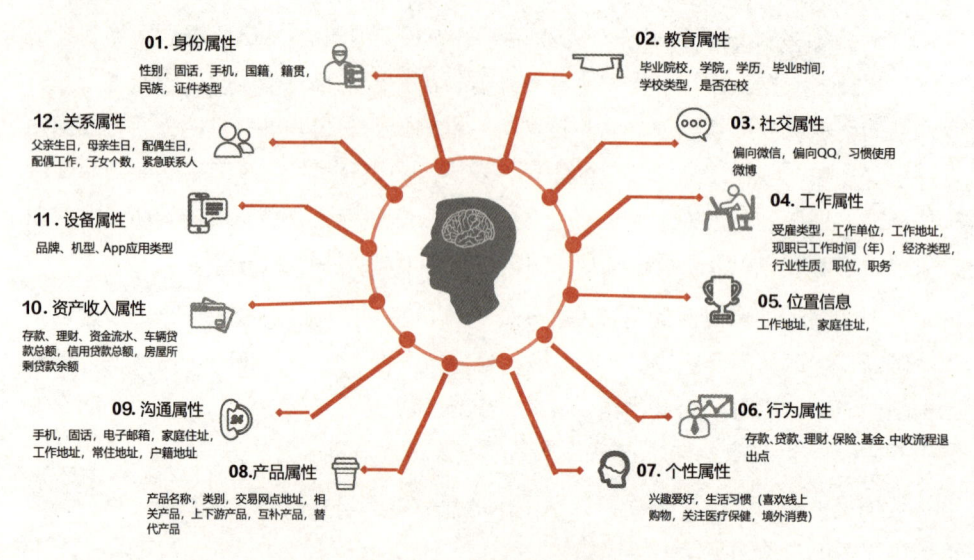

图 6-3 个人标签体系案例

6.2 标签的分类

从研究客体的数据类型角度，可以将标签分为属性标签、状态标签、协议标签、行为标签、需求标签；从用户标签的时态角度，可以将标签分为静态标签、时点标签、时期标签；从标签的加工角度，可以将标签分为基础标签、统计标签、模型标签等；从业务的应用角度，可以将标签分为用户运营类标签、信用风险类标签、合规风险类标签等。

6.2.1 从研究客体的数据类型角度分类

从研究客体的数据类型角度，可以将标签分为 5 类。

1. 属性标签

在分析个人用户时，属性标签也被称为人口统计信息，主要涉及性别、出生日期、出生地、血型等数据。这类数据对用户的行为预测并不具有因果关系，只是根据历史数据统计而得到的统计结果。比如，随着用户年龄的增长，会对房贷、消费贷款、教育储蓄、个人理财等产品产生需求，但是年龄并不是对产品有需求的根本原因，其实婚龄才是其深层次的原因，只不过婚龄和年龄在同时期人群中高度相关罢了。同理，性别和某种业务表现的高相关性，很多也来自外部世界对性别类型的一种行为期望。这类数据对银行、汽车 4S 店这类需要用户临柜填写表格的公司（机构）而言是可以获取"真实"信息的，而对于电商而言，是难以获取"真实"信息的。但是电商的分析人员也不必气馁，其实"真实"这个概念是有很多内涵的，根据电商数据虽然不能知道用户人口学上的"真实"年龄，但是根据其消费行为完全可以刻画出其心理上的"真实"年龄，而后者在预测用户需求和行为方面更有效。

2. 状态标签

状态标签指用户的社会经济状态和社会资本的标签，如资产情况、存款情况、消费能力、居住小区的档次等数据。社会学认为，人之所以为特定的人，就在于其被固化在特定的关系之中，这被称为嵌入理论。了解用户的社会关系，就了解了外界对该用户的期望，进而推断出其需求。通过深入的分析，甚至可以推断出用户未来的需求，达到比用户更了解自己的状态。比如，电信企业通过通话和短信行为确定用户的交友圈，通过信号地理信息定位用户的工作、生活和休闲区域，从而推测其工作类型、所处阶层和社交网络类型。也有企业通过用户住址大致确定用户居住小区的档次，以了解其社会经济地位。这类信息是值得每个以用户为中心的企业花时间和精力去深挖的。

3. 协议标签

用户在购买产品前需要与企业签订协议，协议与产品是有对应关系的，因此协议反映了用户对产品的购买情况。用户购买的产品有时可以反映其所处的人生阶段。比如购买母婴类产品的用户，大概率家里有孩子，而且其家庭大概率有车，因此可以推荐汽车养护类产品。关联规则就是主要使用产品协议数据进行产品推荐的一类算法。

4. 行为标签

交易数据是基于账户或不基于账户的用户活动产生的数据，其中基于账户的行为数据被称为动账数据，不基于账户的行为数据被称为非动账数据。动账是实际产生交易金额的情况，非动账是用户在交易过程中并未产生实际交易金额，但在交易过程中会产生很多用户行为。行为是用户内部需求在外部特定环境中的一种表现。首先，行为是内部需求的结果。比如，活期存款用户将手头的钱存起来，以应付不时之需的需求。其次，这些行为是在特定环境中表现出来的，在活期理财产品推出之前，活期存款是唯一的选择。对于银行而言，行为数据仅限于业务数据，而互联网和电信公司可以获取的行为数据更加广泛，不仅可以获取通话行为、上网行为等业务信息，还可以获取周末出行、业余生活等行为信息。获取的用户行为信息越多，对用户的了解越深入。在这方面，各类企业都具有很大的深挖潜力。

5. 需求标签

能够获取用户的内在需求是最理想的，但这类数据的获取方式很匮乏。传统方式只能通过市场调研、用户呼入或用户投诉得到相关数据。现在利用用户的各种留言和对话就可以获取用户的评价信息。

以上 5 种类型的数据是由表象到内在的，数据分析的难度逐渐加大，数据量也逐渐增加。目前 1~2 层面的标签数据居多，需要结合产品、交易数据及评价逐步完善标签体系。

6.2.2　从标签的时态角度分类

从用户标签的时态角度（如图 6-4 所示），可以将标签分为静态数据、基于时点的动态数据和基于期间的动态数据。静态数据，也被称为属性数据，数量较少，如性别、出生年月、出生城市等；基于时点的动态数据，也被称为状态数据，是流量数据累计的结果，如截止到月底的资产等；基于期间的动态数据，也被称为流量数据、行为数据，也就是对基于时点的动态数据进行汇总，即可得到基于期间的动态数据，一般只能获得公司内部的数据，如当月现金交易笔数、半年内总入账等。

图 6-4　用户标签的时态分类

数据时态不同，我们取数的时间窗口也应不同。比如对信用卡申请做分析，如果取静态数据，如用户的基本信息，由于静态数据是没有时间点概念的，因此取任何时间点的数据都没问题。如果取动态数据，由于给每个用户发卡的时间是不一样的，因此动态时间点数据应该取申请信用卡时间点前最近的时间点。而动态期间数据应该取动态时间点数据之前一段时间的数据，如从动态时间点往前 6 个月以内的数据。

6.2.3 从标签的加工角度分类

从标签的加工角度分类完全是根据公司内部数据工程师在计算该标签时使用的算法深度来区分的。

1. 基础标签

基础标签通常包括用户的所有原生属性或派生属性，常见的基础标签主要用于描述对象的人口属性、社会属性、设备信息、工作属性、协议信息等。基础标签的提取通过基本的 SQL 语句就可以实现，大多数用户的基础标签可通过公司内部数据库获取，不需要对数据进行汇总等操作。此外，也可从外部采购已经制作好的标签作为外部基础标签直接使用，作为对内部基础标签的有力补充。图 6-5 展示了一些基础标签的案例，如"风险评估"标签，读者会认为它是典型的模型标签，但是由于该标签是从外部采购的，在公司内部使用时并不需要自行加工，因此也属于基础标签。

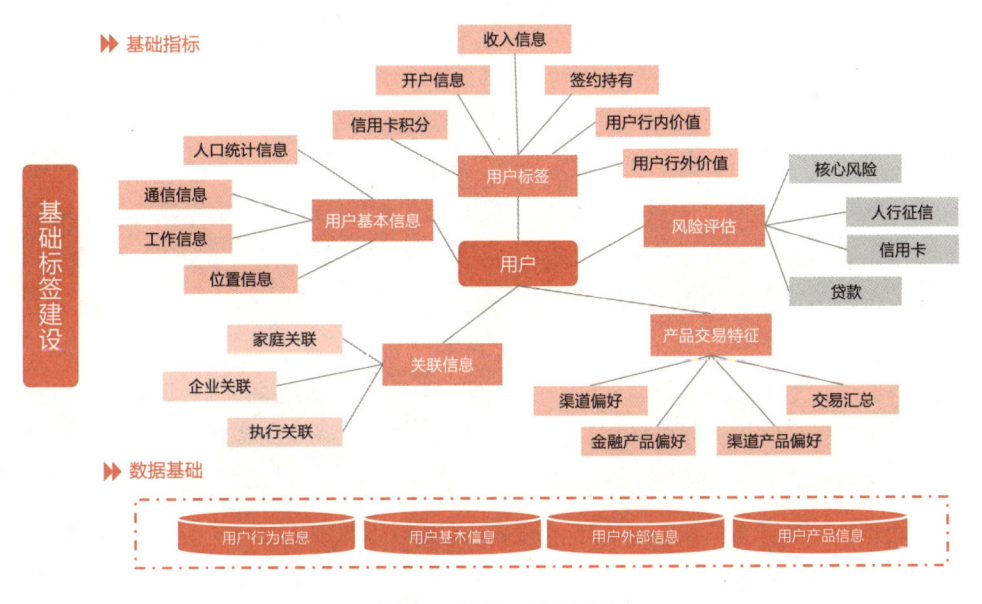

图 6-5　基础标签案例

2. 统计标签

对交易数据进行汇总后产生的标签被称为统计标签。例如，"用户资产汇总"

是指根据用户的交易流水，汇总其一段时间内的收入、支出，平均账户余额，进而对用户进行价值分群分析，用于该行资源的合理分配；"用户行为偏好"是指以用户交易渠道、产品种类为维度，汇总其交易频次、交易金额、关注频次等来分析客群特征，方便用户经理洞察用户需求偏好。统计标签可以通过 SQL 语句中的汇总函数实现。

在统计标签中比较典型的例子是 RFM 模型，虽然名称为 RFM 模型，但更应该将其理解为一种变量计算框架。其中，"R"指近度（Recency），即最近一次交易时间。一般而言，上一次交易时间越近的用户对银行所提供的即时商品或服务是最有可能有反应的，因此营销人员可针对此类用户进行较多的营销工作，如邮寄产品信件、电话促销等。"F"指频度（Frequency），交易频率是用户在限定期间内交易的次数。我们可以说最常购买产品的用户，也是满意度最高的用户。如果相信银行品牌及服务品质，那么最常购买银行产品的消费者，忠诚度也最高。增加用户购买的次数意味着从竞争对手处夺取市场占有率，提高自身的营业额。"M"指值度（Monetary），交易金额是所有消费报告的支柱，通过交易金额可以识别用户对企业营业额的贡献，而对于银行来说，用户的存款金额决定了银行资金的丰沛程度，贷款金额则代表了资金的使用水平。

3. 模型标签

模型标签指根据一定的业务需求建立算法模型，以基础标签、统计标签为基础加工出来的标签。简单的模型标签使用 SQL 语句中的分支语句就可以实现，复杂的模型标签需要使用机器学习或深度学习算法。模型标签主要用于以下 4 种场景：①发现用户潜在需求，也就是根据用户过往的行为表现，从具体产品出发，挖掘潜在用户，进行精准营销；②用户消费偏好分析，即根据用户的消费行为，获取购物、理财等偏好信息；③用户风险评分，通过输入用户的基础数据和行为数据，输出各类信用评分模型结果；④业务营销拓展，主要为支持业务部门某次营销活动而专门开发出来的具有生命周期的用户标签。

根据标签的计算方法，可将模型标签分为规则类模型标签、算法类模型标签、综合应用类模型标签。

规则类模型标签是使用最为广泛的模型标签，如基于 RFM 模型计算出来的统计用户级别的标签有"五星荣耀用户""重要挽留用户""重要保持用户"等，属于规则类模型标签。这部分内容会在 9.1.2 节"用户细分的不同商业主题"中详细讲解。

算法类模型标签的计算方法更为复杂。下面举一个用卡人实际性别判断模型的例子。日常生活中常常存在这类现象：信用卡申请人把自己的卡给家人使用，产生实际用卡人和卡片所有人非同一人的情况。由于用卡人的性别属性在很多营销策略中是非常重要的决策因子，所以判别实际用卡人的真实性别变得越发重要，由此也催生了用卡人实际性别判断模型。在用卡人实际性别判别中，由于各数据字段单位、数量范围、表示含义不同，因此首先需要对支付频次、支付额度、消费类型、消费时间、消费地点等做数据转换，之后进行归一化处理。每个用户形成一个 n 维的向量，如（0.5236，0.3067，…，0.8300），然后将训练数据（调研数据及关联画像）样本生成特征文件。特征文件中存储的是各二级维度下各标签代表类别的类中心向量，如月均刷卡男用户的类中心向量（0.7429，0.4552，…，0.8322）、月均刷卡女用户的类中心向量（0.7651，0.3464，…，0.8283）。接着，对需要打标签的新数据做与第 1 步相同的数据转换。例如，某用户本地刷卡 11 次，外地刷卡 2 次……餐厅刷卡 6 次。经过数据转换得到该用户的向量（0.7435，0.5330，…，0.8300）。最后将每个新用户转换后的数据与各二级维度下各标签的类中心向量进行对比，根据计算结果，将与用户距离近的类别标签赋予该用户，如图 6-6 所示。

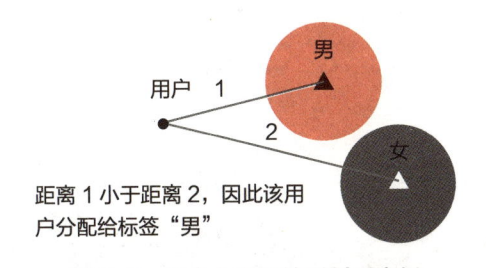

图 6-6 用卡人实际性别判别案例

图 6-7 展示了 3 种用户兴趣偏好标签开发的案例。第 1 种通过对用户进行问卷调研的方式获取用户兴趣偏好信息，这种方式最为简单，完全不需要建模。第二种通过对用户浏览器收藏夹信息进行分析并打上标签的方式获取用户兴趣偏好信息，这种方式属于规则类模型标签。第三种是对用户的浏览内容进行文本提炼，获取用户感兴趣的关键词即为标签，这种方式涉及文本挖掘等算法的应用。

规则类模型标签和算法类模型标签一般适用于场景较单一的情况。有些时候存在部分用户数据不完善的情况，就需要使用综合以上两种计算方法的综合应用类模型标签。例如，银行在制作用户收入等级标签时，根据用户的不同类型和数据情况制定不同的策略。对于银行代发薪客群，可以直接根据代发薪数据确认收入的统计范围；对于非代发薪但在某银行有贷款或信用卡业务的客群，可以根据人行征信中的社保信息推断其收入；对于通过合作渠道获客的客群，可以通过渠道合作方采集一些对评估收入有帮助的数据，如税收、社保等信息；对于开通第三方支付的客群，可以通过有收入数据客群和第三方支付客群的交集，以收入作为被预测变量，以消费和用户其他数据作为预测变量，用于建模，通过模型预测其他第三方支付客群的收入情况。同理，也可以根据用户提交的基本信息对理财客群、基金客群、保险客群采用类似的方法建立模型；而对于仅开通借记卡的客群，只能根据地域、年龄等基本信息做一些粗略的收入判断。

图 6-7　3种用户兴趣偏好标签开发的案例

通过以上方法可以获取一定数量的用户的收入数据及交易数据，把这些数据作为模型的训练样本，也就是将用户的收入数据作为模型的目标变量 Y，将用户的交易数据作为模型的属性变量 X，运用线性回归或多分类器算法建立模型，预测新用户的收入等级，如图 6-8 所示。

图 6-8　通过模型预测收入

6.2.4 业务指标与用户标签的关系

有些介绍用户标签的文章中会出现"用户指标"的概念，这其实是将"用户标签"与"业务指标"两个概念混为一谈。本节将分别介绍这两个概念，以及两者之间的区别和关系。

业务指标是从业务宏观层面分析并制定的关键业绩指标，如月活跃用户量、月销售额、毛利率等。用户标签是从微观个体层面分析并制定的一系列反映用户属性的关键词，如男性、中年、汽车爱好者等。

在 EDIT 数字化模型中（如图 6-9 所示），分为探索（Exploration）、诊断（Diagnosis）、指导（Instruction）3 个阶段。在探索阶段主要通过对业务指标的可视化来分析目前业务是否存在问题，是一种宏观层面的分析方法。如果运营良好，则不需要进行任何调整；如果存在一定问题，则进入微观层面的诊断阶段。在这个阶段，可以使用用户标签等微观信息深入分析问题的根因。找到根因后，针对性地提出解决问题的方案并实施整改，也就是进入第三个指导阶段。以上是业务指标与用户标签的概念和两者在 EDIT 数字化模型中所处的不同阶段的区别。

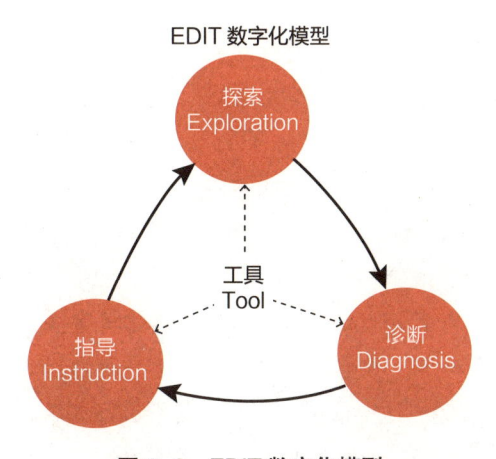

图 6-9 EDIT 数字化模型

与上述 EDIT 数字化模型相对应的是数据分析流程（如图 6-10 所示），同样可以分为"业务宏观层面分析"和"微观个体分析"两部分。例如，在"输出层"中可以通过"仪表盘"或"业务描述报告"呈现各业务数据的表现情况，或者对数据进行宏观上的根因分析等，这些分析都是基于业务指标进行的；而用户标签一般用于微观层面的分析，如某个产品的受众群体是哪些用户，或者哪些用户对该产品的需求量较大，也就是前文介绍的对用户进行精准定位。

/ 商业策略数据分析 /

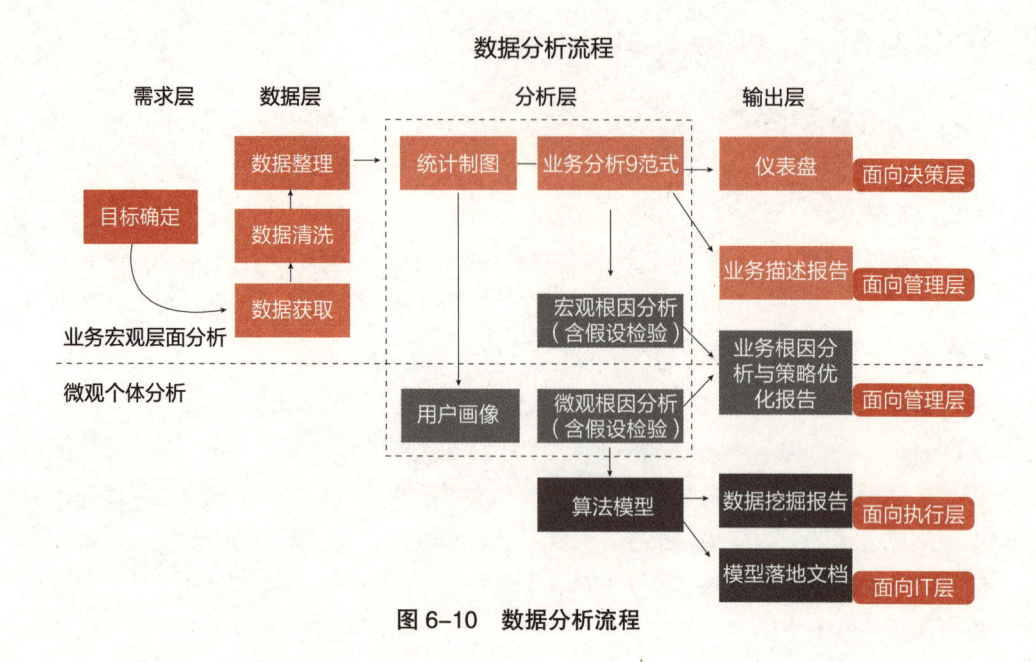

数据分析流程

图 6-10 数据分析流程

1. 制定业务指标 —— OSM 模型

关于制定业务指标的问题，在 CDA Level 1 中有详细介绍，这里仅简单回顾。

业务指标的制定方法可以围绕 OSM 模型（如图 6-11 所示）进行，其中，"O"指业务目标（Objective），也就是企业的目标，公司、业务、产品或功能等存在的目的是什么；"S"指策略（Strategy），为了达成上述目标而采取的策略；"M"指度量（Measurement），提出策略之后需要进行度量，因为没有考核就没有评价，合理的度量指标可以衡量策略的有效性，反映业务目标达成情况。而在度量过程中，会生成一些 KPI（Key Performance Indicator）指标，将这些 KPI 指标与预先给定的目标值（Target）进行对比，就可以衡量业务目标是否达到，KPI 直接度量策略有效性指标，直接反映目标的达成情况。这些内容不展开讲解，对这些内容感兴趣的读者，可以阅读与"KPI""平衡记分卡""OKR"相关的专业图书。

图 6-11 OSM 模型

2. 北极星指标

下面重点介绍互联网公司常用的业务指标方法——北极星指标（North Star Metric），也被称为第一关键指标（One Metric That Matters），如图 6-12 所示。北极星指标是产品成功的关键指标，是指在产品的当前阶段与业务或战略相关的绝对核心指标。北极星指标是企业为用户带来的核心价值的体现，是指引公司提升长期价值的方法，一旦制定，北极星指标如同北极星般闪耀在高空中，指引整个团队朝一个方向奋斗。北极星指标的价值是提升公司员工的价值观，凝聚团队力量。

图 6-12　北极星指标

"力往一块使"，不同企业通过制定一个明确的目标也就是北极星指标，为公司的发展指明方向，引领整个公司为完成此目标而奋斗。如图 6-13 所示，不同的企业依据其经营特点，制定的北极星指标也有所差异。例如，Facebook 公司制定的北极星指标是月活跃用户数（MAU）；LinkedIn 公司制定的北极星指标是高质量注册人数（Quality Sign-ups）；Pinterest 公司制定的北极星指标是每周重复使用 Pinterest 的用户数据量；Slack 公司制定的北极星指标是发送超过 2000 条信息的团队数量等。

- Facebook：月活跃用户数(MAU)
- LinkedIn：高质量注册人数(Quality Sign-ups)
- Pinterest：每周重复使用Pinterest的用户数据量
- Slack：发送超过2000条信息的团队数量

图 6-13　企业北极星指标案例

3. 拆解北极星指标

北极星指标是企业的最高目标，需要各个部门配合完成，因此在制定北极星指标后，需要对其进行指标拆解，使得每个部门都能够各司其职、各尽其力。关键要素的确定是通过用户所处的状态和业务想要达成的目标拆解而来的。关键要素拆解之后的展现形式主要是产品关键节点展示和活动运营。

/ 商业策略数据分析 /

常用的拆解方式有两大类,一类是全链漏斗式,另一类是因子分解式。全链漏斗式拆解是指当业务在按照若干个步骤进行时,可以按照其步骤将北极星指标进行拆解。例如,将"信用卡网申量"作为北极星指标时,用户网上申请信用卡的大致步骤为:登录银行信用卡官网→选择信用卡类型→填写资料并提交→等待审核→网点办理/上门办理,可以按照用户线上申请信用卡的步骤将北极星指标"信用卡网申量"拆解为"浏览人数""网申页打开率""网申提交表单率""成功申请率"4个指标,如图6-14所示。

北极星指标 = A × B × C × D

信用卡网申量 = 浏览人数(UV) × 网申页打开率 × 网申提交表单率 × 成功申请率

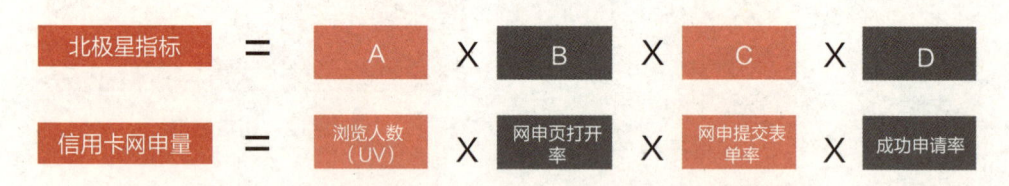

图 6-14　全链漏斗式拆解"信用卡网申量"北极星指标

因子分解式拆解是指当业务由不同模块通过加总关系构成时,可以分别根据每个模块的影响因素进行拆解。例如,在企业会员运营中,经常将"企业会员营收"作为北极星指标,而"企业会员营收"主要由"新会员付费"与"老会员付费"两部分构成,因此可以将北极星指标拆解为"新会员付费"与"老会员付费",然后重复前面的步骤进一步拆解,"新会员付费"被拆解为"页面浏览人数""留资率""转化率"和"单价"4个指标,"老会员付费"被拆解为"会员数""转化率"和"单价"3个指标,如图6-15所示。

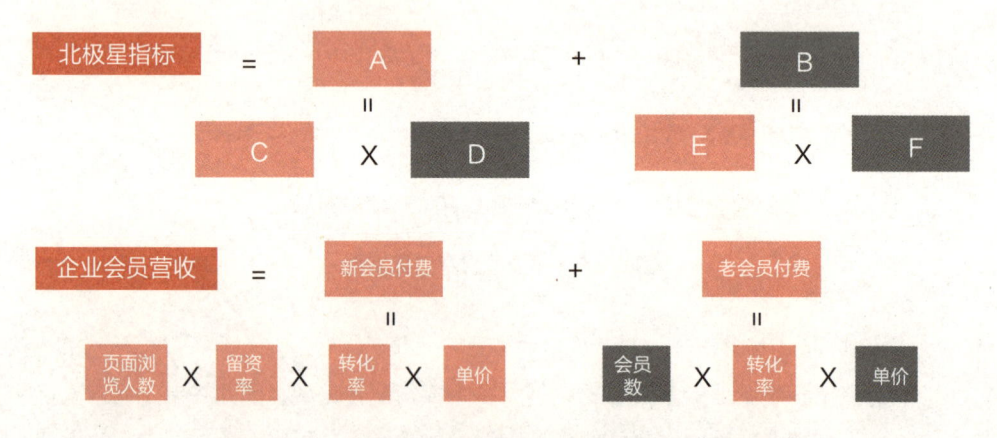

北极星指标 = A + B
           ‖   ‖
           C × D   E × F

企业会员营收 = 新会员付费 + 老会员付费
             ‖   ‖
   页面浏览人数 × 留资率 × 转化率 × 单价   会员数 × 转化率 × 单价

图 6-15　因子分解式拆解"企业会员营收"北极星指标

4. 业务指标的分层方式

接着来介绍业务指标的分层方式。根据以上拆解方式可以将北极星指标逐级进行拆解，通常可以拆解至 4 个层级。第 1 层级的指标是战略层面的指标，是整个公司共同奋斗的目标。第 2 层级的指标是管理层面的指标，可按照部门职能进行划分；第 3 层级的指标是运营层面的指标，每个部门中划分不同的小组负责相应的运营指标；第 4 层级的指标是操作层面的指标，细化到每位员工所需负责的工作。举一个简单的例子，如图 6-16 所示，当制定"销售收入"为北极星指标时，"销售收入"就是公司战略层面的指标；根据部门职能划分，可以将"销售收入"拆解为"新增用户量"（由渠道部负责）、"老用户量"（由用户部负责）、"预期客单价"（由创新部负责），这是管理层面的指标；然后，根据每个部门中的不同运营小组对前面的一级指标进行拆解，得到二级指标，如"新增用户量"可以拆解为"线上新增用户量"（由新渠道组负责）和"线下新增用户量"（由传统渠道组负责），"预期客单价"可以拆解为"购买率"（由市场组负责）和"客单价"（由产品组负责），这些二级指标都是基于运营层面的；最后，在操作层面上根据不同的活动将二级指标拆解为每位员工负责的三级指标。

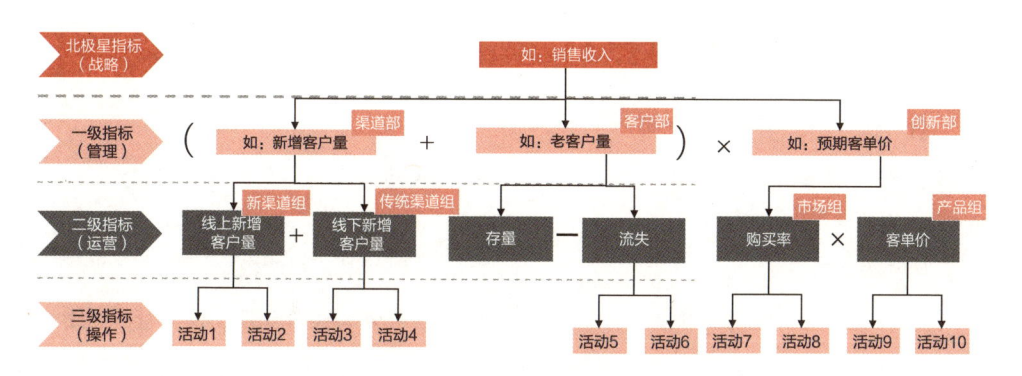

图 6-16　业务指标的分层方式案例

同时，企业决策的各个层级所对应的数据需求都有所不同，如图 6-17 所示。首先，战略层面的指标解决的问题是"做什么""为什么做"，其所需要的数据产品类型是市场或行业指标型，数据范围是市场或行业外部数据，此类数据可通过国家统计局、行业报告和市场调研的方式获取。其次，管理层面和运营层面的指标解决的问题是"做的如何"，其所需要的数据产品类型是智能报表型，数据范围是企业内部数据，此类数据可通过企业业务系统获取；最后，操作层面的指标解决的问题是"如何做"，其所需要的数据产品类型是智能分析决策型，数据范围是企业内部及外部

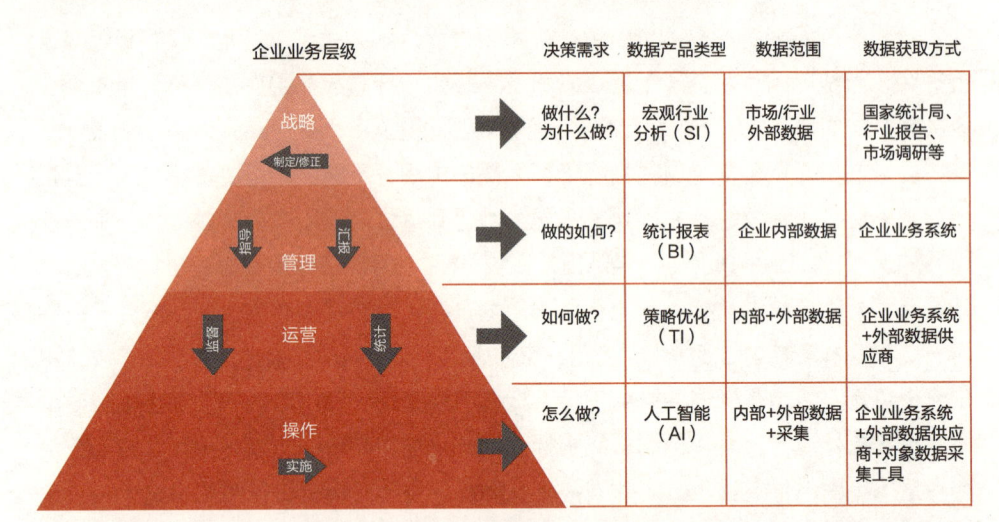

数据，此类数据可通过企业业务系统和外部数据供应商获取。

企业业务层级	决策需求	数据产品类型	数据范围	数据获取方式
战略	做什么？为什么做？	宏观行业分析（SI）	市场/行业外部数据	国家统计局、行业报告、市场调研等
管理	做的如何？	统计报表（BI）	企业内部数据	企业业务系统
运营	如何做？	策略优化（TI）	内部+外部数据	企业业务系统+外部数据供应商
操作	怎么做？	人工智能（AI）	内部+外部数据+采集	企业业务系统+外部数据供应商+对象数据采集工具

图 6-17　企业决策层次和对数据的需求

其中，战略层面、管理层面、运营层面主要使用业务指标，而操作层面使用用户标签。我们可以借助前面介绍的 EDIT 数字化模型将运营层面与操作层面所需的数据流程化。

5. 指标和标签的不同点

随着大数据的不断发展，业务逐渐深化，标签应运而生，伴随着标签的设计与使用，很多人在使用业务指标与用户标签时产生了混淆，下面重点讲解指标与标签的几大不同点。

在概念方面，指标是用来定义、评价和描述特定事物的一种标准或方式。比如，新增用户数、累计用户数、用户活跃率等是衡量用户发展情况的指标，月均收入、毛利率、净利率等是用来评价企业经营状况的指标。标签是人为设定的、根据业务场景需求对目标对象运用一定的算法得到的高度精炼的特征标识。比如，评价某个人是一个"酒鬼"，这里的"酒鬼"就是标签，一看到"酒鬼"这个标签人们就知道这个人肯定经常喝酒。

在属性与特征方面，指标是 ICT 时代和 BI 时代的通用语言，指标注重对事物及事件过程进行全面、体系化的描述；更注重与宏观业务分析相结合，逻辑上更严谨，表现风格严肃、刻板；更侧重业务化、严格化和数量化。标签是大数据与人工智能时代的通用语言。标签比指标更微观、更有深度，便于做用户洞察。

在应用场景方面，指标的应用场景更宏观，涉及企业的战略、管理、运营和支撑等层面。比如，战略目标、市场定位、业务监测、业绩考核、任务分解、数据分析、数据建模、BI 应用等。标签的应用场景主要集中在 CRM 领域，尤其适用于用户运营。比如，用户画像、新增获客、沉默用户激活、存量用户维系、数据建模、数据可视化等。总之，指标最擅长的应用场景是监测、分析、评价和建模，标签最擅长的应用场景是标注、刻画、分类和特征提取。

6. 业务指标和用户标签的配合使用

业务指标如何与用户标签配合使用呢？下面用一个小案例来说明。假设有一家主营服装的淘宝店，年营业额为几千万元，用户量有几万人。平日里店主每周都会看当周每天的日活跃用户量这个业务指标，发现近期的日活跃用户量指标在下降，店主试图找到该指标下降原因。通过一系列分析，店主发现近期平台上一些竞争对手开始大规模打折促销，这是影响网店日活跃用户量的主要原因之一。因此店主计划进行一次促销活动来提高用户的活跃度，这是这次活动的业务目标。那么应该制定什么样的营销策略呢？首先，要考虑如何挽回老用户，基于现有的资源，可以推销打折商品。其次，需要考虑用哪些营销方式触达用户，目前常用的是电话营销和短信推送。电话营销人力成本较高，但营销效果显著高于短信推送的营销效果。因此，可针对不同人群制定不同的营销方式：针对高价值用户，可选择电话营销；针对低价值用户，则使用短信推送。同时，还有一部分用户不是此次营销活动的对象，既不用打电话，也不用发短信。通过两周的促销活动，该网店日活跃用户量指标有明显回升，这次分群营销的成功率比以前"一刀切"式营销的成功率大幅地提高了。

在上面这个例子中，店主首先通过监控业务指标发现了日活跃用户量指标下降，并通过根因分析找到指标下降的原因。随后制定了提高用户活跃度业务指标的目标，基于用户标签的应用，根据不同的用户标签进行用户分群，对不同的客群制定差异化的营销策略。在实施营销策略后，再次通过日活跃用户量指标衡量营销策略的有效性及业务目标的达成率，并对比以前的营销指标，发现基于用户标签的分群营销策略的效率比传统的营销策略的效率提高很多。

6.3 用户画像

了解了指标与标签的区别与应用后，本节具体讲解用户画像的相关内容，包括用户画像的基本概念、发展进程及如何进行用户细分等。

6.3.1 细分市场与 STP 模型

在介绍用户画像之前，不得不提营销当中的细分市场。具体来讲，用户画像为细分市场提供了分析依据，细分市场是产品研发的前置条件，产品销售阶段根据产品研发阶段的用户画像进行渠道匹配，被称为 STP 模型，如图 6-18 所示。其中，"S"指细分市场（Segmentation），根据消费者差异确定细分要素和市场，利用 5 个关键指标衡量细分市场（可测量、可盈利、可进入、可区分、相对稳定）；"T"指选择目标市场（Targeting），评估每个细分市场的吸引力，根据自身与市场匹配度选择细分市场，确定市场营销策略；"P"指市场定位（Positioning），决定产品在目标消费群体中占据什么位置。

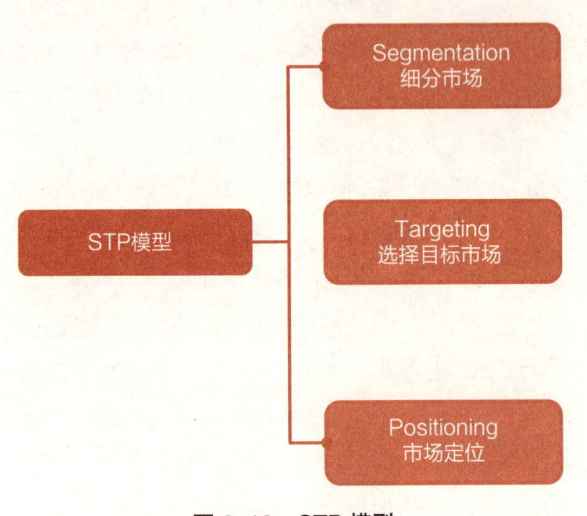

图 6-18 STP 模型

6.3.2 快速入手用户画像

目前各行业竞争激烈，产品利润降低，需要开源节流。首先，节流就是要把控公司的成本，提高 ROI。因此，对于公司营销层面的要求是更好地进行产品及服务的推送，能够触达更多具有潜在价值的用户群体。而精准营销的重点是"精准"。如何实现精准？需要从广泛的人群中筛选出适配公司产品及服务的人群，这就需要对用户进行分群，从海量的用户信息数据中提取关键信息，通过标签体系，实现用户画像,从而更好地进行精准营销。

用户画像的目的是帮助营销人员或风控人员对用户进行洞察,需要描述清楚用户是谁、特征是什么、有什么习惯、通过什么渠道触达等问题。这些被总结成5W1H分析法,也称作6何分析法。在业务数据分析中经常使用5W1H分析法解决实际工作中的业务问题,并利用这种方法拆解活动目标,随着互联网的发展,传统数据分析已无法满足业务的发展需要,业务人员需要更多的策略及方向指引,利用用户画像的精准营销同样也可以通过5W1H分析法来助力业务。

5W1H是指对选定的项目、工序或操作,都要从原因(何因Why)、对象(何事What)、地点(何地Where)、时间(何时When)、人员(何人Who)、方法(何法How)6个方面提出问题并进行思考。

下面利用5W1H分析法对用户画像的实现进行拆解,从而通过业务角度快速入手用户画像。

(1)原因(何因Why)。

从业务角度分析当前遇到的主要问题,用户画像可以帮助产品和营销人员探查用户特征,比如转化率低的用户的特征、流失用户的特征、高风险人群的特征。对于不同的业务现状,洞察业务问题,识别业务人群特征,从而利用用户画像主动出击,精准定位人群,解决业务问题。

(2)对象(何事What)。

在实际业务环境中,离不开产品及服务,我们从业务角度出发,具体问题具体分析,针对不同的产品及服务,所适配的用户特征也是不一样的。比如,商家推出一款产品,定位高端人群,需要定义符合该产品的用户特征,包括收入情况、职业、消费能力等,通过匹配,找到符合该产品的人群,制作出符合该产品的用户画像,指导业务人员对产品进行清晰的认知。

(3)地点(何地Where)。

用户画像中的"地点"即渠道。用户群体存在渠道偏好,可以挖掘用户的渠道选项,不同的选项偏好,会反映出用户的潜在特征,可以通过对不同渠道的用户进行画像,挖掘出该渠道的用户特征,从而在推广及营销产品和服务的时候能够通过渠道捕获适配的用户群体。

(4)时间(何时When)。

时间信息包含很多,如自然时间、浏览时长、停留时长等。通过这些时间标签,可以定义用户对某种产品或某种服务的喜好程度，也可以通过定义不同的时间段，挖掘用户的行为信息集中在何时，分布在早、中、晚哪些时间段，将以上信息结合职业等标签，可以更好地针对特定时间段的人员进行营销。

（5）人员（何人 Who）。

人员即目标用户，主要是定位适配群体，也是用户画像的主要应用部分。我们通过对用户信息数据进行处理和标签化来制作用户画像，通过自建标签体系，定义各种各样的标签，在推行某产品或某活动的时候，通过已有标签化数据进行画像，从而选择强适配人群，对该群体进行营销。也可以通过该方法锁定营销目标，缩小营销范围，节省营销成本。

假设现在推出一款健康险产品，要对该产品做营销，那么要对谁做怎样的营销呢？首先，要考虑健康险针对什么样的目标群体，是大学生、白领、宝妈，还是老年人？接着，要考虑目标群体有什么特征。比如，用户的经济实力、爱好、消费习惯等。最后，要考虑与目标群体匹配的生活消费场景有哪些，是商场、健身房，还是学校等。所谓用户画像，就是将产品已有用户的标签提炼出来进行描述与统计，用于定位目标群体，如图 6-19 所示。

图 6-19　用户画像

（6）方法（何法 How）。

业务人员需要根据用户的偏好用其喜闻乐见的方式或合适的方法引发用户关

注，促进转化。比如推广一款理财产品，针对年轻用户群体，可通过短视频形式推广；针对年长用户群体，可通过线下门店活动推广；针对高潜在用户群体，可以在合适的时间进行一对一电话访问营销、短信推送等。如需曝光，可结合周围人群的购买力，圈选特定商圈，利用户外大屏增加产品曝光。

综上，通过 5W1H 分析法，可以更好地从业务人员的角度理解用户画像的作用及业务思维，从而快速地帮助业务人员利用好用户画像，更好地将用户画像落地，进一步帮助业务人员进行精准营销，提高营销的精度及效率，并控制成本。

6.3.3 用户分群的发展历程

下面介绍用户分群的发展历程。如图 6-20 所示，用户分群这种方法由来已久，在 20 世纪 50 年代以前，其实已经有比较初级的细分思路，主要根据用户基本属性进行细分，比如社会地位、宗教、性别、教育水平来确定产品、价格和销售渠道。例如，在 19 世纪的图书市场中，相同内容的书包装不同、售价不同；到了 20 世纪 50 年代，这种基于用户分群制定不同营销策略的思维逐渐被人们重视，出现了差异化的市场，分群作为一种市场策略被首次引入，分群等同于产品差异化；而在 20 世纪 60 年代，除关心社会人口特征外，还会关心其他影响个人行为的因素，如个人观点和心理活动因素；到了 20 世纪 80 年代，用户分群开始被注入新的源泉——统计学，基于用户分群的产品选择模型比基于所有用户的模型更为准确；20 世纪 90 年代随着大数据及人口普查的融入，用于分析用户行为的维度得以拓展，开始重视用户行为和价值分析；发展到 21 世纪，开始强调基于数据的用户行为分群，用户分群引导了 CRM 在不同用户群体中的决策，越来越多的数据被用于建立用户分群模型。

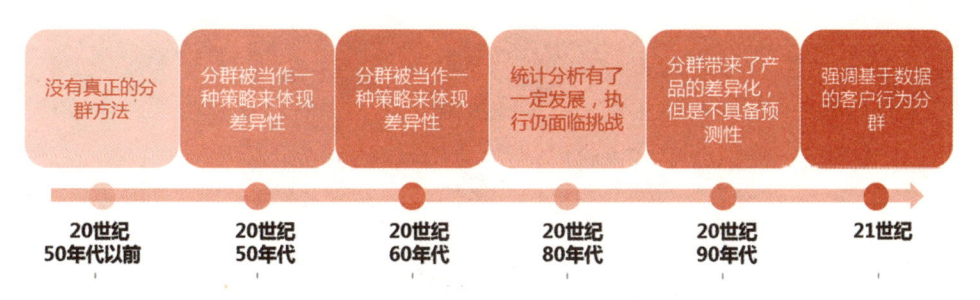

20世纪50年代以前	20世纪50年代	20世纪60年代	20世纪80年代	20世纪90年代	21世纪
没有真正的分群方法	分群被当作一种策略来体现差异性	分群被当作一种策略来体现差异性	统计分析有了一定发展，执行仍面临挑战	分群带来了产品的差异化，但是不具备预测性	强调基于数据的客户行为分群

图 6-20　用户分群的发展历程

6.3.4 用户的决策进程

了解了用户分群的发展历程后，我们思考一下为什么基于用户分群的营销策略行之有效呢？这就得从用户的决策进程说起。如图 6-21 所示，单个用户在做购买决定的时候，可以粗略分为 5 个阶段，分别是确认需求、信息收集、方案评估、购买决策、购后行为。例如，用户 A 想购买一辆汽车，首先会进入确认需求的阶段，根据个人特质确定是否需要购车。在确认了购买需求之后，就会进入信息收集阶段，一般用户主要通过以下几种方式获取信息：第 1 种是个人来源，如找亲朋好友了解商品；第 2 种是商业来源，如到 4S 店或车展进行了解；第 3 种是公共来源，如通过搜索引擎获取商品的相关信息。在对收集好的信息进行筛选与整理后，用户一般会保留几款心仪的商品进行比较，也就是方案评估阶段，在此阶段用户会综合商品属性、品牌信念、效用函数、评价模型等几个方面来评估不同的方案。通过评估确定想要购买的商品后，进入购买决策阶段，选择时机进行购买，在此阶段还会受他人态度或意外情况等不可控因素的影响。最后一个阶段是购后行为阶段，如评价商品、维修等。作为产品营销方，我们需要思考的是以上哪几个阶段是可以进行营销的。主要有 5 种典型的精准营销方法：第 1 种是识别出商品或服务的刚需群体，这种方法主要用于第一阶段；第 2 种是直接获取用户的需求信息，如根据用户在网站上的搜索内容进行商品推荐，这种方法主要用于第二阶段；第 3 种是在用户比价时进行营销，如获取用户与朋友之间关于某商品的沟通信息，主要用于第三阶段，不过此类营销方法存在法律风险；第 4 种是在用户购买商品时进行捆绑销售，如给准备购买汽车的用户推销保险，主要用于第四阶段；第 5 种是根据用户购买商品后的使用情况进行场景交叉销售，如推荐儿童座椅等关联商品，主要用于第五阶段。

确认需要	信息收集	方案评估	购买决策	购后行为
• 个人特质 • 需求阶段	• 个人来源 • 商业来源 • 公共来源	• 商品属性 • 品牌信念 • 效用函数 • 评价模型	• 他人态度 • 意外情况	• 事后评价

图 6-21 用户的决策进程

6.3.5 马斯洛需求理论

下面简单了解一下马斯洛需求理论。美国心理学家亚伯拉罕·马斯洛把人类的需求从低到高划分为 5 个层级，依次是生理需求、安全需求、归属需求、尊重需求和自我实现需求，如图 6-22 所示。可以简单地理解为人最初级阶段的需求是生理需求，也就是具有活着的条件，如空气、水、食物等。接着是安全需求，也就是安全地活着，拥有人身安全、健康保障等。人的中级阶段的需求是归属需求和尊重需求，即在能安全活着的前提下，人们会追求活得更好，希望拥有友情、爱情及他人的尊重。最高阶段的需求是自我实现需求，也就是道德、创造力、公正度等方面的实现需求。

图 6-22 马斯洛需求金字塔

6.3.6 用户消费的成本与收益

用户画像本质上反映了不同用户对消费某产品的收益和成本的差异，因此用户画像一定要结合业务来展开，不同阶段的业务所需要的用户画像侧重点不同。例如，在对保险产品做精准营销时，我们发现，成本相同（产品价格相同）的情况下，在性别属性上，女性更偏向于购买保险产品，因为女性的风险厌恶程度更高，保险带来的收益也高于男性；在学历属性上，学历高的群体更偏向于购买保险产品，因为这部分人在社会上已取得一定地位，不愿意因一次意外而失去已有成就。图 6-23 展现了用户画像与金融产品精准营销的关系。

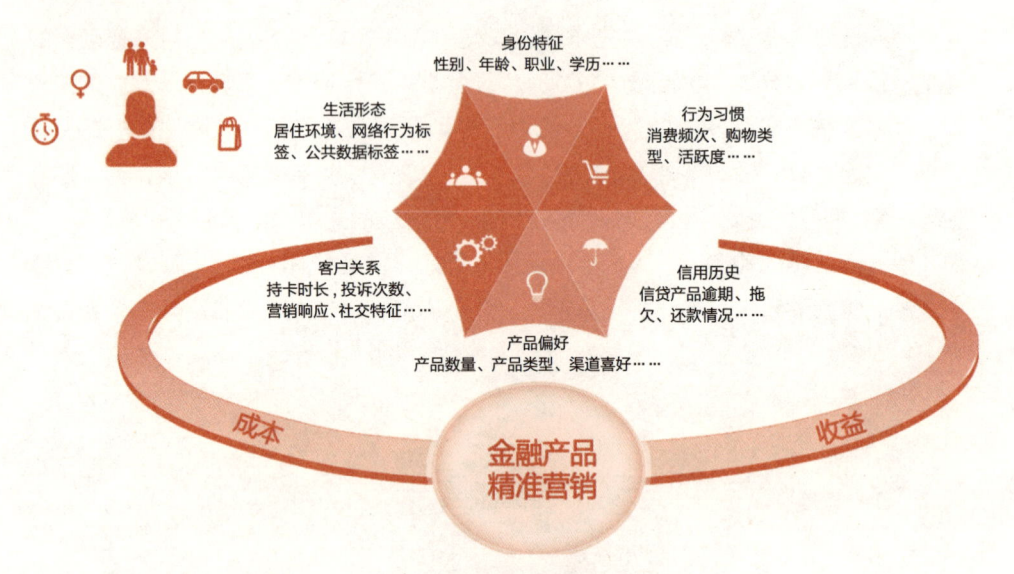

图 6-23 用户画像与金融产品精准营销的关系

6.3.7 用户细分的方法

下面介绍 4 种用户细分的方法。第 1 种是层级细分，按用户给企业带来的价值将其划分为 4~6 层并设计不同的服务模式。例如，按照用户价值划分，将重点资源分配给价值高的层级，提高营销效率。图 6-24 列举了一些金融机构用户层级细分的方法，这种细分方法的优点是数据需求低，只需要使用用户的金融资产信息，同时方便理解，容易根据用户的价值高低分配营销资源。缺点是难以基于这种细分方式设计符合用户需求的特定产品和服务。

第 2 种是用户群体细分，从多个维度（包括资产、人口特征、用户行为等）探索用户的需求，形成特定产品需求的群体，然后有针对性地设计产品和服务。例如，根据用户的一些基本属性如年龄、地域、资产、负债、家庭情况等，把用户群体细分为"无压力普通老年人""美满享乐的老年人""压力较大的乡镇老年人""回乡安享天年的老年人"4 个群体（如图 6-25 所示）。这种细分方法的优点是用户群体有共同的需求、共同的特征，可以按照群体的生命周期进行管理。缺点是分群往往比较模糊，而且不能指导企业营销资源的分配。

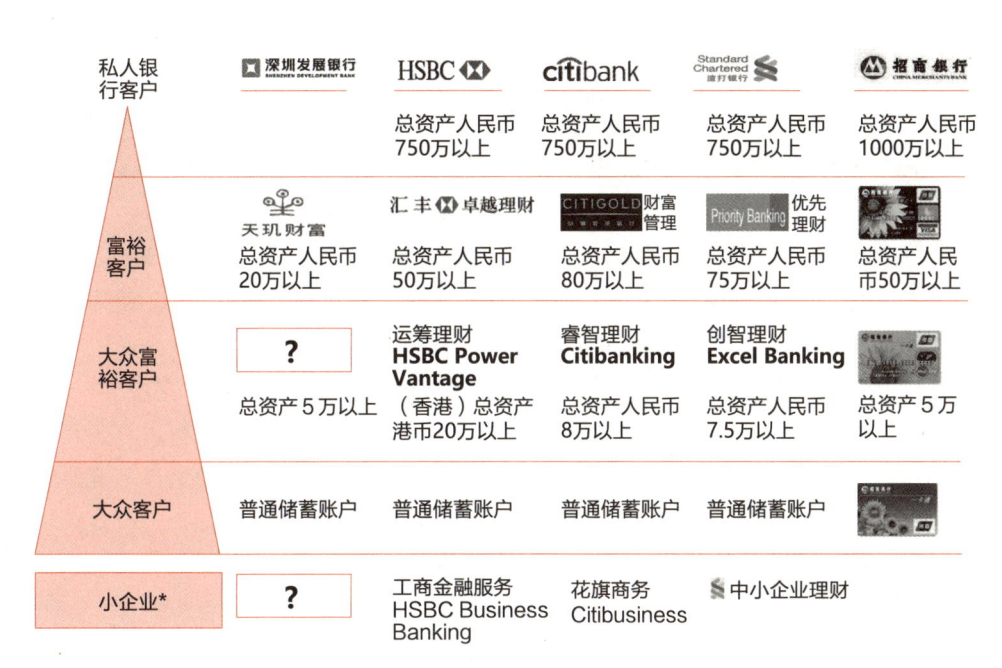

图 6-24　一些金融机构用户层级细分的方法

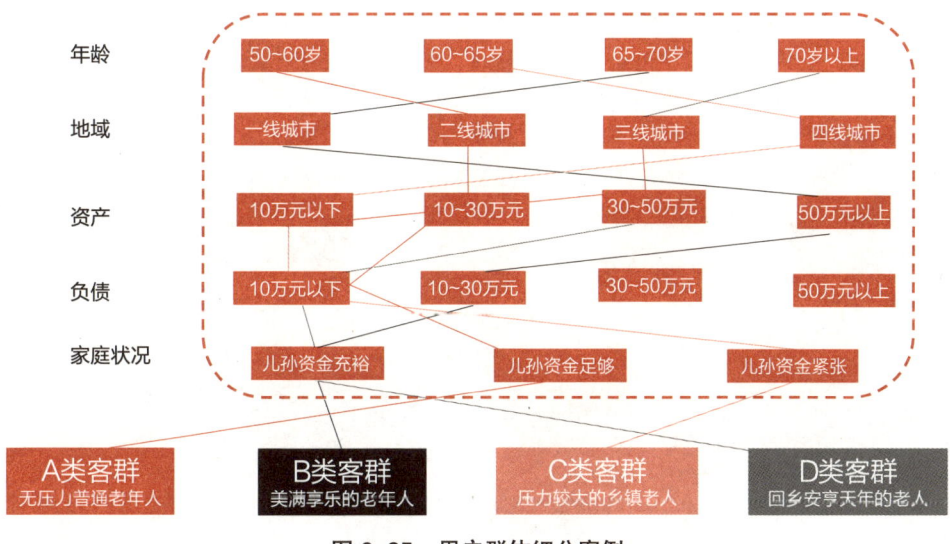

图 6-25　用户群体细分案例

第 3 种是双重细分。首先，按照资产规模和贡献潜力等战略维度对用户进行细分，用来确定资源分配、接触频率和渠道等。其次，在每层战略细分的用户群体内，采用产品用户群体或一系列变量形成策略因子群体以推动产品营销。这种方式的优点是有助于围绕用户价值进行组织，同时可以在用户价值的基础上结合用户偏好进行更好的细分。缺点是相比前两种方法，更多的数据会导致业务人员在使用时难以操作。

第 4 种是先进细分，收集所有结构化和非结构化数据维度（可多达上千种标签）以支持特定产品、服务和营销活动建议，可以支持用户一对一定制化方案。例如，对于商旅用户、时尚达人和退休老人 3 种不同的用户群体，可以针对性地分析群体的需求及制定个性化的营销策略。商旅群体的需求是高端理财服务、旅行支票/旅行保险、白金信用卡/商旅信用卡，由于该消费群体大多为对价格不敏感，因此营销策略建议对连续多月均有高额消费的用户赠送高额积分奖励，同时提高服务等级。时尚达人群体的需求是信用卡分期还款、个人消费贷款、出国金融服务，可推荐短期消费贷款，以及信用卡分期还款产品，鼓励用户进行网上消费，并推荐多币种信用卡或白金信用卡产品。退休老人群体的需求是稳定增长、风险小的产品，可推荐以低风险基金为主的产品，保持持续增长的趋势，鼓励其购买理财产品。先进细分这种方法主要通过算法实现，因此要求的数据量比较大，优缺点和用户群体细分的优缺点类似。

6.3.8　基于用户分群的精准营销

需求是需要产品去满足的，一个产品应该优先满足用户的刚需。显然，作为销售人员，在给产品做用户画像时，应该优先定位其刚需人群。如图 6-26 所示，个人的用户特质、行为偏好是通过标签反映的，而产品的目标人群可通过对其已有用户做细分，也就是通过用户画像来确定，进而制定决策点，在做营销活动时，将个人的标签与产品的画像进行匹配营销，这就是基于用户分群的精准营销。

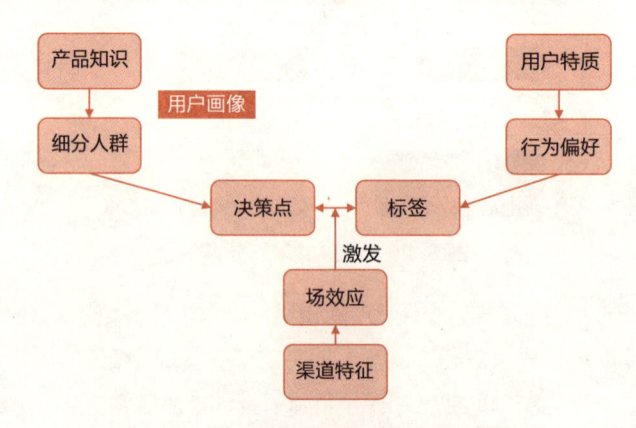

图 6-26　基于用户分群的精准营销示意图

下面通过一个简单的案例介绍用户标签和产品属性匹配的具体应用。假设某汽车具有价格分布、功能、油耗、用户群体特征等产品属性，于是便可匹配产品属性与用户标签，可以发现标签为"年收入50万元""资产为200万元"的用户更倾向于购买价格分布为25万元~40万元的车型；标签为"婚姻状况：已婚""家庭规模：2万元"的用户更倾向于购买三厢的车型；标签为"道路情况：城市"的用户更倾向于购买油耗低的车型；标签为"工作性质：法人"的用户更倾向于购买用户画像为公司老板的车型。以上便是一个简单的用户标签与产品属性匹配的精准营销的例子，如图6-27所示。

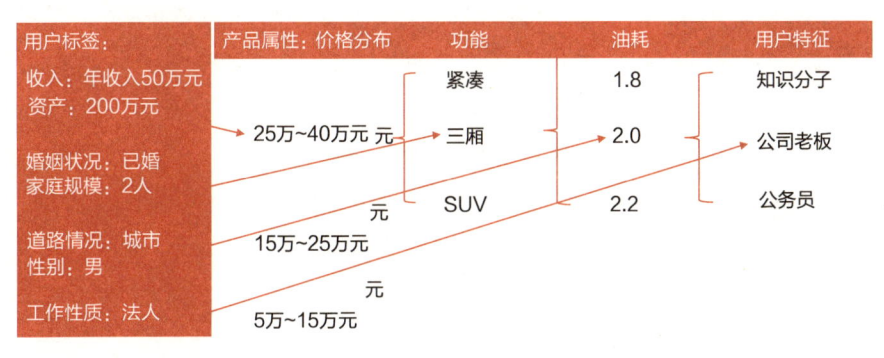

图6-27 匹配用户标签与产品属性

6.3.9 标签与数据科学的过程

不同群体的定义是基于用户标签来制定的，通过用户标签可以区分不同的用户群体，从而帮助业务人员制定不同的营销策略，因此可以理解为，标签是操作层面支持数据科学的基础。数据科学是一个发现和解释数据中的模式并解决问题的过程。如图6-28所示，数据科学的过程是一个数据到特征、到知识，最后产出决策和行动的过程。标签是一种对分析对象的洞察，属于知识的一部分。

图6-28 数据科学过程

6.4 实战案例：用 Python 实现用户画像

本节内容主要分为两部分。第一部分主要介绍使用 Python 进行描述性统计，是制作用户画像的基础知识。第二部分通过一个真实的数据集，演示如何使用 Python 进行数据处理和描述性统计，从而制作信用卡用户的用户画像。

6.4.1 使用 Python 进行用户画像的基础知识

Python 最主要的绘图包是 matplotlib，如果只需要用 matplotlib 基本的绘图功能，可以直接用 pandas.plot，这是 Pandas 对 matplotlib.pyplot.plot 做的简单包装，代码实现更方便。此外，还有一个比较高级的绘图包 seaborn，seaborn 在 matplotlib 的基础上丰富了绘图样式，支持更多种类的图像可视化选项。

6.4.2 用户画像在诊断阶段中的应用

前文介绍了 EDIT 数字化模型。在 EDIT 数字化模型中，分为"探索""诊断""指导"三个阶段和一个贯穿所有阶段的"工具"。其中，探索阶段对应的是指标体系的建设，诊断阶段对应的是定性分析法和定量分析法，指导阶段对应的是知识库、策略库和流程模板，工具对应的是数据模型、算法模型、优化模型等。本节主要通过解答"不同类型信用卡持卡用户在持卡前有什么特征"这个问题，以信用卡用户画像为例，讲解用户画像在诊断阶段的应用。

从用户标签的时态角度对标签进行划分，可以分为静态数据、基于时点的动态数据和基于期间的动态数据。因此，要想进行用户画像，需要按照标准的时间窗口来获取数据。如图 6-29 所示，如果取静态数据，比如用户的基本信息，由于静态数据是没有时间点概念的，因此取任何时间点都没问题。对于这个例子，我们可以取和动态时间点相同时间点的数据。在取动态时间点的数据时，由于给每个用户发卡的时间是不一样的，因此动态时间点数据应该取离申请信用卡时间点最近的时间点。而动态期间数据应该取动态时间点数据之前一段时间的数据，比如动态时间点数据往前 6 个月的数据。信用卡持卡类型在申请信用卡后才能知道，所以数据在申请了信用卡之后的时间点才能获取。

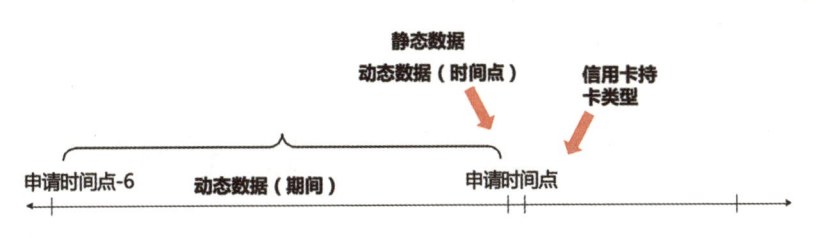

图 6-29 用户标签取数的时间窗口

6.4.3 样本数据集介绍

接下来以 KDD99 数据集为例,讲解如何用 Python 制作用户画像。首先简单介绍一下 KDD99 数据集。KDD99 数据集来自美国 1999 年数据挖掘竞赛的金融数据部分,它截取自一家银行的真实用户与交易数据,涉及用户信息、账号、交易、业务和信用卡数据,可用于用户贷款违约预测、用户信用卡精准营销、用户细分等多种数据挖掘工作。KDD99 数据集主要包含以下几张数据表。

- 账户表(Accounts):每条记录描述了一个账户的静态信息,如图 6-30 所示。一共有 4500 条记录。

- 用户信息表(Clients):每条记录描述了一个用户的特征信息,如图 6-31 所示。一共有 5369 条记录。

___账户表(Accounts)	
名称	标签
account_id	账户号(主键)
district_id	开户分行地区号
date	开户日期
frequency	结算频度(月,周,交易之后马上)

用户信息表(Clients)	
列名	标签
client_id	客户号(主键)
Sex	性别
birth_date	出生日期
district_id	地区号(客户所属地区)

图 6-30 账户表   图 6-31 用户信息表

- 权限分配表(Disposition):每条记录描述了用户和账户之间的关系,以及用户操作账户的权限,如图 6-32 所示。一共有 5369 条记录。

- 支付订单表(Permanent Orders):每条记录描述了一个支付命令,如图 6-33 所示。一共有 6471 条记录。

- 交易表(Transactions):每条记录描述了一个账户上的一项交易,如图 6-34 所示。一共有 1056320 条记录。

- 贷款表(Loans)每条记录描述了一个账户上的一条贷款信息，如图6-35所示。一共有682条记录。

图6-32 权限分配表

名称	标签	说明
	权限分配表(Disp)	
disp_id	权限设置号	(主键)
client_id	顾客号	
account_id	账户号	
type	权限类型	只用"所有者"身份可以进行增值业务操作和贷款

图6-33 支付订单表

名称	标签	说明
	支付订单表(Orders)	
order_id	订单号	(主键)
account_id	发起订单的账户号	
bank_to	收款银行	每家银行用两个字母来代表,用于脱敏信息
account_to	收款客户号	
amount	金额	
K_symbol	支付方式	

图6-34 交易表

名称	标签
	交易表(Trans)
trans_id	交易序号(主键)
account_id	发起交易的账户号
date	交易日期
type	借贷类型
operation	交易类型
amount	金额
balance	账户余额
K_Symbol	交易特征
bank	对方银行
account	对方账户号

图6-35 贷款表

名称	标签	说明
	贷款表(Loans)	
disp_id	权限号	
loan_id	贷款号	(主键)
account_id	账户号	
date	发放贷款日期	
amount	贷款金额	
duration	贷款期限	
payments	每月归还额	
status	还款状态	A代表合同终止,没问题；B代表合同终止,贷款没有支付；C代表合同处于执行期,至今正常；D代表合同处于执行期,欠债状态。

- 信用卡表（Credit Cards）：每条记录描述了一个账户上的信用卡信息，如图6-36所示。一共有892条记录。
- 人口地区统计表（District Demograph.）：每条记录描述了一个地区的人口统计学信息，如图6-37所示。一共有77条记录。

图6-36 信用卡表

名称	标签
	信用卡(Cards)表
card_id	信用卡id(主键)
disp_id	账户权限号
type	卡类型
issued	发卡日期

图6-37 人口地区统计表

名称	标签
	人口地区统计表(District)
A1 = district_id	地区号(主键)
GDP	GDP总量
A4	居住人口
A10	城镇人口比例
A11	平均工资
A12	1995年失业率
A13	1996年失业率
A14	1000人中有多少企业家
A15	1995犯罪率(千人)
A16	1996犯罪率(千人)

6.4.4　使用 SQL 语句进行数据处理

下面使用 SQL 语句对 KDD99 数据集进行数据处理，获取关于信用卡用户画像所需的数据。

需要获取的静态数据包括用户的性别和发卡时的年龄，可以左连接权限分配表（disp）和用户信息表（clints）获取，其中用户发卡时的年龄需要通过用户出生日期和发卡日期计算得到，具体的 SQL 语句如下：

```
# 获取用户的性别和发卡时的年龄
create table kdd99.var1 as
select a.*,c.sex,datediff(a.issued,c.birth_date)/365 as age from
  kdd99.kdd99_card a
  left join kdd99.kdd99_disp b on a.disp_id=b.disp_id
  left join kdd99.kdd99_clients c on b.client_id=c.client_id;
```

查询结果 var1 表如表 6-1 所示。

表 6-1　var1 查询结果

card_id	disp_id	issued	type	sex	age
1005	9285	7/11/1993	普通卡	女	25.7945
104	588	19/1/1994	普通卡	女	33.2712
747	4915	5/2/1994	普通卡	男	30.5726
70	439	8/2/1994	普通卡	女	25.4247
577	3687	15/2/1994	普通卡	男	22.0411
377	2429	3/3/1994	普通卡	男	20.2904
721	4680	5/4/1994	青年卡	女	14.8767
437	2762	1/6/1994	普通卡	女	41.1342
188	1146	19/6/1994	普通卡	男	28.6137
13	87	29/6/1994	普通卡	女	47.6466
732	4763	21/7/1994	普通卡	女	50.4411
181	1066	19/8/1994	普通卡	男	53.8712
384	2475	15/9/1994	青年卡	女	12.6247
309	1946	19/9/1994	普通卡	男	59.211

获取截止到开卡时的最后一次交易间隔和账户余额数据，可以左连接信用卡表（Card）、权限分配表（disp）、交易表（Trans），具体的 SQL 语句如下：

```
create table kdd99.var2 as
select a.*,c.date as trans_date,datediff(a.issued,c.date) as last_days,c.balance from
    kdd99.kdd99_card a
    left join kdd99.kdd99_disp b on a.disp_id=b.disp_id
     left join kdd99.kdd99_Trans c on b.account_id=c.account_id
    join (select card_id,max(trans_date) as max_date
          from kdd99.rfm_balance1 group by card_id) d on a.card_id=d.card_id and c.date=d.max_date
    order by a.card_id;
```

查询结果 var2 表如表 6-2 所示。

表 6-2　查询结果 var2 表

card_id	trans_date	last_days	balance
1	15/10/1998	1	71006
2	10/3/1998	3	48396
3	31/8/1995	3	57962
3	31/8/1995	3	57977
4	20/11/1998	6	42325
5	14/4/1995	10	66181
7	10/6/1998	1	29886
8	19/5/1998	1	71531
9	24/10/1997	1	34531
10	30/11/1996	7	62743
10	30/11/1996	7	62843
11	18/10/1997	7	82022
12	9/9/1996	2	58294
12	9/9/1996	2	59305

获取当月现金交易笔数、半年内总入账、半年内总出账、半年内出/入账比例，可以左连接信用卡表（Card）、权限分配表（disp）和交易表（Trans），具体的 SQL 语句如下：

```
create table kdd99.var3 as
select a.card_id,count(trans_id) as trans_count,
       sum(if(c.type='借',amount,0)) as trans_in_amount,
       sum(if(c.type='贷',amount,0)) as trans_out_amount,
       sum(if(c.type='贷',amount,0))/avg(c.balance) as out_ratio,
       sum(if(c.type='贷',amount,0))/sum(if(c.type='借',amount,0)) as out_in_ratio
  from kdd99.kdd99_card a
  left join kdd99.kdd99_disp b on a.disp_id=b.disp_id
   left join kdd99.kdd99_Trans c on b.account_id=c.account_id and a.issued>c.date and c.date>a.issued-180
  group by a.card_id;
```

查询结果 var3 表如表 6-3 所示。

表 6-3　查询结果 var3 表

card_id	trans_count	trans_in_amount	trans_out_amount	out_ratio	out_in_ratio
1223	9	31094	42764	0.6902	1.3753
216	8	20043	24123	0.6717	1.2036
493	15	99386	161935	2.5549	1.6294
569	6	18486	19288	0.349	1.0434
391	12	46991	40058	0.6612	0.8525
448	7	27309	34557	0.7018	1.2654
441	10	33857	20850	0.3977	0.6158
292	6	31823	20890	0.3423	0.6564
663	8	9048	14691	0.3489	1.6237
622	10	53915	117347	1.8278	2.1765
55	8	12562	20749	0.3463	1.6517

续表

card_id	trans_count	trans_in_amount	trans_out_amount	out_ratio	out_in_ratio
456	11	88791	104786	1.3156	1.1801
939	7	49815	48801	0.9966	0.9796
184	7	36430	19294	0.2526	0.5296

关联 var1 表、var2 表和 var3 表，得到制作信用卡用户画像所需的所有数据，具体的 SQL 语句如下：

```
create table kdd99.Creditcard as
    select a.*,b.last_days,b.balance,c.trans_count,c.trans_in_amount,
    c.trans_out_amount,c.out_ratio,c.out_in_ratio
        from kdd99.var1 as a
        left join kdd99.var2 as b on a.card_id=b.card_id
        left join kdd99.var3 as c on a.card_id=c.card_id
    order by a.card_id;
```

查询结果 Creditcard 表如表 6-4 所示。

6.4.5 使用 Python 做用户画像

本节基于 Creditcard 表中的数据，绘制信用卡用户的基本信息、交易信息和财务信息画像。先通过 value_counts 方法计算每种信用卡类型的数量，并使用 plot 方法绘制柱形图。代码和柱形图如下，从柱形图 6-38 中我们可以发现普通卡的发行量远多于青年卡和金卡的发行量。

```
# 各信用卡类型数量
# 如遇中文显示问题可加入以下代码
from pylab import mpl
mpl.rcParams['font.sans-serif'] = ['Songti SC']  # 指定默认字体
mpl.rcParams['axes.unicode_minus'] = False  # 解决保存图像是负号 '-' 显示为方块的问题
Creditcard.type.value_counts().plot(kind = 'bar')  # 计算每种信用卡类型数量并绘制柱形图
```

表 6-4　Creditcard 表

card_id	disp_id	issued	type	sex	age	last_days	balance	trans_count	trans_in_amount	trans_out_amount	trans_out_ratio	out_in_ratio
1	9	16/10/1998	金卡	男	63.0438	1	71006	8	49675	45632	0.585718	0.918611
2	19	13/3/1998	普通卡	男	55.2438	3	48396	7	16873	29683	0.762863	1.759201
3	41	3/9/1995	金卡	男	27.0356	3	57977	8	29622	24152	0.382302	0.81534
3	41	3/9/1995	金卡	男	27.0356	3	57962	8	29622	24152	0.382302	0.81534
4	42	26/11/1998	普通卡	男	63.3205	6	42325	13	46474	77662	1.519797	1.671085
5	51	24/4/1995	青年卡	女	15.4027	10	66181	9	44933	48075	0.806921	1.069926
7	56	11/6/1998	普通卡	男	38.2219	1	29886	11	54529	23866	0.499661	0.437675
8	60	20/5/1998	青年卡	男	18.2603	1	71531	12	40577	41571	0.59147	1.024497
9	76	25/10/1997	普通卡	女	30.0877	1	34531	12	55119	49393	0.944205	0.896116
10	77	7/12/1996	普通卡	女	40.8301	7	62843	6	32300	45198	0.70804	1.399319
10	77	7/12/1996	普通卡	女	40.8301	7	62743	6	32300	45198	0.70804	1.399319

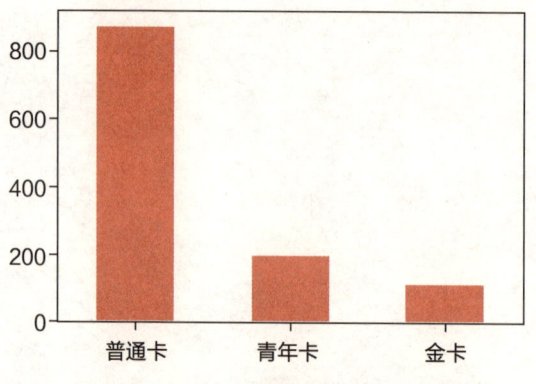

图 6-38　信用卡类型数量统计柱形图

绘制用户的基本信息画像，可以通过使用 seaborn 绘图包中的 boxplot 方法绘制各信用卡类型持卡人年龄分布的盒须图，代码如下。从图 6-39 所示的盒须图中可以发现，金卡和普通卡的持卡人年龄分布相当，主要为 30~55 岁，而青年卡的持卡人年龄集中在 20 岁上下。

```
# 各信用卡类型持卡人年龄分布
import seaborn as sns  # 导入 seaborn 绘图包
sns.boxplot(x = 'type', y = 'age', data = Creditcard)  # 类型为 X 轴，年龄为 Y 轴绘制盒须图
```

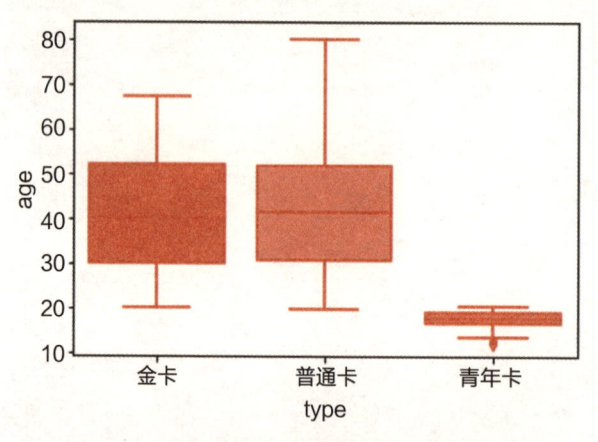

图 6-39　各信用卡类型持卡人年龄分布盒须图

通过使用 crosstab 方法，可以得到性别和信用卡类型的交叉表，然后使用 plot 方法绘制柱形图，代码如下。从图 6-40 所示的柱形图中可以看出，普通卡和金卡的持卡人人数男性比女性多，而青年卡的持卡人人数男女比例相当。

# 性别和各信用卡类型的分布
pd.crosstab(Creditcard.sex,Creditcard.type).plot(kind="bar")

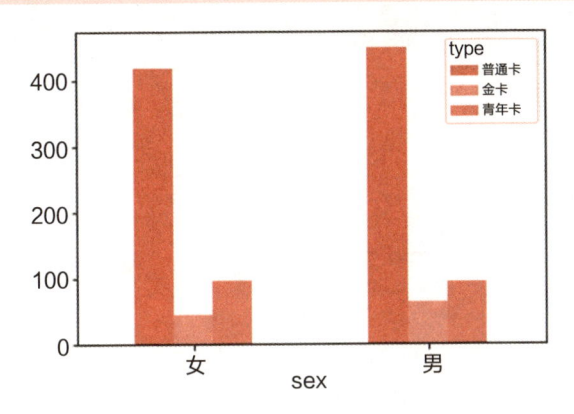

图 6-40　性别和各信用卡类型的柱形图

绘制用户的交易信息画像，可以使用 seaborn 绘图包中的 boxplot 方法绘制各信用卡类型持卡人交易次数的盒须图，代码如下。从图 6-41 所示的盒须图中可以发现，金卡、普通卡和青年卡的交易次数相当。

# 各信用卡类型持卡人交易次数分布
sns.boxplot(x = 'type', y = 'trans_count', data = Creditcard)

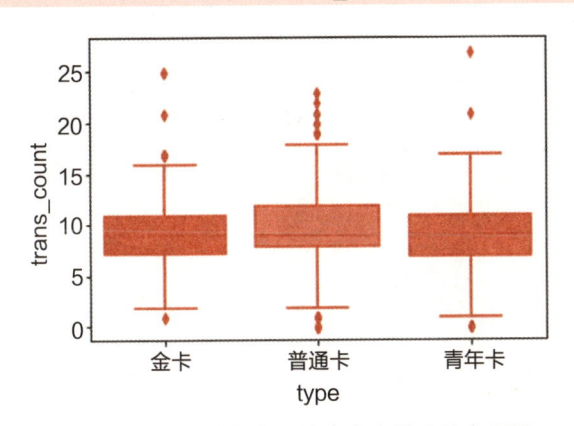

图 6-41　各信用卡类型持卡人交易次数盒须图

绘制用户的财务信息画像，可以使用 seaborn 绘图包中的 boxplot 方法绘制各信用卡类型持卡人申请信用卡前账户余额的盒须图，代码如下。从图 6-42 所示的盒须图中可以发现，金卡持卡人申请信用卡前账户余额高于普通卡持卡人申请信用卡前账户余额，普通卡持卡人申请信用卡前账户余额高于青年卡持卡人申请信用卡前账户余额。

```
# 各信用卡类型持卡人申请信用卡前账户余额分布
sns.boxplot(x = 'type', y = 'balance', data = Creditcard)
```

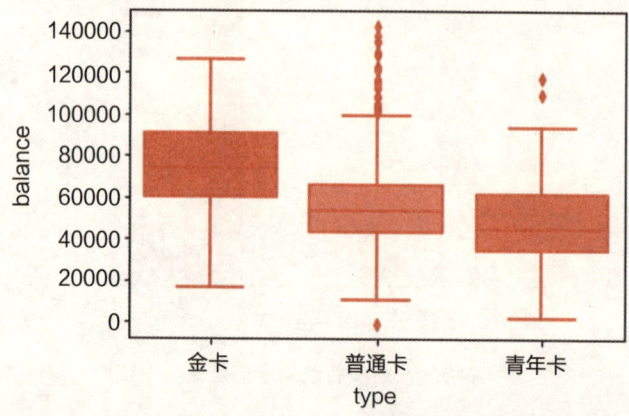

图 6-42　各信用卡类型持卡人申请信用卡前账户余额盒须图

6.5　本章练习题

（多选题）下列指标与标签的描述，正确的是（　　）。

A、指标通常可以量化，但是标签一般是不可量化的

B、标签是用来定义、评价和描述特定事物的一种标准或方式

C、标签是人为设定的、根据业务场景需求对业务运营状态运用一定的算法得到的高度精炼的信息

D、指标与标签的应用场景不同

答案：ABCD

解析：本题考查指标与标签的概念的区分和理解。所有选项表述均正确。

（单选题）关于企业对数据进行标签化的目的，错误的是（　　）。

A、精细化运营

B、用户分析

C、产品应用

D、减少数据占用的存储空间

答案：D

解析：本题考查标签的作用。数据经过标签化处理后，会增加数据占用的空间，但是可以更好地对数据进行管理。因此本题选 D。

（单选题）按事件的发展过程来看，用户画像准确性验证分为事中验证和事后验证，以下属于事后验证的是（　　）。

A、抽样验证

B、模型验证

C、交叉验证

D、A/B Test

答案：D

解析：本题考查事后验证。事后验证可以理解为已经完成数据标签化，并且在后续使用标签时进行验证，例如 A/B Test。A/B test 是为同一个目标制定两个方案，在同一时间维度，分别让组成成分相同（相似）的用户群随机使用一个方案，收集各群的用户体验数据和业务数据，最后根据显著性检验评估出最好的版本，并正式采用。ABC 都是事中验证的方法，因此本题选 D。

（单选题）关于标签下面的说法不正确的是（　　）。

A、标签是一种用来描述业务实体特征的数据形式

B、通过标签对业务实体进行刻画，从多角度反映业务实体的特征

C、标签结构极其简单，易于管理

D、因为标签的计算比较复杂，所以在应用时访问效率比较低

答案：D

解析：本题考查标签的概念。标签的计算比较复杂，但是实际在应用时访问效率是很高的，因此选项 D 表述错误，其余选项表述均正确。本题应选 D。

（单选题）以下（　　）不属于用户基本信息和社会经济状态标签。

A、年龄

B、学历

C、收入

D、品类偏好

答案：D

解析：本题考查用户基本信息和社会经济状态标签的概念，其包括年龄、学历、收入等，品类偏好属于产品方面的信息，因此本题选 D。

（多选题）从统计角度区分，标签可以分为哪几类？（　　）

A、事实类标签

B、规则类标签

C、预测类标签

D、场景类标签

答案：ABC

解析：本题考查标签的分类。从统计角度来区分，标签可以分为事实类标签、规则类标签、场景类标签。因此本题选 ABC。

第 7 章　使用统计学方法进行变量有效性测试...

数据驱动型决策的工作流程是，首先根据业务目标制定指标体系，然后通过分析指标发现业务执行过程中的问题，再通过宏观和微观相结合的根因分析技术定位关键问题并制定优化方案，最后使用统计学方法进行变量有效性测试。读者可能对优化方案和变量有效性测试比较陌生，下面举一个例子。某银行为用户提供存款业务和理财服务业务，对这两个业务之间的关系，业界一直存在截然相反的两个观点。一个观点出于业务人员的直觉，认为向用户推销理财产品会降低用户在银行的存款额度；另一个观点出自用户关系理论，认为为用户提供优质的理财服务可以提升用户的忠诚度，进而提升用户在本行的存款额度。有一位银行员工认为后者有一定的道理，制定了通过向存款业务流失客群大力推荐理财产品的方式挽回存款流失的策略。在这个场景中，"单个用户理财产品余额增量"就是待检验的变量，如果统计检验发现用户理财额度提升在前，而用户存款余额提升在后，那就说明这个变量对达成业务目标是有效的，反之则无效。变量有效性检验的主流技术是统计学假设检验与回归分析。本章将介绍以上两类统计学方法的使用场景和使用技巧。

7.1　假设检验

如果想知道北京市住宅价格增长率是否是 7.4%，那么可以首先假设北京市住宅价格增长率为 7.4%，设定显著性水平为 0.05，抽样发现样本住宅价格增长率均值为 10%，经过统计学检验，发现检验的 p 值小于 0.05，表明差异 10%−7.4%=2.6% 是显著的，有理由拒绝原假设，即北京市住宅价格增长率不是 7.4%。若将原假设改为 9.5%，其他不变，虽然也有 10%−9.5%=0.5% 的差异，但是检验的 p 值大于 0.05，那么就不能够拒绝原假设，说明没有足够的证据证明北京市住宅价格增长率不是

9.5%。上述表述可以用图 7-1 来表示，这里其实就用到了统计学里假设检验的思想。

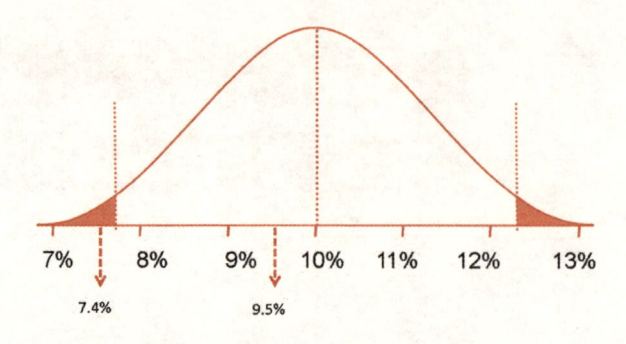

图 7-1　正态分布检验量分布案例图

7.1.1　假设检验的基本概念

1. 假设检验的基本原理

统计上的假设检验是一个标准化的流程，具体包括设置等值假设与备择假设、确定显著性水平、收集数据和计算统计量、查表获取 p 值等。本节只做要点提示，详细内容请参考龚德恩主编的《经济数学基础（第三分册：概率统计）》。

（1）事先对总体分布或总体参数做出某种假设（原假设），然后利用样本信息判断原假设是否成立。

（2）假设检验可分为参数假设检验和非参数假设检验。

（3）逻辑上类似"反证法"，统计学称为"小概率原理"（如图 7-2 所示）。

蓝色部分为拒绝域，其他为接受域

图 7-2　标准正态分布案例图

2. 小概率事件原理

小概率事件发生的概率很小，它在一次试验中几乎是不会发生的。在数学上，我们称这个原理为小概率事件原理。小概率事件原理是概率论中具有实际应用意义的基本理论，例如，若事件 A 是小概率事件，但在一次或少数几次试验中小概率事件 A 居然发生了，就有理由认为情况不正常，事件 A 不应该发生。

3. 假设检验的基本思路

从总体中抽取一定比例的样本用于观察检验，基于样本的检验结果，推测总体的某种情况或现状。检验过程中将提出原假设和备择假设，如果小概率事件未发生，则认为原假设是成立的，如图 7-3 所示。

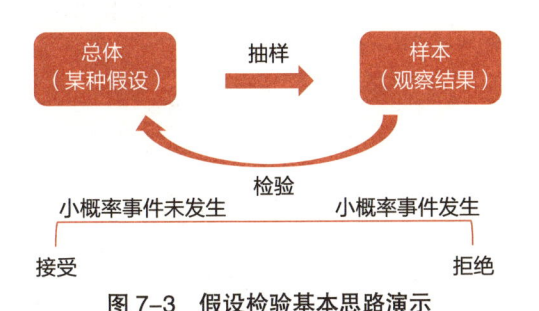

图 7-3 假设检验基本思路演示

需要注意的是，在设置原假设时实际上是设置等值假设。这里有两个原因。第一，假设我们在打靶，那么前提是要有明确的目标，而设置等值假设的目标是为了更好地命中目标。比如假设住房价格的增长率是 12%，这样目标就明确了。只要数据得到的平均数和 12% 差别足够大，就可以拒绝原假设。如果原假设的增长率不是 12%。情况会怎样？我们有办法拒绝这个原假设吗？读者可以把这个问题作为思考题考虑一下。第二，大部分统计检验的方法都是在等值假设的基础上计算统计量的，比如单样本 t 检验的分子来自样本的统计量减原假设的值。如果不是等值假设，t 检验该如何构造统计量呢？我们做分析时一般会找一个最简单的方法构造统计指标，因此原假设一般都是等值假设。

7.1.2 假设检验中的两类错误

小概率事件原理认为小概率事件在一次试验中是不可能发生的，但现实并非如此。例如，有人买彩票确实中了 500 万元。此时小概率事件原理说明的问题就不对了，这种情况称为"统计学所犯的错误"，主要有两类，如表 7-1 所示。

表 7-1　假设检验中的两类错误

假设	接受 H₀	拒绝 H₀
H₀ 为真	正确	α 型错误（Ⅰ型）
H₀ 为假	β 型错误（Ⅱ型）	正确

第一类错误（弃真错误）：当原假设 H₀ 为真时，拒绝原假设，犯第一类错误的概率为 α，也称为"显著性水平"。

第二类错误（取伪错误）：当原假设 H₀ 为假时，接受原假设，犯第二类错误的概率为 β。

图 7-4 中 α 型错误就是犯第一类统计错误的概率，虽然一般认为显著性越小越好，但是随着显著性的减小，犯第二类统计错误（β 型错误）的概率会上升。如图 7-4 所示，H₀ 为原假设，H₁ 为备择假设。α 是阈值点 $\overline{X}_a$ 以右、以 μ_0 为均值的分布曲线下的面积。β 是阈值点 $\overline{X}_a$ 以左、以 μ_1 为均值的分布曲线下的面积。α 取值越小，阈值越向右移，β 值越大，因此不建议 α 取值过小。当样本量达到几百个时，社会科学领域一般设置 α 值为 5%、1%；而当样本量只有几十个时，可以将 α 值设置为 10%；只有样本量在四五千个左右时，才会将 α 值设置为 0.1%。

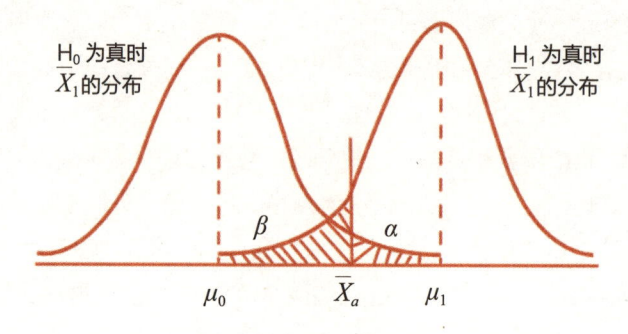

图 7-4　两类错误的演示

注意事项如下。

（1）拒绝或无法拒绝假设，并不能说明该结论 100% 的正确。

（2）两类错误的概率相加并不一定等于 1。

（3）在样本量不变的情况下，α 与 β 不能同时增大或同时减小。

7.1.3 假设检验与区间估计的联系

假设检验和区间估计同属于统计方法中的推断统计，如图 7-5 所示。其中，假设检验和参数估计属于并列关系，区间估计属于参数估计的一种。假设检验与区间估计的相同点是，二者均是用通过样本得到的统计量对总体参数进行推断。假设检验与区间估计的不同点是，假设检验使用反证法，先对总体参数 μ 提出假设，再通过样本检验假设是否成立；区间估计使用顺推法，总体参数 μ 未知，通过样本估计 μ 的置信区间。

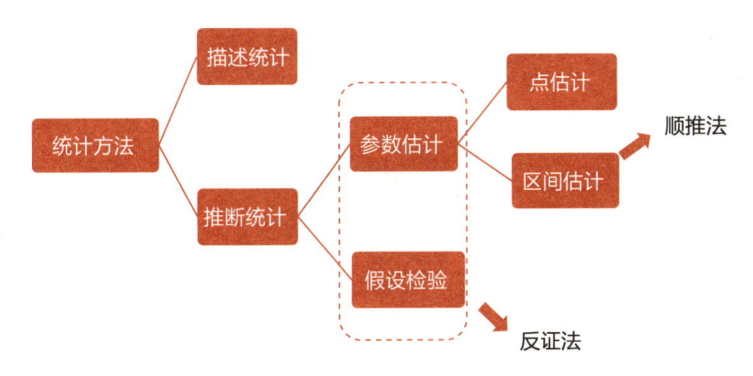

图 7-5 统计方法的技术分类

7.1.4 假设检验的基本步骤

假设检验的基本步骤如下。

（1）提出原假设，确定业务需求。

（2）选择合适的检验统计量。

（3）确定显著性水平 α。

（4）计算检验统计量。

（5）做出统计决策，接受或拒绝原假设。

首先，我们需要明确，问题是什么？我们提出了基于问题的假设，如果将原假设设为 H_0，那么与之相反的假设被称为备择假设，设为 H_1。接下来，基于结果如何判断是原假设成立还是备择假设成立呢？此时需要一个标准，选择一个 α 作为 Significance Level（显著性水平），即判断标准。由此，我们开始收集证据，当零假设成立时，得到样本平均值的概率为 p。最后，得出结论，当 $p \leq \alpha$ 时，拒绝原假设，即备选假设成立；当 $p>\alpha$ 时，接受原假设。

假设检验的详细步骤如下。

（1）提出原假设，确定业务需求。在实际问题中，提出原假设与备择假设，其他统计学教科书中会提出 3 种检验问题（如图 7-6 所示），笔者建议仅掌握第一种问题检验的方法即可。

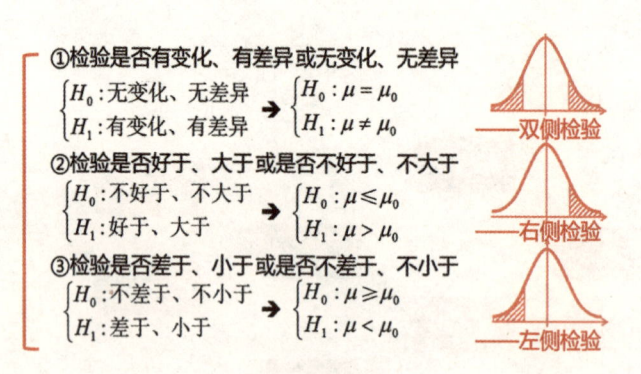

①检验是否有变化、有差异或无变化、无差异
$\begin{cases} H_0: 无变化、无差异 \\ H_1: 有变化、有差异 \end{cases} \Rightarrow \begin{cases} H_0: \mu = \mu_0 \\ H_1: \mu \neq \mu_0 \end{cases}$ ——双侧检验

②检验是否好于、大于或是否不好于、不大于
$\begin{cases} H_0: 不好于、不大于 \\ H_1: 好于、大于 \end{cases} \Rightarrow \begin{cases} H_0: \mu \leq \mu_0 \\ H_1: \mu > \mu_0 \end{cases}$ ——右侧检验

③检验是否差于、小于或是否不差于、不小于
$\begin{cases} H_0: 不差于、不小于 \\ H_1: 差于、小于 \end{cases} \Rightarrow \begin{cases} H_0: \mu \geq \mu_0 \\ H_1: \mu < \mu_0 \end{cases}$ ——左侧检验

图 7-6　原假设和备择假设的 3 种检验问题

（2）检验合适的统计量。选择统计量的方法与选择参数估计的方法相同，先考虑是大样本还是小样本，然后考虑总体方差已知还是未知（在实际工作中很难遇到已知方差的情况）。

（3）检验统计量的基本形式如下。

总体方差已知：

$$Z = \frac{\bar{X} - \mu_0}{\sigma / \sqrt{n}}$$

总体方差未知：

$$t = \frac{\bar{x} - \mu_0}{S_{\bar{x}}}$$

（4）确定显著性水平 α。显著性水平 α 即原假设 H_0 为真却拒绝原假设时的概率。α 也被称为抽样分布的拒绝域，常用的取值有 0.01、0.05 等。

（5）计算检验统计量。把待检验的值代入统计量中进行计算。

（6）做出统计决策，接受或拒绝原假设。决策方法有 3 种：

- α 临界值法，该方法最常用；
- p 值法，该方法最好用；

- 置信区间法，该方法原理最简单，也最好理解。

7.1.5 配对样本 t 检验

配对样本 t 检验主要用于同一个试验前后效果的比较，或者同一个样本用两种方法得到的检验结果的比较。可以把配对样本的差作为变量，其中差值的总体均值为 0，且服从正态分布。

检验两个配对样本的均值是否有显著性差异（总体应服从或近似服从正态分布），可分为以下两种。

第一种：对同一个研究对象给予两种不同的处理结果。

第二种：对同一个研究对象的试验前后效果进行比较。

检验步骤如下。

（1）提出假设。

原假设 H_0: $\mu=\mu_1=\mu_2$

备择假设 H_1: $\mu_1 \neq \mu_2$

（2）建立检验统计量：设两个总体 X 和 Y 都服从正态分布，两个样本之差 $d \sim N(u, \sigma^2)$，则

$$t = \frac{\bar{d}}{s/\sqrt{n}}$$

7.2 方差分析

方差分析用于检验多个样本的均值是否有显著性差异，多用于两个分类的分类型变量与连续型变量的关系，如表 7-2 所示。

例如，想要知道信用卡的消费是否受教育程度的影响及这种影响是否显著，其中教育程度是一个多分类的变量（4 类）。

表 7-2 变量类型不同的分析方法

			被预测变量 Y	
			分类（二分）型	连续型
预测变量 X	单个变量	分类（二分）型	列联表分析/卡方检验	双样本 t 检验
		分类（多个分类）型	列联表分析/卡方检验	单因素方差分析
		连续型	双样本 t 检验	相关分析
	多个变量	分类型	逻辑回归	多因素方差分析
		连续型	逻辑回归	线性回归

7.2.1 单因素方差分析

单因素方差分析可以得到单个因素下的不同水平对观测变量的影响程度。这里的因素的不同水平表示因素不同的状态或等级。

研究信用卡的消费是否受教育程度的影响，可以使用单因素方差分析，其前提条件与双样本 t 检验的前提条件相似。

（1）变量服从正态分布。

（2）观测之间独立。

（3）需要验证组间的方差是否相同，即方差齐性检验。

需要注意的是，在方差分析中，原假设为所有组的方差相等，备择假设为至少有两组方差不相等，如图 7-7 所示。

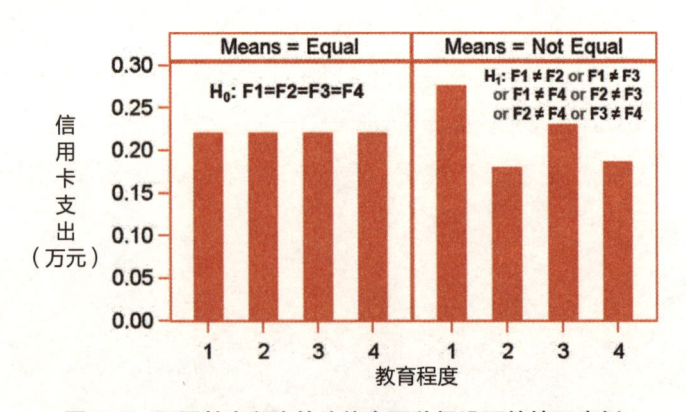

图 7-7 不同教育程度的均值在两种假设下的情况案例

第 7 章 使用统计学方法进行变量有效性测试

在方差分析中,数据的总误差可以分为组内误差与组间误差,二者的区别在于找到类别不同的组间变异(SS_M)和组内变异(SS_E)的关系。其中,组内变异是同类别下数据的离均差平方和,代表同类别数据变异的程度;组间变异是组内均值与总均值的离均差平方和,代表不同类别数据变异的程度。组间变异与组内变异之和为总变异(SS_T),相关公式如下。

$$SS_T = \sum_{i=1}^{k}\sum_{j=1}^{n_i}(x_{ij}-\bar{x})^2 = \sum_{i=1}^{k}\sum_{j=1}^{n_i}(x_{ij}-\overline{x_{n_i}}+\overline{x_{n_i}}-\bar{x})^2$$

$$= \sum_{i=1}^{k}\sum_{j=1}^{n_i}(x_{ij}-\overline{x_{n_i}})^2 + \sum_{i=1}^{k}\sum_{j=1}^{n_i}(\overline{x_{n_i}}-\bar{x})^2 + \sum_{i=1}^{k}[2(\overline{x_{n_i}}-\bar{x})\sum_{j=1}^{n_i}(x_{ij}-\overline{x_{n_i}})^2]$$

$$= \sum_{i=1}^{k}\sum_{j=1}^{n_i}(x_{ij}-\overline{x_{n_i}})^2 + \sum_{i=1}^{k}\sum_{j=1}^{n_i}(\overline{x_{n_i}}-\bar{x})^2 + \sum_{i=1}^{k}[2(\overline{x_{n_i}}-\bar{x})(\sum_{j=1}^{n_i}x_{ij}-n_i\overline{x_{n_i}})]$$

$$= \sum_{i=1}^{k}\sum_{j=1}^{n_i}(x_{ij}-\overline{x_{n_i}})^2 + \sum_{i=1}^{k}n_i(\overline{x_{n_i}}-\bar{x})^2 = SS_E + SS_M$$

其中,SS_E是组内离差平方和,受随机误差的影响;SS_m是组间离差平方和,受不同水平的影响,如图7-8所示。如果原假设成立,则组内均方与组间均方之间的差异不会太大;如果组间均方明显大于组内均方,则说明水平对观测变量的影响显著。因此,观测均值在不同水平下的差异转换为比较组间均方和组内均方之间差异的大小。

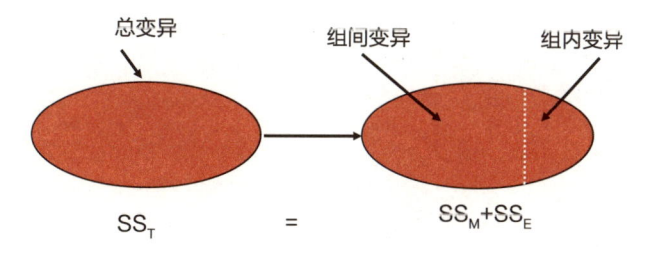

图 7-8 总变异与组间变异、组内变异之间的关系

在进行方差分析时,首先计算所有类别下数据的均值,如图7-9所示。

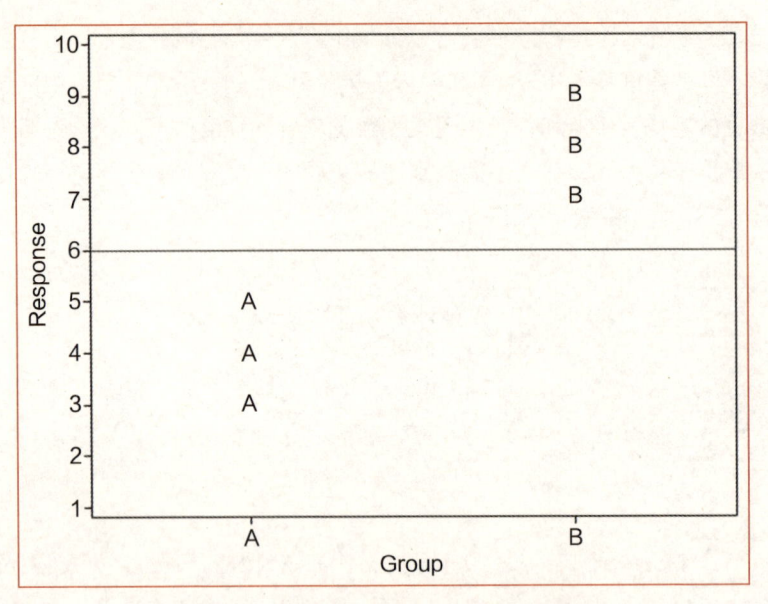

图 7-9 方差分析数据计算可视化案例

该数据的均值如图 7-9 中黑线所示。

再计算总变异,总变异即数据的离差平方和,如图 7-10 所示。

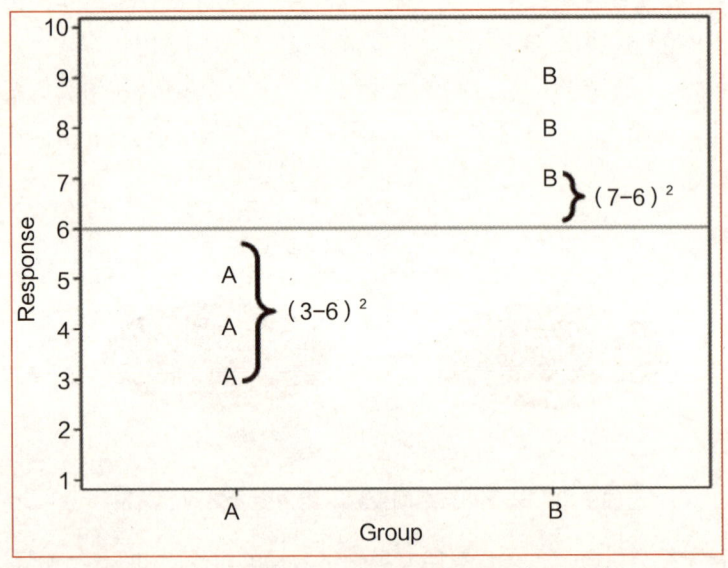

$SS_T=(3-6)^2+(4-6)^2+(5-6)^2+(7-6)^2+(8-6)^2+(9-6)^2=28$

图 7-10 总变异的计算

该数据的总变异为 28。

然后分别计算组内变异（SS_E）和组间变异（SS_M），如图 7-11 和图 7-12 所示。

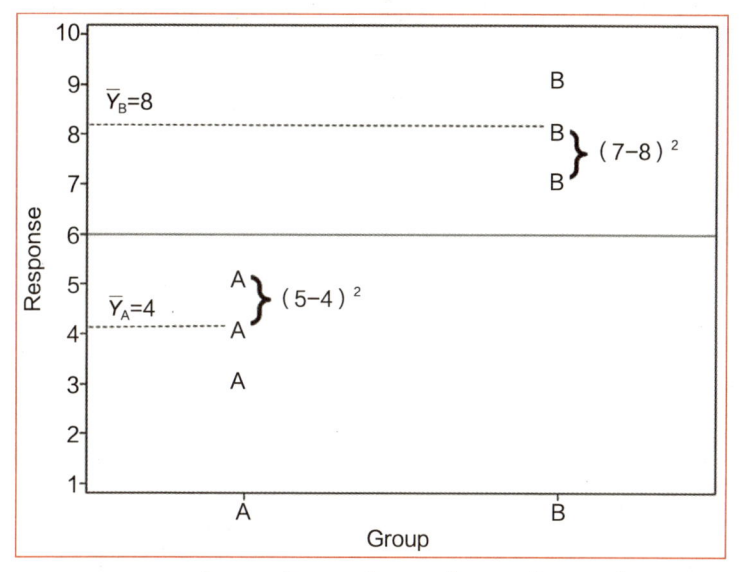

$$SS_E=(3-4)^2+(4-4)^2+(5-4)^2+(7-8)^2+(8-8)^2+(9-8)^2=4$$

图 7-11　组内变异的计算

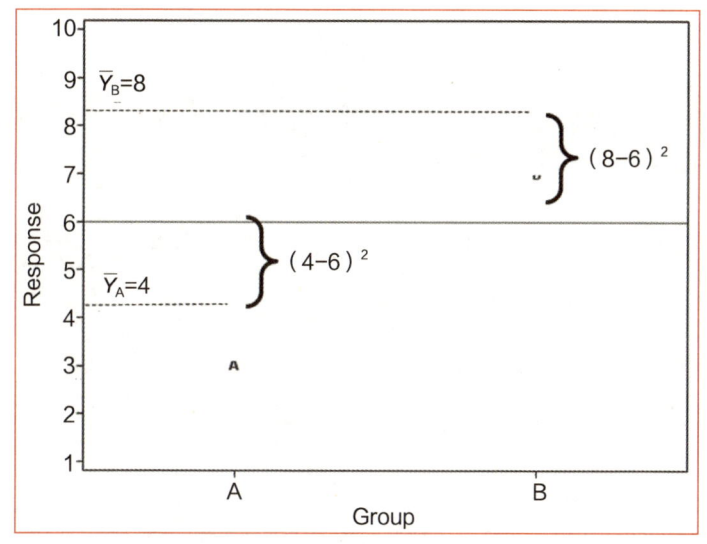

$$SS_M=3\times(4-6)^2+3\times(8-6)^2=24$$

图 7-12　组间变异的计算

组间变异表示类别间数据的差异，组内变异表示类别内数据的差异，两者之和为总变异，在总变异不变时，组间差异大，组内差异就小，这也意味着当各个类别间数据的差异较大时，各类别内数据的差异较小。那么这种差异究竟要大或小到何种程度才能够做出推断呢？此时可以构造如下统计量：

$$F=\frac{\mathrm{SS_M}/(k-1)}{\mathrm{SS_E}/(n-k)} \sim F(k-1, n-k)$$

$\mathrm{SS_M}/(k-1)$表示组间变异除以自由度，$\mathrm{SS_E}/(n-k)$表示组内变异除以自由度，两者的比值服从自由度为（$k-1$，$n-k$）的F分布。

显然，当F值越大时，组间的变异越大，越倾向于拒绝原假设，即组间是有差异的。

单因素方差分析的另一种表示方法类似回归：

$$Y_i = \mu_i + \tau_i + \varepsilon_i$$

因变量 = 原假设成立设定的平均数值 + 平均数值的变更效应 + 残差

其中，i表示分类自变量的第i个水平。

在Python中，实现单因素方差分析的代码如下：

```
from statsmodels.formula.api import ols
from statsmodels.stats.anova import anova_lm
import pandas as pd

data = pd.read_csv('creditcard_exp.csv')
df = data[['Income','edu_class']].dropna(how='any',axis=0)
df['edu_class'] = df['edu_class'].astype('str')
df['Income'] = df['Income'].astype('float')
formula = f'Income~C(edu_class)'

anova_results = anova_lm(ols(formula=formula, data=df).fit())
print(anova_results)

                df      sum_sq      mean_sq         F        PR(>F)
C(edu_class)   3.0    549.948342   183.316114   32.291735   1.610620e-14
Residual      96.0    544.979920     5.676874        NaN         NaN
```

从结果看，F值约为32.29，P值接近于0，所以拒绝原假设，即教育程度会显著影响收入。

7.2.2 多因素方差分析

单因素方差分析可以检验一个分类型变量与一个连续型变量之间的关系，多因素方差分析可以检验多个分类型变量与一个连续型变量的关系。

在多因素方差分析中，除考虑多个分类型变量对连续型变量的影响外，还应考虑分类型变量之间的交互效应。例如，在探讨信用卡消费与性别、教育程度的关系时，应考虑性别与教育程度的交互效应，即教育程度对不同性别的信用卡消费人群的影响可能存在差异。有无交互效应的公式分别如下。

（1）无交互效应。

$$Y_{ij}=\mu+\alpha_i+\tau_j+\varepsilon_{ij}$$

因变量 = 原假设成立均值 + 自变量 α 的变更效应 + 自变量 τ 的变更效应 + 残差

其中，i 表示分类自变量 α 的第 i 个水平，j 表示分类自变量 τ 的第 j 个水平。

（2）有交互效应。

$$Y_{ij}=\mu+\alpha_i+\tau_j+\alpha_i\times\tau_j+\varepsilon_{ij}$$

因变量 = 原假设成立平均数 + 自变量 α 的变更效应 + 自变量 τ 的变更效应 + 交互相应 + 残差

其中，i 表示分类自变量 α 的第 i 个水平，j 表示分类自变量 τ 的第 j 个水平。

下面是一个关于信用卡消费与性别、教育程度的关系的案例，这里通过 lm() 进行方差分析。

首先考虑有无交互效应，代码如下：

```
from statsmodels.formula.api import ols
from statsmodels.stats.anova import anova_lm
import pandas as pd

data = pd.read_csv('creditcard_exp.csv',encoding='utf-8-sig')
df = data[['avg_exp','edu_class','gender']].dropna(how='any',axis=0)
df['edu_class'] = df['edu_class'].astype('str')
df['gender'] = df['gender'].astype('str')
```

```
df['avg_exp'] = df['avg_exp'].apply(lambda x: 0 if x==' ' else x)
df['avg_exp'] = df['avg_exp'].astype('float')

formula = f'avg_exp ~ C(edu_class) + C(gender)'
anova = ols(formula=formula, data=df).fit()
anova_results = anova.summary()
print(anova_results)
```

多因素方差分析之无交互效应的结果展示如图7-13所示。

```
                            OLS Regression Results
==============================================================================
Dep. Variable:                avg_exp   R-squared:                       0.731
Model:                            OLS   Adj. R-squared:                  0.720
Method:                 Least Squares   F-statistic:                     64.69
Date:                Mon, 14 Feb 2022   Prob (F-statistic):           2.69e-26
Time:                        11:59:11   Log-Likelihood:                -713.08
No. Observations:                 100   AIC:                             1436.
Df Residuals:                      95   BIC:                             1449.
Df Model:                           4
Covariance Type:            nonrobust
====================================================================================
                       coef    std err          t      P>|t|      [0.025      0.975]
------------------------------------------------------------------------------------
Intercept            28.1190     73.264      0.384      0.702    -117.329     173.567
C(edu_class)[T.1]   383.2751     89.384      4.288      0.000     205.826     560.724
C(edu_class)[T.2]   976.9943    100.255      9.745      0.000     777.962    1176.026
C(edu_class)[T.3]  1435.7083    103.378     13.888      0.000    1230.477    1640.939
C(gender)[T.1]      -91.4020     77.717     -1.176      0.243    -245.691      62.887
==============================================================================
Omnibus:                        6.407   Durbin-Watson:                   2.370
Prob(Omnibus):                  0.041   Jarque-Bera (JB):                5.840
Skew:                           0.512   Prob(JB):                       0.0539
Kurtosis:                       3.594   Cond. No.                         5.91
==============================================================================

Notes:
[1] Standard Errors assume that the covariance matrix of the errors is correctly specified.
```

图7-13 多因素方差分析之无交互效应的结果展示

需要注意的是，教育程度0（研究生）与性别水平0（男性）都变成了参照水平，即不进入模型。可以看到3种等级的教育程度相较于研究生教育程度都有显著差异，而对性别则没有显著差异。

接下来进行加入交互项的方差分析，代码如下：

```
from statsmodels.formula.api import ols
import pandas as pd
```

第7章 使用统计学方法进行变量有效性测试

```
data = pd.read_csv('creditcard_exp.csv',encoding='utf-8-sig')
df = data[['avg_exp','edu_class','gender']].dropna(how='any',axis=0)
df['edu_class'] = df['edu_class'].astype('str')
df['gender'] = df['gender'].astype('str')
df['avg_exp'] = df['avg_exp'].apply(lambda x: 0 if x==' ' else x)
df['avg_exp'] = df['avg_exp'].astype('float')
formula = f'avg_exp ~ C(edu_class) + C(gender) + C(edu_class)*C(gender)'

anova = ols(formula=formula, data=df).fit()
```

多因素方差分析之有交互效应的结果展示如图 7-14 所示。

```
anova_results = anova.summary()
print(anova_results)
```

```
                            OLS Regression Results
==============================================================================
Dep. Variable:                avg_exp   R-squared:                       0.743
Model:                            OLS   Adj. R-squared:                  0.724
Method:                 Least Squares   F-statistic:                     38.06
Date:                Mon, 14 Feb 2022   Prob (F-statistic):           1.56e-24
Time:                        12:02:32   Log-Likelihood:                -710.82
No. Observations:                 100   AIC:                             1438.
Df Residuals:                      92   BIC:                             1458.
Df Model:                           7
Covariance Type:            nonrobust
====================================================================================================
                                       coef    std err          t      P>|t|      [0.025      0.975]
----------------------------------------------------------------------------------------------------
Intercept                           24.3965     74.767      0.326      0.745    -124.097     172.890
C(edu_class)[T.1]                  385.8773     92.520      4.171      0.000     202.125     569.629
C(edu_class)[T.2]                  915.2349    109.204      8.381      0.000     698.346    1132.124
C(edu_class)[T.3]                 1529.5444    116.230     13.160      0.000    1298.701    1760.388
C(gender)[T.1]                     -24.3965    317.210     -0.077      0.939    -654.403     605.610
C(edu_class)[T.1]:C(gender)[T.1]   -58.7153    350.140     -0.168      0.867    -754.125     636.694
C(edu_class)[T.2]:C(gender)[T.1]   121.2551    344.727      0.352      0.726    -563.402     805.913
C(edu_class)[T.3]:C(gender)[T.1]  -265.2554    343.576     -0.772      0.442    -947.628     417.117
==============================================================================
Omnibus:                       16.354   Durbin-Watson:                   2.368
Prob(Omnibus):                  0.000   Jarque-Bera (JB):               22.080
Skew:                           0.797   Prob(JB):                     1.60e-05
Kurtosis:                       4.662   Cond. No.                         24.4
==============================================================================

Notes:
[1] Standard Errors assume that the covariance matrix of the errors is correctly specified.
```

图 7-14 多因素方差分析之有交互效应的结果展示

可以看到，加入交互项后，除之前的参照水平男性（gender:0）和参照水平研究生（edu_class:0）外，交互组多了参照水平男性研究生（gender0*edu_class0）。请注意，在加入交互项后，教育程度的显著性水平发生了细微的变化，而女性对信用卡消费的影响相比于男性对信用卡消费的影响还是不显著的；在交互项中，处于第一种教育程度的女性相比于男性研究生而言，信用卡消费的影响不显著，其他交互项效应的检验结论相同。

7.3 列联表分析与卡方检验

本节讲解两个分类型变量之间关系的检验。如果其中一个变量的分布随着另一个变量的水平不同而发生变化，那么两个分类型变量就有关系，反之没有关系。在具体操作时，可以通过列联表分析与卡方检验得以实现，如表 7-3 所示。

表 7–3　变量类型与假设检验方法（列联表分析 / 卡方检验）

			被预测变量 Y	
			分类（二分）型	连续型
预测变量 X	单个变量	分类（二分）型	列联表分析 / 卡方检验	双样本 t 检验
		分类（多个分类）型	列联表分析 / 卡方检验	单因素方差分析
		连续型	双样本 t 检验	相关分析
	多个变量	分类型	逻辑回归	多因素方差分析
		连续型	逻辑回归	线性回归

7.3.1　列联表

列联表是一种常见的分类汇总表，该表将待分析的两个分类型变量中一个变量的每个类别设为列变量，另一个变量的每个类别设为行变量，中间对应着不同变量、不同类别下的频数，如下所示：

假设分类行变量为 $A=a_1,a_2,\cdots,a_k$，分类列变量 $B=\{b_1,b_2,\cdots,b_p\}$，$I(A=a_i,B=b_j)$ 表示 A 变量水平 a_i 和 B 变量水平 b_j 的频数，交叉表统计频数如表 7-4 所示。

表 7-4 交叉表统计频数

行列	a1	a2	……	行总
b1	$I(A=a_1,B=b_1)$	$I(A=a_2,B=b_1)$	……	$\sum_{i=1}^{k}I(A=a_i,B=b_1)$
b2	$I(A=a_1,B=b_2)$	$I(A=a_2,B=b_1)$	……	$\sum_{i=1}^{k}I(A=a_i,B=b_2)$
……	……	……	……	……
列总	$\sum_{j=1}^{p}I(A=a_1,B=b_j)$	$\sum_{j=1}^{p}I(A=a_2,B=b_j)$	……	$\sum_{i=1}^{k}\sum_{j=1}^{p}I(A=a_i,B=b_j)$

下面分析分类型变量是否违约（bad_ind）与分类型变量是否破产（bankruptcy_ind）的关系，在 pandas 中可以使用 crosstab 函数生成列联表。

本案例将生成一个 2 行 2 列的列联表（不包含汇总的行与列），代码如下：

```
accepts =pd.read_csv ('accepts.csv')
cross_table=pd.crosstab(accepts.bankruptcy_ind,columns3=accepts.bad_ind, margins=True)
cross_table
```

交叉表输出结果如图 7-15 所示。

bad_ind bankruptcy_ind	0	1	All
N	4163	1017	5180
Y	345	103	448
All	4508	1120	5628

图 7-15 交叉表输出结果

列联表显示破产状态（bankruptcy_ind='Y'）且违约状态正常（bad_ind=0）的用户有 345 个，破产状态（bankruptcy_ind='Y'）且违约状态不正常（bad_ind=1）的用户相对较少，有 103 个。同理，还可以对比其他情形的频数差异。

由于样本量不同（例如 bankruptcy_ind 中 N 有 5180 个，而 Y 仅有 448 个），因此频数的差异不能直接反映离散变量之间的关系，我们需要将其转换为频率。例如，将每个频数与行总计相除，就可以得到行百分比，代码如下：

```
cross_table_rowpct = cross_table.div(cross_table [ 'All' ] ,axis = 0)
```

```
cross_table_rowpct
```
交叉表转换为行百分比的输出结果如图 7-16 所示。

bad_ind bankruptcy_ind	0	1	All
N	0.803668	0.196332	1.0
Y	0.770089	0.229911	1.0
All	0.795210	0.204790	1.0

图 7-16 交叉表转换为行百分比的输出结果

这时我们就可以看到破产状态（bankruptcy_ind='Y'）的用户违约率为 22.99%，非破产状态（bankruptcy_ind='N'）的用户违约率为 19.6%。如果我们认为这两个违约率没有差异（纵向比较），那么说明是否破产与是否违约不相关。

在生成列联表以后，虽然能够对比出差异，但是这种差异是否有统计学意义就需要进行检验了，使用的检验方法是卡方检验，其检验统计量可以从列联表的频数计算得来。

7.3.2 卡方检验

卡方检验的思想是比较期望频数和实际频数的吻合程度，这里的实际频数指单元格内实际的观测数量，期望频数指行变量某类别与列变量某类别互相独立的时候的频数。

以违约破产为例，列联表中期望频数的计算如图 7-17 所示。

以 "破产 =N" 和 "违约 =0" 为例，实际频数为 4163。

"破产 =N" 的频率（概率估计）为 5180/5628=92.0%，"违约 =0" 的频率（概率估计）为 4508/5628=80.1%。当二者独立时，期望频率为：

$p($ 破产 $=N,$ 违约 $=0) = p($ 破产 $=N) \times p($ 违约 $=0) = 92.0\% \times 80.1\% = 73.7\%$

此时的期望频数为 5628 × 73.7% = 4148，期望频数的整个计算过程简化后是

期望频数 =（行总 / 样本量 × 列总 / 样本量）× 样本量 =（行总 × 列总）/ 样本量

同样的，其他的单元格期望频数与实际频数的差异都可以计算出来。这些差异是否能够表明两个分类型变量的差异具有统计学意义？这里需要继续进行卡方检验。

	违约		
破产	0	1	总计
N	4163	1017	5180
Y	345	103	448
总计	4508	1120	5628

观察频数

	0	1	总计
N	74.0%	18.1%	92.0%
Y	6.1%	1.8%	8.0%
总计	80.1%	19.9%	100%

总频率

	0	1	总计
N	4149	1031	5180
Y	359	89	448
总计	4508	1120	5628

期望频数

	0	1	总计
N	73.7%	18.3%	92.0%
Y	6.4%	1.6%	8.0%
总计	80.1%	19.9%	100%

期望频率

图 7-17　列联表中期望频数的计算

卡方检验的原假设是期望频数等于实际频数，即两个分类型变量无关，备择假设为期望频数不等于实际频数，即两个变量有关，卡方检验的统计量为：

$$\chi^2 = \sum_{i=1}^{R}\sum_{j=1}^{C}\frac{(\mathrm{Obs}_{ij}-\mathrm{Exp}_{ij})^2}{\mathrm{Exp}_{ij}}$$

Obs_{ij} 指第 i 行第 j 列的单元格的实际频数，Exp_{ij} 指第 i 行第 j 列的单元格的期望频数，卡方统计量实际上构造了列联表中每个单元格的残差（实际频数 – 期望频数）平方和除以每个单元格的期望频数，然后求和，计算出卡方检验的统计量。

卡方检验的统计量服从自由度为 $(r-1)(c-1)$ 的卡方分布（r 表示行个数，c 表示列个数），如图 7-18 所示。

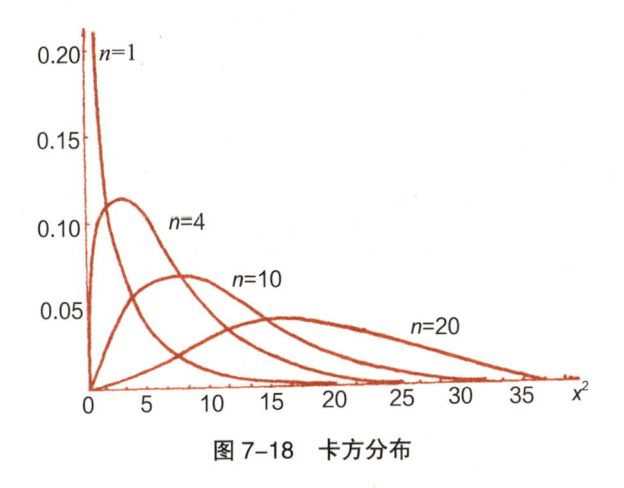

图 7-18　卡方分布

计算出卡方统计量后，结合相应自由度的卡方分布，就可以计算出相应的 p 值，在违约且破产的情况下，自由度为（3-1）×（2-1）=2。根据 p 值的大小与事先确定的显著性水平，就可以推断两个分类型变量是否有关了。

需要注意的是，卡方检验并不能展现两个分类型变量相关性的强弱，只能展现两个分类型变量是否有关。

接下来使用 Python 对违约与破产两个分类型变量进行卡方检验，代码如下：

```
print ( ' chisq = 86.4f\n p-value = $6.4f\n dof = i\n expected_freq = %s'\
%stats.chi2_contingency (cross_table))
```

卡方检验的输出结果如图 7-19 所示。

```
chisq = 2.9167
p-value = 0.5719
dof = 4
expected_freq = [[ 4149.15422886  1030.84577114  5180.        ]
 [  358.84577114    89.15422886   448.        ]
 [ 4508.         1120.         5628.        ]]
```

图 7-19　卡方检验的输出结果

检验结果表明，卡方值为 2.9167，p 值为 0.57，表明没有理由拒绝违约与破产两个分类型变量是独立的假设，即二者没有关系。

7.4　线性回归

在进行两个连续型变量的相关性分析时，可以使用 Pearson 相关系数衡量两个连续型变量相关性的强弱。分析一个解释连续型变量的变化对另外一个被解释连续型变量的影响，可以使用线性回归算法。

在线性回归中，变量分为自变量与因变量。因变量是受到影响的变量，自变量是影响因变量的变量。对于线性回归模型，自变量与因变量都是连续型变量。与之前介绍的方差分析不同，在方差分析中自变量为分类型变量，因变量为连续型变量，如表 7-5 所示。

表 7-5　不同数据类型之间的统计分析

			被预测变量 Y	
			分类（二分）型	连续型
预测变量 X	单个变量	分类（二分）型	列联表分析/卡方检验	双样本 t 检验
		分类（多个分类）型	列联表分析/卡方检验	单因素方差分析
		连续型	双样本 t 检验	相关分析
	多个变量	分类型	逻辑回归	多因素方差分析
		连续型	逻辑回归	线性回归

7.4.1　简单线性回归

简单线性回归只有一个自变量与一个因变量。

简单线性回归模型可写为：

$$Y=\beta_0+\beta_1 X_1+\varepsilon$$

其中，Y 表示因变量，β_0 表示截距，β_1 表示回归系数，X_1 表示自变量，ε 表示残差。

可以看到，简单线性回归模型与数学中的线性方程类似，只不过多了一个残差项 ε，其应服从均值为 0 的正态分布。

简单线性回归的原理就是拟合一条直线，使得实际值与预测值之差的平方和最小。当该值达到最小时，这条直线就是最好的回归拟合线，如图 7-20 所示。

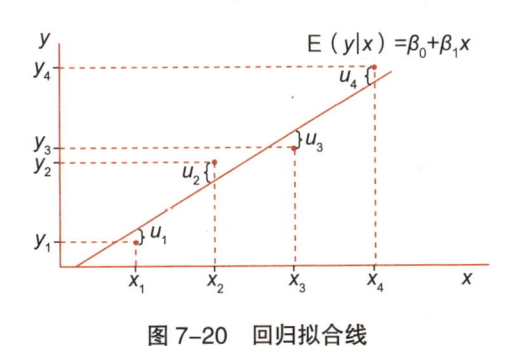

图 7-20　回归拟合线

实际值与预测值之差被称为残差，线性回归旨在使残差平方和最小，即

$$\min \sum \varepsilon_i^2 = \min \sum (y_i - \hat{y}_i)^2$$

其中，$\hat{y}_i$ 表示线性回归的预测值，y_i 表示实际值。求最小值的数学方法为求导数，当导数等于 0 时，可证明其残差平方和最小，由此可得系数的估计值：

$$\hat{\beta}_1 = \frac{\sum_{i=1}^{n}(x_i - \overline{x})(y_i - \overline{y})/(n-1)}{\sum_{i=1}^{n}(x_i - \overline{x})^2/(n-1)} = \frac{\sum_{i=1}^{n}\sum_{i=1}^{n}(x_i - \overline{x})(y_i - \overline{y})}{\sum_{i=1}^{n}(x_i - \overline{x})^2}$$

$$\hat{\beta}_0 = \overline{y} - \hat{\beta}_1 \overline{x}$$

以上这种求解线性回归方程系数的方式被称为最小二乘法。

接下来通过可解释的平方和除以总平方和得到 R^2，作为线性回归拟合优度的指标：

$$R^2 = \frac{可解释的平方和}{总平方和} = \frac{\sum_{i=1}^{n}(\hat{y}_i - \overline{y})}{\sum_{i=1}^{n}(y_i - \overline{y})} = \frac{SS_M}{SS_T}$$

可解释的平方和指的是因为回归线带来的变异，总平方和指的是数据本身的变异，显然可解释的变异占总平方和比例越大，即 R^2 越大，模型拟合效果越好。拟合优度的案例如图 7-21 所示。一般来说，如果 R^2 大于 0.8，则说明拟合效果非常好。

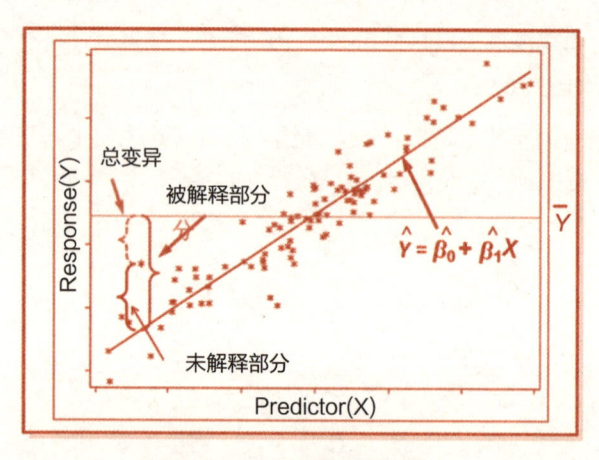

图 7-21 拟合优度的案例

（1）估计出线性回归方程的回归系数与截距后，需要对回归系数进行检验，即回归系数是否为 0，其中：

原假设：简单线性回归模型拟合得没有基线模型好，$\beta_1 = 0$。

备择假设：简单线性回归模型拟合得比基线模型好，$\beta_1 \neq 0$。

检验的统计量为：

$$t = \frac{\hat{\beta}_1}{S_{\hat{\beta}_1}}$$

即系数估计值除以估计值的方差，服从自由度为 $t-2$ 的 t 分布。

（2）在多元线性回归中，除检验单个系数是否为 0 外，还需要检验回归系数是否全部为 0。

原假设：回归系数全部为 0，即 $\beta_1 = \beta_2 = \beta_3 = \cdots\cdots = 0$。

备择假设：回归系数不都为 0。

检验的统计量为：

$$F = \frac{\text{MS}_\text{M}}{\text{MS}_\text{E}}$$

MS_M 表示可解释的变异，MS_E 表示不可解释的变异。

7.4.2 多元线性回归

多元线性回归是在简单线性回归的基础上，增加更多的自变量，其表达形式如下：

$$Y = \beta_0 + \beta_1 X_1 + \beta_2 X_2 + \ldots + \beta_k X_k + \varepsilon$$

其中，Y 是因变量，$X_1, X_2, \cdots, X_k$ 是自变量，ε 是误差项，$\beta_0, \beta_1, \beta_2, \cdots, \beta_k$ 是未知系数。多元线性回归原理与简单线性回归原理一致，以两个自变量的多元线性回归为例，可以构造一个三维直角坐标系，为了方便演示，这里设置 X_1 与 X_2 是服从 0~1 均匀分布的随机数，ε 服从标准正态分布，截距为 β_0：

$$Y = \beta_0 + 40X_1 + 40X_2 + \varepsilon$$

z 轴表示因变量 Y，x、y 轴分别表示两个自变量。此时，二元线性回归拟合的是一个回归面，这个回归面与 xy 平面、xz 平面和 yz 平面都是斜交的，通过旋转得到不同的三维散点图，如图 7-22 和图 7-23 所示。

图 7-22 回归面及 X_1 与 X_2

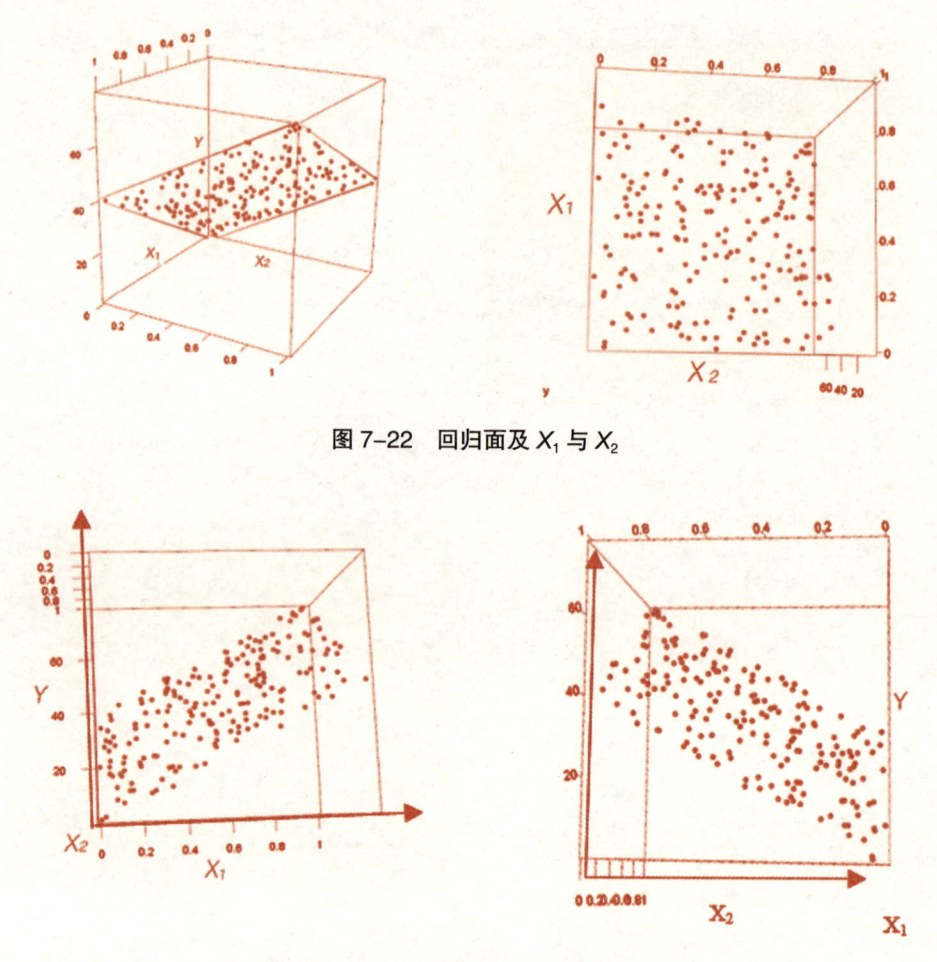

图 7-23 X_1 与 Y 的关系和 X_2 与 Y 的关系

可以看到，在多元线性回归中，X_1、X_2 与 Y 都有明显的线性相关关系，且 X_1 与 X_2 没有线性相关关系，三者形成的点在空间中是一个回归平面。如果 X_1、X_2 和 Y 相关性较弱，那么就无法拟合一个合适的回归平面。同理，当出现高阶项时，X_1、X_2 和 Y 就不是线性相关关系，三维空间中的点就形成了一个曲面，若用平面拟合，则效果不佳，如图 7-24 所示。

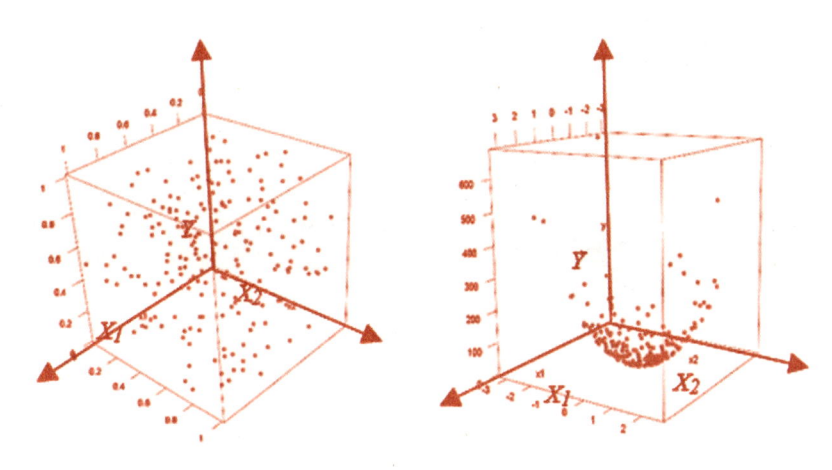

图 7-24　X_1、X_2、Y 三者彼此无关和三者非线性相关

二元线性回归是最简单的多元线性回归模型，从上面的例子可以知道，即使是多元线性回归，也要求自变量与因变量之间有线性关系，且自变量之间的相关关系要尽可能弱，在后面的共线性章节会重点介绍。

另外，关于模型解释力度的评估，仍旧使用 R^2。不过在入模变量筛选过程中，由于原始的 R^2 在实际应用中存在一个问题，即解释变量的数量越多，R^2 越大，至少是不会下降的，因此无法用于对解释变量进行筛选。针对模型解释变量冗繁而无效的问题，统计学专家提出了调整 R^2。调整 R^2 对解释变量的数量做了惩罚性的调整。当增加一个解释变量，但是其对整个模型的预测能力提升不高时，调整后 R^2 反而下降。因此，调整 R^2 可作为模型筛选的重要依据，计算公式为：

$$\bar{R}^2 = 1 - \frac{(n-i)(1-R^2)}{n-p}$$

（1）当有截距时，i 等于 1，反之等于 0。

（2）n 为用于拟合该模型的观察值数量。

（3）p 为模型中参数的个数。

调整后的 R^2 加入了观测个数与模型自变量个数以调整原来的 R^2，但需要注意的是，在模型观测与自变量个数不变的情况下，评价模型解释力度的仍旧是 R^2。还有许多指标可以评价回归优劣，例如 AIC 准则、BIC 准则等。尤其是在 7.4.3 节"多元线性回归的变量筛选"中，主要使用 AIC 准则和 BIC 准则进行变量筛选。

下面以数据集 creditcard_exp.csv 为例，使用 statsmodels 模块实现线性回归模型，

商业策略数据分析

该数据是一份汽车贷款数据，数据字典如表 7-6 所示。希望使用线性回归模型分析用户年龄、用户年收入、用户所住小区房屋均价、当地人均收入等与信用卡月均支出的关系。

表 7-6　数据字典

字段名	中文含义
id	编号
Acc	是否开卡（1=已开通）
avg_exp	月均信用卡支出（元）
avg_exp_ln	月均信用卡支出的自然对数
gender	性别（男=1）
Age	年龄
Income	年收入（万元）
Ownrent	是否自有住房（有=1，无=0）
Selfempl	是否自谋职业（1=是，0=否）
dist_home_val	所住小区房屋均价（万元）
dist_avg_income	当地人均收入
high_avg	高出当地人均收入
edu_class	教育等级（小学及以下=0，中学=1，本科=2，研究生=3）

对用户月均信用卡支出创建线性回归预测模型，过程如下。

导入相应的包，代码如下：

```
import numpy as np
import pandas as pd
```

读取数据集并查看数据集的基本情况（如图 7-25 所示），代码如下：

```
# 导入数据集
data_raw = pd.read_excel('LR_practice.xlsx')
data_raw.head()
```

	id	Acc	avg_exp	gender	Age	Income	Ownrent	Selfempl	dist_home_val	dist_avg_income	edad2	edu_class
0	19	1	1217.03	Male	40	16.03515	1	1	99.93	15.932789	1600	研究生
1	5	1	1251.50	Male	32	15.84750	1	0	49.88	15.796316	1024	大学
2	86	1	856.57	Male	41	11.47285	1	0	16.10	11.275632	1681	研究生
3	50	1	1321.83	Male	28	13.40915	1	0	100.39	13.346474	784	大学
4	67	1	816.03	Male	41	10.03015	0	1	119.76	10.332263	1681	研究生

图 7-25 多元线性回归模型案例数据集

查看数据集的基本信息（如图 7-26 所示），代码如下：

```
data_raw.info()
```

```
<class 'pandas.core.frame.DataFrame'>
RangeIndex: 76 entries, 0 to 75
Data columns (total 12 columns):
 #   Column           Non-Null Count  Dtype
---  ------           --------------  -----
 0   id               76 non-null     int64
 1   Acc              76 non-null     int64
 2   avg_exp          70 non-null     float64
 3   gender           76 non-null     object
 4   Age              76 non-null     int64
 5   Income           76 non-null     float64
 6   Ownrent          76 non-null     int64
 7   Selfempl         76 non-null     int64
 8   dist_home_val    76 non-null     float64
 9   dist_avg_income  76 non-null     float64
 10  edad2            76 non-null     int64
 11  edu_class        75 non-null     object
dtypes: float64(4), int64(6), object(2)
memory usage: 7.2+ KB
```

图 7-26 多元线性回归模型案例数据集的基本信息

通过简单的观察与分析，可以得出以下数据清洗策略。

（1）月均信用卡支出 avg_exp 为空值的是还没有开卡（Acc=0）的用户。

（2）Acc 表示用户是否开卡，只有开卡用户才会有信用卡支出，因此 Acc 不能进入模型。

（3）字段 id 显然不能进入模型。综上所述，首先删除无用变量，代码如下：

```
# 删除无用变量
data_raw.drop(['id','Acc','edad2'],axis=1,inplace=True)
```

（4）删除重复数据，代码如下：

```
#重复值
data_raw = data_raw.drop_duplicates()
```

（5）填补缺失数据，可以使用直接填补法，也可以使用数据编码与缺失值填补同时进行的方式，首先查看数据缺失情况（如图 7-27 所示），代码如下：

```
# 查看数据缺失情况
data_raw.isnull().mean()
```

```
avg_exp             0.078947
gender              0.000000
Age                 0.000000
Income              0.000000
Ownrent             0.000000
Selfempl            0.000000
dist_home_val       0.000000
dist_avg_income     0.000000
edu_class           0.013158
dtype: float64
```

图 7-27　数据缺失情况

对变量 avg_exp 进行缺失值填补，代码如下：

```
#avg_exp 直接填补
data_raw['avg_exp']=data_raw['avg_exp'].fillna(data_raw['avg_exp'].mean())
```

对变量 gender 进行数据编码，并且对变量 edu_class 同时进行数据编码和缺失值填补，代码如下：

```
# 直接数据编码
data_raw['gender'] = data_raw['gender'].map({'Male':1,'Female':0})
label = data_raw['edu_class'].unique().tolist()
# 缺失值或特殊符号直接标记为另一个类别
# 数据变为 int 型
data_raw['edu_class']=data_raw['edu_class'].apply(lambda x: label.index(x))
```

填补完成后再看一下数据的缺失情况（如图 7-28 所示），代码如下：

```
data_raw.info()
```

```
<class 'pandas.core.frame.DataFrame'>
RangeIndex: 76 entries, 0 to 75
Data columns (total 9 columns):
 #   Column           Non-Null Count  Dtype
---  ------           --------------  -----
 0   avg_exp          76 non-null     float64
 1   gender           76 non-null     int64
 2   Age              76 non-null     int64
 3   Income           76 non-null     float64
 4   Ownrent          76 non-null     int64
 5   Selfempl         76 non-null     int64
 6   dist_home_val    76 non-null     float64
 7   dist_avg_income  76 non-null     float64
 8   edu_class        76 non-null     int64
dtypes: float64(4), int64(5)
memory usage: 5.5 KB
```

图 7-28 填补后的数据缺失情况

下面进行异常值处理。可以通过箱线图来观察数据的分布情况，也可以通过判断是否是 3 倍标准差以外的数据来识别数据异常与否，代码如下：

```
# 返回异常值的索引
z = stats.zscore(data_raw['Age'])
z_outlier = (z > 3)|(z<-3)
z_outlier.tolist().index(1)
```

识别出异常数据后就可以对其进行填充，代码如下：

```
data_raw['Age'].iloc[40] = data_raw['Age'].drop(index=40).mean()
```

数据清洗完毕后，可以进一步构造数据特征，即对多分类自变量进行哑变量变换，代码如下：

```
# 哑变量
dummy = pd.get_dummies(data_raw['edu_class'],prefix='edu').iloc[:,1:]
# 不要删除哑变量转换的原始变量，用来进行相关分析
# 建模时再删除
data = pd.concat([data_raw, dummy],axis=1)
```

在建模之前，分析一下因变量与各自变量之间的相关性，包括计算相关系数（如图 7-29 所示）和绘制散点图（如图 7-30 所示）两种方式，代码如下：

```
data[['avg_exp','gender','Ownrent','Selfempl','edu_
class']].corr(method='kendall')
```

	avg_exp	gender	Ownrent	Selfempl	edu_class
avg_exp	1.000000	0.167236	0.290705	0.064150	-0.561243
gender	0.167236	1.000000	0.430469	0.046657	-0.351901
Ownrent	0.290705	0.430469	1.000000	-0.115370	-0.300133
Selfempl	0.064150	0.046657	-0.115370	1.000000	0.154962
edu_class	-0.561243	-0.351901	-0.300133	0.154962	1.000000

图 7-29　变量间的相关系数

```
# 散点图
import matplotlib.pyplot as plt
plt.scatter(data['avg_exp'],data['Income'])
```

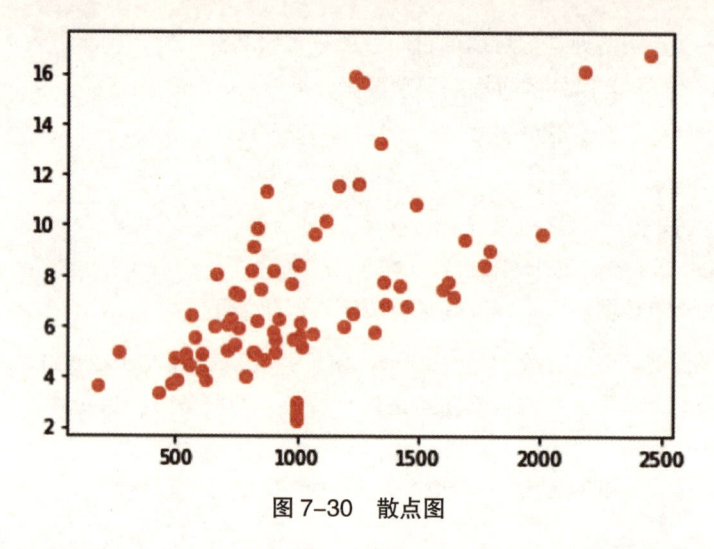

图 7-30　散点图

最后，使用 statsmodels 模块中的 ols 函数创建多元线性回归模型，该函数需要传入一个字符串作为参数（也被称为 formula 公式），该字符串使用波浪线 "~" 来分隔被解释变量与解释变量。ols 函数返回一个模型（最小二乘法），该模型使用 fit() 方法进行训练。创建多元线性回归模型的代码如下：

```
from statsmodels.formula.api import ols
LR1='avg_exp~gender+Age+Income+Ownrent+Selfempl+dist_
home_val+dist_avg_income+edu_1+ edu_2+edu_3+ edu_4'
    model = ols(LR1, data=data)
```

```
model = model.fit()
```

模型的 summary 方法会输出 3 个表格用于展示模型概况，分别是模型的基本信息、回归系数及检验信息、其他模型诊断信息，该模型的概况信息如图 7-31 所示，对应代码如下：

```
model.summary()
```

OLS Regression Results

Dep. Variable:	avg_exp	R-squared:	0.720
Model:	OLS	Adj. R-squared:	0.671
Method:	Least Squares	F-statistic:	14.93
Date:	Tue, 07 Dec 2021	Prob (F-statistic):	8.36e-14
Time:	14:11:11	Log-Likelihood:	-519.52
No. Observations:	76	AIC:	1063.
Df Residuals:	64	BIC:	1091.
Df Model:	11		
Covariance Type:	nonrobust		

	coef	std err	t	P>|t|	[0.025	0.975]
Intercept	535.9565	223.038	2.403	0.019	90.387	981.526
gender	-447.4828	97.100	-4.608	0.000	-641.463	-253.503
Age	0.6121	4.779	0.128	0.898	-8.936	10.160
Income	-119.1929	72.411	-1.646	0.105	-263.850	25.464
Ownrent	41.3184	76.416	0.541	0.591	-111.341	193.977
Selfempl	153.7000	129.424	1.188	0.239	-104.853	412.253
dist_home_val	0.1579	0.859	0.184	0.855	-1.557	1.873
dist_avg_income	211.5250	71.122	2.974	0.004	69.442	353.608
edu_1	-262.5083	82.890	-3.167	0.002	-428.100	-96.916
edu_2	-495.1400	92.266	-5.366	0.000	-679.462	-310.818
edu_3	-292.5211	156.617	-1.868	0.066	-605.400	20.358
edu_4	49.3783	294.618	0.168	0.867	-539.188	637.945

Omnibus:	0.894	Durbin-Watson:	2.112
Prob(Omnibus):	0.640	Jarque-Bera (JB):	0.613
Skew:	-0.219	Prob(JB):	0.736
Kurtosis:	3.044	Cond. No.	1.00e+03

图 7-31 模型的概况信息

在以上结果中，可以看到模型的 R^2 为 0.72，默认以 0.05 为显著性水平，方程显著性（回归系数不全为 0）的检验 p 值为 8.36e-14，接近零，说明回归方程是有意义的。从单个系数的显著性检验来看，初步判定 gender、dist_avg_income 及 edu_class 是显著的，对于目前表现不显著的变量，需要进一步对模型调优后做出显著与否的判断。

7.4.3 多元线性回归的变量筛选

多元线性回归模型能够按照一些方法筛选建立回归的自变量,这些方法包括向前回归法、向后回归法、逐步回归法。

这3种方法选入或剔除变量的准则可以使用调整R^2、AIC准则、BIC准则等。

具体来说,3种回归方式的主要区别在于自变量进入模型的先后次序不同。

1. 向前回归法

首先将第一个变量引入回归方程,并进行F检验和t检验,计算残差平方和,记为S_1,如果通过检验,则保留该变量。然后引入第二个变量,重新构建一个估计方程,进行F检验和t检验,并计算残差平方和,记为S_2。直观地看,增加一个新的变量后,回归平方和应该增大,残差平方和应该相应地减少,即S_2应该小于或等于S_1,S_1-S_2的值就是第二个变量的偏回归平方和,表示第二个变量解释的增量信息,如果该差值明显偏大,那么说明第二个变量对因变量有显著影响;反之,则没有显著影响。

如图7-32所示,用被解释变量(Y)和每个解释变量(X)做回归分析,选取一个解释力度最高的变量(AIC准则、BIC准则、P值、调整R^2等);在选取第二个变量时,用被解释变量(Y)减使用第一个解释变量(X_5)得到的预测值($\beta_5 X_5$),得到残差($e=Y-\beta_5 X_5$)。用残差和余下的解释变量做回归分析,找到解释力度最大的变量X_9,以此类推。

2. 向后回归法

向后回归法与向前回归法正好相反。首先,将所有的X变量一次性放入模型进行F检验和t检验,然后根据变量偏回归平方和的大小逐个删除不显著的变量。如果偏回归平方和很大,则保留;反之,则删除。

如图7-33所示,向后回归法操作和向前回归法操作类似,只不过在第一次回归时就将所有自变量加入,删除一个最没有解释力度的变量,以此类推,直至没有变量被删除。

向后回归法需要满足样本量大于变量个数的条件,而向前回归法在这种情况下也可以使用。

图 7-32 向前回归法筛选变量　　　图 7-33 向后回归法筛选变量

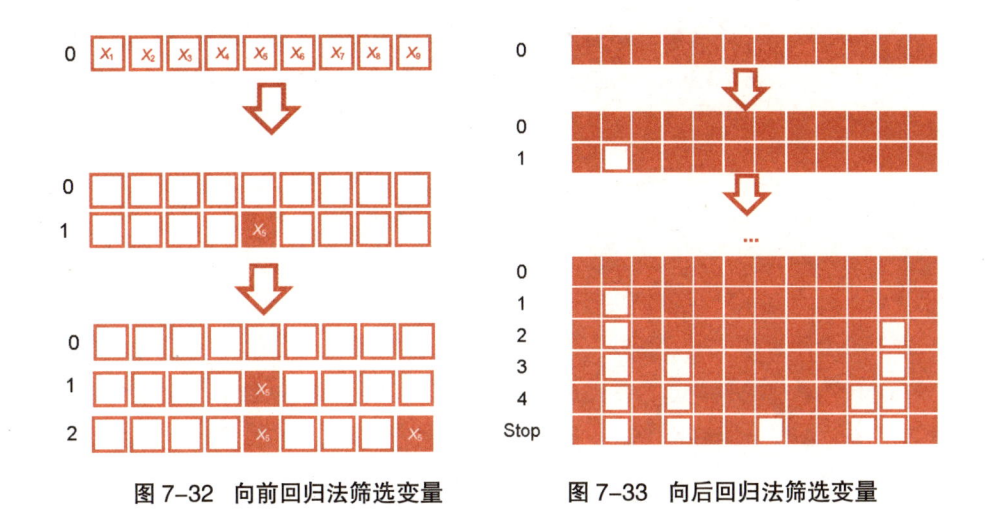

3. 逐步回归法

综合向前回归法和向后回归法的特点，将变量一个一个地放入方程，在引入变量时需要利用偏回归平方和进行检验，当显著时才加入该变量。当方程加入该变量后，要对原有的变量重新用偏回归平方和进行检验，一旦某个变量变得不显著，就删除该变量。如此循环，直到旧变量均不可删除、新变量也无法加入。

如图 7-34 所示，逐步回归法一开始遵循向前回归法，直至有 4 个变量 X_1、X_2、X_3、X_4 被引入模型。在这之后遵循向后回归法，删除一个最没有解释力度的变量，然后遵循向前回归法，加入一个最有解释力度的变量，这个变量有可能是刚才被删除的变量，也有可能不是被删除的变量。如此循环，直到旧变量均不可删除、新变量也无法加入。

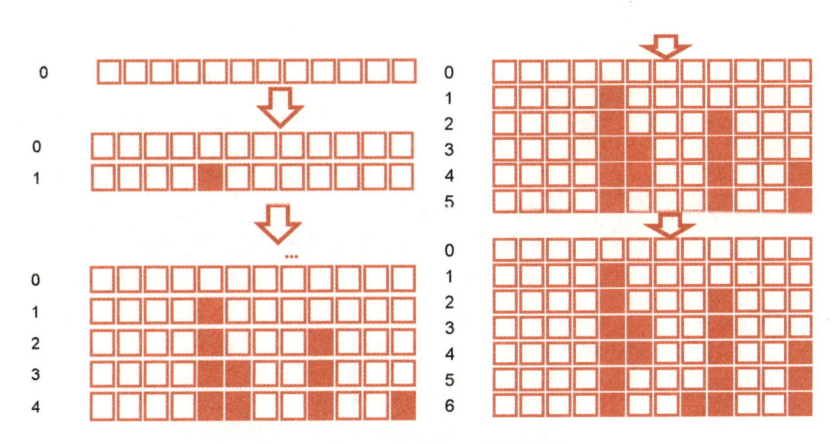

图 7-34 逐步回归法筛选变量

对于线性回归中的变量筛选，统计学家在研究中提出了多种筛选准则，其中一个就是AIC（Akaike Information Criterion，赤池信息量）准则，即最小信息准则，其计算公式如下：

$$AIC = 2p + n(\log(\frac{RSS}{n}))$$

其中，p代表被引入回归模型的自变量的个数，n为观测数量，RSS为残差平方和，即$\sum_{i=1}^{n}(\hat{y}_i - y_i)^2$。在$n$一定的情况下，残差平方和RSS越小，说明模型拟合效果越好，但如果RSS变小是通过增加解释变量（p增大）来实现的，则模型的复杂度会增加。一般来说，越复杂的模型越容易出现过度拟合，如果换一批数据，模型的拟合效果会大幅下降。AIC准则综合考虑了拟合效果与模型复杂度，AIC值越小，说明模型拟合效果越好且简洁。另外，还有类似的BIC准则、p值等。

为了进行演示，自定义一个通过AIC准则进行变量前向筛选的函数，代码如下：

```
# 向前回归法
def forward_select(data, response):
    remaining = set(data.columns)
    remaining.remove(response)
    selected = []
    current_score, best_new_score = float('inf'), float('inf')
    while remaining:
        aic_with_candidates=[]
        for candidate in remaining:
            formula = "{} ~ {}".format(
                response,' + '.join(selected + [candidate]))
            aic = smf.logit(
                formula=formula, data=data).fit().aic
            aic_with_candidates.append((aic, candidate))
        aic_with_candidates.sort(reverse=True)
        best_new_score, best_candidate=aic_with_candidates.pop()
        if current_score > best_new_score:
            remaining.remove(best_candidate)
            selected.append(best_candidate)
```

```
                current_score = best_new_score
                print ('aic is {},continuing!'.
format(current_score))
        else:
            print ('forward selection over!')
            break

    formula = "{} ~ {} ".format(response,' +
'.join(selected))
    print('final formula is {}'.format(formula))
    model = smf.logit(formula=formula, data=data).fit()
    return(model)
```

上面定义的函数需要传入一个训练数据集和被解释变量名，使用 while 循环选择要传入的变量，直到没有可选变量，其中嵌套了一个 for 循环，用于生成每个待选变量进入模型后的 AIC 值。该函数最终返回一个变量前向筛选过的模型，在逻辑回归案例中会进行具体分析。

7.4.4 线性回归模型的经典假设

1. 线性于参数

前文介绍了自变量与因变量之间有线性关系的几何解释，而当自变量与因变量是非线性关系时，可以使用一些方法将因变量或自变量做变换，使得变换后的因变量与自变量产生线性关系，变换如下：

$$Y=\beta_0+\beta_1 X_1^2+\varepsilon \Rightarrow Y=\beta_0+\beta_1 \ln(X_1)+\varepsilon$$

因变量是指数型，可以对因变量取自然对数。以上模型被称为可线性化模型。

还有一种是不可线性化模型，其变换公式如下。其中，P 为 $Y=1$ 的概率。

$$\ln(\frac{P}{1-P})=\beta_0+\beta_1 X_1+\varepsilon$$

这种变换即逻辑回归，已经不是线性回归模型可以处理的了，被称为一般线性模型。逻辑回归就是当被解释变量为分类型变量时采用的算法，这些在后续章节会重点介绍。

2. 正交假定：扰动项与自变量不相关，期望值为 0

该假设提示我们在建立模型时，只要有同时和 X、Y 相关的变量就应该被纳入模型中，否则回归系数就是有偏的，注意该假设是不能在回归后根据结果进行检验的（通过工具变量法进行内生性检验并不一定有效，这是计量经济学的前沿问题）。最小二乘法本身就是正交变换，即使该假设不被满足，任何估计的方法产生的残差都会和解释变量正交，因此在建立模型时需要特别注意是否在模型中遗漏了重要变量。

3. 扰动项之间相互独立且服从方差相等的同一个正态分布

扰动项代表个体的差异性，如果其不独立，则说明个体之间相互影响，并且仍旧有重要的信息蕴含在其中未被提取出来。扰动项同分布的意义也在于每一个个体都应出自同一个正态分布，如图 7-35 所示。

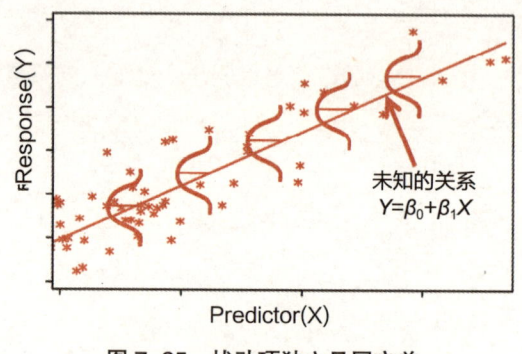

图 7-35 扰动项独立且同方差

扰动项的变化范围要一致，从表象上看就是残差的方差要尽可能相等，如图 7-36 左上方的图形所示。而在图 7-36 的其他 3 个图形中可以明显看出残差的方差与自变量相关，即存在异方差现象。

在线性回归的前提条件中，除自变量与因变量要有线性相关关系外，剩下的基本都和残差有关，所以残差分析是线性回归诊断的重要环节。

以上假设表明，残差应服从的前提条件有三个：第一，残差不能和自变量相关（不能检验）；第二，残差独立且同分布；第三，残差方差齐性。查看残差情况的普遍方法是查看对应的残差图。

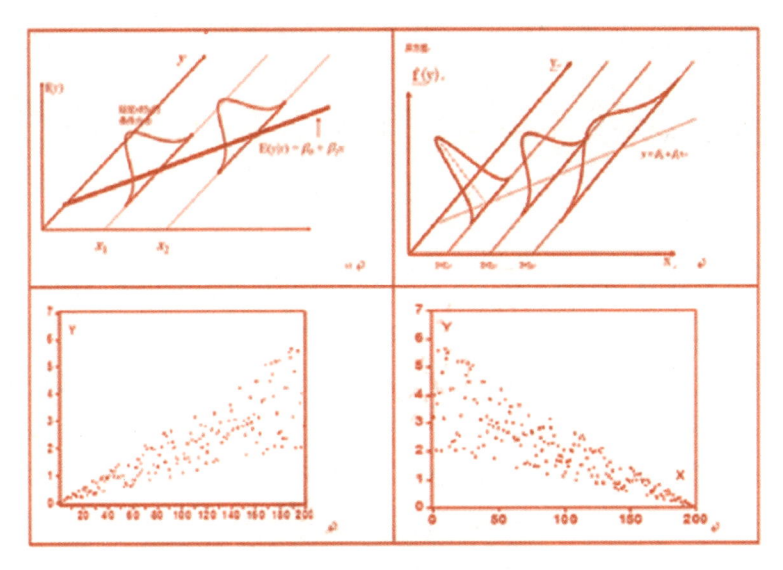

图 7-36 残差异方差图形

残差图是由模型预测值与相应的残差绘制而成的，即残差—预测值图，可以分为以下几种情况，如图 7-37 所示。

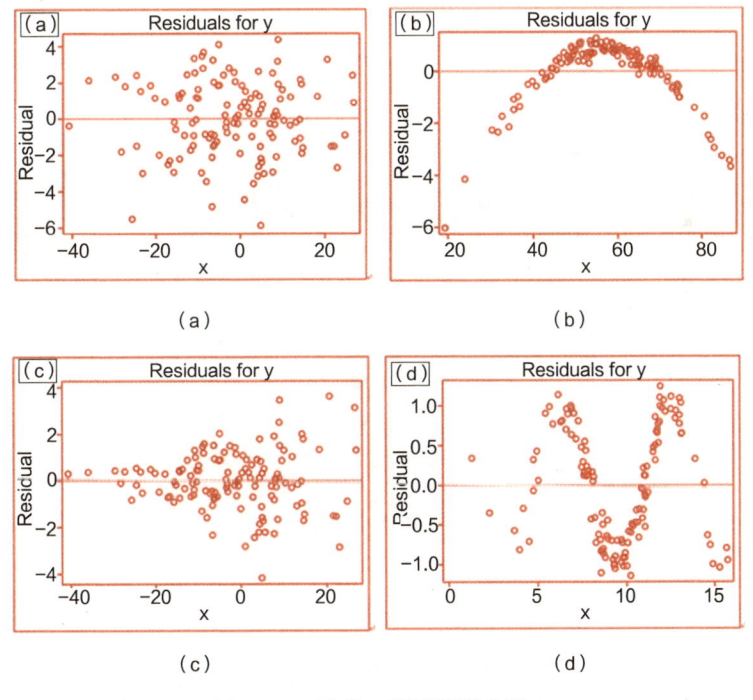

图 7-37 残差—预测值图分类

在图 7-37（a）中，残差随预测值的增大呈随机分布，上下界基本对称，无明显自相关，方差基本齐性，属于正常的残差。

在图 7-37（b）中，可以看到残差与预测值呈曲线关系，意味着实际值与线性拟合的直线的差异不是线性关系，进一步可以判断自变量与因变量不是线性关系，需要将自变量的高阶项一同放入模型。

在图 7-37（c）中，可以看到残差虽然上下基本对称，但随着预测值的增大，上下分布幅度不断增大，这种情况说明残差的方差不齐，拟合的线性回归需要修正。

在图 7-37（d）中，可以看到残差随着预测值的增大呈周期性变化，预示自变量与因变量可能是周期变化的关系。

残差分析能够提供很多模型诊断的信息，对于残差出现的问题，解决方法如下。

（1）X 和 Y 为非线性关系：X 的高阶形式，一般加入 X_2 就可以了。

（2）方差不齐：横截面数据经常表现出方差不齐的现象（如"信用卡支出分析"数据），修正的方法有很多，比如加权最小二乘法、稳健回归等，而最简单的方法就是对 Y 取自然对数。

（3）自相关：在分析时间序列和空间数据时经常遇到这种现象。复杂的方法是使用时间序列或空间计量方法进行分析，简单的方法是加入 Y 的一阶滞后项进行回归。

下面针对 7.4.2 节建立的多元线性回归模型，查看其残差图（如图 7-38 所示），代码如下：

```
# 同方差
plt.scatter(model_1.predict(data),model_1.resid)
```

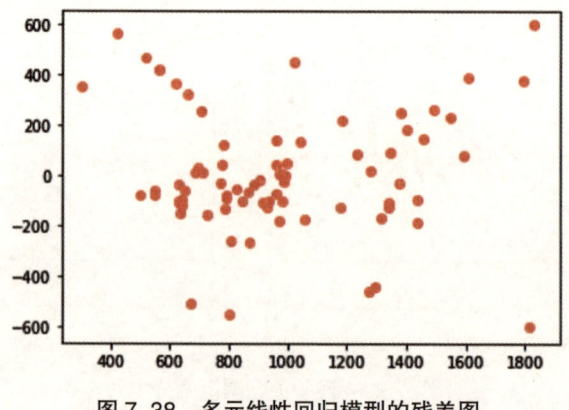

图 7-38　多元线性回归模型的残差图

从残差图中可以看出,并没有存在异方差的情况。

同样的,还可以看一下残差的分布是否为正态分布,结果如图 7-39 所示。代码如下:

```
# 正态分布
fig = plt.figure()
res = stats.probplot(model_1.resid,plot=plt)
```

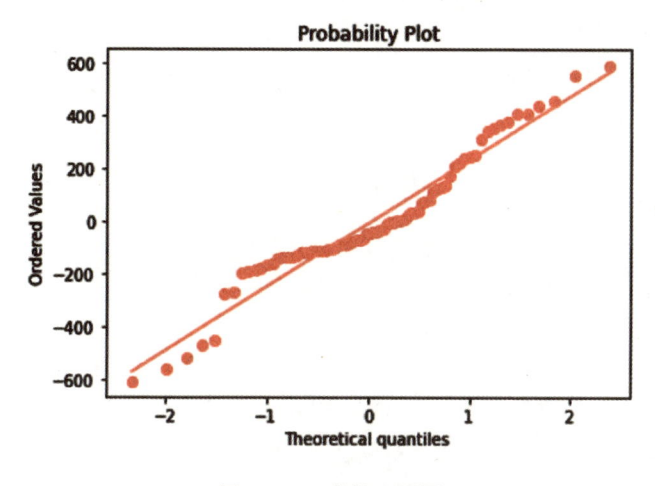

图 7-39 残差 QQ 图

从残差 QQ 图来看,残差的分布与正态分布还存在一定的差距,这里的处理方法是使用取对数后的因变量重新拟合模型,并再次查看模型残差的 QQ 图,如图 7-40 所示。代码如下:

```
# 在不满足正态分布时,可以对因变量取对数,再重新建模
data['ln_avg_exp'] = np.log(data['avg_exp'])
LR2='ln_avg_exp~gender+Age+Income+ Ownrent+Selfempl+dist_home_val+edu_1+ edu_2+edu_3+ edu_4'
model_2 = ols(LR2, data=data)
model_2 = model_2.fit()
fig = plt.figure()
res = stats.probplot(model_2.resid,plot=plt)
```

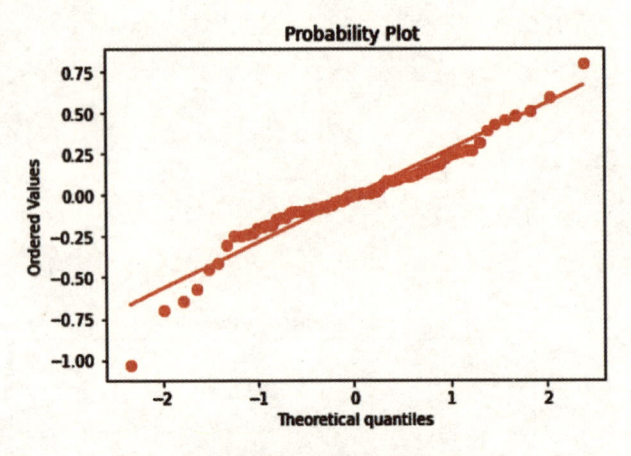

图 7-40　取对数处理后的残差 QQ 图

重新建模后发现，此时的残差主体已经基本服从正态分布，只是两端偏离较大，满足了线性回归模型对残差的正态分布要求。

4. 多重共线性

前面介绍了两个自变量不能有太强的相关性，将其推广到多元线性回归中，自变量之间不能有强共线性，又称多重共线性。如果多元线性回归中存在多重共线性问题，那么会使回归系数、截距系数的估计值非常不稳定。

在介绍多重共线性时，还是以二元线性回归为例。与之前介绍过的二元线性回归和简单线性回归相比，此次拟合的是一个回归平面，如图 7-41 所示。

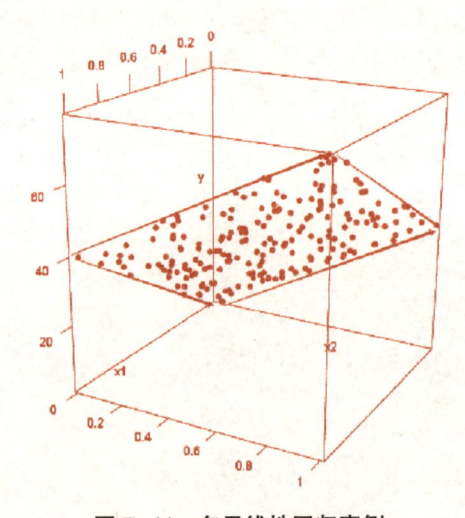

图 7-41　多元线性回归案例

二元线性回归表达式为：

$$Y=40X_1+40X_2+\varepsilon$$

其中，X_1、X_2 是服从 0~1 均匀分布的随机数，是服从均值为 0、标准差为 1 的正态分布。

可以看到，拟合的是一个与 X_1Y 平面、X_2Y 平面、X_1X_2 平面斜交的回归平面。现在假定 X_1 与 Y_2 有多重共线性，即 X_1 与 X_2 线性相关，构造如下方程组：

$$\begin{cases} X_1=20X_2+\varepsilon \\ Y=40X_1+40X_2+\varepsilon \end{cases}$$

如图 7-42 所示，Y、X_1、X_2 的三维散点图变成箭头位置的直线，此时拟合回归平面是非常不合适的，因为以箭头为轴可以拟合无数个回归平面，而且从参数估计的角度讲，回归系数与截距数值的估计值非常不稳定。

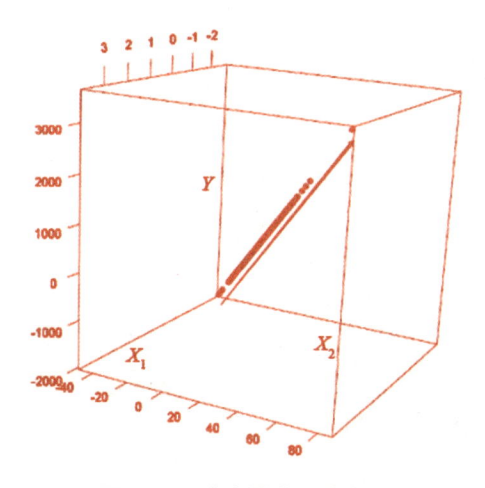

图 7-42 自变量共线性案例

多元线性回归的案例与二元线性回归的案例类似。多重共线性会导致回归方程的极度不稳定。需要特别注意的是，多重共线性是线性回归的"死敌"，人们研究了很多方法用以减小多重共线性对线性回归的影响，如方差膨胀因子、特征根与条件指数、无截距的多重共线性分析等，这里主要介绍方差膨胀因子。

方差膨胀因子的计算公式为：

$$\text{VIF}_i=\frac{1}{1-R_i^2}$$

VIF_i 表示自变量 X_i 的方差膨胀系数；R_i^2 表示把自变量 X_i 作为因变量，与其他自变量做回归时的 R_2。

显然，如果自变量 X_i 与其他自变量的共线性较强，那么回归方程的 R_i^2 就会比较大，从而导致该自变量的方差膨胀系数比较大。一般认为，当方差膨胀因子 VIF_i 的值大于 10 时，说明有严重的多重共线性。下面计算多元线性回归中连续型变量的方差膨胀因子，代码如下：

```
# 共线性
from statsmodels.stats.outliers_influence import variance_inflation_ factor as vif
# 手动删除因变量
data_vif = data.iloc[:,1:]
# 人工添加截距项
data_vif['Inter'] = 1
data_vif.head()
```

案例结果如图 7-43 所示。

	gender	Age	Income	Ownrent	Selfempl	dist_home_val	dist_avg_income	edu_class	edu_1	edu_2	edu_3	edu_4	Inter
0	1	40.0	16.03515	1	1	99.93	15.932789	0	0	0	0	0	1
1	1	32.0	15.84750	1	0	49.88	15.796316	1	1	0	0	0	1
2	1	41.0	11.47285	1	0	16.10	11.275632	0	0	0	0	0	1
3	1	28.0	13.40915	1	0	100.39	13.346474	1	1	0	0	0	1
4	1	41.0	10.03015	0	1	119.76	10.332263	0	0	0	0	0	1

图 7-43 data_vif 案例结果

基于以上构造的数据，下面计算每个变量对应的 VIF 值，代码如下：

```
# 计算 VIF 值
for i in range(0,data.shape[1]):
    print(data_vif.columns[i], '\t',vif(data_vif, i))
```

计算结果如图 7-44 所示。

```
gender           2.307727540792289
Age              1.3963361188078867
Income           67.49672474307442
Ownrent          1.688327938688451
Selfempl         1.5374542896436476
dist_home_val    1.314125177827405
dist_avg_income  66.3651276803106
edu_class        inf
edu_1            inf
edu_2            inf
edu_3            inf
edu_4            inf
Inter            62.79289703182464
```

图 7-44 每个变量对应的 VIF 值

可见，Income 与 dist_avg_income 对应的方差膨胀因子远远大于 10，说明存在多重共线性。此时，可以删除其中一个变量，或者使用“高出平均收入的比率”（也可以使用其他类似变量，但要考虑到被解释变量是取过对数的）代替其中的一个变量，这里选择删除其一（dist_avg_income_ln）来重新建模，代码如下：

```
# 去掉共线性高的变量重新建模
LR3 = 'avg_exp~gender+Age+ Income+ Ownrent+ Selfempl+dist_home_val+edu_1+ edu_2+edu_3+ edu_4'
model_3 = ols(LR3, data=data)
model_3 = model_3.fit()
model_3.summary()
```

删除多重共线性变量后模型的结果如图 7-45 所示。

OLS Regression Results

Dep. Variable:	avg_exp	R-squared:	0.681
Model:	OLS	Adj. R-squared:	0.632
Method:	Least Squares	F-statistic:	13.87
Date:	Tue, 07 Dec 2021	Prob (F-statistic):	1.07e-12
Time:	14:29:50	Log-Likelihood:	-524.44
No. Observations:	76	AIC:	1071.
Df Residuals:	65	BIC:	1097.
Df Model:	10		
Covariance Type:	nonrobust		

	coef	std err	t	P>|t|	[0.025	0.975]
Intercept	659.2949	231.997	2.842	0.006	195.965	1122.625
gender	-451.7062	102.782	-4.395	0.000	-656.976	-246.436
Age	1.1647	5.056	0.230	0.819	-8.932	11.262
Income	90.5062	17.456	5.185	0.000	55.644	125.369
Ownrent	3.8211	79.788	0.048	0.962	-155.526	163.168
Selfempl	69.9220	133.727	0.523	0.603	-197.149	336.993
dist_home_val	0.4438	0.903	0.491	0.625	-1.360	2.248
edu_1	-258.0157	87.735	-2.941	0.005	-433.235	-82.796
edu_2	-507.3032	97.579	-5.199	0.000	-702.182	-312.424
edu_3	-377.0725	163.045	-2.313	0.024	-702.696	-51.449
edu_4	-89.4791	307.950	-0.291	0.772	-704.497	525.539

Omnibus:	1.477	Durbin-Watson:	1.892
Prob(Omnibus):	0.478	Jarque-Bera (JB):	0.860
Skew:	0.153	Prob(JB):	0.654
Kurtosis:	3.418	Cond. No.	979.

图 7–45　删除多重共线性变量后模型的结果

此时，再次判断解释变量的共线性，可以发现，各变量的方差膨胀因子均较小，说明不存在共线性。

在处理多重共线性问题时，还有以下几个思路可供选择。

（1）提前筛选变量，在做回归之前对每个解释变量与被解释变量使用相关检验、决策树或随机森林方法筛选对被解释变量的解释力度，但不能完全解决多重共线性问题。如果两个共线性的变量和因变量都很相关，那么使用决策树和随机森林方法分析这两个变量有可能都会排在前面。因此，需要和变量聚类方法结合使用，用以在多个高度相关的变量中保留一个最优价值的变量。

（2）子集选择是一种传统方法，包括逐步回归法和最优子集法等，这种类型的方法对可能的部分子集拟合线性模型，然后利用判别准则（如 AIC 准则、BIC 准则、CP 准则、调整 R^2 等）决定最优的模型。这种类型的方法是贪婪算法，在理论上只在大部分情况下起效，在实际操作中需要与思路（1）结合，因为这种类型的方法当变量数量非常多时，执行效率较低。

（3）收缩方法（Shrinkage Method），又被称为正则化（Regularization），主要包括岭回归（Ridge Regression）和 Lasso 回归。该方法通过对最小二乘估计加入惩罚约束，使某些系数的估计为 0。其中，Lasso 回归可以实现筛选变量的功能。

（4）维数缩减，包括主成分回归（PCR）和偏最小二乘回归（PLS）两种方法。把 P 个预测变量投影到 m 维空间（$m<P$），利用投影得到的不相关的组合建立线性模型。使用这种方法模型的可解释性差，因此不常使用。

在不更换最小二乘线性回归模型的前提下，方法（1）、（2）、（4）是可行的，而收缩方法会涉及新的回归模型——岭回归和 Lasso 回归。

7.4.5 建立线性回归模型的基本步骤

建立一个合理的线性回归模型应遵循的步骤如图 7-46 所示。

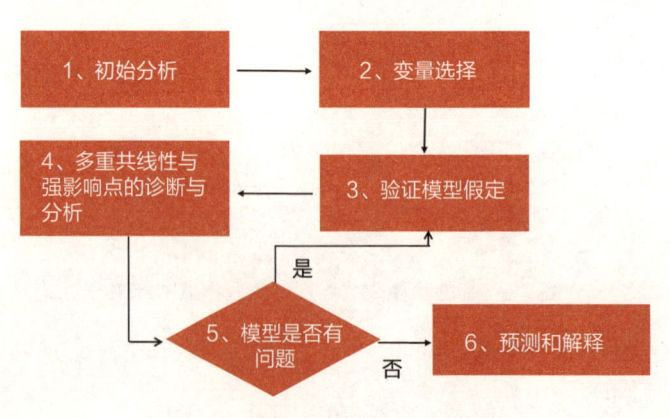

图 7-46 线性回归模型的建模步骤

初始分析用于确定研究目标、收集数据。变量选择用于找到对因变量有影响的自变量。验证模型假定包括以下几点。

（1）在设置模型时，选择何种回归方法、如何选择变量，以及变量以何种形式被放入模型（根据理论、看散点图）。

（2）解释变量和扰动项不能相关（根据理论或常识判断，无法检验）。

（3）解释变量之间不能强线性相关（方差膨胀系数）。

（4）扰动项独立且同分布（异方差检验、D-W 检验）。

（5）扰动项服从正态分布（QQ 检验）。

需要注意的是，假定（3）～假定（5）检验只能保证模型的精确度；而假定（1）和假定（2）则能保证模型是正确的。

违反假定（1），可能导致模型预测能力差；违反假定（2），可能导致回归系数估计有偏；违反假定（3），可能导致回归系数的标准误被放大，系数估计不准确；违反假定（4），可能导致扰动项的标准差估计不准，t 检验失效；违反假定（5），可能导致 t 检验不可使用。

接下来处理数据集，建立回归模型。回归模型建立后，需要对其进行多重共线性与强影响点的诊断与分析，若模型出现问题，则需要根据具体问题修正模型，使其符合要求后，就可以使用该模型进行预测与解释了。

需要注意的是，统计方法只能帮我们建立精确的模型，不能帮我们建立正确的模型，建立正确的模型还需要有对业务场景的充分了解与丰富的经验，从而尽可能找到全面、合适、关键的自变量。

7.5 逻辑回归

前面讲解了预测连续型变量的线性回归模型，本节主要讲解预测二分类型变量的逻辑（Logistic）回归模型，以及模型系数的估计和模型优劣的评估，并且结合 Python 实现从建模到评估的过程。

本节以电信用户流失与否作为案例进行讲解，通过用户年龄、在网时长、最高单月通话时长等特征来构建用户流失预测模型，研究用户流失的可能性大小。对于因变量为分类型变量的分析常常使用逻辑回归模型。逻辑回归模型历史悠久，运算速度快，模型可以输出连续的概率预测值用于排序，常常应用于精准营销、信用评级等领域。由于计算高效，逻辑回归模型常与其他模型组合，用来提高分类准确率。

本节使用用户流失数据集进行代码演示，使用 statsmodels 作为分析包。在进行分析时，先引入要用到的工具（部分工具可能在后续用到时再引入）：

```
import os
import numpy as np
from scipy import stats
import pandas as pd
import statsmodels.api as sm
import statsmodels.formula.api as smf
import matplotlib.pyplot as plt
```

然后使用 pandas 读取数据，代码如下：

```
churn = pd.read_csv('telecom_churn.csv')
churn.head()
```

数据读取结果如图 7-47 所示。

	subscriberID	churn	gender	AGE	edu_class	incomeCode	duration	feton	peakMinAv	peakMinDiff	posTrend
0	19164958.0	1.0	0.0	20.0	2.0	12.0	16.0	0.0	113.666667	-8.0	0.0
1	39244924.0	1.0	1.0	20.0	0.0	21.0	5.0	0.0	274.000000	-371.0	0.0
2	39578413.0	1.0	0.0	11.0	1.0	47.0	3.0	0.0	392.000000	-784.0	0.0
3	40992265.0	1.0	0.0	43.0	0.0	4.0	12.0	0.0	31.000000	-76.0	0.0
4	43061957.0	1.0	1.0	60.0	0.0	9.0	14.0	0.0	129.333333	-334.0	0.0

图 7-47 用户流失与否案例数据读取结果

变量说明如下。

- subscriberID：个人用户的 ID。
- churn：是否流失，1.0 为"流失"。
- gender：性别。
- AGE：年龄。
- edu_class：教育水平。
- incomeCode：用户居住区域平均收入的代码。
- duration：在网时长。
- feton：是否注册飞信。
- peakMinAv：统计期间最高单月通话时长。
- peakMinDiff：统计期间结束月份与开始月份相比通话时长增加数量。

- posTrend：该用户通话时长是否呈现出上升态势，是为 1，否为 0。
- negTrend：该用户通话时长是否呈现出下降态势，是为 1，否为 0。
- nrProm：电话公司营销的数量。
- prom：最近一个月是否被营销过，是为 1，否为 0。
- curPlan：统计时间开始时的套餐类型：1 为最多通话 200 分钟的套餐，2 为最多通话 300 分钟的套餐，3 为最多通话 350 分钟的套餐，4 为最多通话 500 分钟的套餐。
- avgplan：统计期间平均套餐类型。
- planChange：统计期间是否更换过套餐，是为 1，否为 0
- posPlanChange：统计期间是否升级过套餐，是为 1，否为 0
- negPlanChange：统计期间是否降级过套餐，是为 1，否为 0。
- call_10086：拨打 10086 的次数。

查看数据的基本信息，代码如下：

```
churn.info()
```

用户流失与否案例数据的基本信息如图 7-48 所示，发现数据并无缺失情况。

```
<class 'pandas.core.frame.DataFrame'>
RangeIndex: 3463 entries, 0 to 3462
Data columns (total 20 columns):
 #   Column         Non-Null Count   Dtype
---  ------         --------------   -----
 0   subscriberID   3463 non-null    float64
 1   churn          3463 non-null    float64
 2   gender         3463 non-null    float64
 3   AGE            3463 non-null    float64
 4   edu_class      3463 non-null    float64
 5   incomeCode     3463 non-null    float64
 6   duration       3463 non-null    float64
 7   feton          3463 non-null    float64
 8   peakMinAv      3463 non-null    float64
 9   peakMinDiff    3463 non-null    float64
 10  posTrend       3463 non-null    float64
 11  negTrend       3463 non-null    float64
 12  nrProm         3463 non-null    float64
 13  prom           3463 non-null    float64
 14  curPlan        3463 non-null    float64
 15  avgplan        3463 non-null    float64
 16  planChange     3463 non-null    float64
 17  posPlanChange  3463 non-null    float64
 18  negPlanChange  3463 non-null    float64
 19  call_10086     3463 non-null    float64
dtypes: float64(20)
memory usage: 541.2 KB
```

图 7-48　用户流失与否案例数据基本信息

7.5.1 逻辑回归的相关关系分析

逻辑回归的因变量常为二分类型变量，其自变量既可以是分类型变量，也可以是连续型变量。之前在统计推断中介绍过分类型变量相关分析的方法，即列联表分析和卡方检验。对于连续自变量与二分类型因变量的独立性可以使用双样本 t 检验，如表 7-7 所示。

表 7-7 变量类型与检验方法（逻辑回归）

		被预测变量 Y	
		分类（二分）型	连续型
预测变量 X	单个变量 — 分类（二分）型	列联表分析／卡方检验	双样本 t 检验
	单个变量 — 分类（多个分类）型	列联表分析／卡方检验	单因素方差分析
	单个变量 — 连续型	双样本 t 检验	相关分析
	多个变量 — 分类型	逻辑回归	多因素方差分析
	多个变量 — 连续型	逻辑回归	线性回归

我们考虑该用户通话时长是否呈现出上升态势与用户是否流失之间是否有相关关系，输出对应的结果（如图 7-49 所示），代码如下：

```
# normalize=False 默认计算频数
cross_table = pd.crosstab(churn.posTrend, churn.churn, margins=True)
cross_table
```

churn	0.0	1.0	All
posTrend			
0.0	829	990	1819
1.0	1100	544	1644
All	1929	1534	3463

图 7-49 输出结果

可以看到，在通话时长呈现上升趋势的用户中，有 544 个流失用户；而在通话时长没有呈现上升趋势的用户中，有 990 个流失用户。为了进一步深入分析，通过自定义函数来计算每个值除以行总计得到的比例，即用户流失比例，代码如下：

```
def percConvert(ser):
    return ser/float(ser[-1])

cross_table.apply(percConvert, axis = 1)
```
得到的用户流失比例如图 7-50 所示。

可以看到,在通话时长呈现上升趋势的用户中,约有 33.1% 的流失用户；而在通话时长没有呈现上升趋势的用户中,约有 54.4% 的流失用户。虽然在通话时长是否呈现上升趋势的前提下用户流失率有所差异,但这种差异是否显著,还需要使用卡方检验来判断,代码如下：

churn posTrend	0.0	1.0	All
0.0	0.455745	0.544255	1.0
1.0	0.669100	0.330900	1.0
All	0.557031	0.442969	1.0

图 7-50　用户流失比例

```
# 列联表的卡方独立性检验：若显著,则说明二者存在相关关系
print('''chisq = %6.4f
p-value = %6.4f
dof = %i
expected_freq = %s'''  %stats.chi2_contingency(cross_table.iloc[:2, :2]))
```

卡方检验的结果如图 7-51 所示。

```
chisq = 158.4433
p-value = 0.0000
dof = 1
expected_freq = [[1013.24025411  805.75974589]
 [ 915.75974589  728.24025411]]
```

图 7-51　卡方检验的结果

可以看到,p 值为 0.0000,说明二者的差异非常显著,也就是通话时长是否呈现上升趋势与用户流失之间存在显著相关性。

其他变量的相关性分析同上,此处不再赘述。

7.5.2　逻辑回归模型及实现

逻辑回归模型具有可解释性强、计算高效和部署方便等优点,是应用最广泛的 3 种分类模型之一,也是社会学、生物统计学、计量经济学、市场营销等统计实证分析的常用方法。

1. 逻辑回归与发生比

在信用评分模型领域,逻辑回归以其稳健的表现而得到广泛应用,逻辑回归能够根据自变量预测目标变量响应(违约)的概率,如图 7-52 所示。

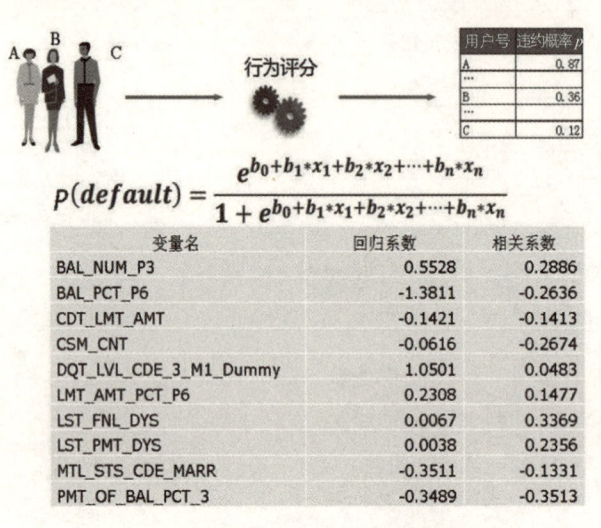

$$p(default) = \frac{e^{b_0+b_1*x_1+b_2*x_2+\cdots+b_n*x_n}}{1+e^{b_0+b_1*x_1+b_2*x_2+\cdots+b_n*x_n}}$$

变量名	回归系数	相关系数
BAL_NUM_P3	0.5528	0.2886
BAL_PCT_P6	-1.3811	-0.2636
CDT_LMT_AMT	-0.1421	-0.1413
CSM_CNT	-0.0616	-0.2674
DQT_LVL_CDE_3_M1_Dummy	1.0501	0.0483
LMT_AMT_PCT_P6	0.2308	0.1477
LST_FNL_DYS	0.0067	0.3369
LST_PMT_DYS	0.0038	0.2356
MTL_STS_CDE_MARR	-0.3511	-0.1331
PMT_OF_BAL_PCT_3	-0.3489	-0.3513

图 7-52 逻辑回归的输出

逻辑回归通过 logit 转换将取值为正负无穷的线性方程的值域转换为 (0,1),正好与概率的取值范围一致,公式如下:

$$P(\text{default}) = \frac{e^{\beta_1 X_1+\beta_2 X_2+\beta_3 X_3+\cdots+\beta_k X_k+\beta_0}}{1+e^{\beta_1 X_1+\beta_2 X_2+\beta_3 X_3+\cdots+\beta_k X_k+\beta_0}}$$

或

$$\text{logit}(P_i) = ln\left(\frac{P_i}{1-P_i}\right) = \beta_1 X_1 + \beta_2 X_2 + \beta_3 X_3 + \cdots + \beta_k X_k + \beta_0$$

其中,$ln\left(\frac{P_i}{1-P_i}\right)$ 被称为 logit 转换。在二元逻辑回归中,P_i 代表事件响应的概率。

虽然 $\left(\frac{P_i}{1-P_i}\right)$ 是一种数学转换,但也是有现实意义的。在医学中,P_i 往往代表发病死亡的概率,所以 $\left(\frac{P_i}{1-P_i}\right)$ 又被称为发生比、优势、Odds 等,表示在样本中某种疾病导致死亡的概率比不死亡的概率高多少倍,进而通过比较两组的发生比,推断某因素是否是致命的病因;在汽车违约贷款模型中,$\left(\frac{P_i}{1-P_i}\right)$ 表示在样本中违约的概率是不违约的概率的多少倍，显然这个比值是很有用的。案例如表 7-8 所示。

表 7-8 AB 组案例观测结果

组别	结果 否	结果 是	总计
A 组	20	60	80
B 组	10	90	100

这里 A、B 两组共有 180 个观测，其中在 B 组中结果为"是"的观测数为 90 个，结果为"否"的观测数有 10 个，因此 B 组结果为"是"的概率是 0.9，结果为"否"的概率是 0.1，进而可以通过公式计算 B 组的"是"的发生比：

$$\text{odds}_B = \frac{B \text{ 组结果为"是"的概率}}{B \text{ 组结果为"否"的概率}} = \frac{90/100}{10/100} = 9$$

同理，可以计算 A 组的"是"的发生比：

$$\text{odds}_A = \frac{A \text{ 组结果为"是"的概率}}{A \text{ 组结果为"否"的概率}} = \frac{60/80}{20/80} = 3$$

接下来，比较 A、B 两组的发生比的比值：

$$\text{odds\_ratio}_{B:A} = \frac{\text{odd}_B}{\text{odd}_A} = \frac{9}{3} = 3$$

B 组的发生比对 A 组的发生比的比值为 3，表明结果"是"在 B 组的可能性是在 A 组的 3 倍。发生比的比值解读：可以以 1 为界限，若 B 组和 A 组发生比的比值为 1，则说明两组在"是"的可能性上相当，进而说明"是"这个事件不能够在 A、B 两组得到区分；当发生比小于 1 时，说明结果"是"在 A 组的可能性比在 B 组的可能性大，反之，B 组的可能性大，如图 7-53 所示。

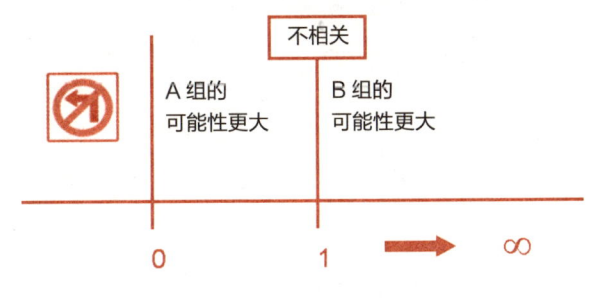

图 7-53 发生比的取值范围

2. 逻辑回归的基本原理

逻辑回归通过构建 logit 变换，从而进行概率的预测。同样，线性回归也是一种预测方法，两者在使用时容易产生混淆。具体区分方法是，线性回归适合预测连续型变量，而逻辑回归适合预测分类型变量，并且其预测的是区间（0，1）的概率。

在本案例中，目标事件是一个二元目标变量，即流失与不流失，适合二元逻辑回归。在实际中，二元逻辑回归使用最为广泛，因为二元的目标事件非常多，也非常适合分析与解释，除用户关系管理中的"是否重购""用户是否流失"外，还有金融领域的信用评分模型，以及医学上的"是否死亡"等目标变量。在遇到多元目标变量时，逻辑回归也能够进行预测，但更多时候，分析师倾向于根据业务理解将多元目标变量整合为二元目标变量，然后使用逻辑回归。

逻辑回归预测的是事件的概率，其使用最大似然估计对概率进行参数估计，本质上是一个连续型数值。而线性回归使用普通最小二乘法，预测的也是连续型数值，那么为什么不使用线性回归呢？

OLS Regression（普通最小二乘法）的公式为：

$$Y = \beta_1 X_1 + \beta_2 X_2 + \beta_3 X_3 + \cdots + \varepsilon$$

首先，我们知道概率是一个（0，1）的数值，而普通最小二乘法的预测区间包含正无穷和负无穷。如果预测出概率的值为 1.1、3.2 或负数，那么无法对其进行解释。其次，普通最小二乘法对变量分布有着严格的要求，即正态分布，但分类型变量无法保证其服从正态分布，而二元目标变量服从二项分布而非正态分布，此时线性概率模型便能派上用场了。

Linear Probability（线性概率模型）的公式为：

$$Y = \beta_1 X_1 + \beta_2 X_2 + \beta_3 X_3 + \cdots + \varepsilon$$

线性概率模型也会出现一些问题，比如线性概率模型会预测出超过概率范围的值，比如 1.1、–0.2 等，仍旧不好解释。即使给定了预测值的上限和下限，也无法推断所有取值下自变量与因变量的关系。另外，因为给定了上下限，残差方差的齐性不好验证，最后预测出的概率不知道是什么类别的概率。

逻辑回归则清晰了很多，通过 logit 变换将预测响应的概率进行了变换，将原来的取值放大到整个数轴，即正负无穷，如图 7-54 所示。

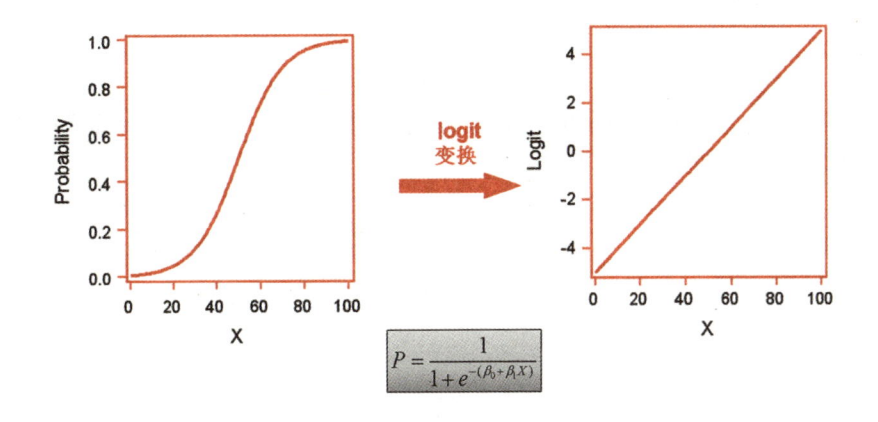

图 7-54　logit 转换

逻辑回归模型公式如下：

$$\text{logit}(P_i) = \ln\left(\frac{P_i}{1-P_i}\right) = \beta_1 X_1 + \beta_2 X_2 + \beta_3 X_3 + \cdots + \beta_k X_k + \beta_0$$

- logit（P_i）表示将事件发生或不发生的概率进行 logit 变换。
- β_0 表示解释回归模型的截距。
- β_k 表示 logit 回归待估计的参数。

逻辑回归模型的参数估计使用的是最大似然估计。因变量服从二项分布，logit 变换参数估计先是构造最大似然函数，然后估计参数 β，使得最大似然函数的值达到最大，其原理是根据样本因变量的分布，计算最大的似然函数值，找到相应的参数 β，使得预测值最接近因变量分布。

3. 在 Python 中实现逻辑回归

逻辑回归是经典的分类算法，常见的数据挖掘工具包都有其中实现了，这里使用 statsmodel 数据集进行案例演示。

首先将数据集随机划分为两部分——训练集和测试集，其中，训练集用于模型的训练，测试集用于检测模型的泛化能力，代码如下：

```
# 随机抽样，建立训练集与测试集
train = churn.sample(frac=0.7, random_state=666)
test = churn[~ churn.index.isin(train.index)]
print(' 训练集样本量：%i \n 测试集样本量：%i' %(len(train), len(test)))
```

```
训练集样本量: 2424
测试集样本量: 1039
```

经过抽样,训练集样本与测试集样本大致的比例为 7:3,因为是简单随机抽样,所以训练集和测试集中的流失比例不一定是一样的。要想保证训练集和测试集中的流失比例相等,可以使用分层抽样,即在正例(所有流失的样本)和负例(所有未流失的样本)中分别抽取固定比例的样本,再合并成训练集和测试集,也有很多现成的工具实现了分层抽样,读者可以自己练习。

首先建立一元逻辑回归模型,这里以在网时长和流失与否为例进行说明,代码如下:

```
# 建模
lg = smf.logit('churn ~ duration', train).fit()
lg.summary()
```

一元逻辑回归模型结果如图 7-55 所示。

```
Optimization terminated successfully.
         Current function value: 0.434302
         Iterations 8
```

Logit Regression Results

Dep. Variable:	churn	No. Observations:	2424
Model:	Logit	Df Residuals:	2422
Method:	MLE	Df Model:	1
Date:	Tue, 25 Jan 2022	Pseudo R-squ.:	0.3657
Time:	10:59:00	Log-Likelihood:	-1052.7
converged:	True	LL-Null:	-1659.8
Covariance Type:	nonrobust	LLR p-value:	5.281e-266

	coef	std err	z	P>|z|	[0.025	0.975]
Intercept	2.5597	0.120	21.365	0.000	2.325	2.794
duration	-0.2487	0.011	-22.035	0.000	-0.271	-0.227

图 7-55 一元逻辑回归模型结果

可以看到,我们仅使用在网时长(duration)一个变量进行逻辑回归建模,使用 summary 函数可以查看模型的一些信息,包括第一部分的模型基本信息和第二部分的模型的参数估计及检验。可以看到,在网时长变量的系数为 -0.2422,并且 p 值显示系数是显著的。

回归方程可以写为：

$$\ln\left(\frac{P}{1-P}\right) = -0.2422 X_1 + 2.5488$$

其中，X_1 代表在网时长的值，P 代表流失概率。

这个方程如何解读？我们可以做如下变换：

$$\begin{cases} \ln\left(\dfrac{P}{1-P}\right) = -0.2422 X_1 + 2.5488 \\ \ln\left(\dfrac{P'}{1-P'}\right) = -0.2422 (X_1+1) + 2.5488 \end{cases}$$

$$\rightarrow \begin{cases} \dfrac{P}{1-P} = e^{-0.2422 X_1 + 2.5488} & (1) \\ \dfrac{P'}{1-P'} = e^{-0.2422 (X_1+1) + 2.5488} & (2) \end{cases}$$

用（2）式除以（1）式，可得：

$$\frac{P'/1-P'}{P/1-P} = \frac{e^{-0.2422 (X_1+1) + 2.5488}}{e^{-0.2422 X_1 + 2.5488}} = e^{-0.2422} \approx 0.7849$$

可以看出，在网时长每增加一个单位后的流失发生比是原流失发生比的 0.7849 倍，前文介绍过发生比的概念，这里发生比的比值小于1，说明在网时长每增加一个单位后流失发生的可能性是原来的 0.7849 倍，可见这与实际业务和常识是一致的。

多元逻辑回归在建模之前需要进行变量选择，对于连续型变量，也可以使用在线性回归中介绍过的变量筛选方法：向前回归法、向后回归法和逐步回归法。例如，使用 AIC 准则进行向前回归法变量筛选，自定义函数代码如下：

```
# 向前回归法
def forward_select(data, response):
    remaining = set(data.columns)
    remaining.remove(response)
    selected = []
    current_score, best_new_score = float('inf'), float('inf')
    while remaining:
```

```python
            aic_with_candidates=[]
            for candidate in remaining:
                formula = "{} ~ {}".format(
                        response,' + '.join(selected + [candidate]))
                aic = smf.logit(
                    formula=formula, data=data).fit().aic
                aic_with_candidates.append((aic, candidate))
            aic_with_candidates.sort(reverse=True)
            best_new_score, best_candidate=aic_with_candidates.pop()
            if current_score > best_new_score:
                remaining.remove(best_candidate)
                selected.append(best_candidate)
                current_score = best_new_score
                print ('aic is {},continuing!'.format(current_score))
            else:
                print ('forward selection over!')
                break

        formula = "{} ~ {} ".format(response,' + '.join(selected))
        print('final formula is {}'.format(formula))
        model = smf.logit(formula=formula, data=data).fit()
        return(model)
```

应用上面的自定义函数就可以进行连续型变量的筛选了，代码如下：

```python
# 只有连续型变量可以通过逐步回归法进行筛选
candidates = ['churn','duration','AGE','incomeCode','nrP rom','peakMinAv','peakMinDiff','call_10086']
data_for_select = train[candidates]
lg_m1 = forward_select(data=data_for_select, response='churn')
lg_m1.summary()
print(f'原来有 {len(candidates)-1} 个变量 ')
```

```
print(f'筛选剩下 {len(lg_m1.params.index.tolist())} 个（包
含 intercept 截距项）。')
```

对于分类型变量而言，主要的解决方式有以下3种。

（1）逐一进行变量的显著性测试。

（2）使用sklearn中的决策树等方法筛选变量。

（3）使用WoE转换，多分类型变量也需要事先进行概化，使用scorecardpy包中的WoE算法可以自动进行分类型变量的处理。

下面逐一通过显著性测试判断各分类型变量的显著性，代码如下：

```
class_col=['posTrend','prom','edu_class','feton','curPlan','avgplan','gender','negTrend','planChange','posPlanChange','negPlanChange']
for i in class_col:
    tab = pd.crosstab(churn[i], churn.churn)
    print(i,''' p-value = %6.4f''' %stats.chi2_contingency(tab)[1])
```

各分类型变量的显著性检验结果如图7-56所示。

```
posTrend   p-value = 0.0000
prom   p-value = 0.2680
edu_class   p-value = 0.0000
feton   p-value = 0.0000
curPlan   p-value = 0.0000
avgplan   p-value = 0.0000
gender   p-value = 0.0000
negTrend   p-value = 0.0000
planChange   p-value = 0.3037
posPlanChange   p-value = 1.0000
negPlanChange   p-value = 1.0000
```

图7-56 各分类型变量的显著性检验结果

变量选择完毕后，就可以建立逻辑回归模型了，代码如下：

```
formula = '''churn ~ duration + AGE + incomeCode + peakMinDiff + call_10086 +C(edu_class) +C(feton)+ C(posTrend) + C(negTrend) + C(curPlan) + C(avgplan) + C(gender)'''
lg_m = smf.logit(formula=formula, data=train).fit()
lg_m.summary()
```

变量筛选后的逻辑回归模型的结果如图 7-57 所示。

	coef	std err	z	P>|z|	[0.025	0.975]
Dep. Variable:	churn		No. Observations:		2424	
Model:	Logit		Df Residuals:		2405	
Method:	MLE		Df Model:		18	
Date:	Fri, 10 Dec 2021		Pseudo R-squ.:		0.5302	
Time:	17:14:17		Log-Likelihood:		-782.30	
converged:	False		LL-Null:		-1665.3	
Covariance Type:	nonrobust		LLR p-value:		0.000	
Intercept	4.9546	0.521	9.514	0.000	3.934	5.975
C(posTrend)[T.1.0]	-1.6773	0.433	-3.875	0.000	-2.526	-0.829
C(negTrend)[T.1.0]	-1.4948	0.431	-3.469	0.001	-2.339	-0.650
C(curPlan)[T.2.0]	-34.0234	1.77e+05	-0.000	1.000	-3.47e+05	3.47e+05
C(curPlan)[T.3.0]	-22.2850	1.77e+05	-0.000	1.000	-3.47e+05	3.47e+05
C(curPlan)[T.4.0]	-19.2069	1.77e+05	-0.000	1.000	-3.47e+05	3.47e+05
C(avgplan)[T.2.0]	30.8672	1.77e+05	0.000	1.000	-3.47e+05	3.47e+05
C(avgplan)[T.3.0]	22.3659	1.77e+05	0.000	1.000	-3.47e+05	3.47e+05
C(avgplan)[T.4.0]	18.2861	1.77e+05	0.000	1.000	-3.47e+05	3.47e+05
C(gender)[T.1.0]	1.3807	0.134	10.314	0.000	1.118	1.643
duration	-0.2881	0.015	-19.405	0.000	-0.317	-0.259
AGE	-0.0217	0.005	-4.564	0.000	-0.031	-0.012
incomeCode	0.0052	0.004	1.359	0.174	-0.002	0.013
nrProm	0.0527	0.062	0.844	0.398	-0.070	0.175
feton	-1.4014	0.132	-10.622	0.000	-1.660	-1.143
peakMinAv	0.0011	0.001	2.081	0.037	6.31e-05	0.002
peakMinDiff	-0.0028	0.001	-5.229	0.000	-0.004	-0.002
call_10086	-0.9055	0.130	-6.953	0.000	-1.161	-0.650
edu_class	0.5359	0.081	6.648	0.000	0.378	0.694

图 7-57 变量筛选后的逻辑回归模型的结果

可以看到，使用 summary 函数可以查看模型的一些信息，包括第一部分的模型基本信息和第二部分的模型参数估计及检验。从检验结果来看，除变量 incomeCode 和 nrProm 外的其他变量均是显著的，至于不显著变量是删除还是保留，仍然要结合对业务的理解来判断，所以业务专家参与到商业数据挖掘项目中是很有必要的。

与线性回归相似，自变量的多重共线性会导致逻辑回归模型不稳定，判断多重共线性可以使用方差膨胀因子（Variance Inflation Factor）。statsmodel 数据集中定义的方差膨胀因子计算函数是 statsmmodels.stats.outliers_influence.variance_inflation_factor，但是该函数使用的判别阈值与我们推荐的不一致，因此我们自己定义一个方差膨胀因子的计算函数（与讲解线性回归时定义的计算函数完全一致），并计算自变量中连续型变量的方差膨胀因子，代码如下：

```
# 方差膨胀因子检测
def vif(df, col_i):
    from statsmodels.formula.api import ols

    cols = list(df.columns)
    cols.remove(col_i)
    cols_noti = cols
    formula = col_i + '~' + '+'.join(cols_noti)
    r2 = ols(formula, df).fit().rsquared
    return 1. / (1. - r2)
```

应用自定义的函数，就可以对各连续型变量计算方差膨胀系数了，代码如下：

```
exog = train[candidates].drop(['churn'], axis=1)
for i in exog.columns:
    print(i, '\t', vif(df=exog, col_i=i))
```

各连续型变量的方差膨胀系数如图 7-58 所示。

```
duration       1.043650231193792
AGE       1.061106306219031
incomeCode    1.0152559319318497
nrProm    1.0018840842195391
peakMinAv      1.0461668630867547
peakMinDiff    1.0187447997918488
call_10086     1.0213331858803
```

图 7-58　各连续型变量的方差膨胀系数

VIF 小于 10 的阈值说明自变量没有显著的多重共线性，此时完全可以参照前文所述，写出回归方程，并进行解释。在预测时，可以使用 predict 函数将流失概率输出，代码如下：

```
train['proba'] = lg_m.predict(train)
test['proba'] = lg_m.predict(test)
test[['churn','proba']].head(10)
```

预测用户流失的概率如图 7-59 所示。

	churn	proba
3	1.0	0.179935
4	1.0	0.542096
5	0.0	0.006720
9	1.0	0.435664
12	0.0	0.428403
14	0.0	0.015822
16	1.0	0.960080
17	1.0	0.947527
20	1.0	0.895866
22	0.0	0.001686

图 7-59 预测用户流失的概率

这里需要注意的是，predict 函数输出的是（0，1）区间流失的得分（也可以理解为流失的概率），还可以自己设置阈值得到违约的预测标签。此外，与线性回归类似，我们可以增加正则化项来控制模型的方差，减小过拟合。例如，使用 scikit-learn 可以非常方便地使用交叉验证来搜索最优的正则化系数。

7.5.3 逻辑回归的极大似然估计

线性回归采用最小二乘法进行参数的估计，逻辑回归采用极大似然法进行参数的估计。

1. 极大似然估计的概念

极大似然估计（Maximum Likelihood Estimate）是一种找出与样本的分布最接近的概率分布的模型，"似然"表示的是已知结果的前提下，随机变量分布的最大可能性。在实际应用中，我们一般都不能准确地知道事件或状态发生的概率，但能获得事件或状态的结果，比如某个用户流失的概率。

这里以抛硬币为例，已知一枚硬币被抛掷 10 次，且每一次抛掷相互独立，其中，正面出现 7 次，反面出现 3 次，那么，试问这枚硬币正面向上的概率最有可能是多少？

一般的常识告诉我们一枚质地均匀的硬币被抛掷后正面向上的概率为 0.5，但此时不知道硬币质地是否均匀，只知道抛掷结果，而这个问题研究的是此时硬币正面向上的最有可能的概率。

首先，可以计算硬币正面向上的概率为：

$$p = p_{正}^7 (1-p_{正})^3$$

此时，$p_{正}$是一个未知数，在指定$p_{正}$后，p就确定了，根据题意，问题可转换为求事件发生的概率p最大时，$p_{正}$为多少。这个问题是一个典型的极大似然估计问题，即

$$p_{正} = \text{argmax}(p_{正}^7 (1-p_{正})^3)$$

这里，p正代表待估计的参数，而$p_{正}^7 (1-p_{正})^3$则为似然函数，一般来讲，似然函数都具有一个带估计的参数θ和训练数据集X，而极大似然估计的一般形式可以写为：

$$L(\theta) = \prod_x p(X=x;\theta)$$

为了计算方便，在实际应用中常对似然函数取自然对数，被称为对数似然函数，其形式如下：

$$\log L(\theta) = \log(\prod_x p(X=x;\theta)) = \sum_x \log p(X=x;\theta)$$

若存在一个样本量为N的训练集D，其由自变量X与目标变量Y组成，待估计的参数为θ，那么该训练集的对数似然函数可以写为：

$$\log L(\theta) = \sum_{i=1}^N \log p(Y=y_i | X;\theta)$$

极大似然估计的任务就是在既定训练集D已知的情况下，对参数θ进行估计，使得对数似然函数$\log(L)$最大。

$$\theta = \text{argmax}(\log L(\theta))$$

2. 逻辑回归的极大似然估计

在二元逻辑回归中，$y_i \in \{0,1\}$，其对数似然函数可以写为：

$$\log L(\theta) = \sum_{i=1}^N \log p(Y=y_i|X;\theta) = \sum_{i=1}^N \log[p(Y=1|X;\theta)^{y_i} p(Y=0|X;\theta)^{1-y_i}]$$

$$= \sum_{i=1}^N [y_i \log p(Y=1|X;\theta) + (1-y_i) \log p(Y=0|X;\theta)]$$

而二元逻辑回归通过构造 logit 变换将事件发生的概率 p 转换为 $\ln\left(\dfrac{P}{1-P}\right)$，那么，事件发生的概率可以被写为：

$$p(Y=1|X) = \frac{\exp(\boldsymbol{\omega} x)}{1+\exp(\boldsymbol{\omega} x)}, p(Y=0|X) = \frac{1}{1+\exp(\boldsymbol{\omega} x)}$$

其中，$\boldsymbol{\omega}$ 表示逻辑回归估计的参数向量 $\boldsymbol{\omega}$。

带入极大似然估计公式，二元逻辑回归的对数极大似然函数为：

$$\log L(\boldsymbol{\omega}) = y_i \sum_{i=1}^{N} \log p(Y=1|X;\boldsymbol{\omega}) + (1-y_i)p(Y=0|X;\boldsymbol{\omega})$$

$$= \sum_{i=1}^{N}\left[y_i \log \frac{\exp(\boldsymbol{\omega} x)}{1+\exp(\boldsymbol{\omega} x)} + (1-y_i)\log \frac{1}{1+\exp(\boldsymbol{\omega} x)}\right]$$

$$= \sum_{i=1}^{N}\left[y_i(\boldsymbol{w} x_i) - \log(1+\exp(\boldsymbol{w} x_i))\right]$$

故二元逻辑回归的对数极大似然函数为：

$$\log L(w) = \sum_{i=1}^{N}\left[y_i(\boldsymbol{w} x_i) - \log(1+\exp(\boldsymbol{w} x_i))\right]$$

这里不再叙述参数的求解，有兴趣的读者可阅读关于拟牛顿法与梯度下降法等数学优化的内容。

7.5.4　模型评估

本节主要介绍分类模型的评估，以及常用的评估指标 ROC 曲线及其在 Python 中的实现。

1. 模型评估方法

对于像逻辑回归这样的分类模型，其预测值为概率，很多情况下用于建立排序类模型，分类模型的类型及其统计指标如表 7-9 所示。

表 7-9 分类模型的类型及其统计指标

分类模型的类型	统计指标
识别问题	精确性、误分类、利润、成本
决策（排序）问题	ROC 曲线（一致性） Gini 指数 K-S 曲线
估计问题	误差平方均值 SBC、可能性

评估决策问题模型的指标有 ROC 曲线、K-S 曲线、洛伦兹曲线等，如图 7-60 所示。

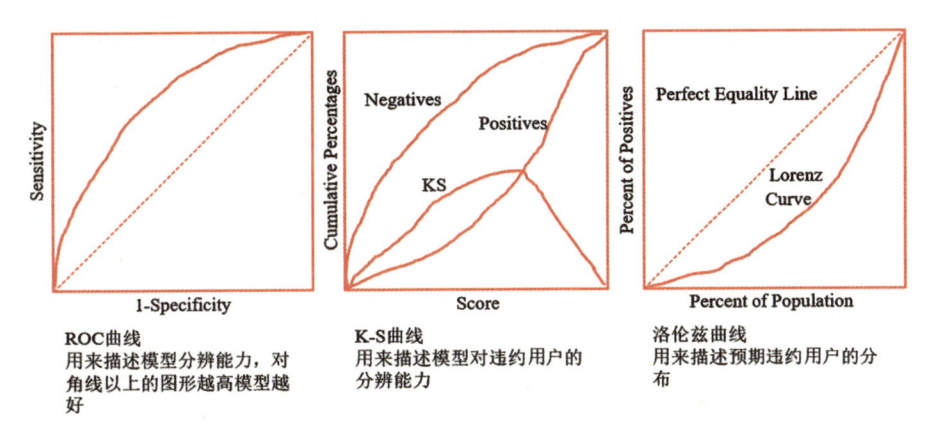

ROC曲线
用来描述模型分辨能力，对角线以上的图形越高模型越好

K-S曲线
用来描述模型对违约用户的分辨能力

洛伦兹曲线
用来描述预期违约用户的分布

图 7-60 评估决策问题模型的指标

下面主要介绍 ROC 曲线。

2. ROC 曲线的概念

ROC（Receiver Operating Characterstic）曲线又被称为接收者操作特征曲线，最早应用于雷达信号检测领域，用于区分信号与噪声，后来人们将其用于评价模型的预测能力。ROC 曲线是基于混淆矩阵（Confusion Matrix）得出的。

混淆矩阵的核心是预测值与真实值的列联表。在图 7-61 的 A、B、C、D 4 个区域中，A 区域表示预测响应且实际响应的观测数量，又被称为真正（True Positive，TP）；B 区域表示预测不响应但实际响应的观测数，又被称为假负（False Negative，FN）；C 区域表示预测响应但实际未响应的观测数，又被称为假正（False Positive，FP）；D 区域表示预测为不响应实际也不响应的观测数，又被称为真负（True

Negative，TN）。该列联表的行合计分别代表实际响应观测及实际不响应观测，列合计分别代表预测响应观测和预测不响应观测。

		打分值（Predicted Class）		
		反应（预测=1）	未反应（预测=0）	合计
真实结果 (Actual Class)	呈现信号 （真实=1）	A（击中， True Positive）	B（漏报， False Negative）	A+B, Actual Positive
	未呈现信号 （真实=0）	C（虚报， False Positive）	D（正确否定， True Negative）	C+D, Actual Negative
合计		A+C, Predicted Positive	B+D, Predicted Negative	A+B+C+D

图 7-61　混淆矩阵

显然，在混淆矩阵中，预测值与实际值相符的观测个数是评价模型好坏的一个重要指标，即 A（击中）和 D（正确否定）的预测值与实际值相符的观测个数，围绕这两个频数，延伸出一系列指标。

（1）强调预测精准度的指标。

强调预测精准度的指标如表 7-10 所示。

表 7-10　准确度、精准度、提升度

准确率	Accuracy	Accuracy=(TP+TN)/ (TP+FN+FP+TN)
精准度	Precision/Positive Predictive Value	PPV=TP/(TP+FP)
提升度	Lift Value	Lift=[TP/(TP+FP)]/[(TP+FN)/(TP+FP+FN+TN)]

（2）强调预测覆盖度的指标。

强调预测覆盖度的指标如表 7-11 所示。

表 7-11　强调预测覆盖度的指标

灵敏度、召回率	Sensitivity/Recall/True Positive Rate	TPR=TP/(TP+FN)
1-特异度	Specificity /True Negative Rate	TNR=TN/(FP+TN)
假正率	1-Specificity/False Positive Rate	FPR=FP/(FP+TN)

（3）既强调预测覆盖度又强调预测精准度的指标。

F1-SCORE: F1=2(Precision × Recall)/(Precision+Recall)=2TP/(2TP+FP+FN)

以上 3 种类型的指标在不同业务场景中的侧重点不同。在 ROC 曲线中，主要使用灵敏度与 1- 特异度两个指标。灵敏度表示模型预测响应的覆盖程度，1- 特异度表示模型预测不响应的覆盖程度。这里需要理解覆盖度，其代表预测准确的观测占实际观测的比例。

在决策模型中，预测覆盖度比预测精准度更加重要，因为在很多决策模型中，正负样本量都不太可能是一样的。在本案例中，数据中流失的用户比不流失的用户要少得多。而在很多情况下，流失是一个稀有事件，数据量不可能太多。同样的，在用户响应模型中，响应的用户只是少数。可以考虑使用过抽样、重抽样等方式将正负样本数平衡为 1:1（但会导致很多副作用），这样即使全部预测值均为负，其准确率依然可以达到 80%，但是正例的覆盖度为 0。由此可以看出，覆盖度（尤其是正例的覆盖度）更能体现模型的效果。

ROC 曲线中的主要指标是两个覆盖度，即灵敏度与 1- 特异度。这里要明确预测概率的界值。在排序类模型中预测的是概率而不是类别，通常以概率值 0.5 为界值，大于界值被认为响应，小于界值被认为不响应。但是这个界值一定是 0.5 吗？在讨论灵敏度与 1- 特异度的时候，都需要先确定界值才能划分出响应与不响应，ROC 曲线中的这个界值是不断变化的。因此，有多少个界值，就有多少组 1- 特异度与灵敏度指标，如图 7-62 所示。

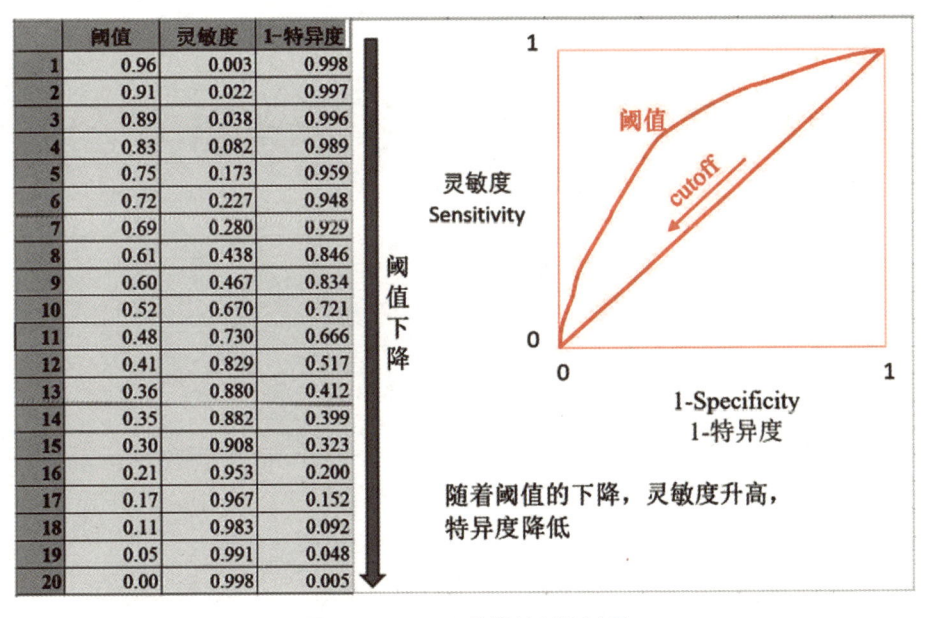

	阈值	灵敏度	1-特异度
1	0.96	0.003	0.998
2	0.91	0.022	0.997
3	0.89	0.038	0.996
4	0.83	0.082	0.989
5	0.75	0.173	0.959
6	0.72	0.227	0.948
7	0.69	0.280	0.929
8	0.61	0.438	0.846
9	0.60	0.467	0.834
10	0.52	0.670	0.721
11	0.48	0.730	0.666
12	0.41	0.829	0.517
13	0.36	0.880	0.412
14	0.35	0.882	0.399
15	0.30	0.908	0.323
16	0.21	0.953	0.200
17	0.17	0.967	0.152
18	0.11	0.983	0.092
19	0.05	0.991	0.048
20	0.00	0.998	0.005

阈值下降

随着阈值的下降，灵敏度升高，特异度降低

图 7-62　ROC 曲线的制作过程

比如，界值从 0.96 逐渐减少到 0，第一行数据表示界值为 0.96 时，预测概率大于 0.96 的观测被预测为响应，小于 0.96 的观测被预测为不响应，此时产生混淆矩阵。接下来可以计算正负样本的覆盖度，即灵敏度与 1- 特异度。以此类推，第二行数据以界值 0.91 区分响应与不响应，计算相应的灵敏度和 1- 特异度。在本案例中，界值高的时候灵敏度（正例覆盖度）较低，而 1- 特异度（负例覆盖度）较高，显然是因为界值太高，正例太少，负例太多；随着界值的下降，灵敏度升高，特异度降低，这是因为随着界值的下降，正例逐渐变多，负例逐渐变少。当界值为 0.48 与 0.52 时，1- 特异度与灵敏度达到了平衡，不会出现"偏科"的情况（灵敏度与 1- 特异度差距大）。只要出现"偏科"的情况，就表示相应界值下的划分会导致正负样本覆盖度差距较大，一个好的界值会使得两者的差距较小且两者值不会太低。

以 1- 特异度为 X 轴，灵敏度为 Y 轴，可以绘制散点图，将点连接起来就生成了 ROC 曲线。这里需要说明的是，1- 特异度实际上表示的是模型虚报的响应程度，这个比率高代表模型虚报响应频数多，1- 特异度又被称为代价；灵敏度高表示模型预测响应的覆盖能力强，灵敏度又被称为收益。在同一个界值下，显然是代价低、收益高好。所以，1- 特异度表示代价强弱，灵敏度表示收益强弱，ROC 曲线又被称为代价—收益曲线，如图 7-63 所示。

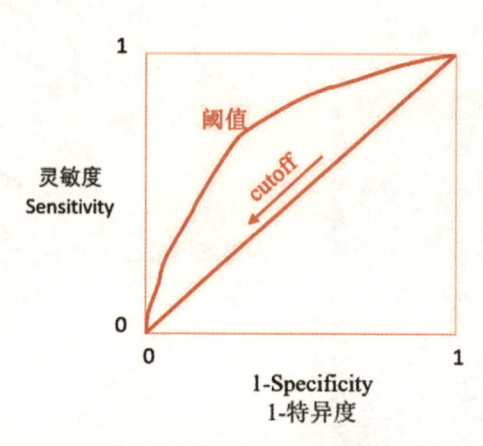

图 7-63　代价 – 收益曲线

连接对角线，对比对角线上的曲线，就可以看出正负例的综合覆盖情况。对角线的实际含义是随机判断响应与不响应。在这种情况下，正负例覆盖率应该都是 50%，表示随机效果。ROC 曲线越陡峭，表示预测概率高的观测里响应的覆盖率越强，虚报的响应占比少，说明模型的效果较好。一般可以使用 AUC（Area Under Curve）判断模型的好坏，AUC 指曲线下方的面积，显然这个面积的值为 0.5~1，0.5

表示随机判断，1 表示完美的模型。

对 AUC 值的判断标准如下。

- [0.5,0.7）表示效果较差，但将其用于预测股票已经很不错了。
- [0.7,0.85）表示效果一般。
- [0.85,0.95）表示效果良好。
- [0.95,0.1] 表示效果非常好，但在社会科学建模中不太可能出现。

读者需要注意以下两点。

（1）有时 ROC 曲线可能会落入对角线以下，这时需检查检验方向与状态值的对应关系。

（2）如果某 ROC 曲线在对角线两边均有分布，则需检查数据。

3. 在 Python 中实现 ROC 曲线

接着之前的案例，我们计算模型的准确率 Accuracy，代码和结果如下，模型的准确率为 0.83。

```
# 准确率
acc_m = sum(test['prediction'] == test['churn']) / np.float(len(test))
print('The accuracy is %.2f' %acc_m)

The accuracy is 0.83
```

可以看到，被正确预测的样本（包括正例与负例）占所有样本总数的 84%，说明模型的效果不错。但是要注意，正例与负例的重要性是不同的，我们实际上需要更多地抓取正例（流失），因为对于电信公司来说，用户流失造成的损失要远大于用户不流失带来的收益。因此，我们考虑建立在 0.5 阈值下的混淆矩阵，实际上就是建立一个真实结果与预测结果的交叉汇总表（如图 7-64 所示），代码如下：

prediction	0	1	All
churn			
0.0	464	96	560
1.0	78	401	479
All	542	497	1039

图 7-64 真实结果与预测结果的交叉汇总表

```
# 混淆矩阵（阈值）
test['prediction'] = (test['proba'] > 0.5).astype('int')
pd.crosstab(test.churn, test.prediction, margins=True)
```

可以看到，准确预测的流失样本有 401 个，预测的流失总数为 497 个，精准度（precision）是 80.7%，效果似乎还不错。要知道在随机猜测时，我们能准确预测流失的可能性大致为 1/4（数据集当中正例的大致占比），可以说模型比随机猜测提升了大概一倍还多；但是换一个角度看，在所有 479 个流失样本中，我们抓取到 401 个，灵敏度（recall）大致为 83.7%，这可能会为电信公司带来巨大的收益。

谨慎起见，我们观察在不同的阈值下模型的表现，代码和结果如下：

```
#ROC 曲线
for i in np.arange(0.1, 0.9, 0.1):
    prediction = (test['proba'] > i).astype('int')
    confusion_matrix = pd.crosstab(prediction,test.churn,
                            margins = True)
    precision = confusion_matrix.loc[0, 0] /confusion_matrix.loc['All', 0]
    recall = confusion_matrix.loc[0, 0] / confusion_matrix.loc[0, 'All']
    Specificity= confusion_matrix.loc[1, 1] /confusion_matrix.loc[1,'All']
    f1_score = 2 * (precision * recall) / (precision + recall)
    print('threshold: %s, precision: %.2f, recall:%.2f ,Specificity:%.2f , f1_score:%.2f'%(i, precision, recall, Specificity,f1_score))


    threshold: 0.1, precision: 0.57, recall:0.98 ,Specificity:0.66 , f1_score:0.72
    threshold: 0.2, precision: 0.66, recall:0.95 ,Specificity:0.71 , f1_score:0.78
    threshold: 0.30000000000000004, precision: 0.74, recall:0.93 ,Specificity:0.75 , f1_score:0.82
    threshold: 0.4, precision: 0.79, recall:0.89 ,Specificity:0.78 , f1_score:0.84
    threshold: 0.5, precision: 0.83, recall:0.86 ,Specificity:0.81 , f1_score:0.84
    threshold: 0.6, precision: 0.88, recall:0.83 ,Specificity:0.85 , f1_score:0.85
```

```
    threshold: 0.7000000000000001, precision: 0.92,
recall:0.79 ,Specificity:0.89 , f1_score:0.85
    threshold: 0.8, precision: 0.96, recall:0.74
,Specificity:0.93 , f1_score:0.84
```

可以看到，精准度与灵敏度是反向变化的，仅依靠选择阈值来同时提高这两者是不可能的，我们只能选择精准度与灵敏度都相对表现较好的阈值，比如使用 f1-score，这个指标是精准度与灵敏度的调和平均值。调和平均值相对算术平均值来说，对极值更加敏感，这样可以避免我们在选择阈值时受到极值的影响。因此，使用 f1-score 指标可以让我们更好地平衡多个指标，选取最佳阈值。

使用 f1-score 指标对于选取模型阈值来说是一个比较好的方法，但模型本身的优劣则需要通盘考虑，我们希望不依赖阈值也能判断什么样的模型更优。因此，我们需要使用 ROC 曲线（如图 7-65 所示），绘制 ROC 曲线的案例代码如下：

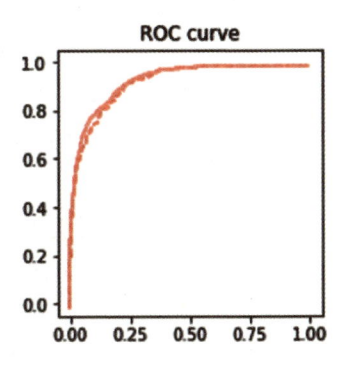

图 7-65　预测模型的 ROC 曲线

```
    fpr_test, tpr_test, th_test = metrics.roc_curve(test.
churn, test.proba)
    fpr_train,tpr_train,th_train= metrics.roc_curve(train.
churn, train.proba)

    plt.figure(figsize=[3, 3])
    plt.plot(fpr_test, tpr_test, 'b--')
    plt.plot(fpr_train, tpr_train, 'r-')
    plt.title('ROC curve')
    plt.show()
```

其中，scikit-learn.metric 是 scikit-learn 中封装的用于评估模型的模块，我们使用它自动生成不同阈值下的模型灵敏度、特异度，并绘制成曲线图。可以看到，训练集和测试集的预测效果比较接近（实线与虚线很接近），说明模型过拟合的可能较小。在逻辑回归中，如果存在过拟合，则可以通过增加正则化项、筛选变量等方法来改善，读者可自行尝试。

通过比较不同模型在测试集上的 ROC 曲线，可以很直观地比较模型的优劣。

此外，可以通过计算 AUC 来定量比较。AUC 计算代码如下：

```
print('AUC = %.4f' %metrics.auc(fpr_test, tpr_test))

AUC = 0.9297
```

模型在测试集上的 ROC 曲线下的面积为 0.9279，可以计算对应的最优阈值，代码和结果如下：

```
# 最优阈值
th_test[(tpr_test - fpr_test).argmax()]

0.35625150108150927
```

7.5.5 因果推断模型

本节是对逻辑回归模型在实际落地环节的提升。随着移动互联网的普及与人工智能技术的不断发展，精准营销的理念正逐步渗透到各行各业，与人们的生活息息相关。精准营销的核心理念是通过数据挖掘出那些"营销敏感人群"，从而最大限度地节约成本，这也是智能营销时代的关键挑战，而因果推断技术是解决这一痛点的最好方法之一。

以优惠券促销活动为例，如何发放优惠券才能够使总收益最大化呢？从以往的经验来看，这类问题的解决方法主要是使用机器学习算法来预估用户购买的概率，常用的是 Response 模型的相关性模型，假设我们已经通过 Response 模型预测了两类用户的发券购买率和无券购买率，如表 7-12 所示。

表 7-12 两类用户的发券购买率与无券购买率

用户	发券购买率	无券购买率
用户 1	1.4%	0.5%
用户 2	1.6%	1.3%

可以看到，发券之后两类用户的购买率都有提升，并且用户 2 的购买率（1.6%）高于用户 1 的购买率（1.4%）。如果按照这种结果，我们是否可以做出为用户 2 发放优惠券的决定呢？

前面提到了我们促销的目的是使得总收益最大化，那么接下来就从效益的角度

第 7 章 使用统计学方法进行变量有效性测试

重新计算一下。假设用户 1 和用户 2 各有 1000 人，商品的原价是 10 元，优惠券的金额是 2 元，遍历所有发放方案，可以得到如下总效益情况：

- 都不发券时，总效益是 1000 × 0.5% × 10+1000 × 1.3% × 10=180 元；
- 都发券时，总效益是 1000 × 1.4% × 8+1000 × 1.6% × 8=240 元；
- 当不给用户 1 发券，给用户 2 发券时，总效益是 1000 × 0.5% × 10+1000 × 1.6% × 8=178 元；
- 当给用户 1 发券，不给用户 2 发券时，总效益是 1000 × 1.4% × 8+1000 × 1.3% × 10=242 元。

可以看出，按照 Response 模型预估的结果进行发券（不给用户 1 发券，给用户 2 发券），总效益反而比都不发券时更低，即 Response 模型的结果获得的补贴效益并不是最大的。换句话说，Response 模型无法帮助我们识别出发放优惠券与购买之间是否存在因果关系，这并不是我们的初衷。

进行补贴的目的是通过发放优惠券，促使那些本来不会购买的用户进行购买，从而提高总效益。但是，在用户量庞大的情况下，是不可能给所有用户都发放优惠券的。那么，想要知道如何发放优惠券，首先就需要搞清楚哪一类用户对优惠券刺激最敏感，换言之，就是要通过对用户的分类来了解每一类用户的特点。具体地，可以将用户分为以下 4 类。

（1）营销敏感人群：基本上只有在发券时才会购买的人群，即优惠券敏感人群。

（2）自然转化人群：无论是否发券都会购买。

（3）无动于衷人群：无论是否发券都不购买，这类用户难以刺激，直接放弃。

（4）反作用人群：对营销活动比较反感，不发券的时候可能会购买，但发券后不会再购买。

显然，我们的目标人群是营销敏感人群，识别营销敏感人群也就是要识别发券与购买之间的因果关系，这就需要用到因果推断技术。在营销领域，因果推断技术主要是运用 Uplift 建模进行增量预估，通过增量的大小来识别营销敏感人群。

通过前面部分的介绍我们已经知道相关性和因果性是不一样的，比如，缅因州黄油消费量和离婚率的关系如图 7-66 所示。

从图 7-66 中可以看出这两个变量呈高度相关的关系，但是我们并不能说黄油消费导致了离婚，或者离婚导致了黄油消费。实际上，存在相关性不一定说明存在因果性，但因果性一般都会在统计上导致相关性。

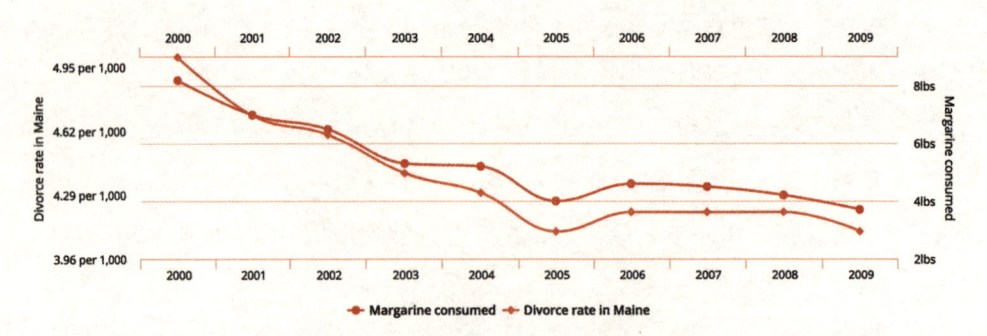

图 7-66 缅因州黄油消费量和离婚率的关系

从公式的角度，Response 模型和 Uplift 模型分别表示如下：

$$\text{Response}：P(Y=1|X)$$

$$\text{Uplift}：P(Y=1|X,T)$$

Response 模型主要用来预测用户的购买率，而 Uplift 模型主要用来预测添加某种干预后用户购买的概率。比如，发放优惠券后用户的购买率。因果推断技术就是基于 Uplift 建模来预测发放优惠券这种干预所带来的效益增益。

Uplift 建模是如何进行增益评估的呢？需要应用因果效应的概念，假设有 n 个用户，$Y_i(1)$ 表示对用户 i 发放优惠券的结果，$Y_i(0)$ 表示没有对用户 i 发放优惠券的结果，那么用户 i 的因果效应就可以表示为：

$$\tau_i = Y_i(1) - Y_i(0)$$

因果效应也就是应用场景中发放优惠券带来的增量收益，Uplift 建模的目标是最大化因果效应，在实际使用时会取所有用户的因果效应期望的估计值来衡量整个用户群的效果，被称为条件平均因果效应（Conditional Average Treatment Effect, CATE）。

$$\text{CATE}: \tau(X_i) = E[Y_i(1)|X_i] - E[Y_i(0)|X_i]$$

其中，X_i 表示用户 i 的特征。

但是，对于同一个用户，我们不可能同时得到发放优惠券与不发放优惠券的结果，即不可能同时得到 $Y_i(1)$ 与 $Y_i(0)$，这种问题被称为"反事实问题"，因此将计算公式修改如下：

$$Y_i^{obs} = W_i Y_i(1) + (1-W_i) Y_i(0)$$

其中，Y_i^{obs} 表示用户 i 可以观测到的输出结果，W_i 为二值型变量，$W_i=1$ 表示对用户进行了干预（发放了优惠券），$W_i=0$ 表示没有对用户进行干预。在条件独立假设下，条件平均因果效应的期望估计值如下，最大化该值也是 Uplift 模型的目标。

$$\tau(X_i)=E[Y_i^{obs}|X_i=x,W=1]-E[Y_i^{obs}|X_i=x,W=0]$$

由于同一个用户不能被同时观测到发放优惠券与不发放优惠券的结果，因此 $\tau(X_i)$ 是很难直接优化的，但通过 AB 实验，可以获得发放优惠券和不发放优惠券的两类人群，如果两类人群的特征分布一致，就可以通过模拟两类人群的 $\tau(X_i)$ 得到个体用户的 $\tau(X_i)$。因此，Uplift 模型依赖 AB 实验的数据，Uplift 建模的常用方法如下。

（1）T-Learner，基本思想是对干预数据和无干预数据分别进行建模，将两个模型的预测结果相减，得到预估的增量，公式如下：

$$uplift=G(Y_i|X_i,T)-G(Y_i|X_i,C)$$

其中，T 表示实验组（发放优惠券），C 表示对照组，G 为两组对应的预测模型。

以优惠券发放为例，正样本表示下单用户，负样本表示未下单用户。取实验组的用户作为训练数据，并预测每个用户下单的概率；类似地，用不同的模型预测对照组中每个用户下单的概率，将两个组的用户下单概率求平均可以得到 $E(Y^T|X^T)$ 和 $E(Y^C|X^C)$。

对用户分别使用对应的模型进行预测，相减后即可得到每个用户 i 的 $\tau(X_i)$：

$$\tau(X_i)=G(Y_i^T|X_i^T)-G(Y_i^C|X_i^C)$$

根据 $\tau(X_i)$ 的大小可以决定是否对用户 i 发放优惠券。

（2）S-Learner，基本思想是把干预（是否发放优惠券）作为特征输入模型，在预测时，同样是将有干预的结果和无干预的结果相减，得到预估增量。和 Response 模型比较像，相当于特征里面有"是否干预"这样的特征，公式如下：

$$uplift=G(X,W,Y)$$

$$\tau(X_i)=G(Y_i|X_i,W=1)-G(Y_i|X_i,W=0)$$

（3）Class Transformation Method（标签转化法），是一种更严谨的可以实现实验组、对照组数据打通和模型打通的方法，可以直接优化 $\tau(X_i)$。为了统一表示实验组和对照组都下单的情况（$Y=1$），再定义一个变量 Z，$Z \in \{0,1\}$：

$$Z=\begin{cases} 1 & if\ T\ and\ Y=1 \\ 1 & if\ C\ and\ Y=1 \\ 0 & otherwise \end{cases}$$

则有：

$$\tau(X)=P^T(Y=1|X)-P^C(Y=1|X)=2P(Z=1|X)-1$$

Uplift 模型的评估可以分为线上评估和离线评估，线上评估方法主要是 A/B 对照。下面主要介绍离线评估指标 AUUC，其含义是 Uplift 曲线下的面积，如图 7-67 所示。

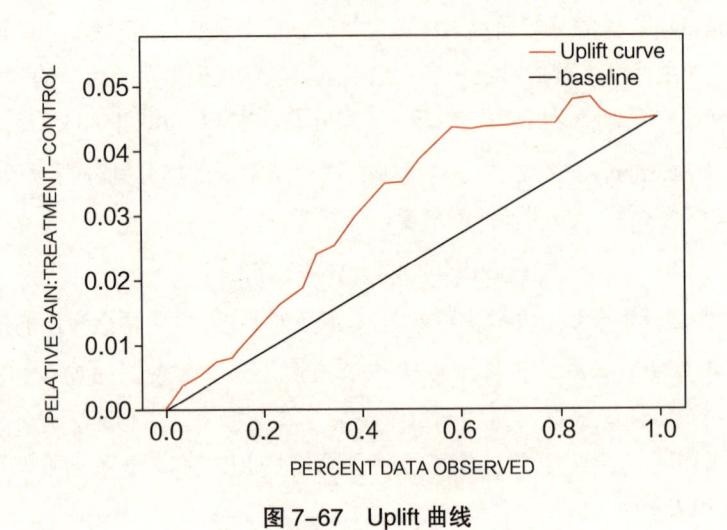

图 7-67 Uplift 曲线

其中，Uplift 曲线与 AUUC 指标的计算公式如下：

$$G = \left(\frac{Y^T}{N^T} - \frac{Y^C}{N^C} \right) (N^T + N^C)$$

$$\text{AUUC} = \sum_N G$$

其中，N 表示用户数。

7.6 本章练习题

（单选题）若 x1、x2、x3 取自某总体的样本，当期望 a 已知，方差 c 未知时，以下不是统计量的是（　　）。

A、$x1 \times x2 \times x3$

B、$\min\{x1, x2, x3\}$

C、$a+(x1+x2)/2$

D、$(x1+x2+x3)/c$

答案：D

解析：本题考查对统计量的理解。统计量由样本获取，用于对总体的参数进行估计。A 选项是三个样本值的乘法运算，样本值的加、减、乘、除运算仍然是统计量，所以 A 选项是统计量。B 选项是选择 $x1$、$x2$、$x3$ 中的最小值变量，属于样本值相关函数的计算，同样符合统计量的要求。C 选项由于期望 a 是已知的，所以与样本相关的运算得到的结果仍然为统计量。D 选项方差 c 是未知的，导致计算结果并不是统计量。因此本题应选 D。

（单选题）X 为正态随机变量 $N(2,9)$，如果 $P(X>c)=P(X<c)$，则 $c=$（　　）。

A、3

B、2

C、9

D、2/3

答案：B

解析：本题考查正态分布的相关性质。X 符合正态分布 $N(2, 9)$，均值为 2，方差为 9。由正态分布图像可知，若满足 $P(X>c)=P(X<c)$，则说明 c 为中间值，也就是均值，因此 $c=2$，本题应选 B。

（单选题）一家手机电池制造厂商检验其制造的电池一次性充电后的使用时长，已知时长满足正态分布，抽取 36 个电池作为随机样本，得到样本均值为 50 小时，样本标准差为 6 小时，则该电池使用时长 90% 的置信区间为（　　）。（已知 $z(0.05)=1.65$）

A、（44，46）

B、（49.1，50.9）

C、（48.35，51.65）

D、（49.15，50.95）

答案：C

解析：本题考查置信区间的相关知识。由题目可知样本均值为 50 小时，样本标准差为 6 小时。由均值标准误差公式可知，计算得到的均值标准误差为 1。则 90% 的置信区间为 50-1.65 和 50+1.65。

（单选题）下面样本均值的分布近似正态分布的条件是（　　）。

A、小样本

B、非随机抽样

C、大样本

D、随机抽样

答案：C

解析：本题考查中心极限定理。对于正态分布来说，应用中心极限定理，即中心极限定理阐述了若样本的数据量足够大，样本均值的分布是近似正态的。因此本题选择 C。

（多选题）离散系数的主要作用是（　　）。

A、说明数据的集中趋势

B、比较不同计量单位数据的离散程度

C、说明数据的偏态程度

D、比较不同变量值水平数据的离散程度

答案：BD

解析：本题考查离散系数的作用。A 选项数据的集中趋势主要是通过均值、中位数等指标衡量，并不是离散系数的作用，说法错误。C 选项偏态系数说明数据的偏态程度，表述错误。因此 B 和 D 选项描述正确。

（单选题）一个 95% 的置信区间的含义是（　　）。

A、在用同样的方法构造的总体参数的多个区间中，有 95% 的区间不包含该总体参数

B、总体参数有 5% 的概率未落在这个区间内

C、总体参数有 95% 的概率落在这个区间内

D、在用同样的方法构造的总体参数的多个区间中，有 95% 的区间包含该总体参数

答案：D

解析：本题考查置信区间的基本概念。一个 95% 置信区间的含义是在用同样的方法构造的总体参数的多个区间中，有 95% 的区间包含该总体参数。因此本题选 D。

（单选题）假设检验的基本思想可以用（　　）来解释。

A、中心极限定理

B、小概率事件

C、置信区间

D、正态分布的性质

答案：B

解析：本题考查假设检验的概念。假设检验的基本思想可以用小概率事件来解释，也就是说，在一次抽象中，小概率事件是不应该发生的，如果发生，那么我们就可以拒绝原假设。因此本题选 B。

（单选题）下列不能用卡方检验的是（　　）。

A、多个构成的比较

B、多个率的比较

C、多个均值的比较

D、以上都不是

答案：C

解析：本题考查卡方检验的用法。卡方检验比较两个及两个以上样本率(构成比)，以及对两个分类型变量进行关联性分析。而 C 选项中所描述的多个均值的比较是方差分析。因此本题选 C。

（单选题）在样本量给定的情况下，当假设检验中第一类错误减小时，第二类错误怎样变化？（　　）

A、必然增大

B、必然减小

C、不变

D、不确定

答案：A

解析：本题考查假设检验的相关应用。第一类错误就是拒真错误，为了降低第一类错误的概率，要尽可能地做接受的推断，随之带来的就是可能把假的也当成真的接受了，这就导致增加纳伪错误，即增加第二类错误发生的概率。在样本容量固定的前提下，当第一类错误减小时，第二类错误必然增大。因此本题选 A。

（单选题）在假设检验问题中，原假设为 H_0，给定显著水平为 α，下列正确的是（　　）。

A、p（接受 H_0 | H_0 正确）=α

B、p（接受 H_0 | H_0 不正确）=$1-\alpha$

C、p（拒绝 H_0 | H_0 正确）=α

D、p（拒绝 H_0 | H_0 不正确）=$1-\alpha$

答案：C

解析：本题考查假设检验的概念。α 代表的是第一类错误，表示原假设为真时，拒绝原假设的概率。估计总体参数落在某一区间内，可能犯错误的概率为显著性水平，用 α 表示。$1-\alpha$ 为置信度或置信水平，其表明了区间估计的可靠性。如果是第一类错误，则应该是 P（拒绝 H_0 | H_0 正确）。因此本题选 C。

（单选题）关于第一类错误和第二类错误描述错误的是（　　）。

A、第一类错误和第二类错误分别为拒真错误和取伪错误

B、在样本量一定的条件下，当第一类错误减小时，第二类错误必然增大

C、在样本量一定的条件下，不可能找到一个使得第一类错误和第二类错误都小的检验

D、第一类错误和第二类错误没有必然联系

答案：D

解析：本题考查第一类错误和第二类错误之间关系。第一类错误和第二类错误存在一定的关系，并且是呈现反比的特点。所以选项 D 描述错误，其余选项描述均正确。因此本题应选 D。

（单选题）关于为什么要计算均值估计的置信区间说法正确的是（　　）。

A、用于判断总体有多大的百分比的个体，其数值等于均值的点估计

B、用于决定随机抽样的类型

C、用于评价随机抽样的有效性

D、用于评价点估计的可靠性

答案：D

解析：本题考查区间估计的核心作用。计算均值估计的置信区间用于评价点估计的可靠性。因此本题选 D。

（多选题）下列对假设检验的描述合理的是（　　）。

A、备选假设是研究者想收集证据予以支持的假设

B、原假设是研究者想收集证据予以推翻的假设

C、原假设是研究者想收集证据予以支持的假设

D、备择假设是研究者想收集证据予以推翻的假设

答案：AB

解析：本题考查原假设与备择假设的相关概念。原假设是研究者想收集证据予以推翻的假设，而备择假设是研究者想收集证据予以支持的假设。因此选项 A 和 B 表述正确。

（多选题）在假设检验中，当拒绝原假设而接受备择假设时，表示（　　）。

A、有充足的理由否定原假设

B、在 H_0 为真的假设下发生了小概率事件

C、原假设一定是错误的

D、备择假设一定是正确的

答案：AB

解析：本题考查假设检验的相关概念。在假设检验中，当拒绝原假设而接受备择假设时，表示有充足的理由否定原假设，也就是在原假设为真的假设下发生了小概率事件，但是并不能说明原假设一定是错误的或备择假设一定是正确的。因此选项 A 和 B 表述正确。

（单选题）下列关于方差分析的说法不正确的是（　　）。

A、方差分析是一种检验若干个正态分布的均值和方差是否相等的统计方法

B、方差分析是一种检验若干个独立正态总体均值是否相等的统计方法

C、方差分析实际上是一种 F 检验

D、方差分析基于离差平方和的分解和比较

答案：A

解析：本题考查对方差分析的理解。方差分析是一种检验若干个正态分

布的均值是否相等的统计方法，而不是检验方差是否相等的方法。选项 A 表述错误，其余选项表述均正确。因此本题应选 A。

（单选题）为了比较两个总体方差，我们通常检验两个总体的（　　）。

A、方差差

B、方差比

C、方差乘积

D、方差和

答案：B

解析：本题考查方差分析的相关概念。为了比较两个总体方差，我们通常检验两个总体的方差比，也就是方差分析、F 检验。因此本题选 B。

（单选题）以下（　　）项不是应用方差分析的前提条件。

A、各总体服从正态分布

B、各总体相互独立

C、各总体均值不等

D、各总体有相同的方差

答案：C

解析：本题考查方差分析的前提条件。方差分析的前提条件包括各总体服从正态分布、各总体相互独立、各总体有相同的方差。而 C 选项各总体均值不等表述的是原假设和备择假设。因此本题选 C。

（单选题）在饲料养鸡增肥的研究中，采用三种配方饲料喂养，观测鸡的体重变化，这种方差分析是（　　）。

A、双因素方差分析

B、单因素三水平方差分析

C、三因素方差分析

D、以上都不是

答案：B

解析：本题考查对方差分析的理解。题目中所描述的信息是采用三种配方饲料，代表的就是三个水平，并且只观测体重的变化一个因素，是单因素三水平方差分析。因此本题选 B。

（单选题）线性回归模型的经典假设不包含（　　）。

A、对于固定的自变量，因变量呈正态分布

B、扰动项之间相关独立，不存在时间序列之类的关系

C、因变量与自变量之间线性相关

D、因变量的方差随自变量的不同而变化

答案：D

解析：本题考查线性回归模型的相关知识。线性回归模型的经典假设包含 Y 的平均值能够准确地被由 X 组成的线性函数建模出来、解释变量和随机扰动项不存在线性关系、解释变量之间不存在线性关系或强相关、假设随机扰动项是一个均值为 0 的正态分布、假设随机误差项的方差恒为 2、误差是独立的。选项 D 中因变量的方差随自变量的不同而变化不在假设范围内，因此本题选 D。

（单选题）在评价多元线性回归模型拟合程度时，主要根据（　　）的数值。

A、修正 R^2

B、R^2

C、SSE

D、SSR

答案：B

解析：本题考查多元线性回归模型的相关知识。评价多元线性回归模型拟合程度主要根据 R^2 数值，修正 R^2 只是选取模型的一个过程指标，注意不要混淆。因此本题选 B。

（单选题）如果回归分析中存在多重共线性，则下列说法错误的是（　　）。

A、所求出的参数的含义将变得不合理

B、不会影响模型中回归参数的标准差

C、可用岭回归或 Lasso 回归降低多重共线性对回归结果的影响

D、存在多重共线性的变量所求参数将变得不显著

答案：B

解析：本题考查回归分析的相关知识。回归分析中存在多重共线性会导

致回归参数的标准差变大,即所谓的膨胀效应,所以选项 B 表述错误,其余选项表述正确,因此本题选 B。

(单选题)在回归分析中,回归系数的估计方法是( )。

A、最小二乘法

B、最大二乘法

C、一致估计法

D、有效估计法

答案:A

解析:本题考查回归分析的相关知识。在回归分析中,回归系数的估计方法是最小二乘法,因此本题选 A。

(单选题)关于模型的评估,下面说法错误的是( )。

A、ROC 曲线是基于混淆矩阵提出的,是灵敏度与 1- 特异度的曲线

B、AUC 是 ROC 曲线下方的面积,其值越接近 1,模型效果越好

C、f1-score 是 precision 和 recall 的平均值

D、f1-score 既强调精准,又强调覆盖

答案:C

解析:f1-score 指标是 precision 与 recall 的调和平均值。调和平均值相对算术平均值来说,对极值更加敏感,这样可以避免我们在选择阈值时受到极值的影响。

(单选题)在多元线性回归中,遇到多重共线性问题时可以( )。

A、取对数

B、平方

C、删除异常值

D、逐步回归

答案:D

解析:本题考查多元线性回归模型的相关知识。多重共线性指自变量之间存在线性相关关系,即一个自变量可以用其他一个或几个自变量的线性表达式进行表示。若存在多重共线性,则在计算自变量的偏回归系数 β 时,矩阵

不可逆，导致 β 存在无穷多个解或无解。通常可以利用逐步回归、岭回归、Lasso 回归，提前使用主成分、变量聚类等方法予以解决，因此本题选 D。

（单选题）以下不适合对线性回归模型进行评估的指标是（　　）。

A、残差平方和

B、f1-score

C、均方误差

D、判定系数

答案：B

解析：本题考查线性回归模型的相关知识。f1-score 是统计学中用来衡量二分类模型精准度的一个指标。它同时兼顾了分类模型的精准率和召回率，并不适合对线性回归模型进行评估，因此本题选 B。

（单选题）下列关于线性回归分析中的残差说法正确的是（　　）。

A、残差均值总是为零

B、残差均值总是小于零

C、残差均值总是大于零

D、以上说法都不对

答案：A

解析：本题考查线性回归分析的相关知识。在线性回归分析中，目标是残差最小化。残差平方和是关于参数的函数，为了求残差极小值，令残差关于参数的偏导数为零，会得到残差和为零，即残差均值为零。因此本题选 A。

（单选题）在多元线性回归问题中，对于模型整体检验的原假设是（　　）。

A、回归系数全为 0

B、回归系数不全为 0

C、回归系数全为 1

D、回归系数不全为 1

答案：A

解析：本题考查多元线性回归模型的相关知识。在多元线性回归问题中，对模型整体检验的原假设是回归系数全为 0，因此本题选 A。

（单选题）在多元线性回归分析中，残差平方和反映了（　　）。

A、因变量观测值总变差的大小

B、因变量回归估计值总变差的大小

C、因变量观测值与估计值之间的总变差

D、关于 Y 对 X 的边际变化

答案：C

解析：本题考查多元线性回归模型的相关知识。在多元线性回归分析中，ESS 表示为解释平方和，反映因变量观测值与估计值之间的总变差，因此本题选 C。

（单选题）下列关于多元回归方程中的变量说法不正确的是（　　）。

A、典型的非线性变换包括自然对数、平方根、倒数和平方

B、交互变量表示两个变量之间存在交互作用，在方程中常体现为两者之和

C、创建虚拟/哑变量（Dummy variables）可以将定性的变量量化

D、如果一个定性变量中有 m 种互斥的属性类型，则在模型中需要引入 m-1 个虚拟/哑变量

答案：B

解析：本题考查多元线性回归模型的相关知识。交互变量表示两个变量之间存在交互作用，在方程中常体现为两者相乘而不是求和，因此 B 选项表述错误，本题应选 B。

（单选题）多元回归模型的"线性"是指对（　　）而言是线性的。

A、解释变量

B、被解释变量

C、回归参数

D、剩余项

答案：C

解析：本题考查多元线性回归模型的相关知识。多元回归模型的"线性"是对回归参数而言的，因此本题选 C。

（单选题）判定系数 R^2 是指（　　）。

A、残差平方和占总离差平方和的比重

B、总离差平方和占回归平方和的比重

C、回归平方和占总离差平方和的比重

D、回归平方和占残差平方和的比重

答案：C

解析：本题考查多元线性回归模型中判定系数的概念。判定系数 R^2 是指回归平方和占总离差平方和的比重，因此本题选 C。

（单选题）残差平方和是指（　　）。

A、被解释变量观测值与估计值的比例

B、被解释变量回归估计值总变差的大小

C、被解释变量观测值总变差的大小

D、被解释变量观测值总变差中未被列入模型的解释变量

答案：D

解析：本题考查多元线性回归模型中残差平方和的概念。残差平方和是指被解释变量观测值总变差中未被列入模型的解释变量，因此本题选 D。

（单选题）在多元线性回归模型中，若某个解释变量对其余解释变量的判定系数接近 1，则表明模型中存在（　　）。

A、异方差性

B、序列相关

C、多重共线性

D、高拟合优度

答案：C

解析：本题考查多元线性回归模型的相关知识。若某个解释变量对其余解释变量的判定系数接近 1 即 R2 为 1，则膨胀因子 VIF 无限大，表明模型中存在多重共线性，因此本题选 C。

（单选题）如果方差膨胀因子 VIF=15，则认为（　　）问题是严重的。

A、异方差问题

B、序列相关问题

C、解释变量与随机项的相关性

D、多重共线性

答案：D

解析：本题考查多元线性回归模型的相关知识。一般认为方差膨胀因子超过 10 就是数值很大的，会导致多重共线性问题严重，因此本题选 D。

（单选题）含有 p 个变量的多元回归模型，样本量为 n，该模型的回归平方和、残差平方和的自由度分别为（　　）。

A、p、$n-p$

B、$n-p$、p

C、p、$n-p-1$

D、$n-p-1$、p

答案：C

解析：本题考查多元线性回归模型的相关知识。自由度是指独立的变量的个数。自由度计算公式：自由度＝样本个数－样本数据受约束条件的个数，即 $df = n-k$（df 为自由度，n 为样本个数，k 为约束条件个数）。多元回归模型中的回归平方和的自由度与变量数据有关，含有 p 个变量即自由度为 p。多元线性回归中的残差平方和的自由度为 $n-p-1$，在计算残差时会用到回归方程，回归方程中有 $p+1$ 个未知参数，而这些参数需要 $p+1$ 个约束条件予以确定，由此减去 $p+1$，其自由度为 $n-p-1$。

（多选题）线性回归分析的前提假设包括（　　）。

A、解释变量之间不完全相关

B、随机项满足正态分布

C、解释变量与随机项不相关

D、随机项序列不相关

答案：ABCD

解析：本题考查多元线性回归模型的相关知识。线性回归分析的前提假设包括 Y 的平均值能够准确地被由 X 组成的线性函数建模出来、解释变量和随机扰动项不存在线性关系、解释变量之间不存在线性关系或强相关、假设随机误差项是一个均值为 0 的正态分布、假设随机误差项的方差恒为 2、误差是独立的。因此 ABCD 表述均正确。

（单选题）为数据提供一个逻辑回归模型，得到训练精度和测试精度。在数据中加入新的特征值，下列正确的选项是（　　）。

A、训练精度总是下降

B、训练精度总是上升或不变

C、测试精度总是下降

D、测试精度总是上升或不变

答案：B

解析：本题考查逻辑回归模型训练的相关知识。对于逻辑回归模型来说，向模型中加入更多特征值会提高训练精度或保持不变，保持低偏差，所以不存在训练精度降低的可能性。测试精度效果不确定，如果特征值是显著的，那么测试精度会上升；如果特征值完全没有意义，那么对于测试精度不会有影响；如果特征值过多，则容易导致过拟合现象，使测试精度下降。因此本题选 B。

（单选题）在逻辑回归中，若选 0.5 作为阈值区分正负样本，那么其决策平面是（　　）。

A、wx+b = 0

B、wx+b = 1

C、wx+b = -1

D、wx+b = 2

答案：A

解析：本题考查逻辑回归的相关知识。在逻辑回归中，$y=1/(1+e^{(wx+b)})$，当选 0.5 作为划分时，$y=0.5$，$e^{(wx+b)}=1$，即 $wx+b=0$。因此本题选 A。

（单选题）关于回归与分类问题的讨论不正确的是（　　）。

A、回归问题远比分类问题复杂

B、回归问题和分类问题同属于有监督学习范畴

C、回归问题最常用的评价指标体系有混淆矩阵和 ROC 曲线

D、回归问题的模型更加全面、完善地描绘了事物的客观规律

答案：C

解析：本题考查对回归与分类问题的理解。混淆矩阵和ROC曲线是分类问题常用的评价指标体系，回归任务常用的评价指标体系有均方误差、均方根误差、平均绝对百分比误差及R^2等指标。因此本题选C。

（单选题）以下关于逻辑回归的说法正确的是（　　）。

A、逻辑回归的自变量必须是分类型变量，因此要对连续型变量进行离散化处理

B、逻辑回归属于线性模型类算法

C、逻辑回归无法解决多重共线性问题

D、逻辑回归是无监督学习算法

答案：B

解析：本题考查逻辑回归的相关知识。逻辑回归的自变量是可以连续的，也可以是分类的，因此选项A错误。逻辑回归是一种广义的线性模型，因此选项B表述正确。逻辑回归可以解决多重共线性问题，因此选项C错误。逻辑回归从本质上属于有监督学习算法，因此选项D错误。

（单选题）为了判断用户是否会逾期（0表示不逾期，1表示逾期），业务分析师构造了一个逻辑回归模型，输出结果公式为$Y=-3+0.06X_1+0.05X_2-0.2X_3$。$X_1$为用户上月的消费次数，$X_2$为年龄，$X_3$为性别（1表示男，2表示女）。目前已知用户上月消费次数为10，年龄20岁，女性，则用户逾期的概率为（　　）。

A、14%

B、16%

C、18%

D、22%

答案：A

解析：本题考查对逻辑回归模型的运用。将对应参数带入输出结果公式，通过sigmoid函数转换，最终计算预期概率的公式为$p=\exp(-3+0.06\times10+0.05\times20-0.2\times2)/(1+\exp(-3+0.06\times10+0.05\times20-0.2\times2))$，求解得出应选A。

（单选题）线性回归和逻辑回归的主要区别是（　　）。

A、被解释变量类型不同

B、解释变量类型不同

C、两者都不同

D、以上都不是

答案：A

解析：本题考查线性回归和逻辑回归的区别。线性回归和逻辑回归的主要区别是被解释变量类型不同，线性回归要求被解释变量是连续型数值变量，而逻辑回归要求被解释变量是分类型变量。因此本题选 A。

（多选题）以下（　　）场景可以使用逻辑回归算法。

A、用户等级分类

B、疾病预测

C、用户违约信息预测

D、挖掘出用户群中可以划分成哪些可能的群体

答案：ABC

解析：本题考查对逻辑回归算法的应用。逻辑回归算法可以应用在用户等级分类、疾病预测、用户违约信息预测等场景，挖掘出用户群中可以划分成哪些群体通常采用聚类算法，因此本题选 ABC。

第 8 章 使用时间序列分析方法做预报

时间序列数据是对某个个体在多个时间点上收集的数据。本章的主要内容有时间序列简介、趋势分解法时间序列分析、ARIMA 时间序列分析等。时间序列分析方法体系庞大且理论众多，本章不讲解时间序列分析的每个方面，而是为读者提供商业时间序列预测的两个分析框架。

8.1 认识时间序列

本书其他章节讲解的均为横截面数据（也称为截面数据）的分析方法，即在进行数据分析时，假设样本之间是不相关的。而本章分析的数据样本之间是具有相关性的，因此处理方法明显不同。

在实际分析工作中，会遇到很多与时间序列有关的数据。比如，某电商平台每个月的全国销售额、某网站一个月内的日访问量等。时间序列数据是按时间顺序排列、随时间变化且相互关联的数据序列。如图 8-1 所示的股票数据就是一种典型的时间序列数据。

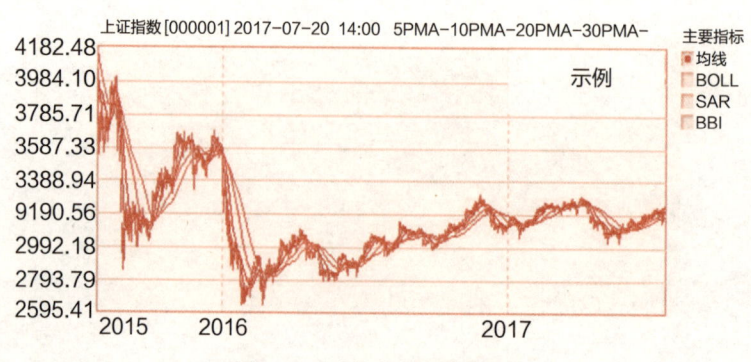

图 8-1 时间序列数据案例

第 8 章 使用时间序列分析方法做预报

分析时间序列数据的方法构成了数据分析的一个重要领域,即时间序列分析。根据所研究的依据不同,时间序列有不同的分类。按研究对象可以分为一元时间序列和多元时间序列,按时间属性可分为离散时间序列和连续时间序列,按序列的特性可以分为平稳时间序列和非平稳时间序列,如表 8-1 所示。

表 8-1 时间序列分类

维 度	时间序列分类
按研究对象	一元时间序列、多元时间序列
按时间属性	离散时间序列、连续时间序列
按序列的特性	平稳时间序列、非平稳时间序列

初级常用的时间序列数据的分析方法有两类:一类为效应分解法,即把时间序列分解为趋势效应和周期性效应,并分别使用曲线拟合;另一类为 ARIMA 方法,该方法可以针对数据产生的机理构建动态模型,实际上是根据数据扰动项之间的相关性结构构建预测模型的。不同时间序列分析方法详情如表 8-2 所示。

表 8-2 不同时间序列分析方法详情

分析方法	简介	适用场景
效应分解法	将时间序列分解为趋势、周期、随机 3 个组成部分,并对前两个部分使用曲线进行拟合	适用于所有类型的时间序列数据,需要事先根据数据的走势判断趋势和周期部分的特征,设置好参数
ARIMA 法	通过分析前后观测点之间的相关关系构建动态微分方程,用于预测	适用于所有类型的时间序列数据,需要事先判定 AR、I、MA 3 个组成部分的参数

8.2 效应分解法

气温、自然景点游客流量等时间序列数据可以分解为趋势性、周期性/季节性、随机性 3 个主要组成部分。其中,前两个部分属于时间序列中的稳定部分,可以用于预测未来。

8.2.1 时间序列的效应分解

（1）趋势性：是指序列朝着一定的方向持续上升或下降，或者停留在某个水平上的倾向。它反映了客观事物的主要变化趋势，比如随着企业近段时间拓展业务，销售额稳步上升的趋势。

（2）周期性\季节性变动：周期性通常是指经济周期，由非季节因素引起的波形相似的波动，比如 GDP 增长率随经济周期的变化而变化。但是周期性变动稳定性不强，在实际操作中很难考虑周期性变动，主要考虑的是季节性变动。季节性变动是指季度、月度、周度、日度的周期变化，比如啤酒的销量在春季、夏季较高而在秋季、冬季较低，郊区的加油站人流量在周末多而周中少，交通流量在上班高峰多而在其他时间少。

（3）随机性：随机变动是指由随机因素导致的时间序列的小幅度波动。

另外，还有节日效应，比如春节引起的交通运量、"双 11" 促销引起的网上商品销量骤然上升等现象。

图 8-2 所示为以上 3 种效应的分解。

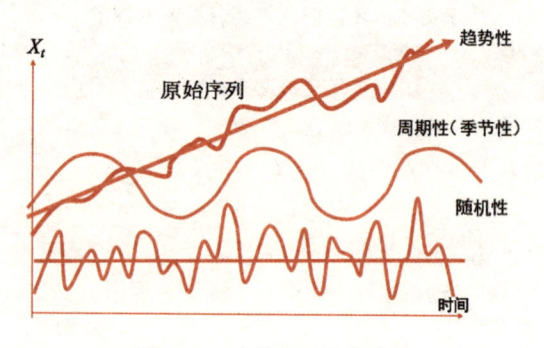

图 8-2 时间序列效应分解

8.2.2 时间序列 3 种效应的组合方式

（1）加法模型，即三种效应是累加的。

$$x_t = T_t + S_t + I_t$$

其中，T_t 代表趋势效应，S_t 代表季节效应，代表随机效应。

（2）乘积模型，即三种效应是累计的。

$$x_t = T_t \times S_t \times I_t$$

累计预测出的时间序列数据会叠加趋势，从而使得周期振荡的幅度随着趋势的变化而变化。

8.3 平稳时间序列分析 ARMA 模型

本节将介绍平稳时间序列的含义，并且详细讲解 AR、MA、ARMA 模型及其在 Python 中的实现。

8.3.1 平稳时间序列

在统计学中，平稳时间序列分为严平稳时间序列与宽平稳时间序列两种。如果在一个时间序列中，各期数据的联合概率分布与时间 t 无关，则称该序列为严平稳时间序列。但是在通常情况下，时间序列数据的概率分布很难获取与计算，实际讨论的平稳时间序列是指在任意时间下，序列的均值、方差存在且为常数，自协方差函数和自相关系数只与时间间隔 k 有关，而与时间 t 无关。

只有平稳时间序列才可以进行统计分析，因为平稳性保证了时间序列数据都出自同一个分布，这样才可以计算均值、方差、延迟 k 期的协方差、延迟 k 期的相关系数等。

一个独立同标准正态分布的随机序列就是平稳序列，如图 8-3 所示。

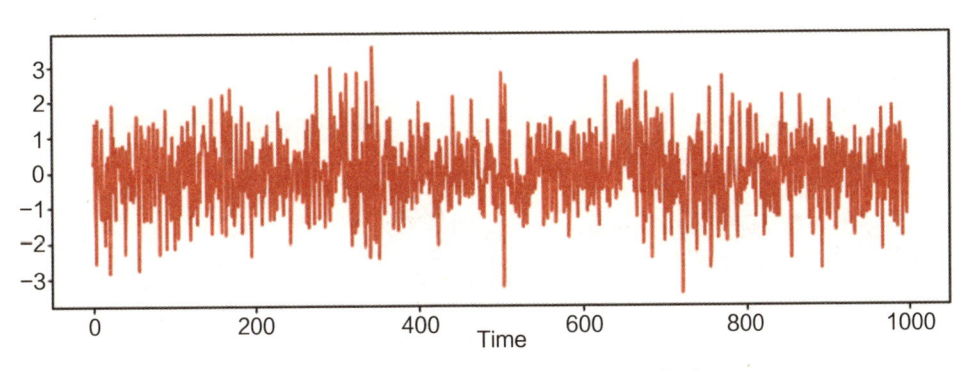

图 8-3 独立同标准正态分布的随机序列

当然，若一个平稳时间序列的序列值之间没有相关性，那么就意味着这种数据前后没有规律，也就无法挖掘有效的信息，这种序列被称为纯随机序列。在纯随机序列中，有一种序列被称为白噪声序列，这种序列随机且各期的方差一致。

所以从这种意义上说，平稳时间序列分析在于充分挖掘时间序列之间的关系，当时间序列中的关系被提取出来后，剩下的序列就应该是一个白噪声序列。

平稳时间序列模型主要有以下 3 种。

（1）自回归模型（Auto Regression Model），即 AR 模型。

（2）移动平均模型（Moving Average Model），即 MA 模型。

（3）自回归移动平均模型（Auto Regression Moving Average Model），即 ARMA 模型。

用于判断 ARMA 模型的自相关和偏自相关函数如下。

（1）自相关函数（Autocorrelation Function，ACF）：描述任意两个时间间隔为 k 的时间序列的相关系数。

$$ACF(k) = \rho_k = \frac{Cov(y_t, y_{t-k})}{Var(y_t)}$$

（2）偏自相关函数（Partial Autocorrelation Function，PACF）：描述时间序列任意两个时间间隔 k 的时刻，去除 1 至 $k-1$ 这个时间段中的其他数据的相关系数，在统计学中被称为偏相关系数。

$$\rho_k^* = Corr[y_t - E^*(y_t|y_{t-1}, \ldots, y_{t-k+1}), y_{t-k}]$$

8.3.2 ARMA 模型

1. AR 模型

AR 模型又被称为自回归模型，认为时间序列当期观测值与前 p 期有线性关系，而与前 $p+1$ 期无线性关系。

假设时间序列 X_t 仅与 $X_{t-1}, X_{t-2}, \cdots, X_{t-p}$ 有线性关系，而在 $X_{t-1}, X_{t-2}, \cdots, X_{t-1}$ 已知条件下，X_t 与 X_{t-j}（$j=p+1, p+2\cdots$）无关，ε_t 是一个独立于 X_t 的白噪声序列：

$$X_t = \alpha_0 + \alpha_1 X_{t-1} + \alpha_2 X_{t-2} + \cdots + \alpha_p X_{t-p} + \varepsilon_t$$

$$\varepsilon_t \sim N(0, \sigma^2)$$

可见，在 AR(p) 系统中，X_t 具有 p 阶动态性。AR(p) 模型通过把 X_t 中的依赖 $X_{t-1}, X_{t-2}, \cdots, X_{t-p}$ 的部分消除后，使得具有 p 阶动态性的时间序列 X_t 转换为独立的序列。因此，拟合 AR(p) 模型的过程也是使相关序列独立化的过程。

以 AR(1) 模型为例，其中 (1) 代表滞后 1 期。

AR(p) 模型有以下重要性质。

（1）某期观测值 X_t 的期望与系数序列 α 有关，方差有界。

（2）自相关系数（ACF）拖尾，且值呈现指数衰减（时间越近的往期观测对当期观测的影响越大）。

（3）偏自相关系数（PACF）p 阶截尾。

其中，ACF 与 PACF 的性质可以用于识别该平稳时间序列是适合滞后多少期的 AR 模型。

2. MA 模型

MA 模型认为如果一个系统在 t 时刻的响应 X_t，与其以前时刻 $t-1$, $t-2$,⋯ 的响应 X_{t-1}, X_{t-2},⋯ 无关，而与其以前时刻 $t-1$, $t-2$,⋯, $t-q$ 进入系统的扰动项 ε_{t-1}, ε_{t-2},⋯, ε_{t-q} 存在着一定的相关关系，那么这类系统为 MA(q) 模型。

$$X_t=\mu+\varepsilon_t+\beta_1\varepsilon_{t-1}+\cdots+\beta_q\varepsilon_{t-q}$$

其中，ε_t 是白噪声过程。

MA(q) 模型有以下重要性质。

（1）t 期系统扰动项 ε_t 的期望为常数，方差为常数。

（2）自相关系数（ACF）q 阶截尾。

（3）偏自相关系数（PACF）拖尾。

其中，ACF 与 PACF 的性质可以用于识别该平稳时间序列是适合滞后多少期的 MA 模型。

3. ARMA 模型

ARMA 模型即自回归移动平均模型，该模型结合了 AR 模型与 MA 模型的特点，认为序列受前期观测数据与系统扰动的共同影响。

具体来说，一个系统，如果它在时刻 t 的响应 X_t 不仅与其以前时刻的自身值有关，而且还与其以前时刻进入系统的扰动项存在一定的依存关系，那么这个系统就是自回归移动平均模型。

ARMA(p, q) 模型如下：

$$X_t=\alpha_0+\alpha_1 X_{t-1}+\alpha_2 X_{t-2}+\cdots+\alpha_p X_{t-p}+\varepsilon_t+\beta_1\varepsilon_{t-1}+\cdots+\beta_q \varepsilon_{t-q}$$

其中，ε_t 是白噪声过程。

对于平稳时间序列来说，AR(p) 模型、MA(q) 模型、ARMA(p, q) 模型都属于 ARMA(p,q) 模型的特例。

ARMA(p,q) 模型的性质有以下几点。

（1）X_t 的期望与系数序列 α 有关，方差有界。

（2）自相关系数（ACF）拖尾。

（3）偏相关系数（PACF）拖尾。

4. ARMA 模型的定阶与识别

前文介绍了 AR 模型、MA 模型和 ARMA 模型的一些重要性质，其中自相关系数（ACF）与偏自相关系数（PACF）可以用于判断平稳时间序列数据适合哪一种模型和阶数。

（1）下面是一个 AR(1) 模型，时序图如图 8-4 所示。

$$Y_t=0.6Y_{t-1}+\varepsilon_t$$
$$\varepsilon_t\sim N(0,\sigma^2)$$

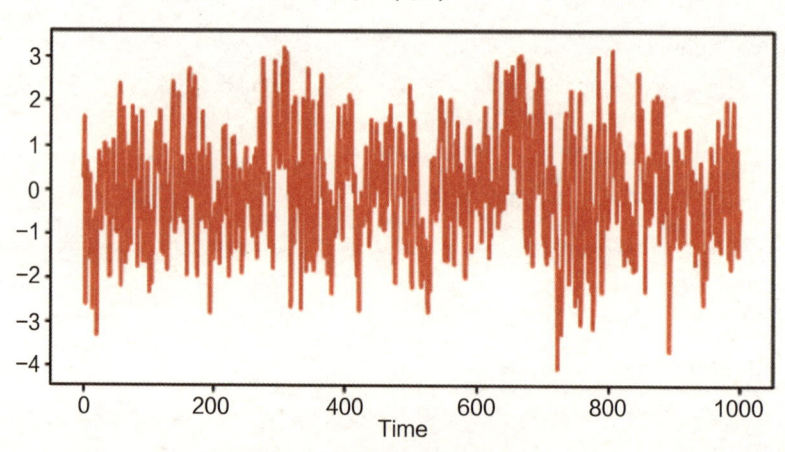

图 8-4　AR(1) 模型时序图

AR 模型 ACF 拖尾，PACF 为 1 阶截尾，自相关图和偏自相关图分别如图 8-5 和图 8-6 所示。

（2）下面是一个 MA(1) 模型，时序图如图 8-7 所示。

$$Y_t=\varepsilon_t+0.8\varepsilon{t-1}$$

图 8-5　AR(1) 模型自相关图

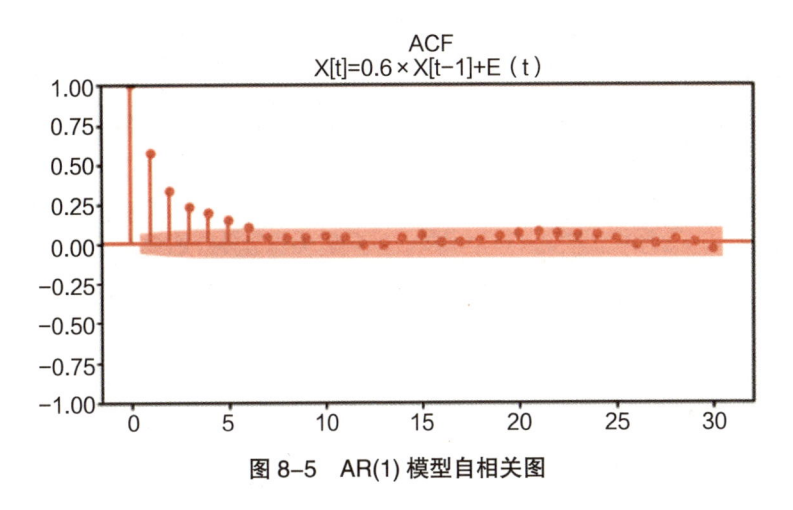

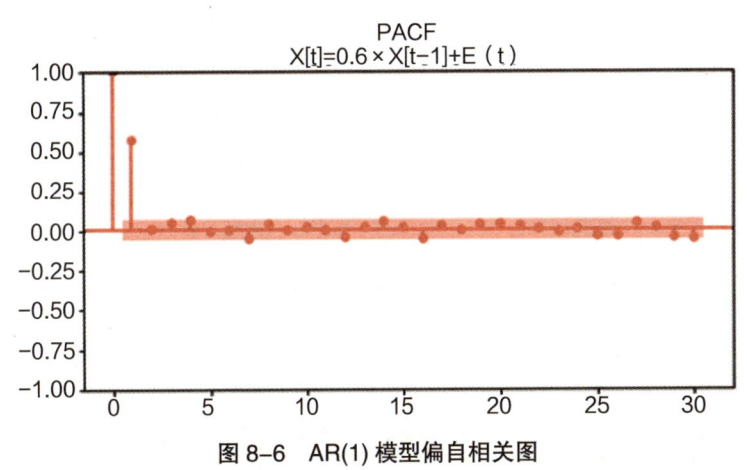

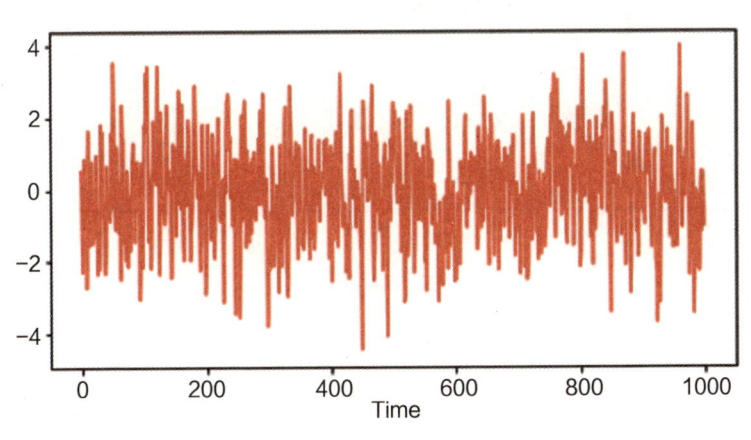

图 8-6　AR(1) 模型偏自相关图

图 8-7　MA(1) 模型时序图

MA 模型 RACF 为 1 阶截尾，PACF 拖尾，自相关图和偏自相关图分别如图 8-8、图 8-9 所示。

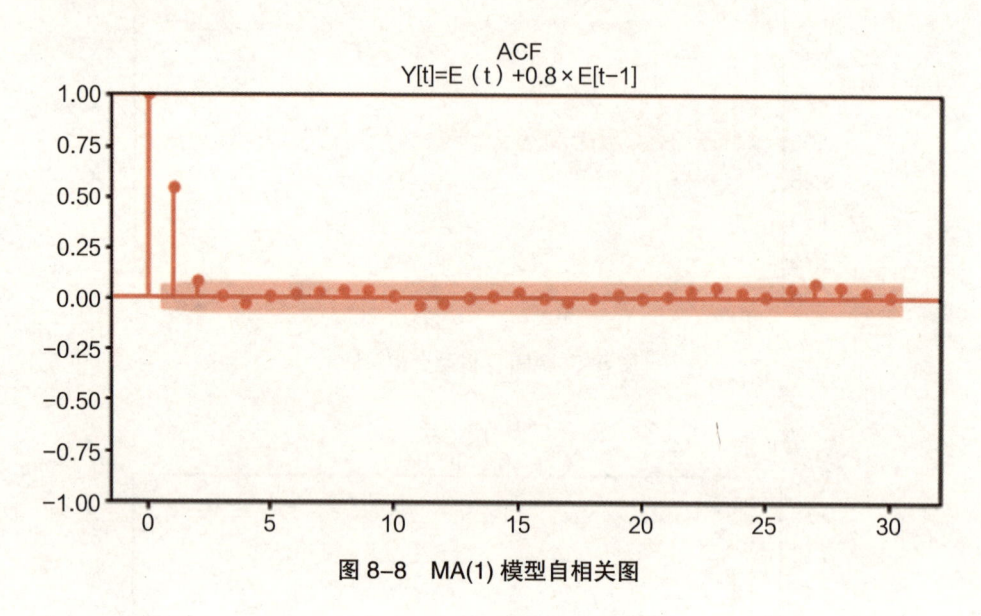

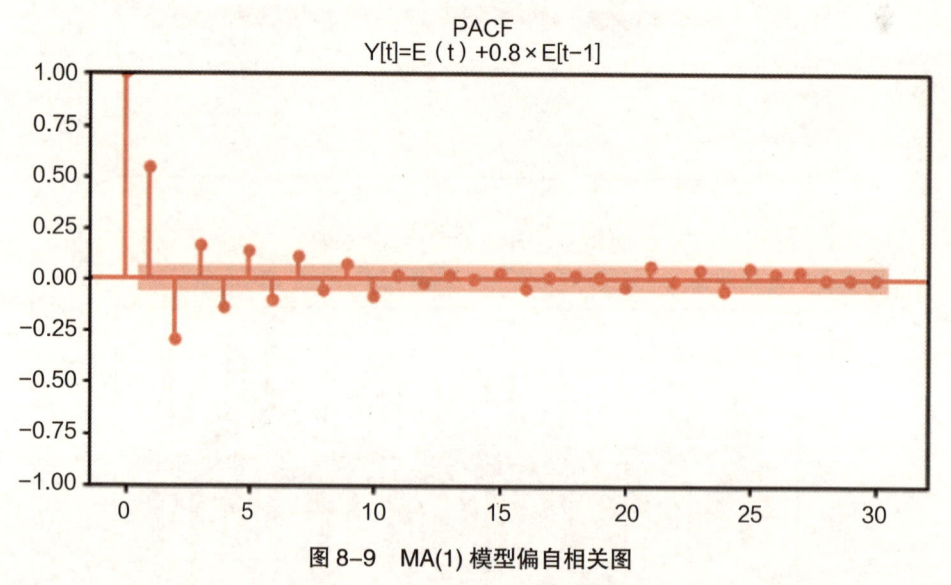

图 8-8　MA(1) 模型自相关图

图 8-9　MA(1) 模型偏自相关图

（3）下面是一个 ARMA(1,1) 模型，时序图如图 8-10 所示。

$$Y_t=0.8Y_{t-1}+\varepsilon_t+0.7\varepsilon_{t-1}$$

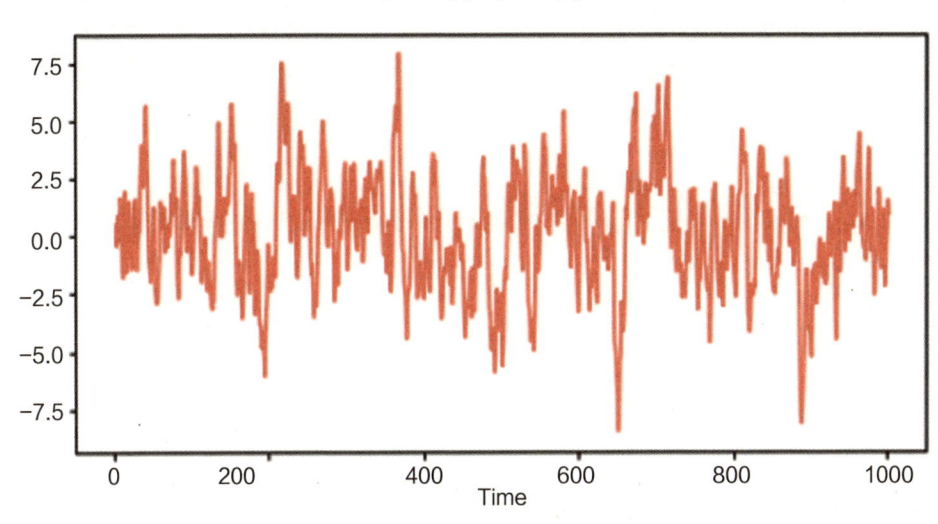

图 8-10　ARMA(1,1) 模型时序图

ARMA 模型的 ACF 与 PACF 都是拖尾的情形，自相关图和偏自相关图分别如图 8-11 和 8-12 所示。

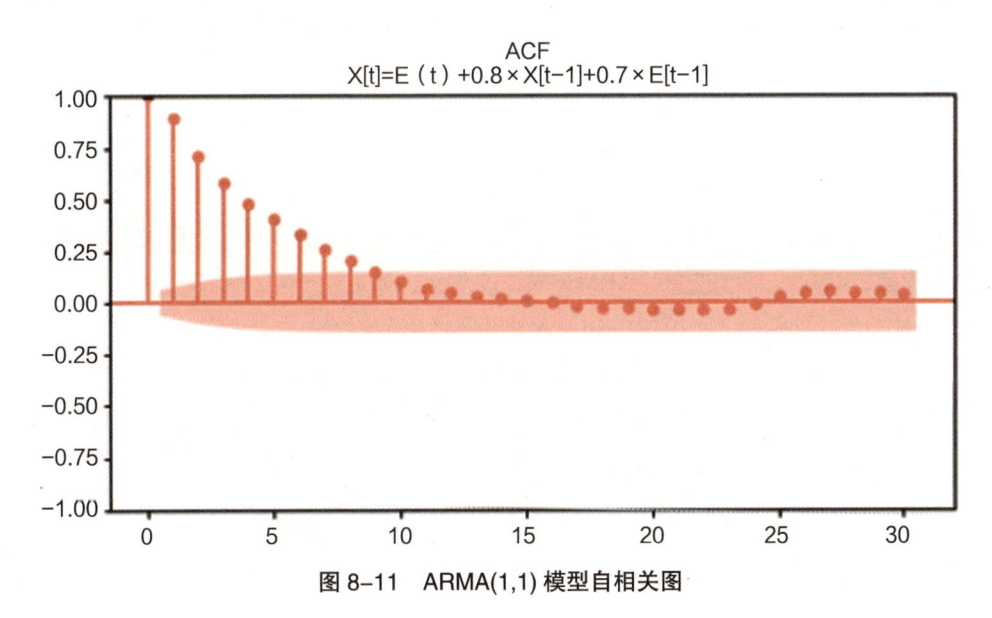

图 8-11　ARMA(1,1) 模型自相关图

PACF
Y[t]=E（t）+0.8×E[t−1]+0.7×E[t−1]

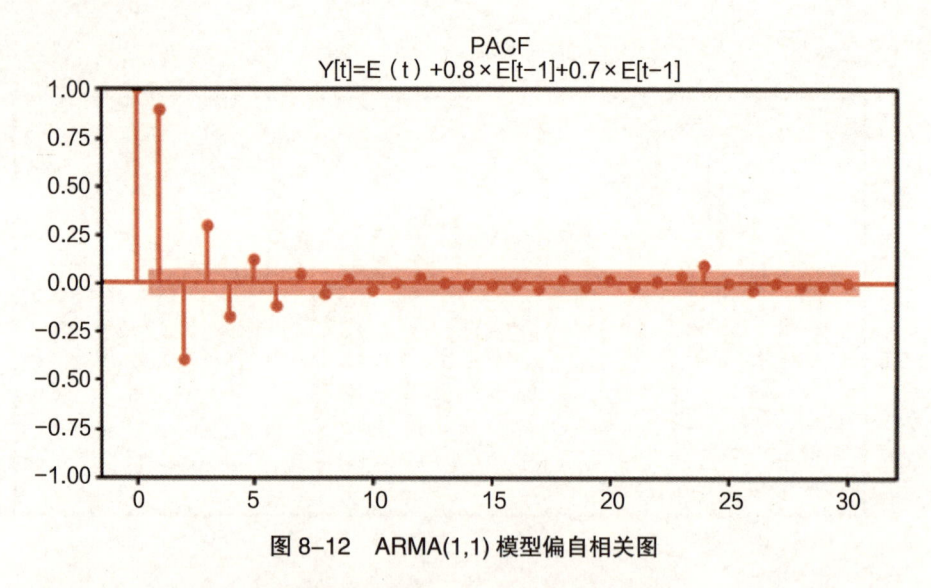

图 8-12　ARMA(1,1) 模型偏自相关图

综上所述，ACF 和 PACF 定阶的准则如表 8-3 所示。

表 8-3　ACF 和 PACF 定阶的准则

	MA（q）模型	AR（p）模型	ARMA（p，q）模型
ACF	q 阶截尾	拖尾	拖尾
PACF	拖尾	p 阶截尾	拖尾

需要注意的是，一般要求样本长度大于 50 才会有一定的精确程度。

在使用 ACF 与 PACF 对 ARMA 模型进行定阶时，只能精确到定阶 MA 模型与 AR 模型的阶数，而无法确定 ARMA 模型的阶数，而且由于估计误差的存在，实际中有时甚至很难判断 AR 模型与 MA 模型的截尾期数。

在实际操作中识别 ARMA 模型的阶数时，通常使用 AIC 或 BIC 准则进行识别，两个统计量都是越小越好，AIC 或 BIC 准则特别适合用于 ARMA 模型的定阶，当然也适用于 AR 模型和 MA 模型。

8.3.3　在 Python 中进行 AR 建模

现有模拟数据集 "time_series_1"，使用该数据集演示在 Python 中建立 AR 模型。读取的数据如图 8-13 所示。

第 8 章 使用时间序列分析方法做预报

```
df = pd.read_csv('time_series_1.csv', index_col=0)    # 将
第一列作为索引值
df.head()
```

1. 探索平稳性

载入数据后，将原始数据转换为时间序列数据，如图 8-14 所示。之后绘制对应的时序图，如图 8-15 所示。

```
index = pd.date_range(start='2019-01-01', periods=1000, freq='D')
df.index = index
df.head()
df.plot();
```

	x
1	0.750363
2	2.253800
3	3.213468
4	3.054225
5	3.889208

图 8-13 读取的数据

	x
2019-01-01	0.750363
2019-01-02	2.253800
2019-01-03	3.213468
2019-01-04	3.054225
2019-01-05	3.889208

图 8-14 转换后的数据

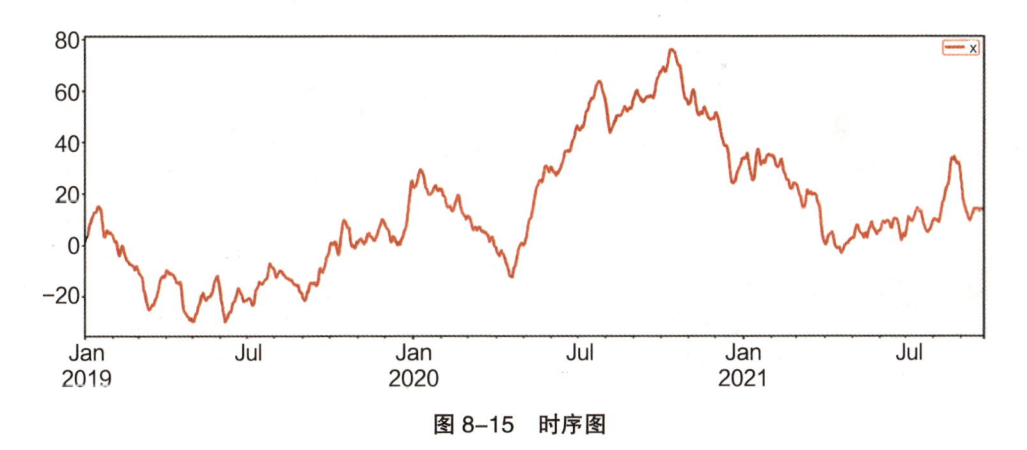

图 8-15 时序图

从时序图上看，数据是非平稳的，因此需要进行差分，并再次探查数据的平稳性，一阶差分后的时序图如图 8-16 所示。

```
ts_diff = df.diff(1)
ts_diff = ts_diff[1:]    # 第一个为空值
```

305

```
plt.plot(ts_diff)
plt.xlabel('Time');
```

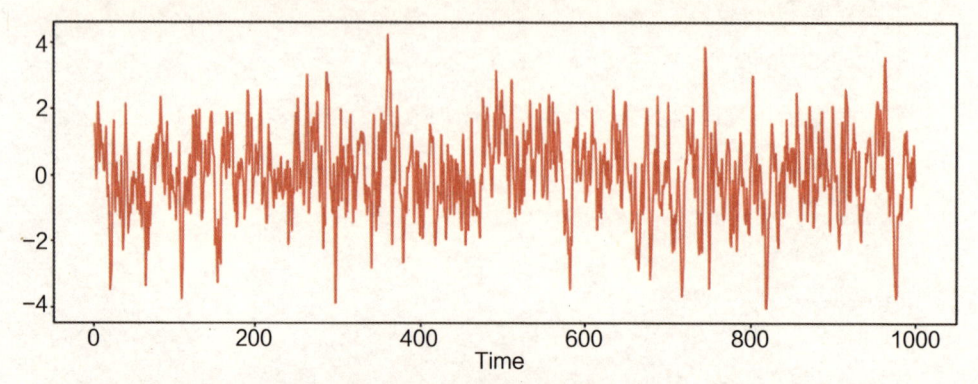

图 8-16 一阶差分后的时序图

差分处理后，可以发现数据平稳，此时可以进一步绘制自相关系数与偏自相关系数的定阶图，以验证平稳性并确定使用什么模型、阶数是多少。

2. 定阶

在 Python 中可以使用 acf 与 pacf 函数绘制 ACF 图与 PACF 图，这里使用自定义函数的方式，代码如下：

```
# 自相关图和偏自相关图，默认阶数为 30 阶
def draw_acf_pacf(ts, subtitle, lags=30):
    print("自相关图和偏自相关图,maxlags={}".format(lags))
    f = plt.figure(facecolor='white', figsize=(18,4)) # 画布的颜色与大小
    ax1 = f.add_subplot(121)   #返回一个画布对象
    plot_acf(ts, lags=lags, ax=ax1, title='ACF\n{}'.format(subtitle))
    ax2 = f.add_subplot(122)
    plot_pacf(ts, lags=lags, ax=ax2, title='PACF\n{}'.format(subtitle))
    plt.show()
draw_acf_pacf(ts_diff, 'ts - 一阶差分后', 30)
```

运行代码，该模型的自相关图和偏自相关图分别如图 8-17 和图 8-18 所示。

可以看出，ACF 显示拖尾，而 PACF 显示 1 阶截尾，可以判断应使用 AR(1) 模型。

图 8-17 自相关图

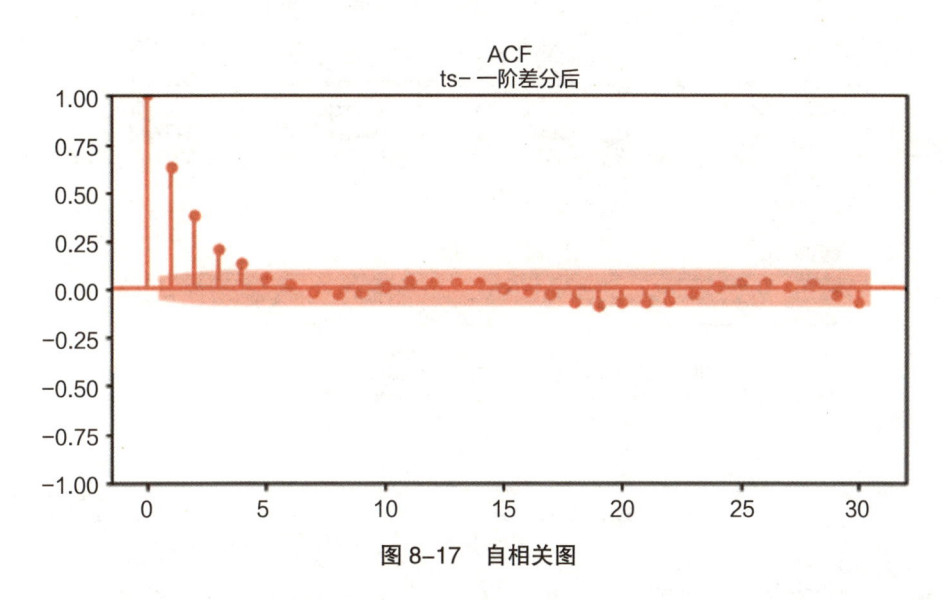

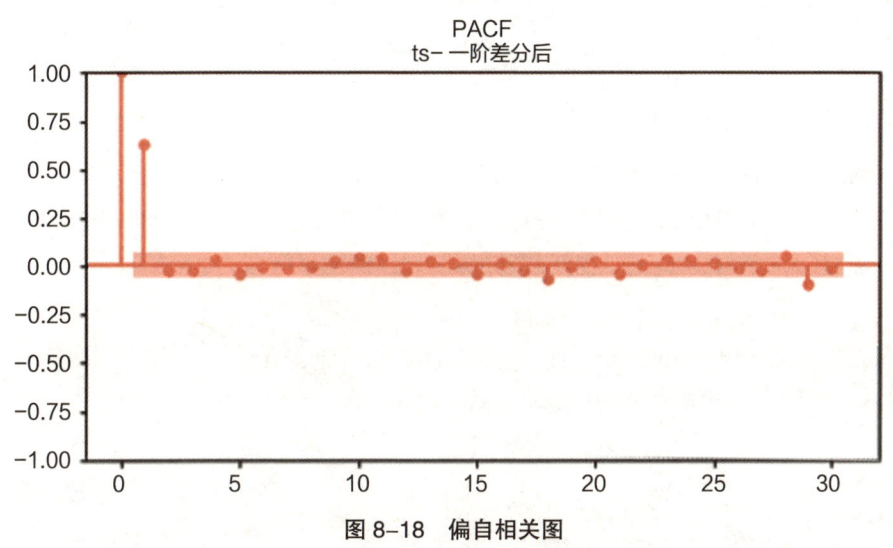

图 8-18 偏自相关图

3. AR 建模

Python 中的函数 ARIMA() 可以建立 AR 模型、MA 模型、ARMA 模型和带差分的 ARIMA 模型。这里设定 AR 阶数为 1，差分与 MA 的阶数都为 0，即对应为 AR(1) 模型，结果如图 8-19 所示。

```
arima_1 = smt.ARIMA(df,order=(1,1,0)).fit()
print(arima_1.summary())
```

```
                               SARIMAX Results
==============================================================================
Dep. Variable:                      x   No. Observations:                 1000
Model:                 ARIMA(1, 1, 0)   Log Likelihood               -1402.819
Date:                Tue, 25 Jan 2022   AIC                           2809.638
Time:                        15:02:13   BIC                           2819.452
Sample:                    01-01-2019   HQIC                          2813.368
                         - 09-26-2021
Covariance Type:                  opg
==============================================================================
                 coef    std err          z      P>|z|      [0.025      0.975]
------------------------------------------------------------------------------
ar.L1          0.6254      0.025     25.523      0.000       0.577       0.673
sigma2         0.9705      0.043     22.675      0.000       0.887       1.054
===================================================================================
Ljung-Box (L1) (Q):                   0.27   Jarque-Bera (JB):                 2.13
Prob(Q):                              0.60   Prob(JB):                         0.34
Heteroskedasticity (H):               1.00   Skew:                            -0.11
Prob(H) (two-sided):                  0.97   Kurtosis:                         3.07
===================================================================================

Warnings:
[1] Covariance matrix calculated using the outer product of gradients (complex-step).
```

图 8-19　AR(1) 模型输出结果

4. 残差白噪声检验

AR 模型是否提取了原数据的足够信息的重要参考是 AR 模型的残差是否为白噪声序列,可以在 Python 中绘制残差的自相关图和偏自相关图进行判断,代码如下:

```
# 白噪声检验: Ljung-Box test
def randomness(ts, lags=31):
    rdtest = acorr_ljungbox(ts,lags=lags)
    # 对上述函数求得的值进行语义描述
    rddata = np.c_[range(1,lags+1),rdtest['lb_pvalue']]
    rdoutput = pd.DataFrame(rddata,columns=['lags','p-value'])
    return rdoutput.set_index('lags')
# 白噪声检验
randomness(arima_1.resid, 5)
```

残差白噪声检验结果如图 8-20 所示。

残差自相关图和残差偏自相关图分别如图 8-21 和图 8-22 所示。

lags	p-value
1.0	0.575616
2.0	0.854251
3.0	0.477847
4.0	0.530423
5.0	0.625832

图 8-20　残差白噪声检验结果

ACF
残差

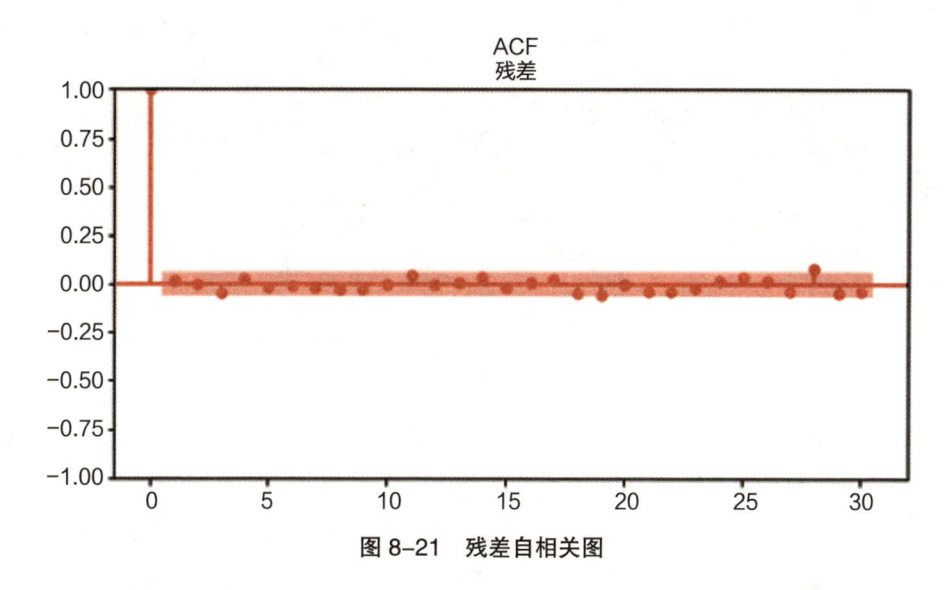

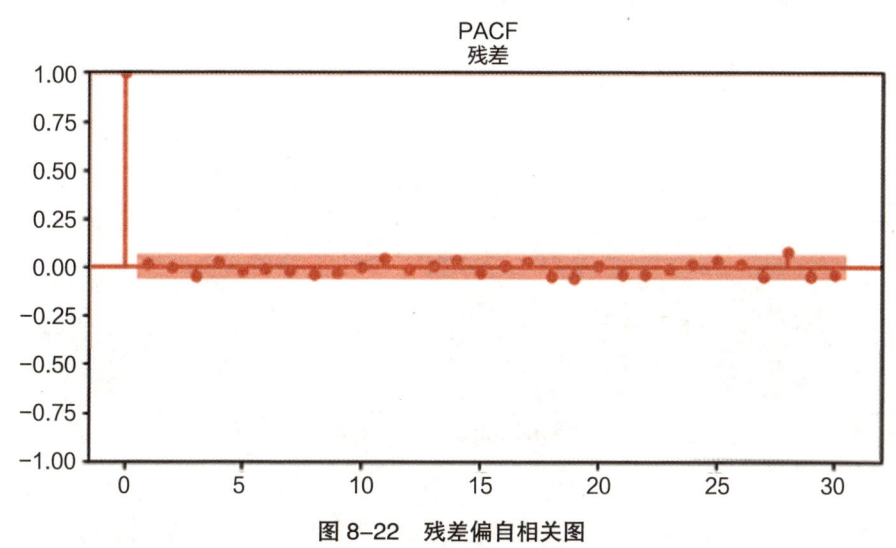

图 8-21　残差自相关图

PACF
残差

图 8-22　残差偏自相关图

通过残差的自相关图和偏自相关图可以看出，残差已经无信息可提取。在残差自相关图中，残差滞后各期均无显著的自相关性（残差自相关图的第 0 期表示与自身的相关性，其值恒为 1）；在残差偏自相关图中，各期也无显著的偏自相关性。可以判定，残差序列为白噪声序列。

5. AR 模型预测

利用下面的代码预测未来数据，并绘制曲线图，如图 8-23 所示。显示已有真实值和预测值及预测的置信区间。

```
fig, ax = plt.subplots(figsize=(10, 8))
fig = plot_predict(arima_1, start="2019-01-02", end="2021-10-26",ax=ax)
legend = ax.legend(loc="upper left")
```

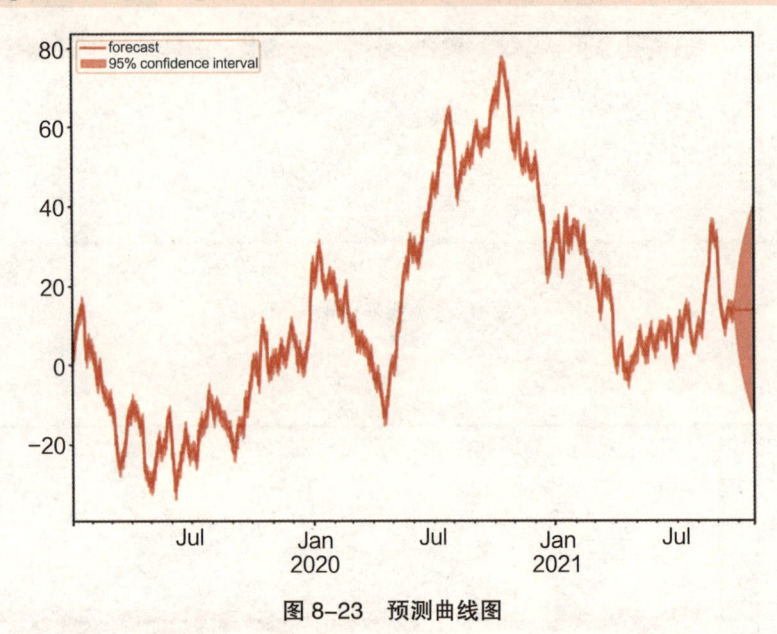

图 8-23　预测曲线图

以上就是使用 Python 建立 AR 模型的整个过程与结果。

8.4　非平稳时间序列分析 ARIMA 模型

本节主要介绍针对非平稳时间序列使用的差分处理手段，经过差分处理，将非平稳时间序列转换为平稳时间序列，再用 ARIMA 建模，并且介绍了非平稳时间序列在 Python 中的实现。

8.4.1　差分与 ARIMA 模型

实际上很多时间序列数据都是非平稳的，因此直接用平稳时间序列分析方法进行分析不合适。可以通过差分等手段，将非平稳时间序列转换成平稳时间序列，再使用 ARIMA 模型建模。

1. 差分运算

差分运算是一种非常简便、有效的确定性信息提取方法，而 Cramer 分解定理在理论上保证了适当阶数的差分一定可以充分提取确定性信息。

差分运算的实质是使用自回归的方式提取确定性信息，1 阶差分即当期观测减前一期的观测构成差分项，其数学表达式为：

$$\nabla x_t^{(1)} = x_t - x_{t-1} (t = 2,3,\cdots)$$

2 阶差分是在 1 阶差分的基础上，对 1 阶差分的结果再进行差分，其数学表达式为：

$$\nabla x_t^{(2)} = \nabla x_t^{(1)} - \nabla x_{t-1}^{(1)}$$

以此类推，d 阶差分是在 $d-1$ 阶差分的基础上，对 $d-1$ 阶差分的结果再进行差分，其数学表达式为：

$$\nabla x_t^{(d)} = \nabla (\nabla x_t^{(d-1)})$$

适度的差分能够有效地将非平稳时间序列转换为平稳时间序列。如图 8-24 所示的原始数据时序图有着明显的趋势性。

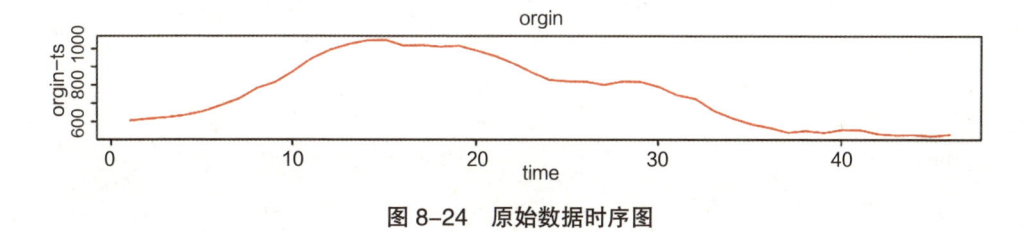

图 8-24 原始数据时序图

经过 1 阶差分处理和 2 阶差分处理的结果分别如图 8-25 和图 8-26 所示。在本例中，差分有效提取了时序数据的趋势性。一般来说，若序列蕴含着显著的线性趋势，1 阶差分就可以实现趋势平稳；若序列蕴含着曲线趋势，通常高阶（2 阶）差分就可以提取曲线趋势的影响。

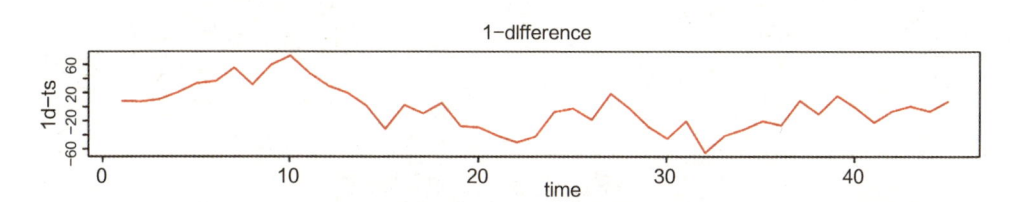

图 8-25 1 阶差分处理后的时序图

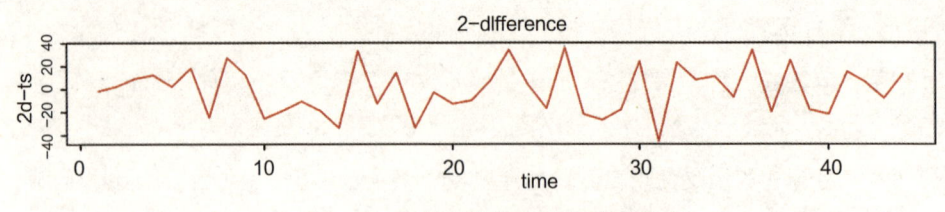

图 8-26　2 阶差分处理后的时序图

对于有季节性的数据，可以采用一定周期的差分运算（季节差分）提取季节信息，季节差分数学表达式如下，s 表示周期：

$$\nabla_s x_t = x_t - x_{t-1}, (t=2, 3, \cdots)$$

在季节差分的基础上再进行一般的差分就可以同时提取季节性与周期性，s 期 d 阶的差分表达式如下：

$$\nabla_s^d x_t = \nabla_s (\nabla_s^{d-1} x_t), (t=2, 3, \cdots)$$

图 8-27 是一个带有季节性的数据，周期为 12 期。

图 8-27 为原始数据时序图，有明显的季节性与趋势性；图 8-28 仅做了 1 阶差分处理，未做季节差分处理，结果显示仍旧具有明显的季节效应；图 8-29 做了 12 期季节差分处理与 1 阶差分处理，结果显示比其他数据更加平稳。

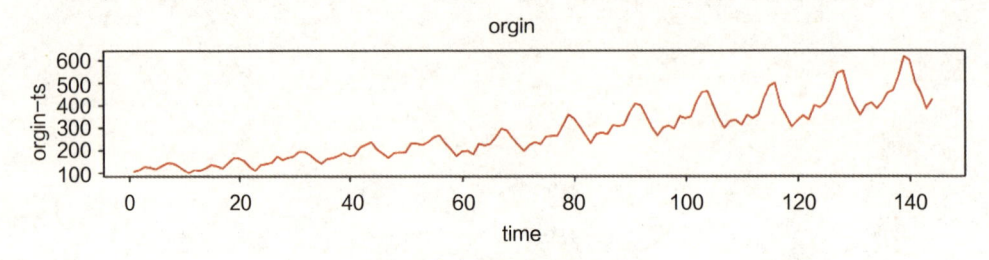

图 8-27　原始数据时序图

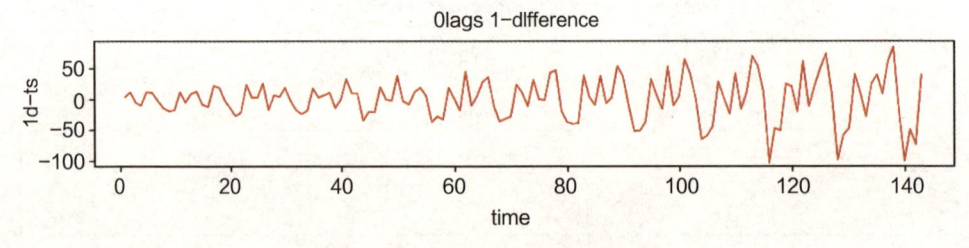

图 8-28　一阶差分处理后的数据

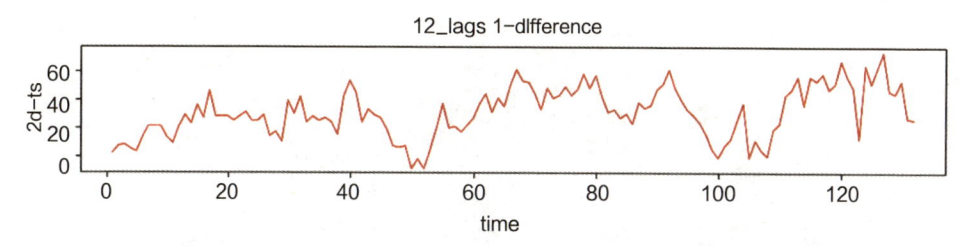

图 8-29　一阶差分与 12 阶季节差分处理后的数据

需要注意的是，差分应适度，否则会造成信息的浪费，一般在实际操作中，使用 2 阶差分足够提取序列的不稳定信息。

2. ARIMA 模型的建模步骤

ARIMA 模型适用于非平稳时间序列数据，其中的 I 表示差分的阶数，使用适当的差分处理将原始序列转换为平稳序列后，再进行 ARIMA 建模。

ARIMA 建模步骤与 ARMA 建模步骤类似，分为以下 5 步。

（1）平稳化：通过差分的手段，对非平稳时间序列数据进行平稳化处理。

（2）定阶：确定 ARIMA 模型的阶数 p、q。

（3）估计：估计未知参数。

（4）检验：检验残差是否是白噪声序列。

（5）预测：利用模型预测。

8.4.2　在 Python 中进行 ARIMA 建模

例如，现有某公司电脑产品销量的数据，想要对电商渠道的销量建立模型并进行预测。ARIMA 建模分为 5 个步骤。

1. 平稳化

读取数据，代码如下：

```
call = pd.read_csv('Call.csv')
call.head(10)
```

原始数据读取结果如图 8-30 所示。

	week_num	starting_date	ending_date	dotcom_calls	dtv800_calls
0	1	1/2/2011	1/8/2011	29102.0	52000.0
1	2	1/9/2011	1/15/2011	26266.0	43152.0
2	3	1/16/2011	1/22/2011	25836.0	43312.0
3	4	1/23/2011	1/29/2011	24860.0	44175.0
4	5	1/30/2011	2/5/2011	25803.0	51108.0
5	6	2/6/2011	2/12/2011	25277.0	45879.0
6	7	2/13/2011	2/19/2011	24125.0	44029.0
7	8	2/20/2011	2/26/2011	24984.0	42168.0
8	9	2/27/2011	3/5/2011	25669.0	45571.0
9	10	3/6/2011	3/12/2011	25906.0	43267.0

图 8-30 原始数据读取结果

对读取的数据划分训练集与测试集，代码如下：

```
# 将数据集分成建模数据集与验证数据集。建模数据集：前70%。验证数据集：后30%
train_call = call.loc[0:183,['starting_date','dotcom_calls']]
test_call = call.loc[184:262,['starting_date','dotcom_calls']]
print("训练集数：",len(train_call))
print("验证集数：",len(test_call))
训练集数： 184
验证集数： 78
```

绘制训练数据的时序图，判断序列的平稳性，代码如下：

```
train_call['starting_date'] = pd.to_datetime(train_call['starting_date'])
train_call.set_index("starting_date", inplace=True)
test_call['starting_date'] = pd.to_datetime(test_call['starting_date'])
test_call.set_index("starting_date", inplace=True)
# 训练数据时序图
plt.figure(figsize=(20,6))
plt.plot(train_call)
plt.xlabel('Time')
```

```
plt.show()
```
训练数据的时序图如图 8-31 所示。

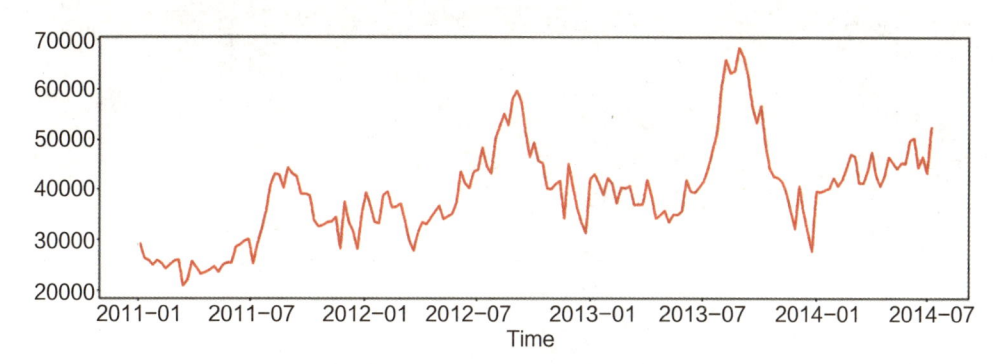

图 8-31　训练数据的时序图

从图 8-31 中可以看出，数据不同时间段的均值差别较大，且存在周期性，即当前数据并不是一个平稳时间序列，因此需要对原始数据进行差分处理。对原始数据进行 52 步差分来消除周期性，设定为 1 表示进行 1 阶差分，这里设定为 52 表示进行 52 步差分，代码如下：

```
# 52 步的差分，去除周期趋势
call_1 = train_call.diff(52)

# 绘制 52 步差分后的时序图
call_1 = call_1[52:184]
plt.plot(call_1)
plt.xlabel('Time');
```

52 步差分处理后的时序图如图 8-32 所示。

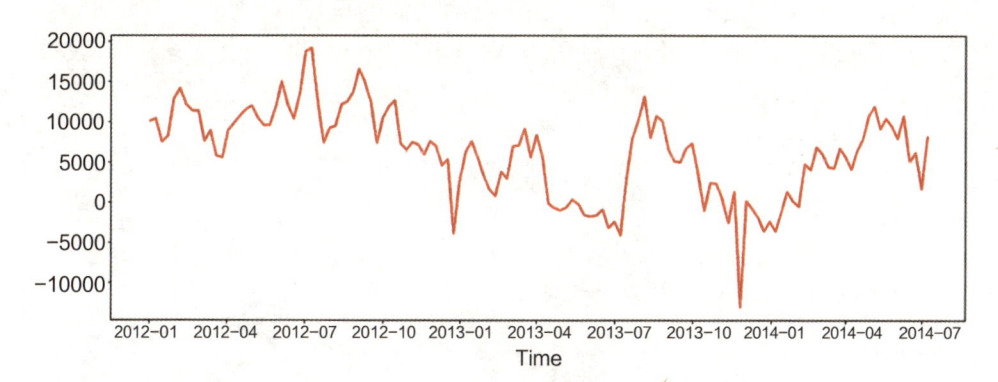

图 8-32　52 步差分处理后的时序图

图 8-32 所示的时序图显示仍不平稳，继续做 1 阶差分来消除长期趋势，代码如下：

```
# 时序图显示仍不平稳，继续做1阶差分，并绘制时序图
call_2 = call_1.diff(1)
plt.plot(call_2)
plt.xlabel('Time');
```

继续做 1 阶差分后的时序图如图 8-33 所示。

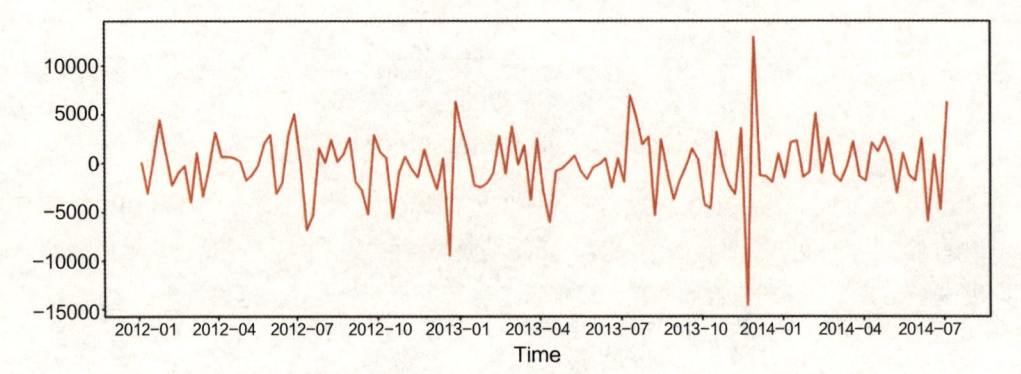

图 8-33　继续做 1 阶差分后的时序图

经过 52 步差分处理和 1 阶差分处理后的时序图呈平稳特征，即差分后得到了平稳序列。

2. 定阶

使用 acf 函数与 pacf 函数绘制差分后的数据的自相关图与偏自相关图，分别如图 8-34 和图 8-35 所示。绘制代码如下：

```
#ACF 图、PACF 图
draw_acf_pacf(call_2[1:], 'dotcom_calls - 52 步差分后再做1阶差分 ', lags=30)
```

ACF
dotcom_calls-52 步差分后在做 1 阶差分

图 8-34　自相关图

PACF
dotcom_calls-52 步差分后在做 1 阶差分

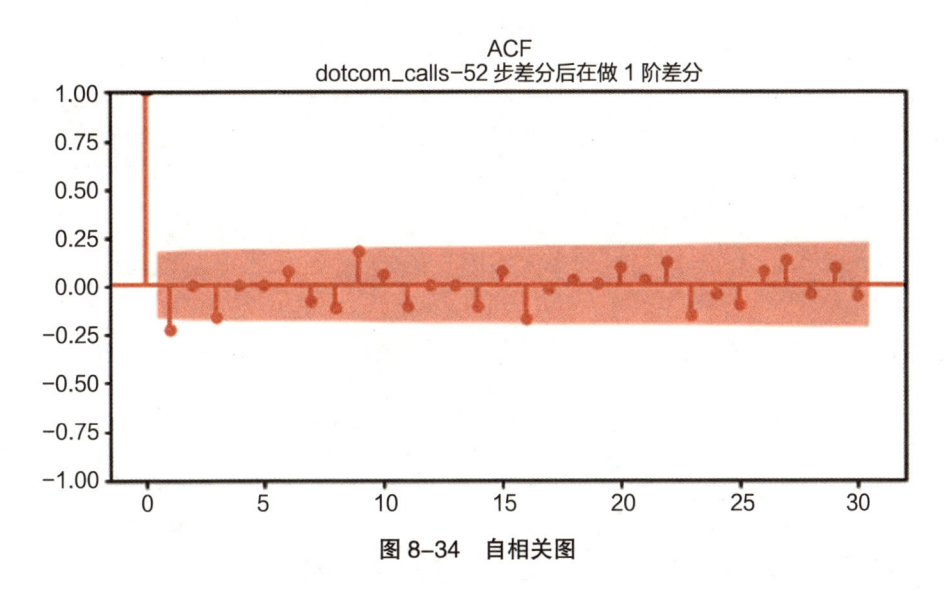

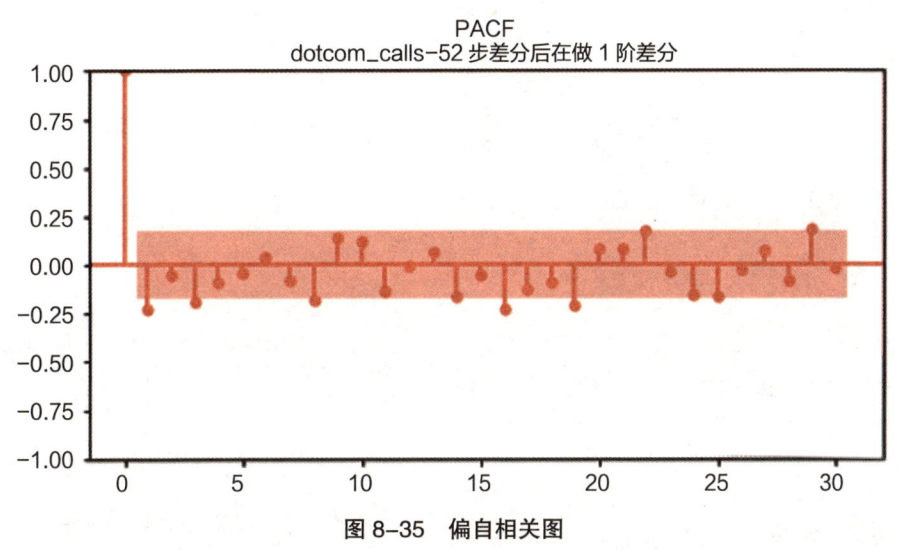

图 8-35　偏自相关图

从上述自相关图和偏自相关图中不能明确地确定模型的阶数，所以使用 AIC 准则进行定阶。原则上，可以调大 p、q 的数值不断进行拟合，这里以 0~2 的范围为例来说明，代码如下：

```
best_aic = np.inf    # 表示一个无限大的正数
best_order = None
best_mdl = None
```

```
pq_rng = range(2)
d_rng = range(1)

for p in pq_rng:
    for d in d_rng:
        for q in pq_rng:
            try:
                tmp_mdl = smt.ARIMA(call_2[1:],order=(p,d,q)).fit()
                tmp_aic = tmp_mdl.aic
                print('aic : {:6.5f}| order: {}'.format(tmp_aic,(p,d,q)))
                if tmp_aic < best_aic:
                    best_aic = tmp_aic
                    best_order = (p,d,q)
                    best_mdl = tmp_mdl
            except:
                continue
print('\naic: {:6.5f}| order: {}'.format(best_aic,best_order))
```

AIC 准则定阶结果如图 8-36 所示。

通过 AIC 准则可以判断经过差分处理后的数据应使用 ARIMA(1,0,1) 模型。

```
aic : 2493.89947| order: (0, 0, 0)
aic : 2487.16592| order: (0, 0, 1)
aic : 2488.45031| order: (1, 0, 0)
aic : 2485.67491| order: (1, 0, 1)

aic: 2485.67491| order: (1, 0, 1)
```

图 8-36　AIC 准则定阶结果

3. 估计

使用 Python 中的 ARIMA() 函数，设定 AR 阶数为 1，差分为 0，MA 模型的阶数为 1，即为 ARIMA(1,0,1) 模型，对应的参数为 (1,0,1)，代码如下：

```
# fit ARIMA(1,0,1)
call_arima_a = smt.ARIMA(call_2[1:],order=(1,0,1)).fit()
print(call_arima_a.summary())
```

模型输出结果如图 8-37 所示。

```
                               SARIMAX Results
==============================================================================
Dep. Variable:            dotcom_calls   No. Observations:                  131
Model:                   ARIMA(1, 0, 1)  Log Likelihood               -1238.837
Date:                 Tue, 25 Jan 2022   AIC                           2485.675
Time:                         16:51:41   BIC                           2497.176
Sample:                     01-08-2012   HQIC                          2490.348
                          - 07-06-2014
Covariance Type:                   opg
==============================================================================
                 coef    std err          z      P>|z|      [0.025      0.975]
------------------------------------------------------------------------------
const        -40.1073     80.015     -0.501      0.616    -196.934     116.719
ar.L1          0.7000      0.086      8.161      0.000       0.532       0.868
ma.L1         -0.9258      0.060    -15.379      0.000      -1.044      -0.808
sigma2      9.828e+06   7.97e+05     12.334      0.000    8.27e+06    1.14e+07
===================================================================================
Ljung-Box (L1) (Q):                   0.85   Jarque-Bera (JB):                84.64
Prob(Q):                              0.36   Prob(JB):                         0.00
Heteroskedasticity (H):               2.13   Skew:                            -0.71
Prob(H) (two-sided):                  0.01   Kurtosis:                         6.67
===================================================================================

Warnings:
[1] Covariance matrix calculated using the outer product of gradients (complex-step).
```

图 8-37　ARIMA(1,0,1) 模型输出结果

4. 检验

通过自相关图和偏自相关图直观展示残差序列,图 8-38 所示为残差序列时序图,图 8-39 和图 8-40 分别为残差自相关图和残差偏自相关图。

```
# 残差序列时序图
plt.plot(call_arima_a.resid)
plt.ylabel('Residual');
```

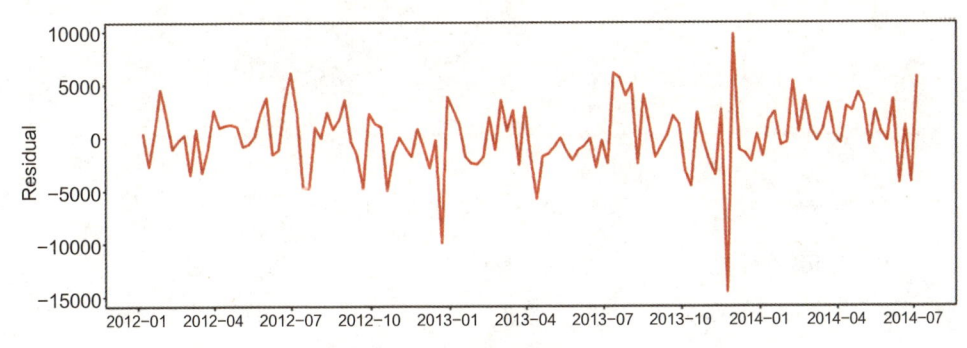

图 8-38　残差序列时序图

```
# 残差 ACF 图和 PACF 图
```

```
draw_acf_pacf(call_arima_a.resid, '残差', lags=30)
```

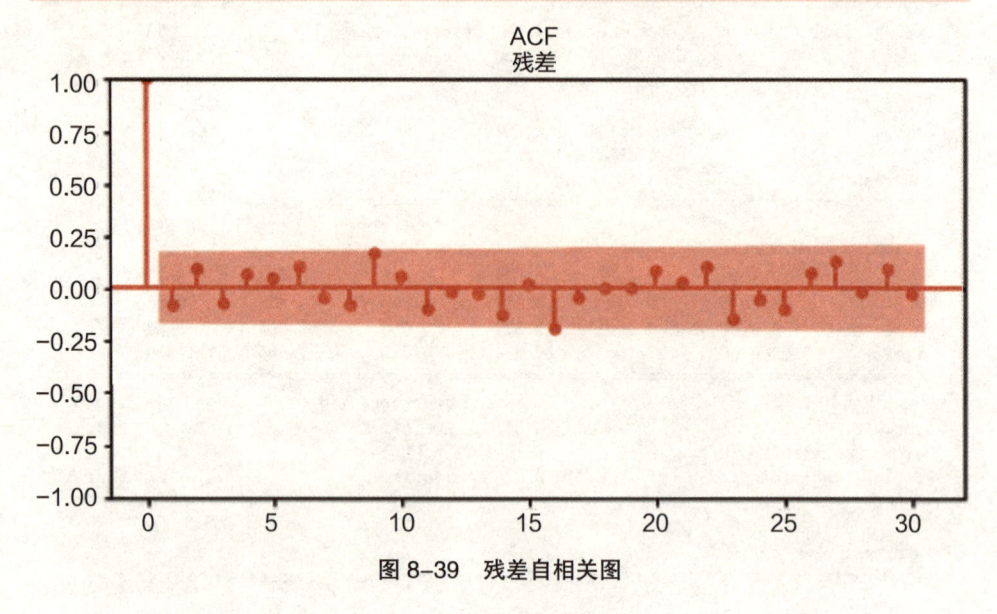

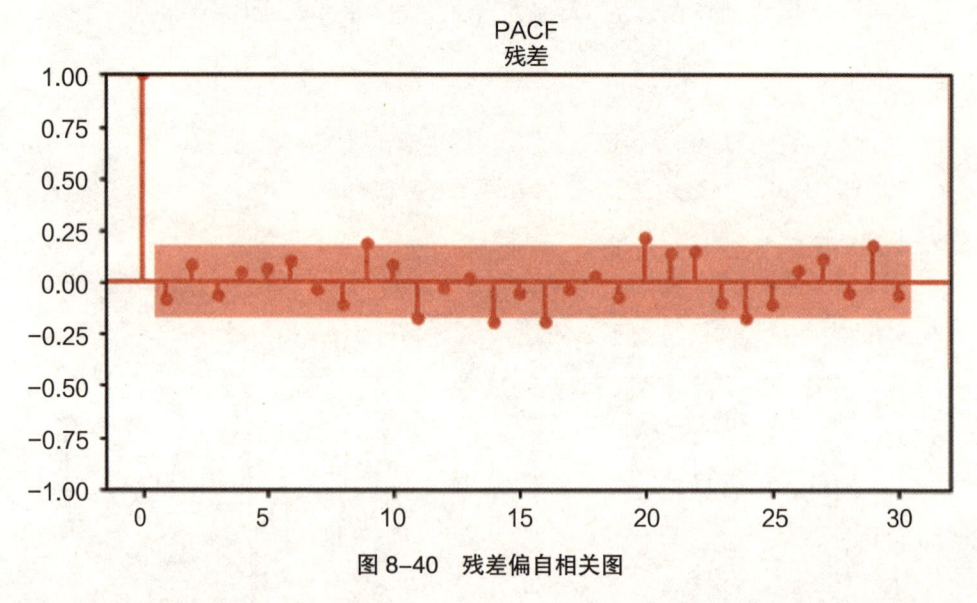

图 8-39　残差自相关图

图 8-40　残差偏自相关图

从图 8-39 和图 8-40 中可以看出，残差已经无信息可提取。在残差自相关图中，残差滞后各期均无显著的自相关性；在残差偏自相关图中，残差滞后各期也无显著的偏自相关性。

5. 预测

使用模型对测试集数据进行预测,代码如下:

```
# SARIMAX 季节性的 ARIMA 模型
call_arima_final=smt.SARIMAX(train_call,order=(1,1,1),seasonal_order=(0,1,0,52)).fit()
fig, ax = plt.subplots(figsize=(10, 8))
fig = plot_predict(call_arima_final, start="2014-07-13", end="2016-02-03", ax = ax)
legend = ax.legend(loc="upper left")
```

ARIMA 模型预测结果如图 8-41 所示。

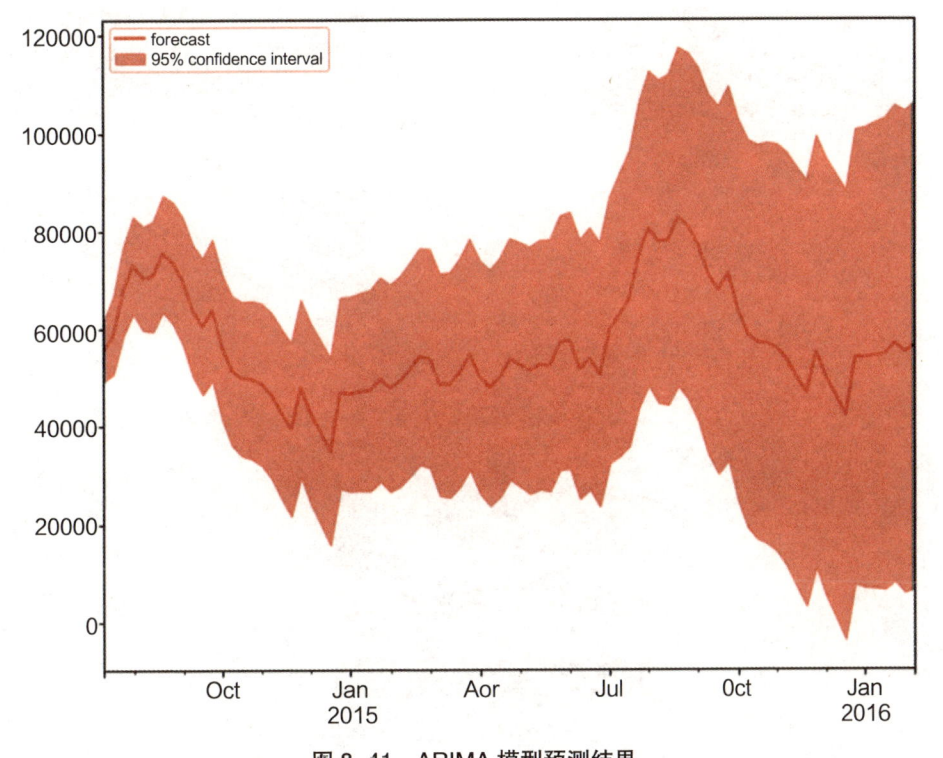

图 8-41　ARIMA 模型预测结果

/ 商业策略数据分析 /

8.5　ARIMA 建模方法总结

在商业时间序列预测方面，可遵循以下建模流程，如图 8-42 所示。

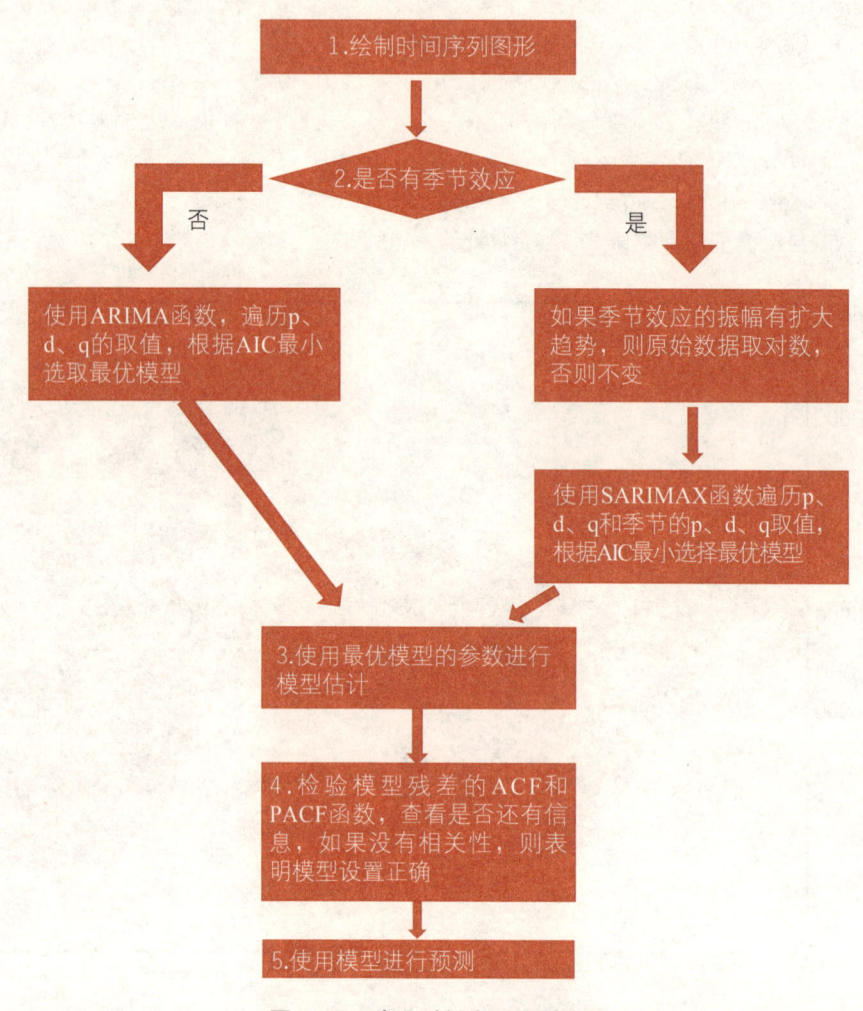

```
                    1.绘制时间序列图形
                            ↓
                    2.是否有季节效应
                   ↙              ↘
                  否                是
                  ↓                 ↓
        使用ARIMA函数，遍历p、    如果季节效应的振幅有扩大
        d、q的取值，根据AIC最小   趋势，则原始数据取对数，
        选取最优模型              否则不变
                                    ↓
                          使用SARIMAX函数遍历p、
                          d、q和季节的p、d、q取值，
                          根据AIC最小选择最优模型
                   ↘              ↙
                    3.使用最优模型的参数进行
                    模型估计
                            ↓
                    4.检验模型残差的ACF和
                    PACF函数，查看是否还有信
                    息，如果没有相关性，则表
                    明模型设置正确
                            ↓
                    5.使用模型进行预测
```

图 8-42　商业时间序列预测流程

步骤 1：该步骤是必需的，如果不看时间序列图形，就不能确定是否有季节效应。可能有人认为，既然 SARIMAX 函数的功能可以涵盖 ARIMA 函数的动能，就可以统一使用 SARIMAX 函数遍历所有参数，得到最优模型。但是这样做是不可取的，因为 SARIMAX 函数的参数过多，模型的估计结果不稳定。如果数据没有季节效应，则尽量选择 ARIMA 函数进行估计。

步骤 2：参数的取值是 0、1、2，很少有参数超过 2 的情况，即使真的超过 2，第 3 阶的信息也很少，可以忽略。实在有问题，还可以在步骤 4 中通过查看残差的情况判断是否扩大搜索空间。选取最优模型可以依据 AIC 或 BIC 统计量，依据 AIC 统计量选取的模型较大，即模型参数较多；依据 BIC 统计量选取的模型较小，即模型参数较少。不过绝大部分情况下两个统计量得到的模型是一样的。

步骤 3：对步骤 3 得到的最优模型进行重新估计。模型估计好后，可以查看模型的参数。本步骤并没有进行时间序列的平稳性检验，有两个考虑：①平稳性检验的方法众多，远不只本章介绍的一种检验方法，也比较复杂，statsmodels 中提供的 **adfuller** 函数其实聊胜于无，用处并不大；②目前统计学界提供的平稳性检验方法的势（power）都不高，也就是说，检验结果没有很大用处。实际上，相关系数为 0.9 以上的 AR(1) 和 ARIMA(0,1,0) 是不能通过平稳性检验区分开的。因此索性不做平稳性检验，仅依靠 AIC 或 BIC 统计量判断最优模型即可。

步骤 4：该步骤用于确认模型的正确性。如果残差序列的前几阶（比如 5 阶）自相关性、偏自相关性不显著，则说明已经是最优模型。统计学参考书中会使用 DW 统计量（杜宾-沃森检验）、Q-Q 检验、Q 检验，其实和查看自相关函数区别不大，这些检验在本书配套资料中提供了，读者可自行学习。

步骤 5：在本步骤中，如果之前的数据取了自然对数，则在使用模型预测后，要对数据取自然指数。

8.6 本章练习题

（单选题）下列（ ）是常见的时间序列算法模型。

A、RSI

B、MACD

C、ARMA

D、KNN

答案：C

解析：本题考查时间序列算法模型的相关知识。自回归移动平均模型（Auto Regressive Moving Average Model，ARMA 模型）是常见的时间序列算法模型，因此本题选 C。

/ 商业策略数据分析 /

（单选题）影响时间序列的因素不包括（　　）。

A、季节变动

B、循环波动

C、不规则波动

D、有效性

答案：D

解析：本题考查时间序列算法模型的相关知识。影响时间序列的因素包括季节变动、循环波动、不规则波动和趋势变动，不包含有效性，因此本题选D。

（单选题）对于非平稳时间序列来说，大部分场景下将它转换成平稳时间序列的最好的方法是（　　）。

A、取对数

B、归一化

C、差分

D、数据标准化

答案：C

解析：本题考查非平稳时间序列的转换。对于非平稳时间序列来说，大部分场景下将它转换成平稳时间序列最好的方法是差分，因此本题选C。

（单选题）时间序列呈现出的以年为周期的固定变动模式，这种模式年复一年重复出现，我们称为（　　）时间序列波动。

A、随机

B、季节

C、循环

D、不规则

答案：B

解析：本题考查时间序列波动的概念。季节时间序列波动是现象观察值在一年之内随季节变化而呈现出来的周期性波动。循环时间序列波动是现象在较长时间内呈现出的波浪式的起伏变动。不规则时间序列波动是一种随机波动，是由偶然因素引起的时间序列波动。根据题意可知描述的是季节时间序列波动，因此本题选 B。

（单选题）关于自回归模型说法错误的是（　　）。

A、自回归模型是用自身的数据进行预测

B、时间序列数据必须具有平稳性

C、自回归只适用于预测与自身前期相关的现象

D、自回归模型关注的是自回归模型中的误差项的累加

答案：D

解析：本题考查对自回归模型的理解。移动平均模型关注的是误差项的累加，选项 D 表述错误，其余选项表述均正确，因此本题选 D。

（单选题）偏自相关系数在最初的 d 阶明显大于 2 倍标准差范围，d 阶后突然衰减在零附近，属于（　　）。

A、d 阶截尾

B、d+1 阶截尾

C、d 阶拖尾

D、d+1 阶拖尾

答案：A

解析：本题考查偏自相关系数的相关知识。出现以下情况，通常视为（偏）自相关系数 d 阶截尾：在最初的 d 阶明显大于 2 倍标准差范围，之后几乎 95% 的（偏）自相关系数都落在 2 倍标准差范围以内，且由非零相关系数衰减为在零附近小值波动的过程非常突然。由题意可知本题选 A。

（多选题）在趋势分解法中，时间序列的成分与观测值的关系可以用（　　）模型表示。

A、加法模型

B、减法模型

C、乘法模型

D、除法模型

答案：AC

解析：本题考查趋势分解法的相关知识。在趋势分解法中，时间序列的成分与观测值的关系可以用加法模型或乘法模型表示，因此本题选 AC。

（多选题）在利用残差图进行回归统计诊断时，用什么判断模型满足独立同分布（这里残差图的横坐标是因变量的拟合值，纵坐标是学生化残差）？（　　）

A、残差图中的所有点都以均值 0 为中心随机分布在一条水平带中间

B、残差图中的残差随着因变量拟合值的增大而增大

C、残差图中的所有点没有呈现任何有规律的趋势

D、残差之间具有一定相关性

答案：AC

解析：本题考查利用残差图进行回归统计诊断的方法。选项 A 残差图中的所有点都以均值 0 为中心随机分布在一条水平带中间是正确的，表明这是满足独立同分布的。选项 C 残差图中的所有点没有呈现任何有规律的趋势，说明是互相独立的。其余选项表述均错误，因此本题选 AC。

第 9 章 用户分群方法

俗话说"物以类聚，人以群分"，说的是人会因为某种相同或类似的兴趣聚合在一起，成为一个团体，在这个群体中，人们有类似的特征和行为。这给我们一种启发：能否将这种朴素的哲学思想用于商业营销、用户的管理和维护呢？答案是肯定的。

9.1 用户细分与聚类

其实，用户分群的思想和理念一直以来都有广泛的应用。20 世纪 90 年代之前，主要使用用户基本信息进行细分，之后代表性的企业开始将人口统计学和心理学知识融入用户分群，为不同群体的用户提供差异化产品和服务。21 世纪，得益于信息传输、计算能力的快速发展，此阶段强调基于数据的用户行为分群，越来越多的数据被用于建立用户分群模型，而这里的分群模型就是聚类模型。所谓聚类模型，大致的逻辑是，将样本点根据某种特征进行分类，达到的效果是，类与类之间的差异大，而同一个类内的用户差异较小，从而达到分群、定类别的目的。聚类分析常常用于商业用户细分，区别于传统的、无差别的不区分用户的营销理念，进行用户细分可以深入了解和认识各群体的用户，从而制定更加有效的用户管理策略和更有针对性的营销手段。

9.1.1 用户细分的重要意义

用户细分在市场开发和产品设计中占有重要地位。对用户进行细分有利于深入洞察用户需求、提高业务运营效率和效益、降低运营风险、保持业务的可持续增长。

中国移动的品牌划分是一个耳熟能详的案例。中国移动在分析用户长途和短途通话行为、短信和上网流量情况后，发现可以将用户分成 3 类，分别是长途和漫游通话占比高的用户、本地通话占比高的用户和数据业务使用量较高的用户。对应这3类用户，中国移动开发了3个产品，分别是全球通、神州行和动感地带。当然，用户细分远没有这么简单，中国移动在3大产品内部还制定了不同类型的套餐来满足更小的细分市场。

对用户细分的检测也是了解市场、预测未来变化趋势的主要方式，比如在近几年，手机用户的消费行为发生了明显的变化，单纯的长途漫游特征已经很少，长途漫游加数据业务相结合的特征增强，具体还可以细分为商务办公型、时尚娱乐型和广泛社交型等不同的类型。这些消费行为给业务发展指明了方向，单纯提高通话质量，显然不能给这些细分人群提供更好的服务。

9.1.2 用户细分的不同商业主题

根据不同的商业主题，常见的分群有4种类型，分别用于产品设计、用户管理、用户营销和资源投入优化的需求，如图9-1所示。

图 9-1 用户细分的几种分群类型

1. 产品设计阶段的用户细分

一个产品可以为不同的用户群体提供服务，比如一个宠物托管产品的用户群体可以分为退休驴友、北漂驴友、怀孕准妈妈、白领商旅人士等不同的群体，这些群体对宠物托管这个产品的特性提出不同的要求。比如，白领商旅人士由于经常临时出差，因此对宠物托管业务的时效性要求较高，甚至会在深夜下单托管业务；而北

第 9 章 用户分群方法

漂驴友更关心宠物托管的服务质量，宠物是否会得到精心照顾等。由于产品还处于研发期，很难通过自动化数据采集工具获取用户数据，因此这类用户分群往往采用人类学分析方法和调研问卷方法，寻找需求、态度和痛点。人类学分析的目的是充分融入潜在用户的生活和工作场景，与用户产生共情，此阶段会使用用户同理心地图这个工具，如图 9-2 所示。

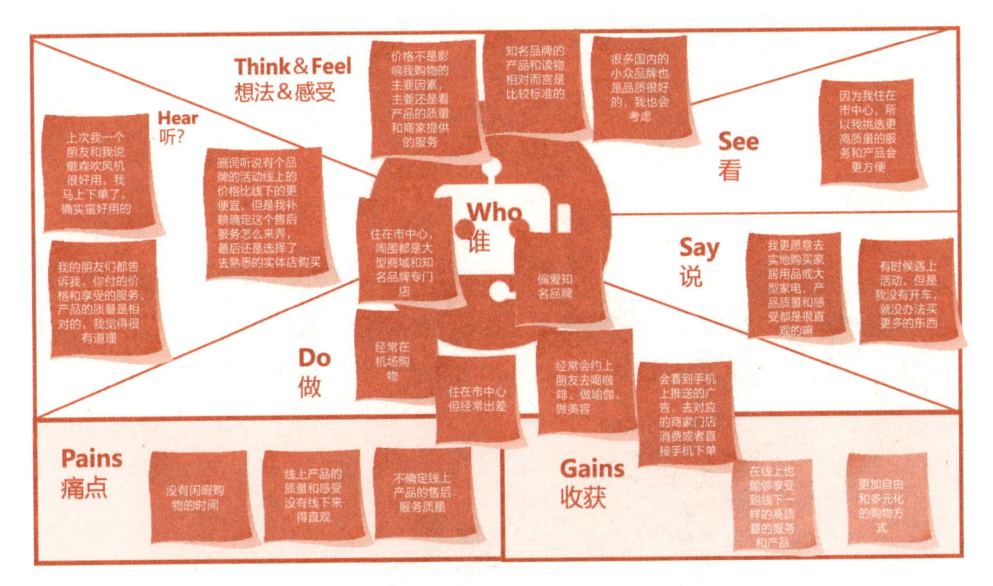

图 9-2 用户同理心地图

用户同理心地图分为两部分，上半部分划分了 5 个象限：听、做、说、看和想（想法、感受），用来模拟用户的大脑，思考用户的动机；下半部分是随着讨论的进行，最终获得的痛点和收获。

用户同理心地图是单个用户层面的，产品的特性设计需要从单个用户层面进行抽象，获取某类群体的共性，这时可以使用亲和图对单个用户进行聚类。

图 9-3 所示是一家宠物托管公司根据用户同理心地图获得用户的痛点所做的亲和图。

这家宠物托管公司把其用户托管的目的分为紧急出差、旅游托管、备孕寄养等，根据亲和图，对用户进行聚合，如北漂驴友、退休驴友在宠物托管需求上被划为一类，即旅游托管。

329

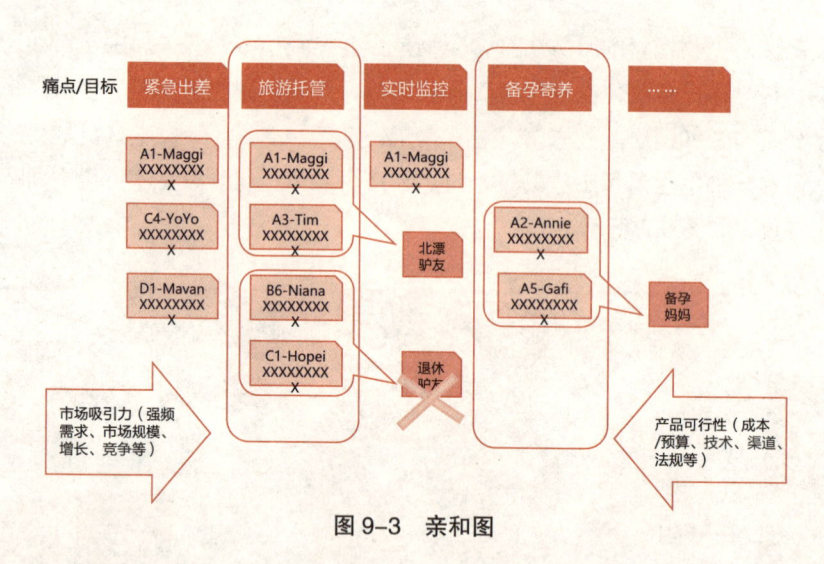

```
痛点/目标   紧急出差   旅游托管   实时监控   备孕寄养   ……

           A1-Maggi   A1-Maggi   A1-Maggi
           XXXXXXXX   XXXXXXXX   XXXXXXXX
           X          X          X
                                             A2-Annie
           C4-YoYo    A3-Tim                 XXXXXXXX
           XXXXXXXX   XXXXXXXX    北漂       X
           X          X           驴友
                                             A5-Gafi      备孕
           D1-Mavan   B6-Niana                XXXXXXXX    妈妈
           XXXXXXXX   XXXXXXXX                X
           X          X           退休
                                  驴友
                      C1-Hopei
                      XXXXXXXX
                      X
```

市场吸引力（强频需求、市场规模、增长、竞争等） ⟶   ⟵ 产品可行性（成本/预算、技术、渠道、法规等）

图 9-3 亲和图

根据市场吸引力、产品可行性等要素，选出那些可以被用来重点关注的用户，这些典型用户的痛点可为产品设计做参考，如图 9-4 所示。

> **性别**：女　**年龄**：22~30岁
> **职业**：自由职业
> **居住地**：一线城市（北、上、广、深）
> **婚姻状况**：未婚
> **月收入**：1万元左右
> **爱好**：饲养宠物和旅游（每年大概有4~5次外出旅游，时间大多为7~10天）
> **痛点**：外出旅游期间，希望宠物能得到好的照料；希望外出期间能够随时了解宠物的状态。

> **性别**：女　**年龄**：25~35岁
> **职业**：白领
> **居住地**：一线城市（北、上、广、深）
> **婚姻状况**：已婚（孕期）
> **月收入**：1万元以上
> **爱好**：饲养宠物
> **痛点**：怀孕准备期及孕期无法照料宠物，需6个月左右的宠物寄养；希望寄养期间能够随时了解宠物的状态。

图 9-4 聚焦典型用户

2. 资源投入优化 - 用户价值分层

用户价值分群是指依据用户的当前价值或潜在价值进行分群，多是基于业务规则对用户进行分群，潜在用户价值分群最常用的方法就是 RFM 模型。

RFM 模型是根据用户的 3 个维度进行价值区分的，分别是消费热度、消费频率、消费金额。RFM 模型中的 R 表示最近一次消费的时间间隔，F 表示消费的频率，M

则表示消费的金额。

图 9-5 简单展示了 RFM 模型对用户进行价值分群的步骤。

图 9–5　RFM 模型对用户进行价值分群的步骤

第一步：在数据库中拉取相关数据，数据字段包含用户码、产品类型、消费时间、消费金额，用于计算每个用户的 R、F、M 值，如图 9-6 所示。

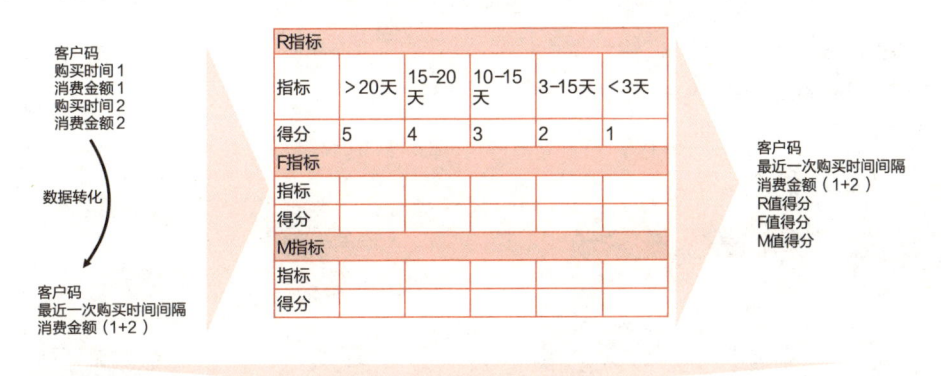

图 9–6　计算 R、F、M 值

第二步：分别将 F、M 的值与其对应的平均值做比较并打分，对 R 的打分可以制定合适的天数阈值，如这里把距离上次购买超过 20 天的 R 指标打为 5 分，小于 3 天的打 1 分。

第三步：根据相应的 R、F、M 取值来确定一个用户的价值分层，如图 9-7 所示。

如果一个用户，其 R、F 和 M 的值都高于平均分，即近期消费、高频率、高消费，则是对公司价值最大的用户，称为五星荣耀用户，其他用户同样可以根据这种规则依次进行价值分层。

图 9-7 用户的价值分层

客户分类	最近一次消费间隔（R）	消费频率（F）	消费金额（M）
五星荣耀客户	高	高	高
四星荣耀客户	高	低	低
三星荣耀客户	低	高	高
二星荣耀客户	高	低	高
一星荣耀客户	高	高	低
重要发展客户	高	低	低
重要保持客户	低	高	高
重要挽回客户	低	低	低

3. 用户管理–用户生命周期分群

生命周期，这个概念借用了人类生命的整个过程，即一个人会经历诞生、生长、成熟、衰老和死亡的过程。对于企业而言，用户也有类似的生命周期：潜在用户阶段、响应用户阶段、既得用户阶段和流失用户阶段。

图 9-8 是一家电信公司针对用户不同阶段的营销管理方法。

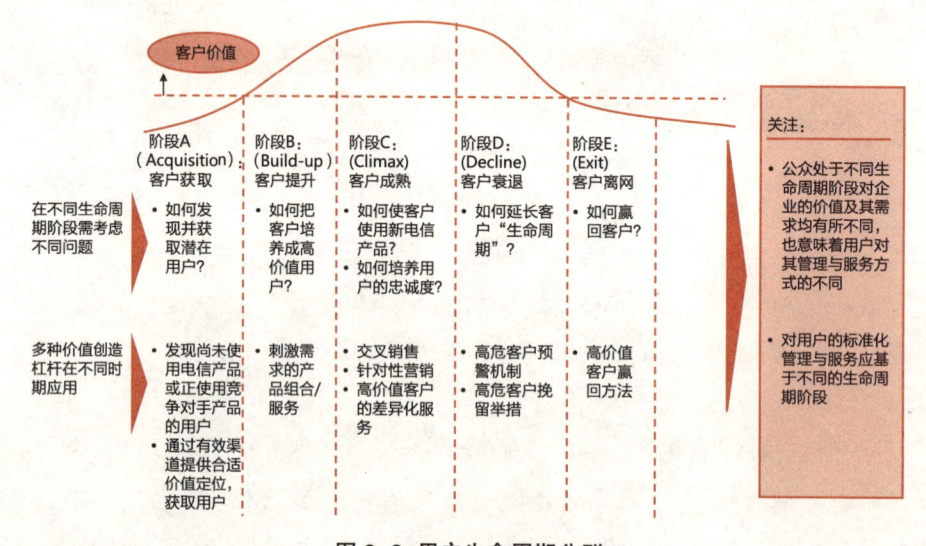

图 9-8 用户生命周期分群

比如，在用户成熟阶段（既得用户时期），要考虑如何让用户使用新的电信产品，如何培养用户的忠诚度等，方法有很多，如使用关联规则进行交叉销售来提高产品的购买率，或者针对性地营销、对高价值用户进行差异化服务等措施。

4. 用户营销-用户行为特征分群

根据用户的行为数据用聚类等算法进行分群，用来做营销。

图 9-9 所示是根据循环信用次数和交易次数这两个维度，对信用卡用户进行聚类分群的。

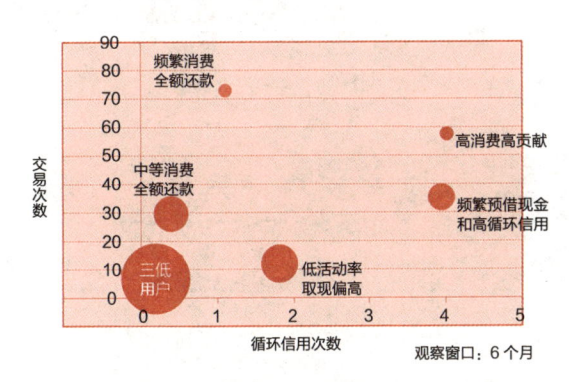

图 9-9　信用卡用户行为特征分群

针对不同行为特征的用户群体，为其概括性地取一个群名称，并且根据用户需求进行针对性的营销。如图 9-10 所示，对于"退休老人"这个群体，其群体信用卡需求有稳定增长、风险小、偏好基金等特征。针对这类群体，具体的营销策略可以是推荐以基金为主的产品，保持持续增长的趋势，当然可以鼓励用户使用理财产品。有数据表明，这种"投其所好"针对性的营销带来的价值比传统无差别的营销价值高，毕竟谁不倾向于为"理解"自己的产品买单呢！

图 9-10

商业策略数据分析

因为本章的重点是使用聚类等算法对用户行为特征做用户细分,所以下面举一个保险产品公司根据消费行为进行用户分群的例子来帮助读者掌握这种思想。

图 9-11 是一家保险产品公司结合公司积累的用户数据和专业咨询公司基于数据聚类分群后的群体画像。

	青年精英	初为人母	财务自由	中年女士	居家老人
在用户总体中所占比例	35% (其中有50%对寿险产品感兴趣)	25% (其中有60%对寿险产品感兴趣)	20% (其中有40%对寿险产品感兴趣)	10% (其中有30%对寿险产品感兴趣)	10% (其中有25%对寿险产品感兴趣)
群体特征	青年 中高等以上收入 男性居多 受教育程度高	中青年 中等收入 女性居多 中等教育程度	中老年 高收入 男性居多 公司管理层	中年 中等收入 女性居多	中老年 中低收入 男性/女性
消费取向 (消费特征)	·愿意尝试新事物, ·易接受新科技产品 ·风险爱好型 ·价格敏感度高	·使用社交媒体 ·对其他新科技产品接受度低 ·对寿险相关产品了解较少,需要专业指导 ·价格敏感度较高	·对保险有较深刻的认识 ·对自身财务状况充满信心 ·价格敏感度最低 ·对寿险产品有兴趣	·不愿意接受新事物 ·风险厌恶型 ·非家庭的主要决策者 ·对寿险产品兴趣低	·使用社交媒体 ·不信任金融机构 ·对寿险产品没有兴趣

图 9-11 保险产品用户分群画像

这家保险公司结合专业咨询公司的分析和建议,将其用户分为 5 类:青年精英、初为人母、财务自由、中年女士和居家老人,并且每类群体都有相应的用户人群占比,在用聚类模型做用户细分用于营销时,我们希望每类群体的用户比差距不要太大,因为单独群体比例很小是不方便营销的,不可能单独花费精力和资金去维护比例很小的一个群(注意,这里并不是说比例很小的用户价值就小),这样的分群是不合理的。在本例中,我们看到每个群的人群占比从大到小排列,最大的用户群占总用户群的 35%,最小的用户群如居家老人,也有 10% 的比例,与最大值 35% 差距也没大到离谱的程度。

在图 9-11 中,除列出每个群的用户占比外,还列出了每类群体的群体特征和消费行为特征。在群体特征部分,从数据的变量类型的角度来说,在消费取向、消费特征方面,是用消费行为连续型数值来提取消费特征的。

该保险公司结合公司的业务现状和发展,制定了一套精细化营销策略,各执行部门有非常详细的在不同时间点、不同渠道的营销活动,可以指导该公司推荐寿险产品。事实证明，在基于多维度数据的、科学的用户分群基础上的营销策略要比基于主观或局部信息的营销策略更能把握用户，进而达到有效营销的目的。

总的来说，以产品线的角度分析，用户分群有如图 9-12 所示的商业应用价值。

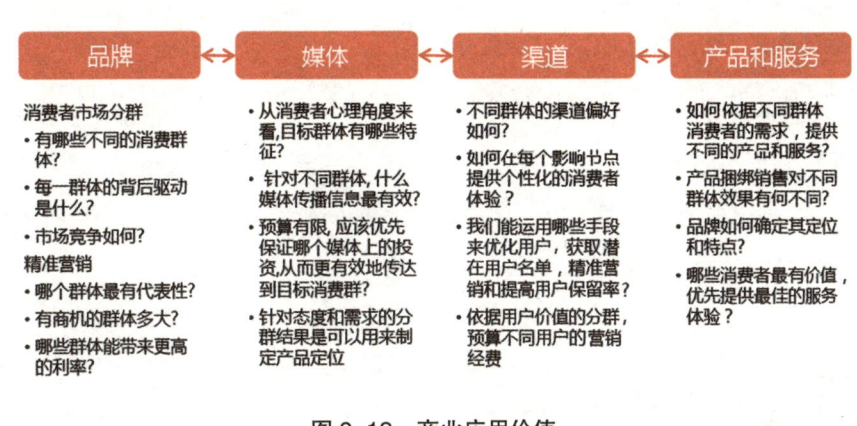

品牌
消费者市场分群
- 有哪些不同的消费群体？
- 每一群体的背后驱动是什么？
- 市场竞争如何？

精准营销
- 哪个群体最有代表性？
- 有商机的群体多大？
- 哪些群体能带来更高的利率？

媒体
- 从消费者心理角度来看，目标群体有哪些特征？
- 针对不同群体，什么媒体传播信息最有效？
- 预算有限，应该优先保证哪个媒体上的投资，从而更有效地传达到目标消费群？
- 针对态度和需求的分群结果是可以用来制定产品定位

渠道
- 不同群体的渠道偏好如何？
- 如何在每个影响节点提供个性化的消费者体验？
- 我们能运用哪些手段来优化用户，获取潜在用户名单，精准营销和提高用户保留率？
- 依据用户价值的分群，预算不同用户的营销经费

产品和服务
- 如何依据不同群体消费者的需求，提供不同的产品和服务？
- 产品捆绑销售对不同群体效果有何不同？
- 品牌如何确定其定位和特点？
- 哪些消费者最有价值，优先提供最佳的服务体验？

图 9-12 商业应用价值

9.2 聚类分析的基本概念

从商业策略角度来说，我们在谈论算法的时候，不会像学术研究一样单纯地讨论一个算法，我们更关注用户细分的方式、分群及聚类之间的联系。行为特征用户细分简单来说就是将现有的消费群体按照一定的规则分成若干个小群。分群目标是，使得每个群的特征描述明确且具体，不同群之间的特征差异明显。这跟聚类算法的逻辑是一样的，即通过对数据进行分类，使得类与类之间的差异大，而同类内的样本差异小，从而达到分群的效果。

那么问题又来了，什么叫做差异？怎样量化呢？这些数据又是怎样分的呢？

差异其实就是相似度的衡量，不同的算法有不同的角度，就聚类算法而言，差异经常使用距离这个概念去量化。

计算样本点之间的距离，通常有多种方法。假设有两个观测（两点），均用向量表示，第 i 个观测值为 $X_i \sim (x_{i1}, x_{i2}, \cdots, x_{ip})$，第 j 个观测值为 $X_j \sim (x_{j1}, x_{j2}, \cdots, x_{jp})$，下面用具体的数据点表示，如图 9-13 所示。

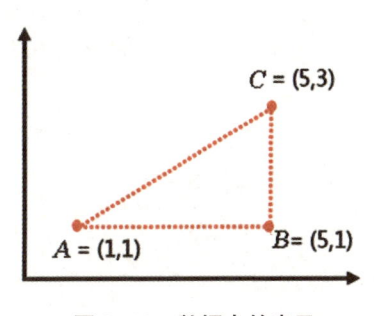

图 9-13 数据点的表示

A 观测的坐标是 (1,1)，B 观测的坐标是 (5,1)，C 观测的坐标是 (5,3)，计算两个观测之间距离的方式有很多种，常用的距离表示方式如下。

绝对值距离：$d_{ij}(1) = \sum_{k=1}^{p} |x_{ik} - x_{jk}|$

欧式距离：$d_{ij}(2) = [\sum_{k=1}^{p} (x_{ik} - x_{jk})^2]^{1/2}$

明考斯基距离：$d_{ij}(q) = [\sum_{k=1}^{p} |x_{ik} - x_{jk}|^q]^{1/q}$

当明考斯基距离的 q=2 时，就是欧式距离。在层次聚类和 Kmeans 聚类中，计算点与点之间的距离通常使用欧式距离，如在本案例中，A 点和 C 点的欧式距离计算为：$(5-1)^2+(3-1)^2$=16+4=20，则 A 与 C 距离为 $20^{\frac{1}{2}}$。

9.3 聚类模型的评估

聚类是一种无监督方法，无因变量，其效果好坏难以在建模时使用有监督模型的评估方法衡量。不过可以在建模之后，通过外部数据验证聚类效果的好坏。比如，将聚类后的标签作为"以下哪个选项更贴近您"的问题选项让用户自己填写，然后用准确度或 ARI 等指标进行评估。不过这样做的成本较高，也有一些低成本、精确度尚可的指标用于衡量聚类效果，其思想在于类簇内的差异尽可能小，而类间的差异尽可能大。评估聚类模型优劣的主要标准有轮廓系数、平方根标准误差和 R^2。

9.3.1 轮廓系数

样本轮廓系数：

$$S(i) = \begin{cases} 1 - \dfrac{a(i)}{b(i)}, & if\ a(i) < b(i) \\ 0, & if\ a(i) = b(i) \\ \dfrac{b(i)}{a(i)} - 1, & if\ a(i) > b(i) \end{cases}$$

整体轮廓系数：

$$S = \frac{1}{n}(\sum_{i=1}^{n} s(i))$$

其中，$a(i)$ 表示观测 i 到同一类内观测的距离的均值，$b(i)$ 表示观测 i 到不同类内所有观测的距离的均值最小值，$S(i)$ 表示观测 i 的轮廓系数。

生成聚类结果以后，对于结果中的每个观测来说，若 $a(i)$ 小于 $b(i)$，则说明该观测在聚类的类簇中是合理的，此时，如果 $\frac{a(i)}{b(i)}$ 的值越趋近于 0，那么 $S(i)$ 的值越趋近于 1，聚类效果越好；若 $a(i)$ 大于 $b(i)$，则说明该观测还不如在别的类簇中，聚类效果不好，此时 $\frac{a(i)}{b(i)}$ 的值趋近于 0，而 $S(i)$ 的值趋近于 −1；若 $a(i)=b(i)$，则说明不能判断观测 i 在哪个类簇中效果好，此时 $S(i)$ 的值为 0。

所以，$S(i)$ 的值域为 (-1,1)，其值越小表示聚类效果越差，其值越大表示聚类效果越好。将所有观测的轮廓系数值相加并求均值，就可以得到整个已聚类数据集的轮廓系数，同样，衡量其聚类好坏的标准与单个观测的轮廓系数的衡量方式是一致的。

9.3.2 平方根标准误差

平方根标准误差（Root-Mean-Square Standard Deviation，RMSSTD）的计算公式如下：

$$\text{RMSSTD} = \sqrt{\sum_{i=1}^{n} \frac{S_i^2}{p}}$$

其中，S_i 表示第 i 个变量在各群内的标准差之和，p 为变量数量。群体中所有变量的综合标准差，RMSSTD 的值越小，说明群体内（簇内）个体对象之间的相似程度越高，聚类效果越好。

9.3.3 R^2

R^2（R-Square）的计算公式如下：

$$R^2 = 1 - \frac{W}{T} = \frac{B}{T}$$

其中，W 表示聚类分群后的各群内部的差异程度（群内方差），B 表示聚类分群后各群之间的差异程度（群间方差），T 表示聚类分群后所有数据对象总的差异程度，并且 $T=W+B$。

R^2 表示聚类后群间差异的大小，也就是聚类结果可以在多大比例上解释原数据的方差。R^2 越大，说明群内（簇内）的相异性越高，聚类效果越好。

9.3.4 ARI

当聚类结果有"标准答案"时，可以使用 ARI（Adjusted Rand Index）评价聚类效果，计算公式如下：

$$t_1 = \sum_{i=1}^{K_A} C_{N_i}^2, \quad t_2 = \sum_{j=1}^{K_B} C_{N_j}^2, \quad t_3 = \frac{2t_1 t_2}{N(N-1)}$$

$$\mathrm{ARI}(A,B) = \frac{\sum_{i=1}^{K_A}\sum_{j=1}^{K_B} C_{N_{ij}}^2 - t_3}{\frac{t_1 t_2}{2} - t_3}$$

其中，A 和 B 是数据集 Z 的两个划分，分别有 K_A 和 K_B 个簇；N_{ij} 表示在划分 A 的第 i 个簇中数据的同时也在划分 B 的第 j 个簇中数据的数量；N_i、N_j 分别表示划分 A 中第 i 个簇与划分 B 中第 j 个簇的数据的数量。

若 ARI(A,B)=0：则划分 A 和 B 是独立的。若 ARI(A,B)=1：则划分 A 和 B 是完全相同的。ARI 的值越大，说明聚类效果越好。

9.4 层次聚类

按照不同的角度（比如基于划分、基于层次、基于密度、基于网络），聚类有很多不同的算法，层次聚类（也被称作系统聚类）是基于层次的聚类方法，因为这种方法在聚类过程中能够形成类相似度层次图谱，便于确定类与类之间的划分，所以该方法能够得到比较理想的类的数量，是目前商业应用使用较多的一种聚类算法。

9.4.1 层次聚类的算法描述

层次聚类算法的一般步骤如下。

（1）假设有 n 个样品，每个样品被单独看成一类，即构造 n 个类，每个类包含且只包含一个样品。

（2）计算 n 个样品两两之间的距离，以及类间距离矩阵，并将距离最近的两类合并为一个新类。

（3）计算新类与当前各类之间的距离。

（4）一直重复上述过程，直至所有的观测被聚为一类，并绘制聚类图。

（5）决定聚类数目和类别，并对类作出解释。

也就是说，层次聚类的思想是，首先把 n 个样本视作 n 类，使用观测之间的距离公式计算两两观测之间的相似性，把距离较小的两类合并为一个新类，再按照某种方法计算类与类之间的距离，然后继续将距离较小的类合并到新的大类，重复上述过程，直到所有的样本都分到一个类。

图 9-14 所示是一个层次聚类的可视化案例。

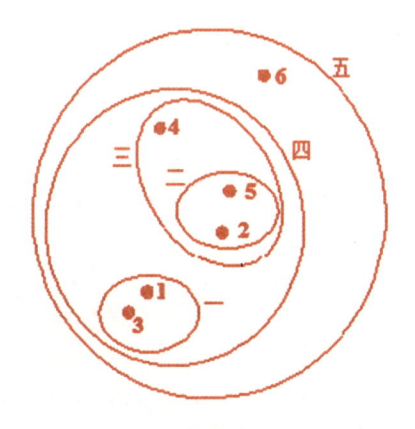

图 9-14　层次聚类可视化案例

在系统聚类算法中，首先把 6 个点单独看成一类，即现在有 6 个类，计算类与类之间的距离（点与点），把距离较小的两个类合并成一个新的大类，如这里类 1 和类 3 距离较近，合并成新的大类一，新的大类一继续参与其他类的距离计算，这样不断地计算和合并，直到所有的样本都被划分到一个类中，这里 6 个点都被划分成一个类五。

细心的读者可能会发现，这里类 1 和类 3 被划分到一个新的大类一后，如何计算类与类之间的距离呢？这里涉及类与类之间距离的衡量，下面是常用的一些计算方法。

（1）重心法（平均法）。

图 9-15 所示是用重心法计算两个类之间距离的一个案例。重心法计算的是观测类各自重心之间的距离，左边的类有 3 个样本点，使用这 3 个点的重心代替这 3 个点去计算类与类之间的距离，也就是计算重心与重心之间的距离，这里重心的确定其实就是求每个类中所有点的均值。重心法的特点是很少受到异常值的影响，但是因为类间的距离没有单调递增的趋势，所以不适合在层次聚类中使用层次聚类图观察分群的结果，聚类图上可能会出现图形逆转，计算起来比较麻烦。

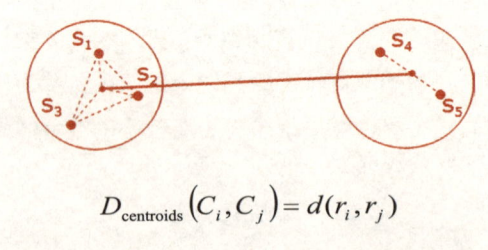

$$D_{\text{centroids}}(C_i, C_j) = d(r_i, r_j)$$

图 9-15 用重心法计算两个类之间距离的案例

（2）全联接法（平均联接法）。

图 9-16 所示是用全联接法计算两个类之间距离的一个案例。全联接法又被称为平均联接法，即考虑一类中所有样本点与另外一类中所有样本点两两之间的距离，用距离的平方和再求平均。案例中的就是求 s1 到 s4 的距离的平方。案例中的点两两联接，一共有 6 条线，求平均是为了去除次数的影响；但是因为这种计算方法会考虑所有样本点的距离，所以该方法对异常值比较敏感，结果不够稳定。

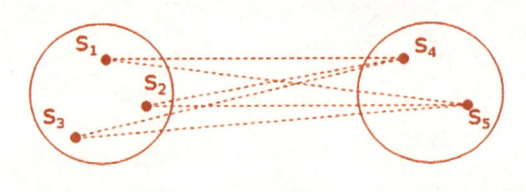

$$D_{12}^2 = \frac{1}{6}(d_{14}^2 + d_{15}^2 + d_{24}^2 + d_{25}^2 + d_{34}^2 + d_{35}^2)$$

图 9-16 用全联接法计算两个类之间距离的案例

（3）Ward 最小方差法。

Ward 最小方差法可以计算两簇内观测的方差，并计算合并两簇后大簇的方差，后者减去前者得到方差的增量，当所有的簇中某两簇合并方差增量最小时，说明这两簇的合并是适合的，方差增量的计算公式为：

$$D(C_i, C_j) = \sum_{x \in C_{ij}}(x-r_{ij})^2 - \sum_{x \in C_i}(x-r_i)^2 - \sum_{x \in C_j}(x-r_j)^2$$

其中，$\sum_{x \in C_i}(x-r_i)^2$ 表示簇 i 的方差；$\sum_{x \in C_j}(x-r_j)^2$ 表示簇 j 的方差；$\sum_{x \in C_{ij}}(x-r_{ij})^2$ 表示簇 i 与簇 j 合并后的方差，该方法很少受到异常值的影响，在实际应用中的分类效果较好，适用范围广。但该方法要求样本间的距离必须是欧氏距离。图 9-17~图 9-20 演示了 Ward 算法的计算步骤。

原始记录

	X	Y
A	6	5
B	7	6
C	2	4
D	4	2
E	2	1

两两样本的欧式距离的平方

	A	B	C	D	E
B	2				
C	17	29			
D	13	25	8		
E	32	50	9	5	

图 9-17 Ward 最小方差法

图 9-17 的左图是原始记录，右图是两两样本的欧氏距离。根据欧氏距离，A、B 首先应被归为一类，下面看看根据 Ward 最小方差法 A、B 是否也被归为一类。在聚成四类时，假设 A、B 被归为一类，则组内离差平方和为 $SS=(6-\frac{6+7}{2})^2+(7-\frac{6+7}{2})^2+(5-\frac{5+6}{2})^2+(6-\frac{5+6}{2})^2=1$。同理，如果 C、D 被归为一类，则组内离差平方和为 $SS=(2-\frac{2+4}{2})^2+(4-\frac{2+4}{2})^2+(4-\frac{4+2}{2})^2+(2-\frac{4+2}{2})^2=4$。其他方案与此类似。在聚成四类时，组内离差平方和如图 9-18 所示。从结果来看，在聚成四类时，A、B 被归为一类是最优的，因此 Ward 最小方差法和欧氏距离法的结论是一样的。

聚成四类

序号	1	2	3	4	组内SS
1	AB	C	D	E	1.00
2	AC	B	D	E	8.50
3	AD	B	C	E	6.50
4	AE	B	C	D	16.00
5	BC	A	D	E	14.50
6	BD	A	C	E	12.50
7	BE	A	C	D	25.00
8	CD	A	B	D	4.00
9	CE	A	B	D	4.50
10	DE	A	B	C	2.50

图 9-18 聚成四类时的组内离差平方和

当聚成三类时，因为前面已经确定 A、B 被归为一类，所以接下来遍历所有可能的组合情况，比如 AB、CD、E 组合，组内离差平方和 SS=1+4+0=5，如图 9-19 所示。

序号	1	2	3	4	组内SS
		聚成三类			
1	ABC	D	E		16.00
2	ABD	C	E		13.33
3	ABE	C	D		28.00
4	AB	CD	E		5.00
5	AB	CE	D		5.50
6	AB	DE	C		3.50

序号	1	2	3	4	组内SS
		聚成二类			
1	ABC	DE			18.50
2	AB	CDE			8.33

序号	1	2	3	4	组内SS
		聚成一类			
1	ABCDE				38.00

图 9-19 聚成三类、二类时的组内离差平方和

最终的聚类结果：首先 A、B 聚为一类，然后 D、E 聚为一类，接着 C、D、E 聚为一类，最终全部聚为一类。根据图 9-20（树型图）所示，最合理的聚类结果是聚为两类，即 A、B 一类，C、D、E 一类。因为从两类到一类之间的组内离差平方和变化最大。

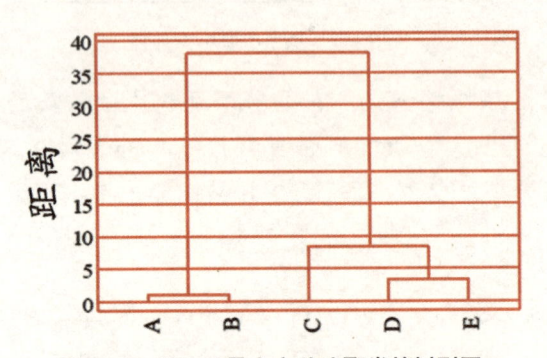

图 9-20 Ward 最小方差法聚类的树型图

9.4.2 层次聚类分群数量的确定

聚类分析中有一个难点，就是算法按照数据的某种特征维度对样本分群，那么，到底要分成几个群呢？

层次聚类的优势是，可以根据层次聚类图（聚类谱系图）来确定样本的分群个数。这种自上而下的、类似决策树的谱系图不仅能帮助我们选择合适的群，还能让我们知道哪些样本点被分到了哪个群。

图 9-21 所示是一个使用层次聚类算法后得到的层次聚类图。

图 9-21 怎样帮助我们确定本次层次聚类的分群呢？横轴表示各个样本点的标签，这里一共有 6 个点。纵轴表示聚类的距离，找到最长的"树枝"（类似鱼叉的形状），从"树枝"上横向画一条直线，得到几个交点就表示分成几个群，如这里层次聚类

图告诉我们分成 4 个群比较合适，即点 1 和点 3 合成一个群，点 2 和点 5 合成一个群，点 4、点 6 各自单独一个群。

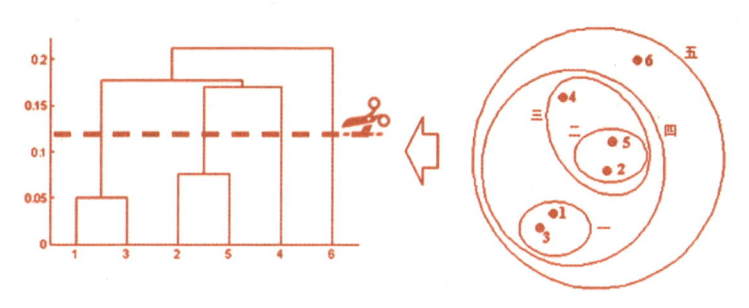

图 9-21　层次聚类图

9.4.3　层次聚类应用简单案例

下面用一个简单的案例来说明层次聚类是如何应用的。这个项目的需求是，评价各个省（市）的经济发展水平，哪些省（市）是类似的、水平相当的。

导入数据，代码如下：

```
# 1、导入数据
import pandas as pd
model_data = pd.read_csv("cities_10.csv",encoding='gbk')
model_data.head()
```

上面代码的执行结果如图 9-22 所示。

	AREA	X1	X2	X3	X4	X5	X6	X7	X8	X9
0	辽宁	5458.2	13000	1376.2	2258.4	1315.9	529.0	2258.4	123.7	399.7
1	山东	10550.0	11643	3502.5	3851.0	2288.7	1070.7	3181.9	211.1	610.2
2	河北	6076.6	9047	1406.7	2092.6	1161.6	597.1	1968.3	45.9	302.3
3	天津	2022.6	22068	822.8	960.0	703.7	361.9	941.4	115.7	171.8
4	江苏	10636.3	14397	3536.3	3967.2	2320.0	1141.3	3215.8	384.7	643.7

图 9-22　导入数据结果

这份数据有 10 条资料，即 10 个省（市）的数据，图 9-22 中只截取了 5 个省（市）的数据。原始数据有 9 个特征，这些特征可能描述的是类似的维度，表示同一类信息，能不能精简特征再聚类呢？

PCA 是压缩信息、降低维度的一个常用方法，其思想是用不相关的几个主成分来表示原始数据的大部分信息，而各个主成分就是原始变量的线性组合。在做主成分分析之前，需要对变量进行中心标准化，代码如下：

```
# - 2、在做主成分分析之前，进行中心标准化
from sklearn import preprocessing
data = preprocessing.scale(data)
```

接下来使用 sklearn 里面的预处理框架提取主成分，并且计算一些指标。代码如下：

```
pca=PCA(n_components=3)
newData=pca.fit(data)
print(pca.explained_variance_)
print(pca.explained_variance_ratio_)
```

主成分方差比告诉我们第一个主成分对数据解释变异达到 80%，按照常规的思想，第一个主成分就可以表示原始数据的大部分信息了，不过为了更好地进行可视化描述，这里选择两个主成分更合理，并且两个主成分的累计方差比能够达到 92%。

主成分的优势是压缩信息，缺点是主成分内的各个原始变量的系数可能不极端，这给我们解释业务带来困难，因此往往在做完主成分分析后，为了达到业务解释的目的，就会在此基础上使用因子分析，让因子载荷极端，可以使用第三方的 **fa_kit** 框架进行因子分析，代码如下：

```
# - 1、导入包，并对输入的数据进行主成分提取。为保险起见，数据需要进行中心标准化
from fa_kit import FactorAnalysis
from fa_kit import plotting as fa_plotting
fa = FactorAnalysis.load_data_samples(
        data,
        preproc_demean=True,
        preproc_scale=True
        )
fa.extract_components()
# - 2、设定提取主成分的方式。默认为 "broken_stick" 方法，建议使用 "top_n" 法
  fa.find_comps_to_retain(method='top_n',num_keep=2)
```

因子分析的优势是可以通过旋转拉伸使系数极端化，便于了解各个变量的重要性，易于对业务作出解释。可以通过最大方差法对因子进行旋转，代码如下：

```
# - 3、通过最大方差法进行因子旋转
fa.rotate_components(method='varimax')
```

现在，看看各个因子在各变量上的权重，代码如下：

```
# - 4、获取因子得分
pd.DataFrame(fa.comps["rot"])
```

上面代码的执行结果如图9-23所示。

前面根据主成分分析结果，我们设置了两个因子，暂时分别叫作因子0、因子1，可以看到在进行了最大方差的因子旋转后，因子0在第2个原始变量上的权重很低，在其他变量上的情况相当，而因子1恰好相反，它在第2个原始变量上的权重很高，即重要性很大。我们再根据原始变量对因子进行解释，对于因子0，主要反映除第2个变量外的信息，而这些原始变量都在描述总量、总体这些信息，因此我们可以把因子0取名为"经济总量因子"或"Gross"。对于因子1，同样根据因子系数解释，可以取名为"Avg"。

	0	1
0	0.362880	-0.196047
1	-0.001947	0.943648
2	0.364222	0.006565
3	0.369255	-0.028775
4	0.361258	0.111596
5	0.352799	-0.007144
6	0.370140	-0.118691
7	0.295099	0.061400
8	0.346765	0.199650

图9-23 各个因子在各变量上的权重

现在我们想通过这两个因子来表示原始数据的维度，获得因子得分，代码如下：

```
#输出因子得分，为了方便拼接，转换成数据框
fa_scores=fa.get_component_scores(scaler_model_data)
fa_scores=pd.DataFrame(fa_scores,columns=["Gross","Avg"])
fa_scores
```

计算得到的因子得分如图9-24所示。

现在可以对新的数据中的这两个因子进行可视化展现，图9-25所示为因子散点图。

在图9-25中，横轴是因子"Gross"，纵轴是因子"Avg"，反映的是原始数据9个维度的数

	Gross	Avg
0	-1.174241	-0.364178
1	2.095775	-0.654819
2	-1.399899	-0.870629
3	-3.265185	0.698849
4	2.386557	-0.337666
5	0.163901	2.802894
6	1.209012	0.048116
7	-2.084500	-0.322173
8	5.501759	0.105138
9	-3.433179	-1.105531

图9-24 因子得分

据信息，现在可以通过两个新的维度对这10个省（市）进行经济水平描述。那么这几个省（市）到底是什么样的关系呢？即这些省（市）的经济发展有没有类似的地方，能聚类成几类省（市）呢？接下来对数据进行层次聚类分析。

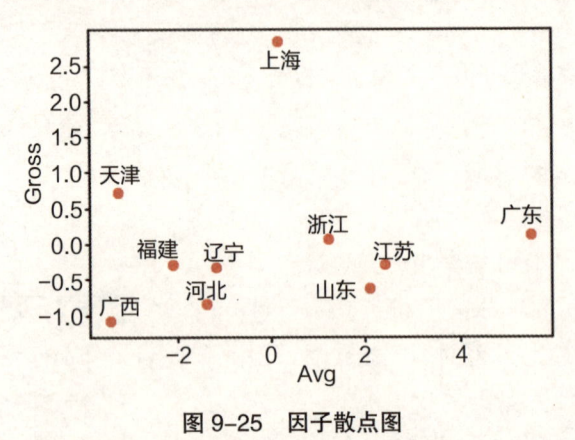

图 9-25　因子散点图

我们使用大名鼎鼎的统计库 scipy 框架做层次聚类，当然使用 sklearn 框架也可做，但是 scipy 框架可以展现层次聚类图。具体代码如下：

```
import scipy.cluster.hierarchy as sch
#生成点与点之间的距离矩阵，这里用欧氏距离：
disMat = sch.distance.pdist(citi10_fa[['Gross','Avg']],'euclidean')
#进行层次聚类：
Z=sch.linkage(disMat,method='ward')
#将层级聚类结果以树型图表示出来并保存为 plot_dendrogram.png
P=sch.dendrogram(Z,labels=['辽宁','山东','河北','天津','江苏','上海','浙江','福建','广东','广西'])
plt.savefig('plot_dendrogram1.png')
```

执行上面的代码可以得到层次聚类图，如图9-26所示。

通过观察层次聚类图可以发现，将10个省（市）分成两类比较合适，即福建、辽宁、河北、天津和广西被划分到一类，其他省（市）被划分到另一类。现在重新观察图9-25所示的因子散点图，对这10个省（市）的经济发展水平进行描述，发现福建、辽宁、河北、天津和广西这一类省（市）的平均经济水平和总量经济水平都相对较低，而广东、上海、浙江、江苏、山东这一类省（市）的总量经济水平偏高、平均经济水平也相对偏高，尤其是上海市的平均经济水平远远高于同类的其他省（市）的平均经济水平。

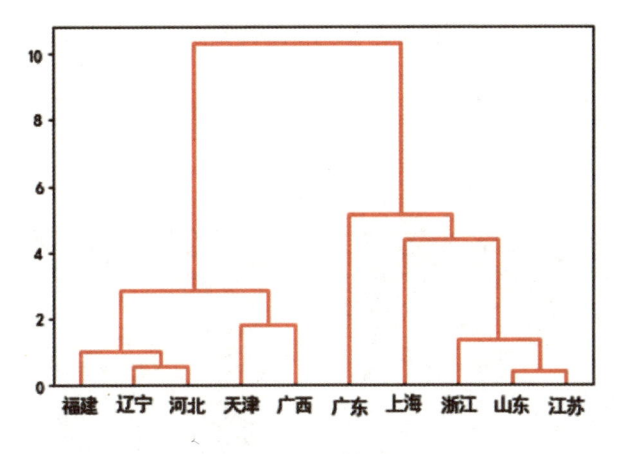

图 9-26　层次聚类图

9.4.4　层次聚类的特点

根据上面的案例，我们可以发现，层次聚类的优点是具有较好的解释性，分析人员可以通过层次聚类图确定需要将处理的样本数据分成几类，以及这些类的样本有哪些。层次聚类也有缺点，层次聚类处理大样本数据较为吃力，需要不断计算点与点的距离及类与类的距离，对计算机的计算和存储能力、计算时间都是一个挑战。那么，面临大样本数据，有没有快速聚类的方法呢？K-means 聚类就是比较快速的聚类方法，下面详细讲解 K-means 聚类（也被称为 K 均值聚类）。

9.5　K-means 聚类算法

K-means 聚类算法是处理大样本数据的聚类方法，其基本思想是以迭代为理论基础，先对样本观测进行粗略分类，然后按某种最优准则逐步修改分类，直至最优为止。K-means 聚类算法是聚类分析中的常用方法，常用于用户分群。

9.5.1　K-means 聚类算法描述

K-means 聚类算法就是计算样本点与类簇质心的距离，与类簇质心相近的样本点被划分为同一类簇。

K-means 聚类算法大致分为 4 个步骤。

（1）设定 K 值，确定聚类数，软件随机分配聚类中心所需的种子，如图 9-27 所示。

（2）计算每个观测到类中心的距离（欧式距离或明考斯基距离），并分成 K 类，如图 9-28 所示。

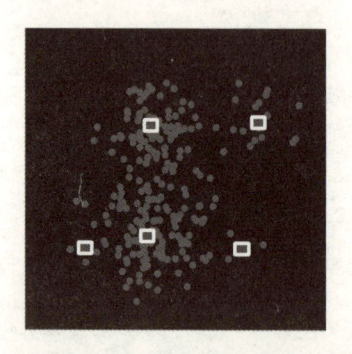

图 9-27　聚类中心种子　　图 9-28　根据观测到类中心的距离进行分类

（3）把 K 类中心（均值）作为新的中心，重新计算距离，如图 9-29 所示。

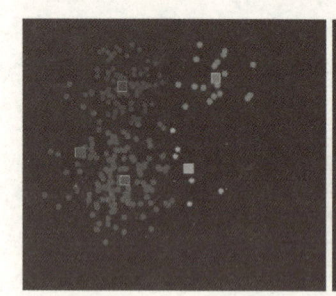

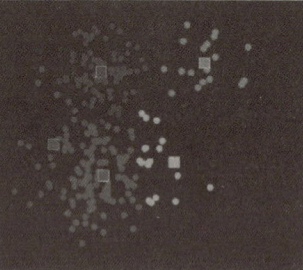

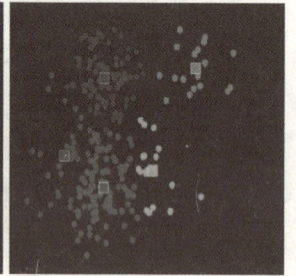

图 9-29　重新分类

（4）迭代到收敛标准为止。

9.5.2　K-means 聚类算法的应用：用户细分

由于 K-means 聚类算法随机选取中心点且聚类快速的特点，因此该方法常用来处理大样本需求的聚类。在商业应用中，该聚类算法常用来做用户细分、用户分群。下面通过一个具体的案例进行说明。

1. 项目目的

某银行想通过交易行为数据将该银行的用户进行分群，便于为具有近似行为特征的用户提供一些标签，也为其他算法模型提供基础，提高相应模型的精度。

2. 数据解读

该银行交易行为数据有 4 个特征，分别表示去柜台服务、使用 ATM 的次数、刷 POS 机的次数和使用信用卡的次数。导入数据，代码如下：

```
# 1、导入数据
import pandas as pd
model_data = pd.read_csv("profile_bank.csv")
data = model_data.loc[ :,'CNT_TBM':'CNT_CSC']
data.head()
```

导入数据的结果如图 9-30 所示。

	CNT_TBM	CNT_ATM	CNT_POS	CNT_CSC
0	34	3	3	9
1	44	17	5	18
2	122	26	32	36
3	42	3	6	1
4	20	15	2	2

图 9-30　导入数据的结果

3. 数据预处理

商业聚类分析对变量的基本要求是尽可能表示不同方面的信息，当变量提供的信息有冗余时，就需要对信息进行压缩、对变量进行概括，可以使用主成分分析和因子分析来实现。

使用聚类算法的前提是样本内无缺失值，如果被分析的数据有缺失的情况，就需要按照缺失值填补的技术对其进行填补，在本案例中，数据并无缺失的情况。

查看变量的相关系数矩阵，以决定是否需要做变量降维，代码如下：

```
# -2、查看相关系数矩阵，判定做变量降维的必要性（非必须）
corr_matrix = data.corr(method='pearson')
#corr_matrix = corr_matrix.abs()
corr_matrix
```

上面代码的执行结果如图 9-31 所示，可以看到相关系数最高的是 0.34，可做降维处理，也可不做降维处理。但是为了将来解释聚类方便，还是选择做降维处理。

	CNT_TBM	CNT_ATM	CNT_POS	CNT_CSC
CNT_TBM	1.000000	0.055648	0.083624	0.198835
CNT_ATM	0.055648	1.000000	0.341161	0.242106
CNT_POS	0.083624	0.341161	1.000000	0.234055
CNT_CSC	0.198835	0.242106	0.234055	1.000000

图 9-31 相关系数矩阵的结果

使用 sklearn 框架做主成分分析，在做主成分分析之前，要对数据进行中心标准化处理，去除数据量纲的影响。对数据进行中心标准化处理，代码如下：

```
# - 3、在做主成分分析之前，进行中心标准化处理
from sklearn import preprocessing
data = preprocessing.scale(data)
```

之后计算方差比，根据方差比确定使用多少个主成分比较合适，代码如下：

```
# - 4、使用sklearn做主成分分析，用于判断保留主成分的数量
from sklearn.decomposition import PCA
'''说明：1、第一次设的n_components参数应该大一点
   说明：2、观察explained_variance_ratio_ 和explained_variance_ 的取值变化，建议explained_variance_ratio_ 累计大于0.85，explained_variance_ 需要保留的最后一个主成分的值大于0.8，
'''
pca=PCA(n_components=3)
newData=pca.fit(data)
print(pca.explained_variance_)
print(pca.explained_variance_ratio_)

[1.60786876 1.00252275 0.7339482 ]
[0.40196317 0.25062818 0.18348521]
```

结果显示，3 个主成分就能够解释原始数据 80% 多的变异，所以选择 3 个主成分是合适的。再来看看各主成分在原始变量上的权重，若系数不极端，不方便进行业务解释，则需要做因子分析，代码如下：

```
'''通过主成分在每个变量上的权重的绝对值大小，确定每个主成分的代表性
'''
pd.DataFrame(pca.components_).T
```

上述代码的执行结果如图 9-32 所示。可以看到，各主成分在各变量上的权重

的绝对值差异总体没那么极端,所以需要进行因子分析。

	0	1	2
0	0.303020	0.834245	0.445132
1	0.555131	-0.377566	0.135542
2	0.559520	-0.315486	0.386716
3	0.535673	0.248894	-0.796201

图 9-32　各主成分在原始变量上的权重

使用第三方 fa_kit 框架做因子分析,代码如下:

```
# - 1、导入包,并对输入的数据进行主成分提取。为保险起见,数据需要进行中心标准化处理
from fa_kit import FactorAnalysis
from fa_kit import plotting as fa_plotting
fa = FactorAnalysis.load_data_samples(
        data,
        preproc_demean=True,
        preproc_scale=True
        )
fa.extract_components()

# - 2、设定提取主成分的方式。默认为"broken_stick"方法,建议使用"top_n"法
fa.find_comps_to_retain(method='top_n',num_keep=3)
```

同样的,因子分析的好处在于可以使用最大方差法进行因子旋转,让因子载荷矩阵中的系数极端化,代码如下:

```
# - 3、通过最大方差法进行因子旋转
fa.rotate_components(method='varimax')
fa_plotting.graph_summary(fa)
```

通过 fa.comps["rot"] 查看因子权重,代码如下:

```
# - 4、获取因子得分
pd.DataFrame(fa.comps["rot"])
```

执行上述代码得到因子得分,如图 9-33 所示。

因子 0 在第 2 个和第 3 个变量上的权重高,也就是说,因子 0 能够解释 ATM

351

和 POS 机的公共信息，当然也可以根据业务知识给因子 0 取一个可解释的名字，如"便捷自助因素"。在这里，为了方便就简单地取名为"ATM_POS"。其他两个因子同理，可以通过业务知识总结一个名称，这里分别取名为"TBM"和"CSC"，因子重命名代码如下：

	0	1	2
0	0.004039	0.992900	0.007811
1	0.671476	-0.090569	0.100081
2	0.741002	0.076706	-0.084707
3	-0.004504	0.007874	0.991336

图 9-33　因子得分

```
fa_scores=score.rename(columns={0: "ATM_POS", 1: "TBM", 2: "CSC"})
fa_scores.head()
```

也就是说，对于原始的几个变量，通过主成分分析和因子分析后，得到 3 个新特征，可以用新特征来做后续的聚类分析。下面使用 K-means 聚类算法对新变量做聚类分群。

4. 建立聚类模型

使用 K-means 聚类算法进行用户细分，我们希望每个群的用户量占比差异没那么大，也就是说，如果使用 K-means 聚类算法进行用户细分，就需要对数据进行正态分布转换，让偏态严重的数据变成正态分布。其实这里还有一个应用，就是如果不对偏态数据进行正态分布转换，也可以进行聚类，只不过这时的目的不是用户细分，而是找出"异常"。

下面看看在不进行数据正态分布转换的情况下，聚类分析是如何应用的。

首先，查看变量的偏度。偏度是比较正态分布的一个指标，若该指标不等于 0，则说明数据有偏，在 Python 中使用 skew 方法求偏度，代码和结果如下：

```
# - 1、查看变量的偏度
var = ["ATM_POS","TBM","CSC"]
skew_var = {}
for i in var:
    skew_var[i]=abs(fa_scores[i].skew())
    skew=pd.Series(skew_var).sort_values(ascending=False)
skew

TBM         51.881233
CSC          6.093417
ATM_POS      2.097633
```

```
dtype: float64
```
可以看到，对于这 3 个变量，TBM 偏度很严重，其他变量的偏度没那么大。

然后，使用 sklearn 框架建立 K-means 聚类模型，代码如下：

```
# - 2、进行 k-means 聚类
from sklearn.cluster import KMeans
kmeans = KMeans(n_clusters=3) #MiniBatchKMeans() 分批处理
#kmeans = cluster.KMeans(n_clusters=3, init='random', n_init=1)
result=kmeans.fit(fa_scores)
#print(result)
```

重新命名聚类结果的变量，并且跟原始数据进行拼接，得到每一笔资料下的分群信息，代码如下：

```
# - 3、对分类结果进行解读

model_data_1=model_data.join(pd.DataFrame(result.labels_))
model_data_1=model_data_1.rename(columns={0: "clustor"})
model_data_1.head()
```

执行上述代码得到的结果如图 9-34 所示。

	ID	CNT_TBM	CNT_ATM	CNT_POS	CNT_CSC	CNT_TOT	clustor
0	41360	34	3	3	9	49	0
1	52094	44	17	5	18	84	0
2	57340	122	26	32	36	216	1
3	76885	42	3	6	1	52	0
4	89150	20	15	2	2	39	0

图 9-34 用户分群数据和原始数据拼接结果

可以通过可视化技术展示聚类分组的结果，代码如下：

```
import matplotlib
get_ipython().magic('matplotlib inline')
model_data_1.clustor.value_counts().plot(kind = 'pie')
```

聚类分组的结果如图 9-35 所示。

从图 9-35 中可以看到，在不对数据进行正态分布转换的情况下，群 1 的数量很少。在不对数据进行正态分布转换的情况下使用聚类算法，可以用于异常值检验和反常情况侦测。出于营销目的或用户维护角度的用户画像项目要求将用户均匀地分为若干群。

接下来，在对数据进行正态分布转换的情况下，应用 K-means 聚类算法进行分群。

在 sklearn 的预处理里使用 QuantileTransformer() 函数对连续型数值变量进行正态分布转换，代码如下：

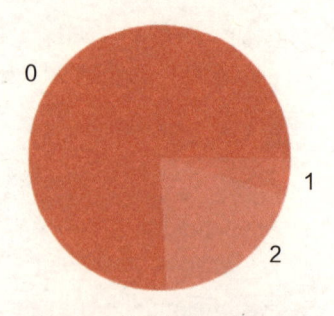

图 9-35　聚类分组的结果

```
# - 1、进行变量的正态分布转换
import numpy as np
from sklearn import preprocessing
quantile_transformer = preprocessing.QuantileTransformer(output_distribution='normal', random_state=0)
fa_scores_trans=quantile_transformer.fit_transform(fa_scores)
fa_scores_trans=pd.DataFrame(fa_scores_trans)
fa_scores_trans=fa_scores_trans.rename(columns={0: "ATM_POS", 1: "TBM", 2: "CSC"})
fa_scores_trans.head()
```

正态分布转换后的数据如图 9-36 所示。

	ATM_POS	TBM	CSC
0	-0.501859	-0.265036	0.770485
1	0.097673	-0.154031	1.316637
2	0.952085	1.168354	1.845934
3	-0.333179	-0.084688	-1.780165
4	-0.071278	-0.888898	-0.066404

图 9-36　正态分布转换后的数据

重新查看各变量的偏度，代码如下：

```
var = ["ATM_POS","TBM","CSC"]
skew_var = {}
for i in var:
    skew_var[i]=abs(fa_scores_trans[i].skew())
    skew=pd.Series(skew_var).sort_values(ascending=False)
```

```
skew

CSC        0.000540
TBM        0.000086
ATM_POS    0.000023
dtype: float64
```

可以看到，在使用 QuantileTransformer() 函数进行正态分布转换后，各变量的偏度接近零了。

下面使用 K-means 聚类算法对其进行分类。

```
# - 2、使用 K-means 聚类算法
from sklearn.cluster import KMeans
kmeans = KMeans(n_clusters=3) #MiniBatchKMeans() 分批处理
#kmeans = cluster.KMeans(n_clusters=3, init='random', n_init=1)
result=kmeans.fit(fa_scores_trans)
#print(result)

# - 3、对分类结果进行解读
model_data_1=model_data.join(pd.DataFrame(result.labels_))
model_data_1=model_data_1.rename(columns={0: "clustor"})
model_data_1.head()
```

分类后的结果如图 9-37 所示。

	ID	CNT_TBM	CNT_ATM	CNT_POS	CNT_CSC	CNT_TOT	clustor
0	41360	34	3	3	9	49	2
1	52094	44	17	5	18	84	2
2	57340	122	26	32	36	216	2
3	76885	42	3	6	1	52	0
4	89150	20	15	2	2	39	0

图 9-37　分类后的结果

绘制饼图来查看各群的大致占比，代码如下：

```
import matplotlib
```

```
get_ipython().magic('matplotlib inline')
model_data_1.clustor.value_counts().plot(kind = 'pie')
```

绘制好的饼图如图 9-38 所示。

从图 9-38 可以看出，在对数据进行正态分布转换后，分群的结果大致均匀了。接下来需要进行轮廓画像，以帮助我们理解每个群都有什么样的特征。使用分组汇总和决策树的方法均可。

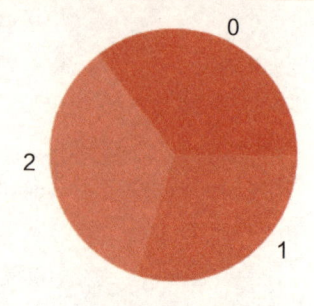

图 9-38　饼图

9.6　聚类事后分析：决策树应用

K-means 聚类算法能够快速地聚类，是商业应用中是常用的聚类算法，很容易得出结果。可是对于业务营销而言，光知道结果是不行的，中间的过程是怎么来的？为什么这些用户被分到了某个群呢？到底是基于哪些特征划分的呢？这些同样是使用聚类算法得到分群后我们所关心的，即聚类的事后分析。决策树算法的决策树图能够很好地帮助我们得到划分的过程。

9.6.1　决策树的基本概念

决策树算法在机器学习算法内被划分为有监督的学习算法。决策树算法发展很成熟，根据对属性划分方法的不同，决策树可以分为基于熵的 ID3 决策树和 C4.5 决策树，以及基于基尼增益的 CART 决策树。不过本节我们不讲解决策树的详细算法，只用决策树图来对 K-means 聚类的结果进行过程解释，以达到聚类事后分析的目的。

决策树算法采用自顶向下的递归方式，在决策树的内部结点进行属性值的比较，并根据不同的属性值判断从该结点向下的分支，在决策树的叶结点得到结论。

图 9-39 所示是一个决策树算法的流程图。

从根结点到叶结点的一条路径对应着一条分类规则，整个决策树对应着一组分类规则。

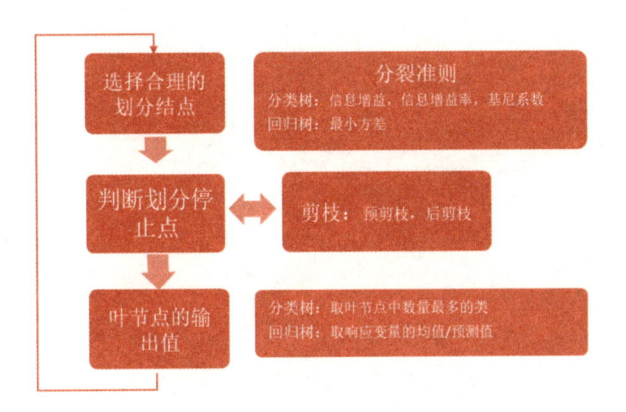

图 9-39 决策树算法流程图

图 9-40 是使用决策树对某股票是否抗跌进行判断的展示效果，根结点表示的是对信息影响最大的属性（大盘股），如果不是大盘股，那么分支直接得到叶结点，其分类结果是不抗跌的；如果是大盘股，则判断其他属性，若盈利能力好，那么分类的结果是抗跌的，若盈利能力不好，那么叶结点的输出结果是不抗跌的。

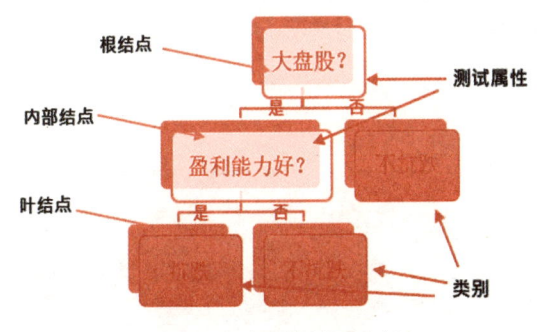

图 9-40 决策树图案例

9.6.2 决策树解读用户分群后的特征

对于决策树结果，我们可以知道每个类别是根据哪个属性进行裂变划分的，这对我们解读聚类的结果有启发作用。下面使用决策树算法对上面的聚类分析结果进行聚类事后分析。

同样的,对于决策树模型的搭建,我们可以直接使用sklearn中的框架,代码如下:

```
from sklearn import tree
```

```
clf=tree.DecisionTreeClassifier(criterion='gini',m
ax_depth=3, min_samples_split=100, min_samples_leaf=100,
random_state=12345)
    clf.fit(model_data, result.labels_)
```

对于决策树可视化的展现，需要安装第三方库 Graphviz。在使用决策树训练数据得到分类结果后，使用可视化技术进行展现，代码如下：

```
import pydotplus
from IPython.display import Image
import sklearn.tree as tree


dot_data = tree.export_graphviz(clf, out_file=None,
feature_names=model_data.columns, class_names=['0','1','2'],
filled=True)


graph = pydotplus.graph_from_dot_data(dot_data)
Image(graph.create_png())
```

得到的决策树图如图 9-41 所示。

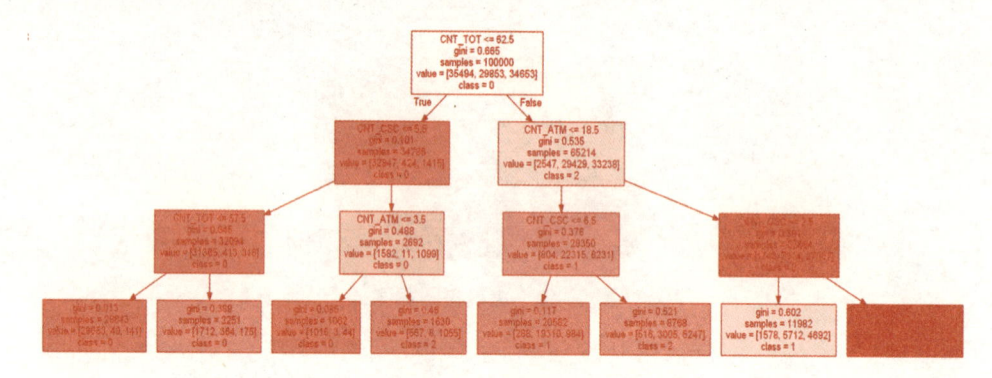

图 9-41　决策树图

上文简单介绍了决策树的基本概念，对于本案例来说，怎样使用决策树对聚类分析结果进行解读呢？首先，根结点是 CNT_TOT<=62.5，也就是基尼增益最大的属性，这里的阈值 62.5 在业务上可以简单理解为是否经常使用 CNT_TOT 服务足够多，小于该阈值可以理解为不经常使用，大于该阈值可以理解为经常使用。然后，该决策树设置了 3 层，对于聚类事后分析，决策树的高度为 3 层就够了，那么到底看哪一层的树呢？看哪一层树 value 里的数值差异较大，这里的 value 表示每个类下的分类样本数量，对于 class=0 这类来说，在考虑 CNT_TOT<=62.5 属性后，第一

层树的 value 里分类数量差异较大，也就是说，对于 class=0 这类人群，其特点是使用 CNT_TOT 服务较少，那么对于 CNT_CSC 这个属性是否要考虑该类用户群体呢？显然，第二层树左侧第一个方框里，class=0 的数值差异也很大，所以左侧方框的人群也有较少使用 CNT_CSC 服务的，即不用传统交易渠道也较少使用有偿服务，那么这类用户可能就是流失用户，如果有分类数据信息，如性别，则群体特征能贴更多标签信息，从而帮助业务人员更好地了解这个群体的画像特征。而在左侧第二个方框里，0 组和 2 组的人数相当，这说明聚成 3 组（$k=3$）并不合理，可以考虑再加一组，即用 $k=4$ 再做一次聚类。读者可以自行操作，此处就不再赘述了。

读者可以尝试按照对 class=0 的解读方式，提取 class=1 和 class=2 这两类群体的交易标签，提取完之后再尝试给每个群体概括性地取一个名字。

值得一提的是，聚类的结果并不一定是精准和稳定的，聚类结果的好坏不是看统计指标就可以得到明确答案的。统计指标在所有的变量都符合某个假设条件时才能表现良好，而在实际建模中很少有能达到那种状态的数据变量，所以，还需要对聚类后应用的结果做详细的描述性统计，甚至抽取一部分用户进行访谈，进一步了解用户的真实情况，得到让业务人员满意的用户管理目标才是聚类分析的终极目标。

9.7 本章练习题

（单选题）对于 K-means 算法，描述正确的是（　　）。

A、需要对数据进行标准化

B、不需要对数据进行预处理

C、模型自动确定 k 值

D、可以直接使用分类型变量

答案：A

解析：本题考查对 K-means 算法的理解。K-means 算法需要对数据进行标准化和预处理，不能直接使用分类型变量，需要进行哑变量转换。k 是超参数，是无法自动确定的。选项 A 表述正确，其余选项表述均错误。因此本题选 A。

（单选题）对于 K-means 算法，描述错误的是（　　）。

A、该算法与样本数量线性相关，所以适合大数据集

B、需要事先确定 k 值

C、对异常值不敏感

D、算法效率较高，伸缩性较好

答案：C

解析：本题考查对 K-means 算法的理解。K-means 算法对异常值敏感，通常需要删除异常值或进行变量转换处理，选项 C 表述错误，其余选项表述均正确，因此本题选 C。

（单选题）某公司为了更好地进行用户留存，需建立用户行为画像，可用以下（　）算法实现。

A、聚类算法

B、多元线性回归算法

C、决策树算法

D、朴素贝叶斯算法

答案：A

解析：本题考查对聚类算法的理解。聚类算法常用于公司建立用户行为画像，因此本题选 A。

（单选题）在系统聚类方法中，哪种系统聚类直接利用了组内的离差平方和？（　）

A、最长距离法

B、重心法

C、Ward 法

D、类平均法

答案：C

解析：本题考查对聚类算法的理解。Ward 法又称作离差平方和法，用于各个观测之间的离差平方和最小，因此本题选 C。

（单选题）小 A 针对产品特征进行了一次聚类分析，结果并不理想，以下（　）方法最有利于获得更有效的聚类结果。

A、标准化

B、主成分分析

C、因子分析

D、以上都不是

答案：C

解析：本题考查对聚类算法的理解。选项 A 的标准化一般是聚类分析之前要做的工作。因子分析覆盖标准化和主成分分析，不但具有降维作用，还能辅助建模人员对变量进行业务层面的理解，因此本题选 C。

（单选题）关于聚类和分类的描述错误的是（   ）。

A、聚类的典型算法包括 K-means、DBSCAN、层次聚类、光谱聚类

B、分类的典型算法包括决策树、贝叶斯、逻辑回归

C、聚类结果一定总是能够反映数据的真实分类

D、分类模型的预测能力优于聚类模型的预测能力

答案：C

解析：本题考查聚类和分类的对比。选项 C 聚类结果一定总是能够反映数据的真实分类的说法过于绝对，数据的真实分类情况是很难反映的，其他选项表述均正确，因此本题选 C。

（单选题）下列对 K-means 算法的算法原理描述错误的是（   ）。

A、K-means 算法用计算均值的方法获得簇的中心点

B、K-means 算法会把每个点划分到离该点最近的中心点

C、K-means 是一个迭代的算法

D、K-means 会取离每个点距离最近的几个中心点进行簇的划分

答案：D

解析：本题考查对 K-means 算法的理解。K-means 算法是将数据集划分为 k 个簇。簇的个数 k 是用户自己预先设定的，并且簇的中心点是通过簇的质心来进行描述的。当 k 值确定后，K-means 算法会取离每个点距离最近的那一个点进行簇的划分。选项 D 表述错误，其他选项表述均正确，因此本题选 D。

（单选题）关于 K-means 聚类算法，下面说法错误的是（   ）。

A、K-means 算法中的 k 是一个超参数，需要人为输入来确定

B、簇中所有数据的均值通常被称为这个簇的"质心"

C、直到簇不再发生变化或达到最大迭代次数，K-means 算法才停止寻找新的质心

D、质心越多越好

答案：D

解析：本题考查对 K-means 算法的理解。虽然簇的个数 k 是用户预先设定的，但是肯定有最优值，并不是越多越好。选项 D 表述错误，其他选项表述均正确，因此本题选 D。

（多选题）以下属于聚类应用场景的是（　　）。

A、对电影网站中相似的电影进行聚类，从而帮助划分电影类型

B、挖掘用户群可以划分为哪些群体

C、人脸识别

D、购物篮分析

答案：AB

解析：本题考查聚类算法的应用。选项 A 对相似的电影进行聚类属于聚类算法的应用，选项 B 挖掘用户群可以划分为哪些群体属于聚类算法的应用，选项 C 人脸识别主要运用了深度学习算法，选项 D 购物篮分析主要运用了关联分析。因此本题选 A 和 B。

（多选题）使用聚类分析区分用户的类型，在评估聚类结果时，（　　）。

A、组间平方和 BS 越大，聚类效果越好

B、组间平方和 BS 越小，聚类效果越好

C、组内平方和 WS 越大，聚类效果越好

D、组内平方和 WS 越小，聚类效果越好

答案：AD

解析：本题考查对聚类分析的理解。组间平方和是总平方和的一部分，反映了每组均值与总的均值之间的离差，当组间平方和越大时，表明不同组间的差距越大，聚类效果越好。组内平方和又被称为残差平方和，根据 n 个观察值拟合适当的模型后，余下未能拟合的部分被称为残差，反映的是所有 n

个残差平方之和，当组内平方和越小时，表明组内数据的拟合程度越高，聚类效果越好。因此本题选 A 和 D。

（多选题）按照远近程度来聚类需要明确哪两个距离？（　　）

A、点和点之间的距离

B、类和类之间的距离

C、欧式距离

D、兰氏距离

答案：AB

解析：本题考查聚类算法的相关知识。按照远近程度来聚类需要明确点和点之间的距离和类和类之间的距离，因此本题选 A 和 B。

第 10 章 业务流程分析与流程优化

随着生产工作的日益流程化和规范化，绘制价值流程图（VSM）越发彰显出其重要性，价值流程图不仅可以展现整个生产流程，也可以帮助精确定位整个生产环节出现的问题，是进行目标优化的数据基础。另外，单一的漏斗模型对于分析来说是没有任何意义的，即我们不能单从一个漏斗模型来评价网站某个关键流程中各步骤的转化率的好坏，而是必须通过趋势、比较和细分的方法对流程中各步骤的转化率进行分析，这就涉及对比测试技术。

综上所述，本章的主要内容是介绍价值流程图与对比测试技术。

10.1 价值流程图

首先，介绍什么是价值创造。价值创造是当前产品通过其基本生产过程所要求的全部活动。这些活动包括给产品增加价值（满足用户需求不可或缺的部分）和不给产品增加价值两部分，从产品最基本的原材料阶段一直到产品交付顾客的全部过程。例如，一辆汽车的制造包括从顾客需求到概念设计、产品设计、样车制造、试验、定型、投产到交付后的使用、信息反馈和回收过程，会经历很多车间、工厂、公司，甚至可能经历很多个国家和地区。

价值流程图（Value Stream Mapping，VSM）是丰田精益制造（LeanManufacturing）生产系统框架下的一种用来描述物流和信息流的形象化工具。

价值流程图对生产制造过程中的周期时间、机器运行时间、在制品库存、原材料流动、信息流动等情况进行描摹和记录，有助于形象化当前流程的活动状态，并有利于对生产流程进行指导，朝着理想化方向发展。

为什么要使用价值流程图进行分析呢？该技术的主要作用如下。

- 分析系统整体存在的问题，具有看到宏观生产流程的能力。
- 帮助发现浪费源。
- 展示信息流与物流之间的联系。
- 广泛沟通的工具。
- 确定优先次序。
- 结合精益的概念与技术，避免"只挑容易的"来改进。
- 形成实施计划的基础。
- 建立起确定改善目标的数据基础。

那么，什么时候使用价值流程图进行分析呢？价值流程图的着眼点包括以下两点。第一是创造价值，把不产生价值却占用企业资源的业务（情报）流程环节、实物流程环节全部删除。通过解决重复、停顿现象去发现问题，使得管理流程的价值最大化。因此，推行JIT（准时化生产）要以价值为关注焦点开展革新活动。第二是缩短时间，就是从市场需求开始，一直到生产计划制订、采购计划制订、生产的组织、仓储，以及生产制造和成品出货的全部过程（L/T）的缩短，从而降低成本，提高反应速度。因此，应在不增加资源投入的情况下，以缩短信息/作业时间为改善的着眼点，寻找快速完成业务和生产的办法，始终把缩短L/T作为改善变革的驱动力。

制作价值流程图的主要步骤如下。

（1）确定产品系列。产品系列也叫作流程系列，是经过相同或相似加工步骤的一组产品或服务。不同的产品系列有不同的价值流，因此在绘制价值流程图时，要确定映射哪些产品系列以确定产品系列矩阵。

（2）绘制材料流程图。当用户收到产品或服务时，应该从价值流的末端开始，收集当前情况的数据，在第一步的基础上绘制材料流程图。

（3）确定信息流，并在前两步的基础上绘制信息流和推动箭头。

（4）补充时间线和数据，并绘制生产时间线条和数据完成现状图。

价值流程图分析实施中的问题和需要注意的事项如下。

（1）图析准备：培训十分必要，可以避免出现方向性的错误。

（2）产品选择：在考虑产量的同时还应顾及产品产值、利润及其对公司生存与发展等方面的影响。

（3）在确定产品时需要找出主要因素，在确定顾客要求、过程及其参数、供应商情况时同样要找出影响本公司发展的主要因素，避免影响图析的效果和后续改善的方向和目标。

（4）顾客需求节秦应根据实际供货的历史加以修正。

（5）顾客拉动和成品仓库发货拉动两种方式实际上都是由顾客需求拉动的，关键区别在于是否建立成品库存。在实施精益生产初期，建议采用成品发运仓库的方式，这样能够保证准时交付顾客。随着精益生产实施的深入，可以逐步减少成品库存，最终转变成顾客拉动。

10.2 对比测试

10.2.1 转换漏斗

在讲解对比测试之前，介绍什么是转换漏斗，以电商用户从浏览商品到交易完成为例，用户访问路径如图 10-1 所示。

Step1 ·浏览商品页面 → Step2 ·放入购物车 → Step3 ·生成订单 → Step4 ·支付订单 → Step5 ·完成交易

图 10-1 用户访问路径

同时，各阶段的转化率如表 10-1 所示。

表 10-1 各阶段的转化率

	浏览商品页面	放入购物车	生成订单	支付订单	完成交易
人数	2165	598	265	254	247
上一步转化率	100%	27.62%	44.31%	95.85%	97.24%
总体转化率	100%	27.62%	12.24%	11.73%	11.41%

绘制对应的漏斗模型，如图 10-2 所示。

图 10-2 漏斗模型

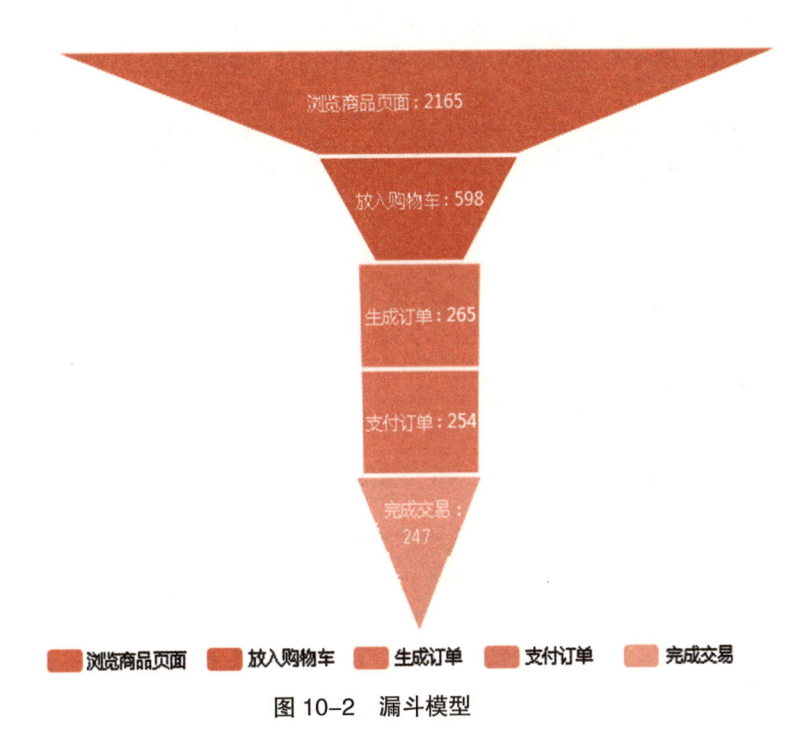

单一的漏斗模型对于分析来说没有任何意义，我们不能单用一个漏斗模型评价网站某个关键流程中各步骤的转化率的好坏。因此，必须通过趋势、比较和细分的方法对流程中各步骤的转化率进行分析。

（1）趋势（Trend）：从时间轴的变化情况进行分析，适用于对某个流程或其中某个步骤进行改进或优化的效果监控。

（2）比较（Compare）：通过比较类似产品、服务间购买或使用流程的转化率，发现某些产品或应用中存在的问题并进行优化。

（3）细分（Segment）：细分不同来源或不同的用户类型在转化率上的表现，发现一些高质量的来源或用户，通常用于分析网站广告、推广的效果及 ROI。

这就涉及对比测试的方法。

10.2.2 对比测试

对比测试一般有两个目的，第一个目的是判断哪个更好。例如，对于图 10-3 所示的两个注册提交申请的版本界面，哪个版本的总体转化率更高呢？需要通过试验进行判定。第二个目的是计算收益。例如，产品新上线了一个功能，那么该功能究竟会给公司带来多少额外的 DAU、多少额外的使用时长等。

图 10-3　两个注册提交申请的版本界面

对于对比测试，我们一般比较熟知的是上述第一个目的，而第二个目的对于收益的量化、计算 ROI 有非常重要的作用。对比测试的典型过程如下。

（1）确定目标。

（2）开始做试验。

（3）借助工具，收集试验数据。

（4）让数据说话，校验试验结果。

（5）下一次迭代。

以上述情况为例，进行对比测试的步骤如下。

（1）确定目标：提升用户注册转化率，具体包括如下工作。

- 测试按钮的颜色、文字、字体、样式、位置。
- 测试文字标题，比如把产品描述做成标题。
- 确定表单的长度、表单的类型。
- 页面的层级、样式。
- 确定产品价格、促销方法。
- 页面中的图片。
- 页面的长短、文字的多少。

（2）开始做试验。

从历史数据上看，很多用户放弃了注册。在进行对比测试之前，官网的申请流程是信息准入制的，用户需要填写 5 项信息，提交审核并等待发码，这个流程的审核是需要人工介入的，而且必不可少，那么能不能通过降低用户的申请成本带来更高的转化率和销售线索呢？测试了才知道。

以提高整体有效率为目标（如图10-4所示），同时兼顾每个步骤的指标，重点关注各版本最终带来的有效线索转化情况。

进入注册网页 → 注册完成、提交 → 人工审批 → 第一次付费购买

提交转化率 × 有效转化率 × 购买转化率 = 整体有效率

图 10-4　整体有效率的计算

（3）设计 4 种注册试验方案，如图 10-5 所示。

图 10-5　4 种注册试验方案

在图 10-5 中，按照数字的顺序依次表示原始版本、邮箱版本、电话+邮箱版本、电话版本。

（4）试验过程分析。

第一阶段试验：

- 试验对象是原始版本、邮箱版本、电话版本。

- 每个版本分配试验流量的 33%。

- 试验运行 3 周。

- 邮箱版本和电话版本的提交用户数远高于原始版本的提交用户数。

- 电话版本的提交用户数最多,但经运营核实后,无效申请数量较多。
- 邮箱版本筛除了大量个人用户,一旦用户回复,则表明试用意愿很强,但问题是通过邮件交流等待用户回复的周期较长,甚至有时收不到回复。

第二阶段试验:

- 电话 + 邮箱版本、原始版本、邮箱版本。
- 每个版本分配试验流量的 33%。
- 试验运行 12 天。

邮箱版本的提交点击率明显占优,提交率比原始版本的提交率高 90%,但经运营审核后的有效转化率却最低。

第三阶段试验:

- 原始版本、电话 + 邮箱版本。
- 各分配 50% 的试验流量。
- 试验运行 10 天。

原始版本、电话 + 邮箱版本的各转化率如表 10-2 所示,漏斗图分别如图 10-6 和图 10-7 所示。

表 10–2 两种版本下的各转化率

转化率	原始版本	电话 + 邮箱版本
提交转化率	14.96%	31.51%
有效转化率	90.01%	82.54%
购买转化率	27.78%	26.37%
整体有效率	3.74%	6.86%

需要注意的是,第一,本次试验只改变用户进入申请浮窗后的信息内容,关注的指标是整体有效率,而不是提交转化率;第二,试验流量会影响试验周期,若分配流量过小(一般来说建议每个版本单日至少分配 1000 UV),会导致试验周期整体拉长,同时数据结果很难得到统计学显著性;第三,相关部门要实时关注试验数据,及时调整各版本流量,保证试验进度处于积极态势。

此外,在解读试验数据时,应结合产品自身数据统计工具,综合考量试验中各版本的优化效果。

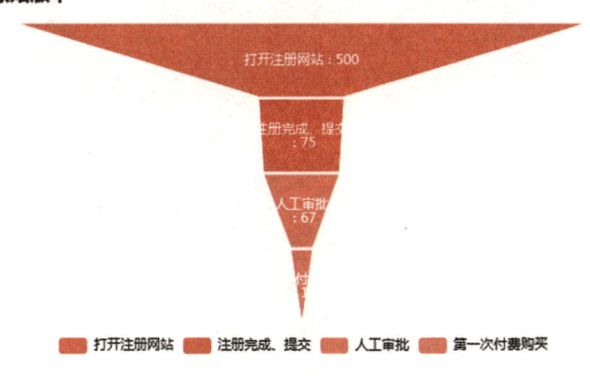

图 10-6　原始版本的漏斗图

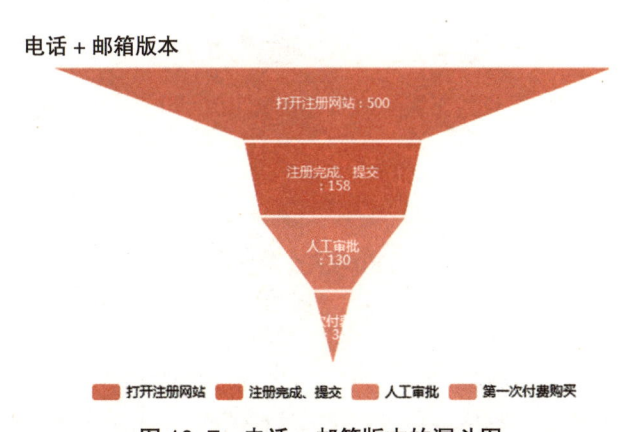

图 10-7　电话+邮箱版本的漏斗图

10.3　本章练习题

（多选题）价值流程图是丰田精益制造生产系统框架下的一种用来描述物流和信息流的形象化工具，下面哪些是价值流程图的作用？（　　）

A、分析系统整体存在的问题，具有看到宏观生产流程的能力

B、展示信息流与物流之间的联系

C、结合精益的概念与技术，避免"只挑容易的"来改进

D、建立起确定改善目标的数据基础

【答案】ABCD

（单选题）绘制材料流应该在哪个步骤基础上进行？（　　）

A、确定产品系列

B、确定信息流

C、绘制流程框

D、添加数据框

【答案】A

（多选题）在绘制价值流程图时，需要注意哪些问题？（　　）

A、图析准备

B、产品选择

C、在确定产品并找出主要因素时，也应找出影响本公司发展的主要因素

D、用户需求节奏应根据实际供货的历史加以修正

【答案】ABCD

（单选题）什么是业务流程图？（　　）

A、描述全部页面相互关联的流程图

B、描述用户所有需求的流程图

C、描述具体某个业务实际处理步骤和过程的流程图

D、描述整个软件开发的所有过程的流程图

答案：C

解析：本题考查业务流程图的概念。业务流程图是描述具体某个业务实际处理步骤和过程的流程图，因此本题选C。

第11章 运筹优化模型

运筹学是一种科学的决策方法，主要包含线性规划、整数规划和二次规划这3类问题。它通常是在需要分配稀缺资源的条件下，寻求系统的最佳设计。科学的决策方法需要使用一个或多个数学模型（优化模型）来做出最优决策。

本章主要介绍运筹优化中的常用方法。

优化模型就是在给定约束的情况下，遍历决策变量的所有取值，找到优化（最大化或最小化）目标函数的决策变量的值。优化模型主要由以下3个部分组成。

（1）目标函数：要优化的函数（最大化或最小化）。

（2）决策变量：影响系统性能的可控变量。

（3）约束：决策变量的一组约束（线性不等式或等式），非负性约束限制了决策变量取正值。

对运筹学问题进行准确建模是最重要的任务，也是最困难的任务。错误的模型会导致错误的解决方案，从而不能解决原来的问题。因此，应按照以下步骤进行建模。

（1）问题定义：定义项目的范围，并确定3个要素，分别是决策变量、目标函数和限制条件（约束）。

（2）模型构建：将问题定义转换为数学关系。

（3）模型求解：使用标准优化算法。在获得解后，需要进行灵敏度分析，以找出由于某些参数的变化而出现的解的原因。

（4）模型有效性：检查模型是否按预期工作。

（5）实现：将模型和结果转换为解决方案。

11.1 线性规划

线性规划（Linear Programming，LP）是一种运筹学技术，是运筹学中研究较早、应用广泛、方法较成熟的一个重要分支。它是辅助人们进行科学管理的一种数学方法，是研究线性约束条件下线性目标函数的极值问题的数学理论和方法。当所有的目标和约束都是线性的（在变量中），并且当所有的决策变量都连续时使用，线性规划是最简单的运筹学方法。

Python 的 SciPy 库包含用于解决线性编程问题的 linprog 函数。在使用 linprog 函数时，编写代码要考虑两个事项。

（1）这个问题必须表述为一个最小化问题。

（2）不等式必须表示为≤的形式。

1. 最小化问题

考虑下面要解决的最小化问题：

$$\min z = 10x_1 + 15x_2 + 25x_3$$

$$s.t.$$

$$1x_1 + 1x_2 + 1x_3 \geq 1000$$

$$1x_1 - 2x_2 + 0x_3 \geq 0$$

$$0x_1 + 0x_2 + 1x_3 \geq 340$$

$$x_1, x_2, x_3 \geq 0$$

由于约束部分是大于或等于号，因此需要两边乘以 −1，让我们看一下 Python 代码：

```
# 导入所需的库
import numpy as np
from scipy.optimize import linprog
# 设置不等式约束矩阵
# 注：不等式约束必须采用以下形式：
A = np.array([[-1,-1,-1],[-1,2,0],[0,0,-1],[-1,0,0],[0,-1,0],[0,0,-1]])
# 设置不等式约束向量
b = np.array([-1000,0,-340,0,0,0])
# 设置线性目标函数向量的系数
c = np.array([10,15,25])
# 求解线性规划问题
res = linprog(c,A_ub = A, b_ub = b)
```

```
# 打印结果
print('Optimalvalue:',round(res.fun,ndigits=2),'\n''x values:',res.x,'\n'  'Nunmber of iterations performed:',res.nit,'\n' 'Status:',res.status)
```

输出结果如图 11-1 所示。

```
Optimal value: 15100.0
x values: [6.59999996e+02 1.00009441e-07 3.40000000e+02]
Nunmber of iterations performed: 7
Status: 0
```

图 11-1 最小化线性规划问题

2. 最大化问题

由于 Python 的 SciPy 库中的 linprog 函数是用来解决最小化问题的，因此，对于最大化问题，有必要对原始目标函数进行转换。通过将目标函数的系数乘以 -1（改变其符号），可以将最小化问题转化为一个最大化问题。

考虑下面需要解决的最大化问题：

$$\max z = 5x_1 + 7x_2$$

$$s.t.$$

$$1x_1 + 0x_2 \leqslant 16$$

$$2x_1 + 3x_2 \leqslant 19$$

$$1x_1 + 1x_2 \leqslant 8$$

$$x_1, x_2 \geqslant 0$$

下面是对应的 Python 代码：

```
# 导入所需的库
import numpy as np
from scipy.optimize import linprog
# 设置不等式约束矩阵
# 注：不等式约束必须采用以下形式：
A = np.array([[1,0],[2,3],[1,1],[-1,0],[0,-1]])
# 设置不等式约束向量
b = np.array([16,19,8,0,0])
# 设置线性目标函数向量的系数
# 注：在最大化时，更改 c 向量系数的符号
```

```
c = np.array([-5,-7])
# 求解线性规划问题
res = linprog(c,A_ub = A, b_ub = b)
# 打印结果
print('Optimalvalue:',round(res.fun*-1,ndigits=2),'\n''x values:',res.x,'\n'  'Nunmber of iterations performed:',res.nit,'\n' 'Status:',res.status)
```

输出结果如图 11-2 所示。

```
Optimal value: 46.0
x values: [5. 3.]
Nunmber of iterations performed: 5
Status: 0
```

图 11-2 最大化线性规划问题

下面通过一个工厂生产产品的案例来求解线性规划问题。

某工厂在计划期内要安排Ⅰ、Ⅱ两种产品的生产，已知生产单位产品所需的设备台时及 A、B 两种原材料的消耗、资源的限制，如表 11-1 所示。

表 11-1 线性规划问题

	Ⅰ产品	Ⅱ产品	资源限制
设备	1	1	300 台时
原料 A	2	1	400 千克
原料 B	0	1	250 千克
单位产品获利	50 元	100 元	

那么，工厂应分别生产多少单位的Ⅰ、Ⅱ产品才能使工厂获利最多呢？

根据这个问题建立线性规划模型，首先确定目标函数，本题的目的是求解获利最大值，可以设置两个自变量 x_1 和 x_2，分别表示生产Ⅰ产品和Ⅱ产品的单位数，获利设为 z，可以列出目标函数：

$$z=50x_1+100x_2$$

根据题目可知设备总数为 300 台，可以列出限制条件：

$$x_1+x_2 \leqslant 300$$

按照原料 A 和原料 B 的资源限制，也可以列出条件：

$$2x_1+x_2 \leq 400$$
$$x_2 \leq 250$$

同时，保证 $x_1 \geq 0$、$x_2 \geq 0$。

这是一个非常标准的线性规划的案例，只要把目标函数和各种限制条件逐一列出，直接求解就可以了。

我们总结一下线性规划问题。线性规划问题的目标函数用来表示求解最大值和最小值，此外要列出这个规划问题的约束条件。决策变量用符号表示可控制的因素。

线性规划模型建模步骤总结如下。

（1）理解要解决的问题，了解解题的目标和条件。

（2）定义决策变量（x_1，x_2，…，x_n），每一组值表示一个方案。

（3）用决策变量的线性函数形式写出目标函数，确定最大化目标或最小化目标。

（4）用一组决策变量的等式或不等式表示解决问题过程中必须遵循的约束条件。

线性规划标准形式整理如下。

目标函数：$\text{Max}(\text{Min}) z = c_1 x_1 + c_2 x_2 + \cdots + c_n x_n$

约束条件：

$a_{11}x_1 + a_{12} x_2 + \cdots + a_{1n} x_n \leq b_1$

$a_{21} x_1 + a_{22} x_2 + \cdots + a_{2n} x_n \leq b_2$

$a_{m1} x_1 + a_{m2} x_2 + \cdots + a_{mn} x_n \leq b_m$

$x_1, x_2, \cdots, x_n \geq 0, b_i \geq 0$

使用 SciPy 库解决线性规划问题后，读者可能感觉这个库并不好用。接下来应用运筹学的 CPLEX 集成包，CPLEX 集成包是 IBM 公司研发的，用数学方法对业务问题进行建模，并使用 CPLEX 优化程序中强大的算法解决问题，这些算法可以产生精确而合理的决策。CPLEX 优化程序的数学编程技术可进行决策优化，以提高效率、降低成本并提高盈利能力。

CPLEX 优化程序为线性编程、混合整数编程、二次编程和二次约束编程问题提供了灵活的高性能数学编程求解器。这些求解器包括用于混合整数编程的分布式并行算法，以利用多台计算机解决难题。

而调用 CPLEX 集成包需要使用 LP 格式的文件，对于线性规划来说，我们需要把线性规划建模流程写成 LP 格式的文件，书写格式如下。

Maximize

obj: $c_1 x_1 + c_2 x_2 + c_3 x_3 + c_4 x_4 + \cdots$

Subject To

r1: $a11 x_1 + a_{12} x_2 + a_{13} x_3 + a_{14} x_4 + \cdots <= b_1$

r2: $a21 x_1 + a_{22} x_2 + a_{23} x_3 + a_{24} x_4 + \cdots <= b_2$

Bounds

$0 <= x_1 <= C_1$

……

$0 <= xn <= Cn$

End

obj 表示的是目标函数，而 Subject To 表示的是约束条件。要求列出每个条件和其权重，即使权重为 0 也要列出。前面 a_{ij} 为权重，中间是空格，后面为对应的自变量，最终是小于或等于某个参数，这是固定的书写格式。Bounds 表示的是边界，特指每个自变量的取值范围。

本模型案例为求解 $x_1+2x_2+3x_3+x_4$ 的最大值，LP 文件的具体写法如下，存放在 91lp.lp 文件中。

Objective function:

Maximize $x_1+2x_2+3x_3+x_4$

Subject To

r1: $-x_1+x_2+x_3+10x_4<=20$

r2: $x_1-3x_2+x_3<=30$

r3: $x_2-3.5x_4=0$

Bounds

$0<=x_1<=40$

$2<=x_4<=3$

下面首先导入 CPLEX 集成包，代码如下：

```
import cplex
```

然后定义一个变量 op 来初始化 CPLEX 模型，代码如下：

```
op = cplex.Cplex()
```
最后，读取写好的 LP 文件，代码如下：
```
op.read("91lp.lp")
```
成功读取文件后，接下来进行模型的求解。模型求解步骤十分简单，使用 op.solve() 指令就可以实现模型求解，如图 11-3 所示。求解完成后，使用 op.solution.get_objective_value() 可以获得最优解，在这个案例中，最大值为 125.20833333333331，使用 op.solution.get_values() 可以获得此最优解下各个自变量的取值，即 x_1=40.0、x_2=10.208333333333334、x_3=20.625、x_4= 2.916666666666666。

```
op.solve()

Version identifier: 20.1.0.1 | 2021-12-07 | 9dfdf6686
CPXPARAM_Read_DataCheck                           1
Tried aggregator 1 time.
Aggregator did 1 substitutions.
Reduced LP has 2 rows, 3 columns, and 6 nonzeros.
Presolve time = 0.00 sec. (0.00 ticks)

Iteration log . . .
Iteration:      1   Dual infeasibility =             2.407407
```

图 11-3　线性规划问题求解结果

```
# 获取最优解的目标函数值
op.solution.get_objective_value()
125.20833333333331

# 获取最优解下的决策变量的值
op.solution.get_values()
[40.0, 10.208333333334, 20.625, 2.91666666666]
```

理解 CPLEX 集成包求解问题之后，针对工厂应分别生产多少单位 Ⅰ 产品、Ⅱ 产品才能使工厂获利最多这个问题，同样写成一个 LP 文件，代码如下：

```
Maximize
 obj: 50 x1+100 x2
Subject To
 r1: x1+x2<= 300
 r2: 2x1+x2<= 400
 r3: x2 <=250
```

```
Bounds
 0 <= x1
 0 <= x2
End
```

同样带入到上述步骤中,可以得到最大利润值为 27500 元,在获得最大值的情况下自变量 $x_1 = 50$、$x_2 = 250$,即分别生产 50 单位 Ⅰ 产品和 250 单位 Ⅱ 产品才能获得最大利润 27500 元,这样就完成了求解。

11.2 整数规划

整数规划是指要求问题中的全部或一部分变量转换为整数的数学规划问题。整数规划与线性规划十分相似,最大的区别就是整数规划的自变量取值要求必须为整数,在实际生活中具有十分广泛应用。

某公司拟用集装箱托运甲、乙两种货物,这两种货物每件的体积、重量、可获利润及托运所受限制如表 11-2 所示。

表 11-2 整数规划问题

货物	每件体积(立方米)	每件重量(百千克)	每件利润(百元)
甲	195	4	2
乙	273	40	3
托运限制	1365	140	

已知甲种货物至多托运 4 件,问两种货物各托运多少件可使获得利润最大?

解:设 x_1、x_2 分别为甲、乙两种货物托运的件数,建立模型。

目标函数:Max $z = 2x_1 + 3x_2$

约束条件:$195 x_1 + 273 x_2 \leq 1365$

$4 x_1 + 40 x_2 \leq 140$

$x_1 \leq 4$

$x_1 \geq 0$,$x_2 \geq 0$,并且均为整数。

利用图解法,如果去掉最后一个约束,就是一个线性规划问题。解得线性规划

的最优解为 $x_1=2.44$, $x_2=3.26$，目标函数值为 14.66。但是该问题为整数规划问题，解得最优解为 $x_1=4$, $x_2=2$，目标函数值为 14。同样的，整数规划问题也可以通过调用 CPLEX 集成包实现，具体实现步骤与线性规划实现步骤类似，注意此时 LP 文件写为：

Maximize

obj: 2 x_1 + 3 x_2

Subject To

r1: 195x_1 + 273x_2<=1365

r2: 4 x_1+40 x_2 <=140

Bounds

0<= x_1<=4

0<=x_2

Generals

x_1 x_2

End

注意，整数规划需要加入 Generals 限制，表明此时的变量 x_1 和 x_2 都是整数，最终求解得到最大利润为 14（百元），此时两种货物各托运 4 件和 2 件，求解结果和之前计算结果一致。

```
# 获取最优解的目标函数值
op.solution.get_objective_value()
14.0


# 获取最优解下的决策变量的值
op.solution.get_values()
[4.0, 2.0]
```

一般求整数解的线性规划问题，不可用四舍五入法或去尾法对线性规划的非整数解加以处理。在整数规划中，如果所有的变量都为非负整数，则称其为纯整数规划问题。

如果有一部分变量为实数，则称其为混合整数规划问题。在整数规划中，如果变量的取值只限于 0 和 1，则这样的变量被称为 0-1 变量，相应的规划被称为 0-1 规划。

再回归到一开始提到的运筹优化问题。针对表 11-3，表中的数字可以理解为每个用户针对 3 个产品都有一定的潜在价值（如果购买该产品，企业可以挣到多少钱），每个产品只能向每个用户营销一次，每个产品只能营销 3 个用户。该企业做营销的目的是获得最多收入，而是否选择推广该产品可以看成一个 0-1 变量问题，即 0 表示不选择推广该产品，1 表示选择推广该产品。

表 11-3　运筹优化问题表

Customer	Camp.A	Camp.B	Camp.C
1	100	120	90
2	50	70	75
3	60	75	65
4	55	80	75
5	75	60	50
6	75	65	60
7	80	70	75
8	65	60	60
9	80	110	75

这样我们就可以把该运筹问题转换为一个 0-1 整数规划问题。首先，建立自变量，因为我们把表 11-3 中针对不同产品消费金额看作权重，那么对应的自变量 x 可以表示为如下矩阵形式。

$$x = \begin{bmatrix} x_1 & x_{10} & x_{19} \\ x_2 & x_{11} & x_{20} \\ x_3 & x_{12} & x_{21} \\ x_4 & x_{13} & x_{22} \\ x_5 & x_{14} & x_{23} \\ x_6 & x_{15} & x_{24} \\ x_7 & x_{16} & x_{25} \\ x_8 & x_{17} & x_{26} \\ x_9 & x_{18} & x_{27} \end{bmatrix}$$

此时，也可以把权重 w 表示成矩阵形式：

$$w = \begin{bmatrix} 100 & 120 & 90 \\ 50 & 70 & 75 \\ 60 & 75 & 65 \\ 55 & 80 & 75 \\ 75 & 60 & 50 \\ 75 & 65 & 60 \\ 80 & 70 & 75 \\ 65 & 60 & 60 \\ 80 & 110 & 75 \end{bmatrix}$$

因此，我们要求解最大值 z，其实就是求解下面公式的最大值。

$$z = x * w$$

此外，针对条件约束，x 自变量的取值都是 0 或 1，并且要求取整。由于每个用户只能选择一个部门的产品，因此存在约束条件矩阵 x 中同行元素求和最多为 1。由于每个部门最多针对 3 个用户进行营销，因此同列元素求和最多为 3。我们可以将 LP 文件整理如下。

Maximize

obj: $100 x_1 + 50 x_2 + 60 x_3 + 55 x_4 + 75 x_5 + 75 x_6 + 80 x_7 + 65 x_8 + 80 x_9 + 120 x_{10} + 70 x_{11} + 75 x_{12} + 80 x_{13} + 60 x_{14} + 65 x_{15} + 70 x_{16} + 60 x_{17} + 110 x_{18} + 90 x_{19} + 75 x_{20} + 65 x_{21} + 75 x_{22} + 50 x_{23} + 60 x_{24} + 75 x_{25} + 60 x_{26} + 75 x_{27}$

Subject To

r1: $x_1 + x_{10} + x_{19} <= 1$

r2: $x_2 + x_{11} + x_{20} <= 1$

r3: $x_3 + x_{12} + x_{21} <= 1$

r4: $x_4 + x_{13} + x_{22} <= 1$

r5: $x_5 + x_{14} + x_{23} <= 1$

r6: $x_6 + x_{15} + x_{24} <= 1$

r7: $x_7 + x_{16} + x_{25} <= 1$

r8: $x_8 + x_{17} + x_{26} <= 1$

r9: $x_9 + x_{18} + x_{27} <= 1$

r10: $x_1 + x_2 + x_3 + x_4 + x_5 + x_6 + x_7 + x_8 + x_9 <= 3$

r11: $x_{10} + x_{11} + x_{12} + x_{13} + x_{14} + x_{15} + x_{16} + x_{17} + x_{18} <= 3$

r12: $x_{19} + x_{20} + x_{21} + x_{22} + x_{23} + x_{24} + x_{25} + x_{26} + x_{27} <= 3$

Bounds

$0 <= x_1 <= 1$

$0 <= x_2 <= 1$

$0 <= x_3 <= 1$

$0 <= x_4 <= 1$

$0 <= x_5 <= 1$

$0 <= x_6 <= 1$

$0 <= x_7 <= 1$

$0 <= x_8 <= 1$

$0 <= x_9 <= 1$

$0 <= x_{10} <= 1$

$0 <= x_{11} <= 1$

$0 <= x_{12} <= 1$

$0 <= x_{13} <= 1$

$0 <= x_{14} <= 1$

$0 <= x_{15} <= 1$

$0 <= x_{16} <= 1$

$0 <= x_{17} <= 1$

$0 <= x_{18} <= 1$

$0 <= x_{19} <= 1$

$0 <= x_{20} <= 1$

$0 <= x_{21} <= 1$

$0 <= x_{22} <= 1$

$0 <= x_{23} <= 1$

$0 <= x_{24} <= 1$

$0 <= x_{25} <= 1$

$0 <= x_{26} <= 1$

$0 <= x_{27} <= 1$

Generals

$x_1\ x_2\ x_3\ x_4\ x_5\ x_6\ x_7\ x_8\ x_9\ x_{10}\ x_{11}\ x_{12}\ x_{13}\ x_{14}\ x_{15}\ x_{16}\ x_{17}\ x_{18}\ x_{19}\ x_{20}\ x_{21}\ x_{22}\ x_{23}\ x_{24}\ x_{25}\ x_{26}\ x_{27}$

End

同样引入 **CPLEX** 集成包进行求解，可以求得最大值为 745，即最大获利为 745 元，明显优于按照个人优先计算和部门优先计算所得到的结果。

```
op.solution.get_objective_value()
745.0
```

此时输出自变量 *x* 的结果如下，所得到的结果中被标为 1 的即选择对应矩阵中的自变量。

```
op.solution.get_values()
[0.0,
-0.0,
-0.0,
-0.0,
1.0,
1.0,
1.0,
-0.0,
0.0,
1.0
0.0,
1.0,
-0.0,
-0.0,
-0.0,
-0.0,
-0.0,
```

```
1.0,
-0.0,
1.0,
0.0,
1.0,
-0.0,
0.0,
0.0,
1.0,
0.0]
```

最终求解结果可在图 11-4 中圈出。

Customer	Camp. A	Camp. B	Camp. C
1	100	75	90
2	50	58	75
3	60	74	65
4	55	60	75
5	75	60	50
6	75	60	60
7	80	60	75
8	65	60	60
9	80	70	75

图 11-4 运筹优化模型求解结果

11.3 二次规划

非线性规划在生活中是十分常见的,因为因变量和自变量之间不全是线性关系,还有非线性的关系。

二次型(Quadratic Form):n 个变量的二次多项式被称为二次型,即在一个多项式中,未知数的个数为任意多个,但每一项的次数都为 2 的多项式。其基本形式如下:

$$f(x_1,x_2,\cdots,x_n)=a_{11}x_1^2+a_{22}x_2^2+\cdots+a_{nn}x_n^2+2a_{12}x_1x_2+2a_{13}x_1x_3+\cdots+2a_{1n}x_1x_n+2a_{23}x_2x_3+\cdots+2a_{n-1,n}x_{n-1}x_n$$

亦可写作 $f(x)=x^T Ax$，称作二次型的矩阵表示，其中 A 是对称矩阵。仿照如下的定义，我们可以直接在其基本形式和矩阵表示之间相互转换。

$$A=\begin{pmatrix} a_{11} & a_{12} & \cdots & a_{1n} \\ a_{21} & a_{22} & \cdots & a_{2n} \\ & & & \\ a_{n1} & a_{n2} & \cdots & a_{nn} \end{pmatrix}$$

$$x=\begin{pmatrix} x_1 \\ x_2 \\ \vdots \\ x_n \end{pmatrix}$$

1. 正定矩阵

设 A 是 n 阶实对称矩阵，如果对于任意一个非零实向量 x，都使二次型 $f(x)=x^T Ax>0$ 成立，则称 $f(x)$ 为正定二次型，矩阵 A 被称为正定矩阵（Positive Definite）。

相应的，如果对于任意一个非零实向量 x，都使二次型 $f(x)=x^T Ax \geq 0$ 成立，则称 $f(x)$ 为半正定二次型，即 A 为半正定矩阵。

2. 二次规划问题

二次规划问题是指带有二次型目标函数和约束条件的最优化问题。二次规划问题的标准形式如下：

$$\min_{x} \frac{1}{2} x^T Px + q^T x$$
$$\text{subject to} \quad Gx \leq h$$
$$Ax=b$$

其中，x 为所要求解的列向量，x^T 表示 x 的转置。

接下来，按步骤对上面的公式进行相关说明。

（1）上面的公式表明，任何二次规划问题都可以转换为以上结构，事实上用 Python 的凸优化工具包 cvxopt 的第一步就是将实际的二次规划问题转换为以上结构，写出对应的 P、q、G、h、A、b。

（2）目标函数若求 max，则可以通过乘以 -1 将最大化问题转换为最小化问题。

（3）$Gx \leq h$ 表示的是所有的不等式约束，同样，若存在诸如 $x \geq 0$ 的限制条件，则可以通过乘以 -1 的方式转换为小于或等于的形式。

（4）$Ax=b$ 表示所有的等式约束。

下面用一个标准的案例进行过程说明。

例：$\min(x,y) \quad \frac{1}{2}x^2+3x+4y$

$\text{subject to} \quad x,y \geq 0$

$\qquad\qquad\qquad x+3y \geq 15$

$\qquad\qquad\qquad 2x+5y \leq 100$

$\qquad\qquad\qquad 3x+4y \leq 80$

这里需要求解的是 x、y，我们可以把它写成向量的形式，同时，也需要将限制条件按照标准形式进行调整，用矩阵形式表示：

$$\text{Min}(x,y) \quad \frac{1}{2}\begin{bmatrix}x\\y\end{bmatrix}^T \begin{bmatrix}1 & 0\\0 & 0\end{bmatrix}\begin{bmatrix}x\\y\end{bmatrix} + \begin{bmatrix}3\\4\end{bmatrix}^T \begin{bmatrix}x\\y\end{bmatrix}$$

$$\begin{bmatrix}-1 & 0\\0 & -1\\-1 & -3\\2 & 5\\3 & 4\end{bmatrix}\begin{bmatrix}x\\y\end{bmatrix} \leq \begin{bmatrix}0\\0\\-15\\100\\80\end{bmatrix}$$

目标函数和限制条件均转换成二次规划的标准形式，这是第一步，也是最难的一步，接下来的工作就简单了，让我们看一下 Python 代码：

```
from cvxopt import solvers,matrix
P = matrix([[1,0,0,0],[0,0,0,0]]) # 由于matrix里区分int型和double型，因此数字后面都需要加小数点
q = matrix([3.0,4.0])
G = matrix([[-1.0,0.0,-1.0,2.0,3.0],[0.0,-1.0,-3.0,5.0,4.0]])
h = matrix([0.0,0.0,-15.0,100.0,80.0])
sol = solvers.qp(P,q,G,h) # 调用优化函数 solvers.qp 并求解
print(sol['x'])   # 打印结果，sol 里面还有很多其他属性，读者可以自行了解
```

输出结果如图 11-5 所示。

可以看出，难点并不在代码，而是在于将实际优化问题转换为标准形式的过程。当出现等式约束时，过程一样，找到 A、b，然后运行代码：

```
sol = solvers.qp(P,q,G,h,A,b)
```

针对自变量 x 存在多次项系数，而二次规划问题即表明存在与自变量 x 的平方项相关的关系。此时已经不是线性关系，而是非线性关系。

```
       pcost        dcost       gap      pres    dres
 0:  1.0780e+02  -7.6366e+02   9e+02    0e+00   4e+01
 1:  9.3245e+01   9.7637e+00   8e+01    6e-17   3e+00
 2:  6.7311e+01   3.2553e+01   3e+01    6e-17   1e+00
 3:  2.6071e+01   1.5068e+01   1e+01    9e-17   7e-01
 4:  3.7092e+01   2.3152e+01   1e+01    8e-17   4e-01
 5:  2.5352e+01   1.8652e+01   7e+00    9e-17   3e-16
 6:  2.0062e+01   1.9974e+01   9e-02    1e-16   2e-16
 7:  2.0001e+01   2.0000e+01   9e-04    2e-16   0e+00
 8:  2.0000e+01   2.0000e+01   9e-06    9e-17   3e-16
Optimal solution found.
[ 7.13e-07]
[ 5.00e+00]
```

图 11-5 二次规划模型输出结果

我们通过一个案例来看一下什么是二次规划问题。

某工厂生产两种产品 A 和 B，产量分别记为 x_1、x_2，由于原材料、生产工时等原因，两种产品的总量不超过 100 件，并且产品 A 的产量不超过产品 B 的产量的 2 倍，由以往的销售经验可得，利润函数为 $p=-x_1^2-0.3x_1x_2-2x_2^2+98x_1+277x_2$，问 A、B 产品的产量各为多少时利润最大？

由题目已知条件，建立模型。

目标函数 $\max p=-x_1^2-0.3x_1x_2-2x_2^2+98x_1+277x_2$

$$\text{s.t.} \; x_1+x_2 \leqslant 100$$

$$x_1-2x_2 \leqslant 0$$

$$x_1, x_2 \geqslant 0$$

这种规划模型的目标函数是决策向量 $X=[x_1,x_2,\cdots,x_n]^T$ 的二次函数，约束条件都是线性的或二次的，那么这个模型被称为二次优化（QP）模型。

二次优化问题同样可以用 CPLEX 集成包读取 LP 格式的文件求解。如上面这个案例，具体实现步骤与线性规划实现步骤类似，此时需要对应修改 LP 文件，尤其需要注意的是，如果在公式中出现平方项或乘积项，就必须用中括号（[ ]），将这些内容放在中括号内，其余内容均与线性规划相似，详情参考下面的 LP 文件。

```
Maximize
 obj: [-1 x1^2 - 0.3 x1*x2 - 2 x2^2]/2 + 98 x1 + 277 x2
Subject To
 r1: x1 + x2 <= 100
```

```
    r2: x1 - 2 x2 <= 0
Bounds
 0 <= x1
 0 <= x2
End
```

同样导入 CPLEX 集成包进行求解，可以求得最大值为 17706.6666，即最大利润为 17706.6666 元，代码如下：

```
#获取最优解的目标函数值
op.solution.get_objective_value()
17706.666623526748
#获取最优解下的决策变量的值
op.solution.get_value()
[2.2222286362800023, 97.77777083185876]
```

可得 x_1=2.2222，x_2=97.7777，目标函数的最大值为 17706.6666。

11.4 本章练习题

（单选题）关于线性规划问题，下列说法正确的是（　　）。

A、线性规划问题是二次规划问题的特殊情况

B、线性规划问题是指目标函数必须为线性关系

C、线性规划问题是指约束条件必须为线性关系

D、线性规划问题是指目标函数和约束条件均为线性关系

答案：D

解析：线性规划问题是指目标函数和约束条件均为线性关系，因此本题选 D。

（单选题）在解线性规划问题时，可能出现的情况不包括（　　）。

A、可行域为空集，原问题有可行解

B、可行域非空但无界，无最优解

C、可行域非空但无界，有最优解

D、最优解有无穷多个

答案：A

解析：本题考查线性规划问题的相关知识。求解线性规划问题中不存在可行域为空集，原问题有可行解的情况，因此本题选 A。

（单选题）依照决策变量取整要求的不同，整数规划的划分类型不包括( )。

A、纯整数规划

B、混合整数规划

C、0-1 整数规划

D、非纯整数规划

答案：D

解析：本题考查整数规划的相关知识。依照决策变量取整要求的不同，整数规划的划分类型包括纯整数规划、混合整数规划、0-1 整数规划。因此本题选 D。

（单选题）整数规划与线性规划的差异说法正确的是（ ）。

A、整数规划的最优值是小于或等于线性规划最优值的

B、如果线性规划没有可行解，那么整数规划也没有可行解

C、整数规划是线性规划的特殊情况

D、以上都正确

答案：D

解析：本题考查整数规划与线性规划的差异。选项 A 表述正确，最好情况下整数规划的最优值是等于线性规划最优值的，但是一般情况下是小于线性规划最优值的。选项 B 表述正确，如果线性规划没有可行解，那么整数规划也没有可行解。选项 C 表述正确，整数规划是指规划中的变量（全部或部分）限制为整数，若在线性模型中，变量限制为整数，则称为整数线性规划，可以理解整数规划是对线性规划的特殊情况。因此本题选 D。

（单选题）某公司拟用集装箱托运 A、B 两种货物，每箱的体积、重量、可获得利润及托运所受限制如表 11-4 所示。两种货物各运多少箱可获得最大利润？

表 11-4 货物情况及托运所受限制

货物	体积（立方米/箱）	重量（千克/箱）	利润（元/箱）
A	5	100	2000
B	4	250	1000
托运限制	24	650	

在建立线性规划模型时，下列说法中错误的是（　　）。

A、第一步是确定决策变量：设 x_1、x_2 分别为两种货物的托运箱数

B、这里是求解目标函数的最大值

C、关于 x_1 和 x_2 的约束条件是：$x_1 \geq 0$，$x_2 \geq 0$，且 x_1，x_2 为整数

D、关于 x_1 和 x_2 的约束条件是：$x_1 \geq 0$，$x_2 \geq 0$，且 x_1，x_2 为正数

答案：D

解析：本题考查线性规划模型的应用。关于 x_1 和 x_2 的约束条件是：$x_1 \geq 0$，$x_2 \geq 0$，且 x_1，x_2 为正数表述错误，因为存在 x_1，x_2 为 0 的情况，所以选项 D 表述错误。

第 12 章　数据治理

在本书的开篇提到数字化转型是机构或组织的必经之路，转型的重点在于用好数据来提升企业竞争力，充分发挥数据价值，用数据驱动业务发展。关于用好数据，在本书前面的章节中讲解了很多方法和应用场景，但这一切都需要建立在数据不存在任何问题的基础上，事实是各机构或组织的数据存在各种各样的问题，这就导致使用数据十分困难，阻碍了其数字化转型。那么，如何让数据好用起来？数据治理是必不可少的环节之一。同时，数据治理也是数字化转型成功的关键所在。

本章将重点对机构或组织的数据治理进行阐述，主要包括数据治理的驱动因素、数据治理体系、如何开展数据治理等。

12.1　数据治理的驱动因素

目前很多机构或组织已经开展了数据治理项目，大多是因为监管要求或满足某个应用项目的需要。数据治理的驱动因素有两个大的方面：一是内部发展的需要；二是外部监管的需要。

（1）内部发展因素。

随着信息化建设的不断深入，以及公司业务种类、范围等的逐渐延伸，使得IT系统产生的数据量以惊人的速度增长，面对巨大的数据规模，机构或组织如何在精准营销、风险控制、决策支持、产品定价、绩效考核等各方面得到准确、及时、完整的数据支持，是必须考虑的重要问题。

（2）外部监管因素。

为了引导机构或组织加强数据治理，提高数据质量，充分发挥数据价值，提升经营管理水平，各行业监管和主管机构陆续发布了相关文件。比如银监会于2018年5月正式发布了《银行业金融机构数据治理指引》（以下简称《指引》），对于银行业金融机构的数据治理工作具有非常重要的指导意义。

《指引》中明确提出了银行业金融机构数据治理的基本原则、组织架构、数据管理、数据质量、数据价值实现等方面的要求，并且明确提出数据治理与监管评级挂钩。

数据治理不仅需要作为一项职能工作在公司内贯彻执行，而且应该成为一种企业文化在员工工作之间进行融合。企业文化建设必须落实到实处，应该从战略角度启动、开展和推进数据治理工作，建立一种以数据资产为导向的企业文化，将数据治理与信息科技治理、公司治理有机地结合起来。

12.2 数据治理体系

数据治理体系框架围绕企业数据应用的全生命周期，如图 12-1 所示，从数据管理和服务的整体角度出发，描述了企业级数据活动涵盖的三个域、十五个具体事项。

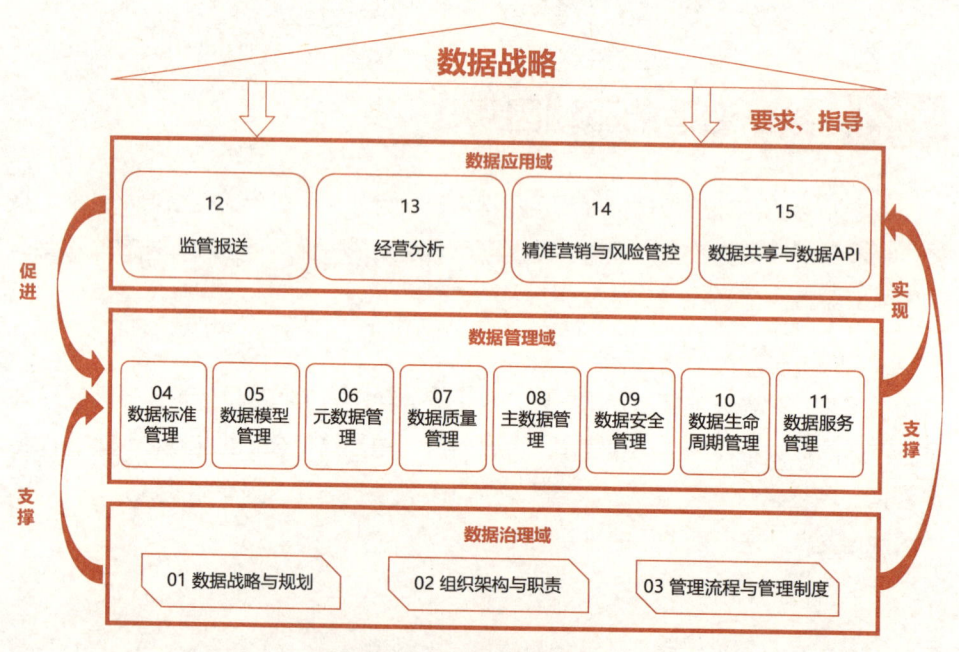

图 12-1 数据治理体系框架

- 数据治理：规划数据管理的范围与工作路线，对决策支持、风险识别等数据分析工作进行实际应用，同时加强宣传培训、评估数据工作的绩效，指导数据工作持续改进；通过数据管理和数据应用的组织模式、职责和岗位角色明确数据在各生命周期的管理和服务责任；以制度为手段，有效控制和规范数据管理活动的执行。

- 数据管理：建立企业完整的数据管控体系，提升数据管理专业能力；建立数据管理中业务和科技建设间的协作关系，实现全面的数据管理功能；构建专业化的数据管理系统与工具，以及专业化的人才梯队，提升数据管理的效率和效益。
- 数据应用：探索数据应用的服务模式，提升数据应用专业能力，有效进行统计分析和运营分析，支持高层决策的绩效评估和预测分析，为业务创新提供趋势洞察和商业模拟。

由此可见，数据治理是数据管理和数据应用的高阶规划和控制，良好的数据管理能更好地实现数据的应用，数据应用能反馈促进数据管理能力的提升。数据治理机制是数据治理工作的保障，数据的一切活动均需要在数据的指引下开展，并设立数据管理组织进行相关工作的决策、管理与执行，同时制度的制定、流程的明确是数据活动顺利开展的必要条件。

12.2.1 数据治理域

1. 组织架构与职责

数据治理是一项庞大、系统的工程，需要配备一套完整的组织体系来完成数据治理的相关工作，如图 12-2 所示。在组织体系设计上要注意如下 4 点。

（1）数据治理是一项全公司性质的工作，因此应建立最高决策机构，负责重要事项的决策。

（2）数据治理工作是一项需要业务人员和科技人员共同参与的工作，信息管理中心作为总体协调部门，负责组织和协调工作。

（3）由于数据治理工作覆盖面广，因此拟针对各领域设计相应的组织结构，明确相应的工作职责及汇报关系。

（4）按照数据管理各领域的工作特点，定义各类角色，并通过数据认责机制逐步落实到各业务条线和综合管理部门。

数据治理组织体系设计的目的不仅停留在组织架构的层面，更重要的是为了指导各领域实际管理流程环节的落地开展。在项目中，在对每个领域的职责划分的基础上，借鉴 RACI 方法，把具体职责分配给相应的角色，从而帮助形成各个领域的管理流程环节。RACI 是一个相对直观的模型，用以明确组织变革过程中的各个角色及其相关责任，可以确保各项职责的角色分配科学、明晰、精确。

领域	职责	企业数据委员会	领域数据委员会	企业数据治理组织	领域数据治理团队	流程领导	主数据管理	数据所有者	数据治理负责人	数据管理员	企业数据保管员	企业架构师	数据质量分析员
数据战略	定义战略性企业数据治理目标以及数据质量指标，并与企业战略方向保持一致	A	R	C	C		I	R			C		
流程制度	定义与数据治理活动一致的业务流程	A	R	C	C		I	R			C		
流程制度	确保数据治理目标与业务流程的一致性	A	R	R	R		I	R					
数据质量	批准数据质量指标的建立及后续变更	I	A	R	C		I		R	R			
数据质量	为企业数据治理委员会和经营管理层定义和制定企业数据治理和数据质量视图	C	C	A	C		I		C	R			
数据质量	为领域数据治理委员会和经营管理层定义和制定企业数据治理和数据质量视图	I	C	C	A		I		C	R	C	I	

图 12-2　数据治理组织体系案例

2. 管理流程与管理制度

（1）管理流程。

确定数据治理组织架构且人员职责划分清楚后，需要制定相关的管理流程，从而有效地将人和事串连起来，有序地开展各项治理工作。因为数据管理各模块所管理的对象不同，所以不能构建统一的流程，需要根据实际情况制定各自的流程。以制定数据质量管理流程为例，需要考虑以下几个方面：

- 强化日常的数据质量监控与问题评估工作。
- 实现事前预防、事中监控、事后处理的全面数据质量管理。
- 进行数据管理案例与经验的收集和管理。

基于上述考虑，设计数据质量管理流程主要包括设计数据质量规则管理流程、数据质量监控及清洗流程、数据质量源头控制流程等。

（2）管理制度。

根据数据管理的层次和授权决策次序，数据管理制度框架分为政策、制度、细则三个层次，如图 12-3 所示。该框架标准化地规定了数据管理的具体领域、各个数据管理领域内的目标、遵循的行动原则、需要完成的工作任务、实行的工作方式、采取的一般步骤和具体措施。

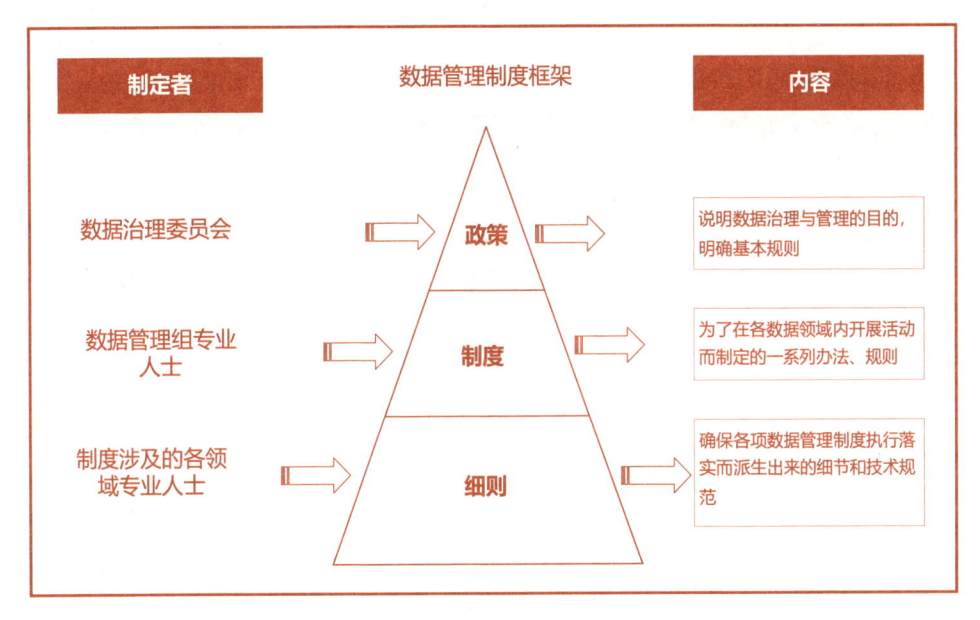

图 12-3 数据管理制度框架

数据治理相关管理办法包括数据标准管理办法、数据质量管理办法，其以明确的形式来表明数据治理机制的有效运行规范，明确数据治理的目标、工作原则、工作内容及组织工作。

数据治理相关管理办法是为了明确数据治理组织架构中各层级的职责，规范和控制相关组织在数据管理工作中行使的权利而设计的一份制度层面的文档，是对数据治理工作的组织架构、职责与权限、人员构成与工作制度的说明，是数据治理工作中决策层与管理协调层工作开展的依据。

数据管理工作考核是对数据管理工作过程事项的考核，依据数据治理体系功能及设计的建设实施路线图，确定年度工作目标，进一步设计年度数据管理工作考核评价的维度与具体指标，在明确数据管理工作考核的组织实施方式的基础上有效地开展考核工作。在激励方式上，应注意奖惩结合，多设置加分项目，以鼓励工作开展、提高工作积极性为前提。

12.2.2 数据管理域

1. 数据模型管理

数据模型包括概念数据模型、逻辑数据模型和物理数据模型，是数据治理的关键和重点。理想的数据模型应该具有非冗余、稳定、一致、易用等特征。逻辑数据模型能涵盖整个组织的业务范围，以一种清晰的表达方式记录和跟踪组织的重要数据元素及其变动，并利用它们之间各种可能的限制条件和关系来表达重要的业务规则。数据模型必须在设计过程中保持统一的业务定义。

为了满足将来不同的应用分析需要，逻辑数据模型的设计应该能够支持最小粒度的详细数据的存储，以支持各种可能的分析查询。同时，保障逻辑数据模型能够最大程度地减少冗余，并保障结构具有足够的灵活性和扩展性。物理数据模型是逻辑数据模型在数据库中的具体实现，是数据库系统中实际数据的定义或主机文件系统中的文件结构的定义，内容包括数据库内所有的表、视图、字段及其相关主键和外键的定义，以及系统内数据流向及系统间的数据交换关系。

2. 元数据管理

元数据是关于数据的数据，描述数据定义和属性。元数据主要包括业务元数据、技术元数据和管理元数据。元数据管理的目的是厘清元数据之间的关系与脉络，规范元数据设计、实现和运维的全生命周期过程。有效的元数据管理为技术与业务搭建了桥梁，为系统建设、运维、业务操作、管理分析和数据管控等工作的开展提供重要指导。元数据管理的内容主要包括元数据获取、元数据存储、元数据维护（变更维护、版本维护）、元数据分析（血缘分析、影响分析、实体差异分析、实体关联分析、指标一致性分析、数据地图展示）、元数据质量管理与考核等内容。

3. 数据标准管理

数据标准是组织建立的一套符合自身实际，涵盖定义、操作、应用的多层次数据的标准化体系。数据治理对标准的需求可以分为 3 类，即基础类数据标准、分析类数据标准和其他类数据标准。基础类数据是指组织日常业务开展过程中所产生的具有共同业务特性的基础数据。基础类数据可分为用户、资产、协议、产品、交易、渠道、财务、营销等主题。分析类数据是指为了满足组织内部管理需要及外部监管要求，在基础类数据的基础上按一定统计、分析规则加工后的可定量化的数据。其他类数据是指组织在业务经营及管理分析中所涉及的特有数据。

4. 数据质量管理

数据质量的高低将影响数据应用程度。数据质量管理包含对数据的绝对质量管理、过程质量管理。绝对质量即数据的正确性、完整性、一致性等，是数据本身应具有的属性。过程质量即使用质量、存储质量和传输质量。

高质量的行业数据至少应满足以下要求。

（1）正确性。在转换、分析、存储、传输、应用流程中不存在错误。

（2）完整性。数据库应用或要求的所有记录、字段都存在。

（3）一致性。体现在整个数据库的定义和维护方面，确保数据在使用的整个过程中是一致的。

数据质量管理的规划和实施应至少包括以下内容。

（1）数据质量管控体系的建立，即建立数据质量的评估体系，定期评估数据质量状况。

（2）在各应用系统中的落实，包括每个应用系统中的数据质量检查等。

（3）在最开始建立数据质量管理系统时，借助数据治理平台，通过建立数据质量管理规则来集中建立数据质量管理系统，发现问题并持续改进。

（4）数据质量管理与业务稽核的结合，通过业务规则的稽核发现数据质量深层次的问题，将数据质量与业务一线人员结合，使业务人员对数据质量有更加清晰和明确的认识。

完善的数据质量管理是保障各项数据治理工作能够得到有效落实，达成数据准确、完整的目标，并提供有效增值服务的重要基础。

5. 数据安全管理

由于组织的重要且敏感信息大部分被集中存储在应用系统中，因此数据安全至关重要。保障数据不被泄露和非法访问是非常关键的问题。数据安全管理主要解决的就是数据在保存、使用和交换过程中的安全问题。

数据安全管理主要体现在以下6个方面。

（1）数据使用的安全性，包括基础类数据的保存、访问和权限管理。

（2）数据隐私问题，系统中采集的敏感信息在下游分析系统和内部管理系统中是否进行加密，以避免数据被非法访问。

（3）访问权限统一管理，包括单点登录问题及用户名、数据和应用的访问授权统一管理。

（4）数据安全审计，为数据修改、使用等环节设置审计方法，事后进行审计和责任追究。

（5）制度及流程建立，逐步建立数据安全性的管理办法、系统开发规范、数据隐私管理办法及相应的应用系统规范、在管理决策和分析类系统中的审计管理办法等。

（6）应用系统权限的访问控制，建立公司级权限管理系统，增加数字水印等技术在应用系统中的使用。

6. 数据生命周期管理

数据生命周期管理一般包括数据生成及传输、数据存储、数据处理及应用、数据销毁4个方面。

（1）数据生成及传输。

数据应该能够按照数据质量标准和发展需要产生，应采取措施保证数据的准确性和完整性，业务系统上线前应该进行必要的安全测试，以保证上述措施的有效性。对于在手工流程中产生的数据应在相关制度中明确要求，并通过事中复核、事后检查等手段保证其准确性和完整性。数据传输过程中需要考虑保密性和完整性的问题，对不同种类的数据分别采取不同的措施，防止数据泄漏或数据被篡改。

（2）数据存储。

这个阶段除关注保密性、完整性外，更要关心数据的可用性，对于大部分数据应采取分级存储的方式，不仅存储在本地磁盘上，还应该存储在磁带上，甚至远程复制到磁盘阵列中，或者采用光盘库进行存储。对于存储的备份数据要定期进行测试，确保其可访问、数据完整。数据的备份恢复策略应该由数据的责任部门或责任人负责制定，信息化管理部门可以给予相应的支持。同时，还需要注意因为部门需要或故障处理的需要，可能对数据进行修改，必须在数据管理办法中明确数据修改的申请审批流程，审慎对待后台数据修改。

（3）数据处理及应用。

信息化相关部门需要对数据进行分析处理，以挖掘出对管理及业务开展有价值的信息，保证处理过程中数据的安全性，一般采用联机处理，系统只输出分析处理的结果。但是在实际中，因为相关数据分析系统建设不到位，需要从数据库中提取数据后再对数据进行必要的分析处理，在这个过程中就需要关注数据提取操作是否可能对数据库造成破坏、提取出的数据在交付给分析处理人员的过程中其安全性是否会降低、数据分析处理环境的安全性等。

（4）数据销毁。

这个阶段主要涉及数据的保密性。应明确数据销毁的流程，采用必要的工具，数据的销毁应该有完整的记录。尤其是需要送到外部修理的存储设备，在送修之前应该对数据进行可靠的销毁。

7. 数据服务管理

数据整合归集最终的目的是服务各机构部门、人员等，更准确、更快、更方便的服务是数据服务管理的目标。

数据服务管理是指针对内部积累多年的数据，研究如何能够充分利用这些数据，分析行业业务流程，并优化业务流程。数据使用的方式通常是对数据的深度加工和分析，如通过各种报表、工具分析运营层面的问题，以及通过数据挖掘等工具对数据进行深度加工，从而更好地为管理者服务。通过建立统一的数据服务平台满足针对跨部门、跨系统的数据应用。通过统一的数据服务平台可以统一数据源，变多源为单源，加快数据流转速度，提升数据服务的效率。

8. 主数据管理

主数据管理要做的就是从各部门的多个业务系统中整合最核心的、最需要共享的数据（主数据），集中进行数据的清洗，并且以服务的方式把统一的、完整的、准确的、具有权威性的主数据传送给组织范围内需要使用这些数据的操作型应用系统和分析型应用系统。

主数据管理的信息流应为：

（1）某个业务系统触发对主数据的改动；

（2）主数据管理系统将整合之后完整、准确的主数据传送给所有有关的应用系统；

（3）主数据管理系统为决策支持和数据仓库系统提供准确的数据源。

主数据管理要考虑运用主数据管理系统实现，主数据管理系统从建设初期就要考虑整体的平台框架和技术实现。

12.2.3 数据应用域

1. 监管报送应用

为了了解各机构的运营情况，主管部门或集团会要求提交业务运营相关数据，比如，为了保证金融市场的稳定和防范风险的发生，主管部门需要了解和汇总各银行的情况，之后出台针对性的政策和措施。各银行需要按照监管机构的要求报送本行的业务发展情况，报送内容如图 12-4 所示。

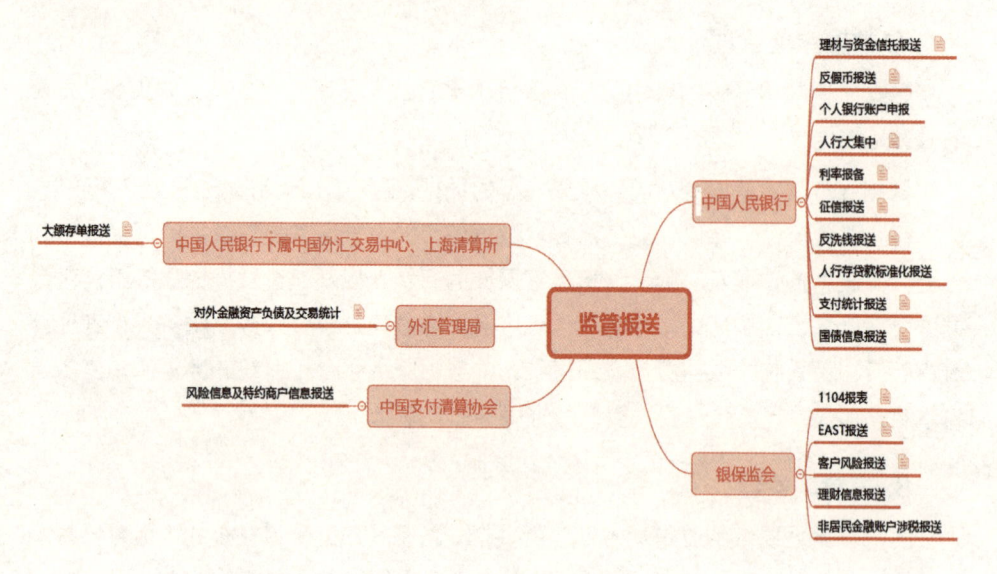

图 12-4　监管报送内容

监管数据基本覆盖银行各类业务与各个业务系统数据，因而监管合规数据报送质量很大程度上也代表了金融机构数据治理工作的成效，银保监会以监管数据专项治理为切入点来督促金融机构开展数据治理工作，目的明确、衡量标准明确、路径清晰、治理效果明显，在将来很长一个阶段将是银行数据治理工作的基础乃至重要组成部分。

2. 精准营销应用

各组织或机构之前的以"产品（业务）为中心"的营销理念显然已不能顺应行业的发展趋势，亟须转变为以"用户为中心"的发展理念。随着业务的发展积累了大量的数据资源等待开发和利用，如何利用大数据技术建立精准营销来实现服务与营销及管理的转型，这也是各组织或机构业务增加核心竞争力的突破口。

（1）用户信息整合及验证。

为了确保精准营销结果的准确性，还应建立严密的用户信息验证机制。用户信息校验包含两方面：一是错误信息的验证，如同一个用户在不同系统中的行业分类存在差异，数据平台将设置校验规则判定哪个来源数据正确，并自动用正确数据覆盖错误数据；二是数据时效的验证，如数据平台有多个来源提供某个证件有效期，系统将自动获取最新的日期作为证件有效期。

（2）用户画像及标签。

根据精准营销的不同角度设置不同类别的标签，标签应当具有灵活性，可以随着业务发展和精准营销场景的变换随时增减或改变。用户标签内容在第6章已经讲解，此处不再赘述。

（3）精准营销模型。

完善用户分析和产品匹配，建立精准营销应用模型。精准营销模型可拆分为多个子模型，部分子模型属于精准营销内部模型，如用户准入模型、行为分析模型、业务推荐模型等；还有部分子模型是调用其他系统的模型结果，属于精准营销调用的外部模型，如定价模型、用户评级模型、限额模型等。

整体的精准营销模型是结合用户、产品、事件、行业及发展情况等各方面，按需调用不同的子模型进行进一步计算，获得最终的精准营销智能决策方案。

3. 产品创新应用

当前很多组织或机构在进行产品设计开发过程中主要还是依靠业务经验或模仿市场较火的产品，没有从历史数据和自己用户真实需求出发。各组织或机构发展到今天已经过了扩大用户规模的阶段，而转向对存量用户的精耕细作的阶段。而且当前开发一款产品后，需要很长的一个IT建设周期或数据获取周期，没法利用数据实验室进行快速模拟测算。这就是在产品或业务创新过程中往往会遇到的"数据与业务创新脱节""数据生产与应用脱节""信息化建设与业务规范管理的脱节""缺乏从业务维度对数据质量问题的分解手段"等挑战。

为了解决这种困境，建议组织将数据治理管控扩展到产品管理领域，以业务规范定义为源头，将数据生命周期和产品管理流程相结合，借助产品目录、业务台账规范和数据标准等工具，通过产品识别、产品信息要素梳理、数据标准定义、数据标准落地等治理活动进行数据治理管控，形成产品创新阶段中数据治理的有效管控，流程如图12-5所示。

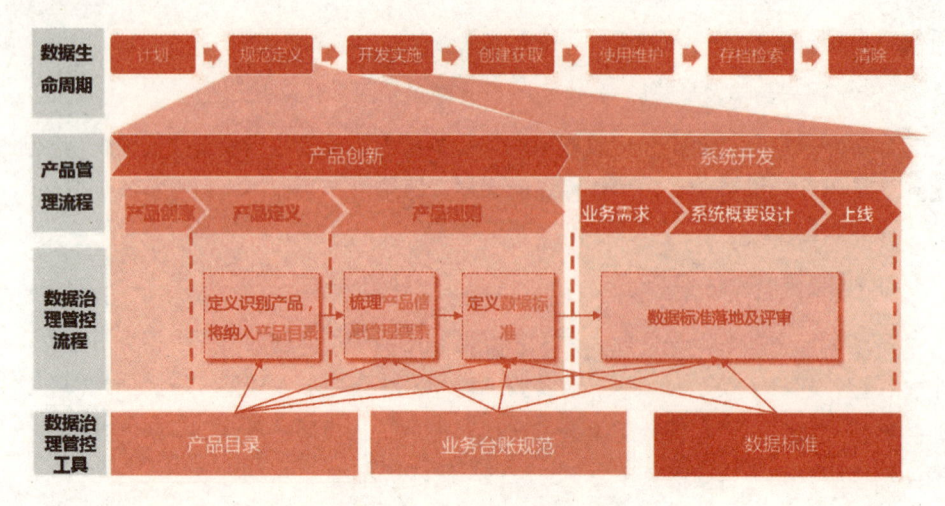

图 12-5　数据治理管控流程

12.3　如何开展数据治理

　　大数据时代的数据治理是每个企业发展过程中必不可少的环节，也是一个基础体系建设工程。数据治理是一项长期而繁杂的工作，是大数据领域中的脏活、累活，很多时候开展数据治理做了很多工作，却没有看到什么成果。大部分数据治理咨询项目都能交上一份让用户足够满意的答卷，但是当咨询成果落地时，很可能是另一番截然不同的景象。很多组织或机构已经或多或少开展了数据治理工作，因各家IT系统建设程度和数据应用能力的不同，没有统一的治理标准来规范数据治理工作。如何保证数据治理有效开展，必须先考虑清楚4个方面的问题：一是关于数据治理的定位，二是数据治理的应用方向，三是如何进行治理，四是如何持续性修正和扩大治理范围和成果。

12.3.1　准确地定位数据治理

　　数据治理是组织或机构在数据时代的基础体系建设，它的重要性应该等同于业务体系的建设。我们可以对照互联网公司来看，如阿里、腾讯等，它们都在初期业务的发展过程中积累了原始的用户数据，并对这些数据进行了有效的管理和制定了一系列的用户协议，不断地拓展其他板块的业务。我们看到的是他们用大量的数据来支持各种业务的开展，但是这么庞大数据资源背后的东西，如数据的管理、数据的质量、数据的管理制度、数据应用机制等却常常被忽略。而这里的基础体系指的就是数据资源背后的东西。

很多组织或机构认为数据治理就是开展几期项目解决遇到的数据问题，也有一些组织或机构认为数据治理应该自上而下，建立组织架构、流程制度和考核体系，以及上线数据治理平台系统进行线上管控。但是这些并不能说明其对数据治理有了很好的认识，只能说企业已经开始尝试开展数据治理工作了。

我们认为数据治理是需要企业自上而下形成统一共识的，为了实现战略目标而制定贯穿数据采集、存储、管理到应用等多个各环节的管理体系，并且需要持续性对该体系进行补充和完善。只有思想上统一，有着完善的管理体系，才是数据治理开展的基本保障。

首先，需要全员具备数据意识。在思想上让企业每位员工认识到数据和自己日常工作息息相关，数据能为企业带来的各方面价值。如银行网点前端人员，在用户办理业务时对于每项信息都能认真核实，出现错误或不完整录入都会为本行带来一定的损失；对于用户经理而言，要能够利用数据了解用户的详细信息，抓住用户当下需求进行精准营销，促成业务交易；对于科技人员而言，要对分散在各系统的数据进行整合，保证高质量的数据并从中萃取关键信息来助力业务发展或辅助业务决策；对于管理决策层而言，读懂数据背后市场的变化趋势，能够快速对业务发展趋势进行预判，调整或开辟新的业务方向。

其次，需要完善的管理体系。数据治理工作不仅涉及的面比较广，而且对于每项具体的治理工作都可能会深入到业务开展的细枝末节。数据治理之所以说是一个体系，是因为它有很多的管理单元，如组织架构管理、流程管理、质量管理等多个管理单元，它们之间相互贯穿形成完整的治理体系。

最后，随着技术和业务的发展，所面临的数据问题也会不断地发生变化，只有不断地对已形成的治理体系进行完善，才能确保数据价值的实现。

12.3.2 明确数据应用方向

数据治理工作的基础性决定了单纯地做数据治理不会显现出明显效果和数据价值，必须有明确的数据应用方向来推动数据治理，才会凸显数据治理的价值。如建设基础数据平台，为各类数据分析应用提供一致的基础数据，支持业务人员可视化分析展现，具备将数据服务嵌入业务流程和场景应用的能力；基于大数据平台，引入机器学习、深度学习模型和算法，探索建立人工智能平台，面向各业务领域应用提供人工智能研发服务；提供用户、产品与风险等维度的统一视图；构建基于线上与线下相融合的用户标签体系，支持全流程、实时的精准营销服务和主动智能的风险管控等应用。

当我们没有明确的数据应用方向时，会感觉数据治理无从下手，各方面的数据问题无法区分重点，只能从表面发现问题，然后使用技术的方式处理这些问题，这样做往往是治标不治本的。以这种方式进行数据治理，只能暂时保证部分数据没有问题，但是随着时间的推移这些数据问题还会复现；在问题出现时再次进行治理，如此反复无法根本解决治理的需要，而且在无形中增加了企业的成本。

以应用场景为出发点进行治理，能够很好地确定需要治理的数据范围，并且对这些数据可以进行深入的刨析，从根本上解决数据问题；而在这个过程之中所沉淀下来的流程、管理办法、标准、质量的方法，将被纳入到治理体系中进行固化。随着应用方向的增加，治理体系也会逐步完善，同时也能更好地展现数据治理的效果。

12.3.3　多层级全方位进行治理

对目前数据治理体系进行研究分析，发现大部分企业数据治理体系是一个金字塔结构，从下而上推进，形成一个多层次、多维度、多视角的全方位体系框架。

通过数据应用和管理的组织模式，建立合理的治理组织架构、岗位角色，以及各领域的管理流程，对每个岗位角色明确其在各生命周期中的治理职责；以数据制度为手段，能有效控制和规范数据管理活动的执行。建立完整数据管理体系，提升数据管理专业能力；打通数据管理中业务和科技建设间的协作，实现全面的数据管理能力；构建专业化的数据管理系统与工具和专业化的人才梯队，提升数据管理效率和效益。探索数据应用的服务模式，提升数据应用专业能力，有效地支持监管报送、风险管控和精准营销等业务开展。

12.4　本章练习题

（多选题）数据治理是数据管理和数据应用的高阶规划和控制，良好的数据管理能更好地实现数据的应用，数据应用能反馈促进数据管理能力的提升，涵盖企业级数据活动的哪些区域？（　　）

A、数据治理

B、数据管理

C、数据应用

D、数据驱动

【答案】ABC

（多选题）数据质量的高低将影响数据应用程度，高质量的行业数据至少应满足（　）要求。

A、正确性，在转换、分析、存储、传输、应用流程中不存在错误

B、完整性，数据库应用或要求的所有记录、字段都存在

C、一致性，体现在整个数据库的定义和维护方面，确保数据在使用的整个过程中是一致的

D、在各应用系统中的落实

【答案】ABC

（多选题）目前很多组织或机构已经开展了数据治理项目，但大多是因为监管要求或满足某个应用项目的需要。数据治理的驱动因素有两个大的方面，分别是（　）。

A、内部检测因素

B、外部监管因素

C、内部发展因素

D、外部决策因素

【答案】BC

（多选题）下面哪些方面属于数据管理领域？（　）

A、数据模型管理

B、元数据管理

C、数据标准管理

D、数据质量管理

【答案】ABCD

第13章 数据模型管理

对于数据分析师来说，数据模型管理是一项必备的技能，在数据分析工作中十分重要。首先，需要明确数据建模的概念，很多人认为数据建模就是数据挖掘，其实从建模本身来讲是对真实世界的抽象，其范围是非常广的。其次，数据建模、数据挖掘建模等都属于建模的范畴，数据分析师在理解建模时应该具体化，明确到底要做什么样的建模。本章主要介绍数据管理的常用模型。

13.1 数据分类

如何对数据进行合理分类呢？首先需要弄清楚数据的定义是什么。《DAMA 数据管理知识体系指南》一书中给出了数据的定义，数据是以文本、数字、图形、图像、声音和视频等格式对事实进行表现的。在这里数据分析师有可能陷入一个误区，认为结构化的数据才是数据，其他内容不属于数据，其实并不是这样的。从上述定义中可以看出，只要被记载下来的内容都可以理解为数据，数据是对客观事物的记录。

那么什么是信息呢？信息是指有上下文的数据，其实就是在原有数据定义中增加了限定。这里所指的上下文包括与数据相关的业务术语的定义、数据表达的格式、数据所处的时间范围和数据与特定用法的相关性。在信息的基础上，又生成了知识的概念。知识是基于信息整合形成的观点，是基于信息对模式、趋势的识别、解释、假设和推理。

举例来说，图13-1中有"45"和"前5%"两个数据，我们并不知道"45"和"前5%"所代表的含义是什么，而信息则是给这些数据增加定义、格式、时间范围和相关性等内容，方便人们理解数据所代表的含义，比如这些数据背后代表的信息是"年龄：45岁"和"收入排名：前5%"。如果我们在信息的基础上再加上业务理解，基于模式和趋势、关系、假设等内容，就会构成知识。比如，这个案例我们可以得到"年龄 45 岁的人，收入排名在前 5% 的概率有 90%"这条知识。

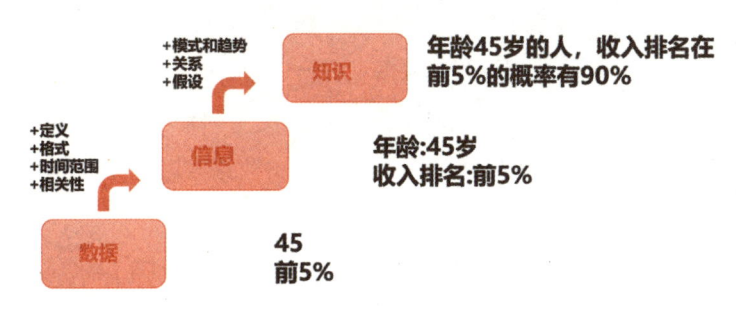

图 13-1 数据、信息与知识的关系

上述案例是比较泛化的内容。那么在企业中是如何对数据进行分类的呢？可以从业务视角和数据管理视角对数据进行分类。

从业务视角对数据进行分类，首先需要明确什么是企业。从经济学的角度理解，企业是各种契约的合集。比如，企业与企业员工之间会签署劳务合同，证明双方存在雇佣与被雇佣的契约关系。此外，部门之间也有契约，规范不同部门之间的交流与合作。所以，从业务视角对数据进行分类是将企业看作关系的集合，包含各种实体，分别如下。

- 当事人：个人或一组人。
- 资产：当事人所有的具有价值且能够获得收益的事物。
- 财务：企业内部的会计系统。
- 区域：地理区域，物理的或电子的地址。
- 事件：由用户主动发起的各类行为。
- 协议：在用户和机构之间达成的关于特定产品的协议。
- 行销活动：为了获取、挽留用户或提高用户的使用率而采取的战略、计划或促销活动。
- 内部组织：机构或公司内部的业务单元。
- 产品：一种可以在市场上交易的产品或服务，包括条款或条件。
- 渠道：用户和机构或公司进行接触的途径。

这种分类方式参考了知名数据仓库公司 Teradata 的 FS-LDM 数据模型架构，但是对于不同的公司来说，从业务视角划分的内容是不一样的，很难提供一个完整、

409

统一的标准。

从数据管理视角分类，可以把数据分为主数据、交易数据（又称为事务数据、业务数据）、统计分析数据（又称为指标）、参考数据和元数据。相对于从业务视角分类，数据管理视角的数据分类标准相对统一。

- 主数据是关于业务实体的数据，描述组织内的"物"，如人、地点、用户、产品等。在企业中存在很多 IT 系统，然而主数据信息是需要跨系统流转的，所以主数据是企业中记录数据的核心。

- 交易数据描述组织业务运营过程中的内部或外部"事件"。交易数据也可以理解为主数据中的对象产生的一些行为数据，如销售订单、通话记录等。

- 统计分析数据是对企业业务活动进行统计分析的数值型数据，即指标，如用户数、销售额等。用户数是对主数据中存在的用户进行统计，销售额是对交易销售行为的订单、额度进行统计。

- 参考数据是将其他数据进行分类或进行目录整编的数据，参考数据值是几个允许值之一。参考数据也可以理解为码值，是为了对一些数据定义进行解释和规范的。例如，用户等级可以分为 A、B、C 三级，但是单纯从 A、B、C 并不能看出具体的用户等级是怎样的，参考数据可以帮助公司规定 A 等级用户代表优质用户，B 等级用户代表一般用户，C 等级用户代表大众用户。参考数据的制定可以参考国际标准、行业标准或公司内部标准。

- 元数据是描述数据的数据，帮助理解、获取、使用数据，分为技术元数据、业务元数据等。

下面举一个例子来看一下这些数据之间的关系。图 13-2 中的交易数据是一位用户的电费缴费记录，所记录的内容包含用户编号、缴费类型、缴费地点、缴费金额、缴费时间、表号和用电类别信息。

在数据库中实际存储的都是英文表名与字段名，要想理解字段的具体含义，就需要借助元数据即用户缴费表中的字段、类型和名称等信息，才能正确解读交易数据的中文含义。在这里元数据起到了类似字典的作用。

对于"用户编号"记录，在用户缴费记录表中只记录了一串数字"8234-00"，如果我们想知道这个用户的信息，那么需要借助主数据中的用户表，对应的用户编号信息为张三，以及他的身份证号、家庭地址和手机号码等。主数据信息可以认为是用户的基本属性或不易发生变化的数据，并且需要各个系统进行共享的数据信息。

比较细心的读者可能已经发现了，在用户缴费记录表中"用电类别"标记的是"01-居民用电"，如果单纯标记"01"，我们可能很难理解它所代表的是什么类别的用电方式，在这里可以借助参考数据中的用电类别表，就可以明确地知道"01"代表的是居民用电，这就体现出了参考数据的规范性。

工作人员在做业务汇报时经常需要统计和分析数据，大量的交易数据为分析数据提供了强有力的数据支撑。从用户缴费记录看，可以汇总公司月实收电费余额、年实收电费余额等数据，或者将实收电费余额按照城区维度建立组织编号，方便制定 KPI 指标等信息。统计分析数据是对交易数据的进一步汇总和加工。

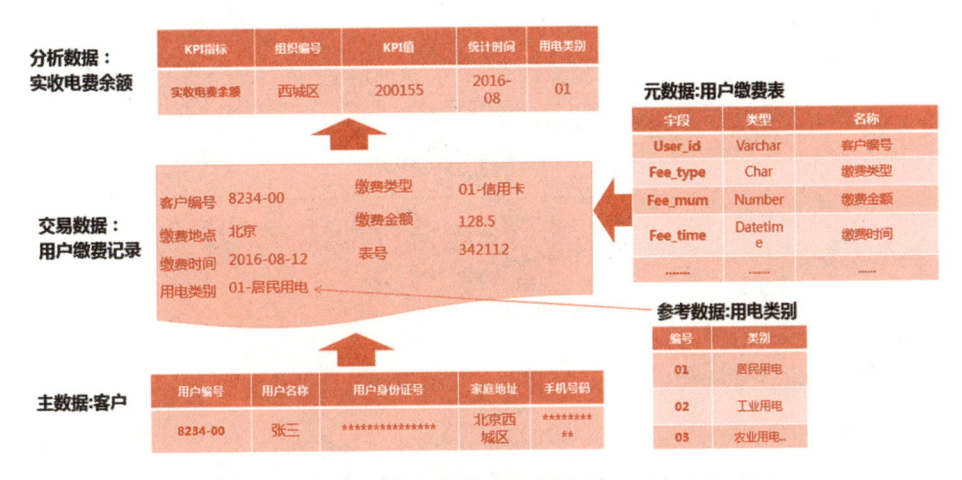

图 13-2　某居民用电缴费数据案例

数据分析师需要学会利用双重视角分析数据，从业务视角分析数据在业务上的类型归属，从数据管理视角对"事""物""事物"本身进行记录统计。

13.2　数据建模

13.2.1　数据架构的基本概念

数据架构是企业架构的组成部分之一。企业架构就像企业的"城市总体规划蓝图"（如图 13-3 所示），在它的指导下，各个 IT 系统的建设得以有序地开展。

/ 商业策略数据分析 /

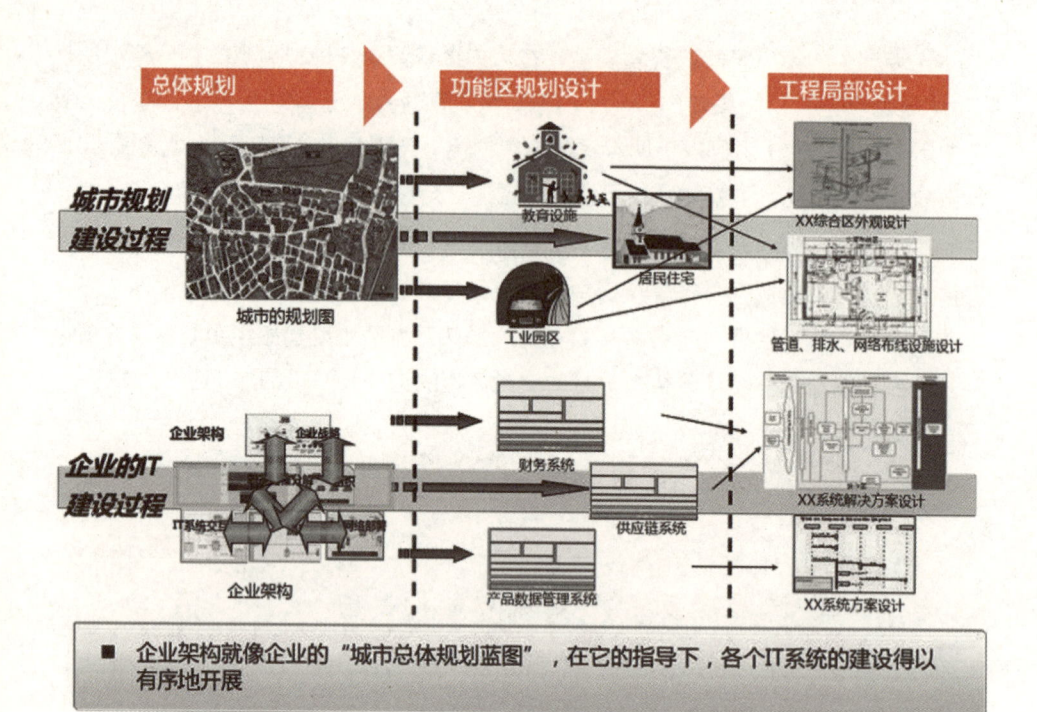

图 13-3 企业架构

借鉴 Togaf 企业架构模型,可以将企业架构分为 4 种架构类型,如表 13-1 所示。

表 13-1 企业架构中的 4 种架构类型

架构类型	描述
业务架构	业务战略、治理、组织和关键业务流程
数据架构	组织的各类逻辑、物理数据资产,以及数据管理资源的结构,具体包括数据模型、数据关系矩阵和大数据平台架构。
应用架构	描述被部署的单个应用系统、系统之间的交互及它们与组织核心业务流程之间关系的蓝图
技术架构	对于支持业务、数据和应用服务的部署来说,必须具备逻辑软、硬件能力,包括 IT 基础设施、中间件、网络、通信、部署处理和一些标准等

数据架构在数据治理中处于核心地位,数据模型在数据架构中也处于核心地位,下一节将详细讲解数据模型。

13.2.2 数据模型介绍

什么是数据模型？对于企业来说，数据模型可以在不同层次上进行抽象。在业务层面可以抽象成业务流程模型，在技术层面可以抽象成应用模型和数据模型。

数据模型的基本概念如下。

- 建模技术：借助模型来分析、设计应用系统的技术。
- 模型：现实世界中某些事物的一种抽象表示。
- 抽象：抽取事物的本质特性，忽略事物的其他次要因素。
- 建模：是理解、分析、开发或改造事物原型的一种常用手段，如建筑物蓝图、高楼大厦模型，建筑师利用蓝图、模型对建筑物进行分析和设计，动工前就能有一个完整且清晰的概念，能够据此对建筑物进行评审，尽早发现问题并改进。

我们都知道，企业拥有自身的价值链，如原材料进货、生产、库存、销售等各个环节都会产生数据。数据之间进行有机的整合，即所说的数据模型。

精良的数据模型是用户与 IT 技术专家之间的桥梁，可以通过概念模型、逻辑模型对数据模型进行合理描述，也方便业务人员进行数据分析、对模型进行审计。

13.2.3 数据建模基础

数据模型经历了长期的历史演变过程。在 20 世纪 60 年代，针对数据模型提出了遵循三范式（3NF）的关系模型，并且广泛应用于在线事务处理（OLTP）。之后在 20 世纪 80 年代，关系模型适应了数据仓库日益增长的需求，并且也实现了用关系模型的方法论指导建设数据仓库。但是用关系模型做数据仓库在计算上比较费时费力，在建模上也比较复杂。在 20 世纪八九十年代出现了新型结构，也就是所谓的维度模型。维度模型面向数据分析应用进行数据模型开发，更加便捷。当时有很多公司的数据分析工作都是基于维度模型实现的。在 20 世纪 90 年代，技术人员开始对 DATA VAULT 进行研究，并于 1999 年左右完成。在 2004 年，一款敏捷的数据库建模技术 Anchor 问世，它适用于在结构和内容上随时间变化的信息。

从数据模型的层次上看，可以分为概念模型、逻辑模型和物理模型 3 个层次。概念模型（CDM）描述预设范围内的业务需求，逻辑模型（LDM）是详细的业务解决方案，物理模型（PDM）是详细的技术解决方案。在数据建模之前，还有一个必要环节，那就是对数据按照业务属性进行分类，即主题域分类。

13.2.4 主题域分类

主题域模型处于企业数据模型的顶层，是针对企业关键业务领域业务概念的分类方法和框架，如图 13-4 所示。主题域模型主要的参与者是企业中的管理者或高级数据管理者。主题域分类是从业务角度对数据进行划分的，不同行业的主题域是不一样的，甚至每个企业的主题域也不是一样的。主题域分析偏战略的层面，并非数据分析师或数据架构师所关心的工作内容。

传统行业如银行、制造业、电信、零售等行业，都有比较成熟的主题域划分，如 BDWM、FS-LDM、MLDM 等。

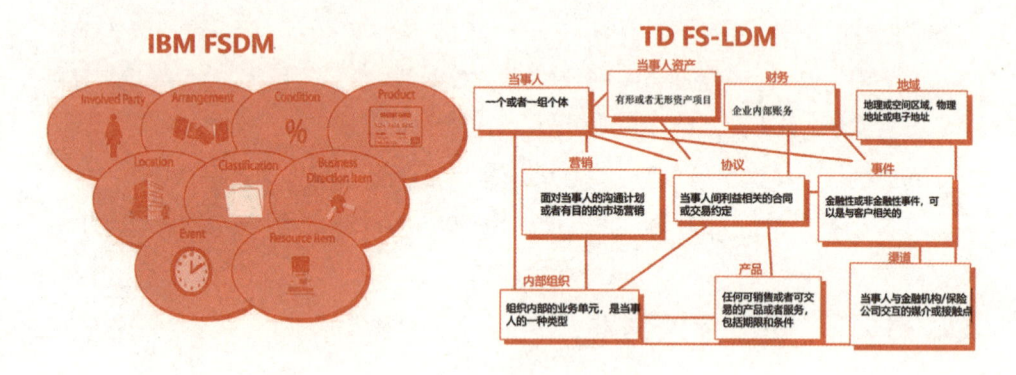

图 13-4 主题域模型案例

13.2.5 概念模型

概念模型以实体—关系（Entity-Relationship，E-R）理论为基础，通过主题域形式描述概念化的结构。概念模型是一种高阶的数据模型，是对某个主题域内容的细化。

概念模型描述企业内主要业务的实体及实体间的业务关系，如图 13-5 所示。概念模型主要面向业务管理人员，通常需要借助 ER 图来实现。概念模型最关心实体之间的关系，尽可能地凝聚实体和关系。在概念模型阶段并不需要对实体中的属性进行具体化。

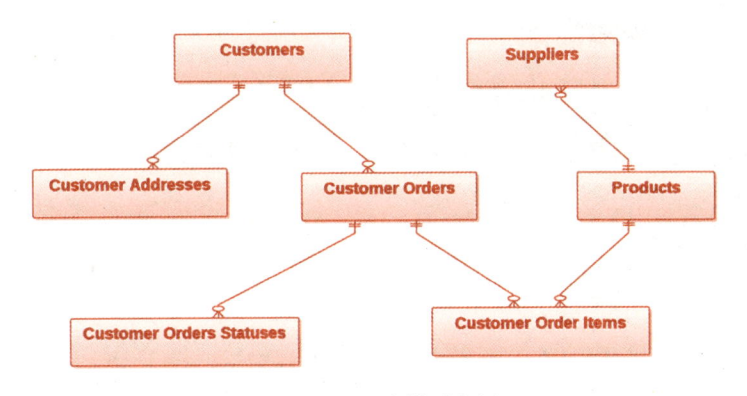

图 13-5　概念模型案例

实体（Entity）—属性（Attribute）关系如图 13-6 所示。

实体通常是名词，是对人、事的抽象化对象，比如员工、公司等。

图 13-6　实体—属性关系

13.2.6　逻辑模型

逻辑模型是对概念模型的进一步细化，通过关键数据属性描述更多的业务细节。逻辑模型描述实体、属性及实体关系，只包含关键数据属性，而不包含全部实体和全部属性。逻辑模型独立于具体技术，是 IT 人员和业务人员沟通的工具，主要给架构师使用。在设计逻辑模型时要遵循范式的设计概念，以求达到较少的数据冗余，维护数据的完整性和可扩展性。检查数据模型是否符合范式（一般符合三范式）要求，比如每个属性的值唯一，不具有多义性；每个非主属性必须完全依赖整个主键，而非主键的一部分；关系模式中不存在传递依赖。

13.2.7 物理模型

模型的落地还需要建立物理模型,一般情况下物理模型是由数据库管理员、数据库工程师具体实施的,主要是将逻辑模型转换成数据库的设计表达,涉及数据库中的表、数据类型、字段长度等信息。物理模型涉及两个层次(如图 13-7 所示)。

(1)转换模型。创建物理数据库信息,定义和记录数据字典,生成数据库的数据元素和记录,提供上下文环境,提供物理数据库结构。

(2)DBMS 模型。DBMS 模型记录位于 DBMS 模式或系统表中的物理数据库对象的定义。通过 DBMS 模型自动生成这些对象,主键成为唯一索引,候选键和查询项也成为索引。此外,物理模型中的关系基数是通过数据库的参照完整性功能、应用程序逻辑、其他事后监测和修正功能得以实现的。

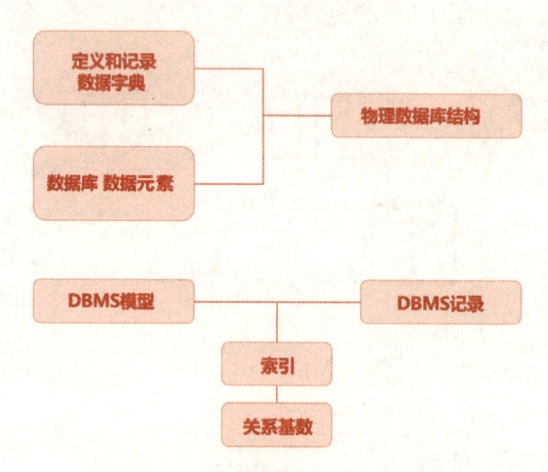

图 13-7 转换模型和 DBMS 模型

13.3 数据建模案例

数据模型是数据视角下对现实世界规则的抽象与概括,根据业务需求抽取信息的主要特征,反映业务对象之间的关联关系。因此,需要业务人员密切配合才能做好数据模型。但是在企业里单独找业务人员去做详细的流程图还是比较困难的,业务人员很难配合去完成这个工作。那么怎样去构建数据模型呢?

我们可以考虑和业务人员共同完成业务用例,然后通过业务用例开展数据建模工作。业务用例定义了业务角色为实现特定业务目标所做的工作。用例与角色相关

第 13 章 数据模型管理

联，并被表示为"动词 + 名词"的组合，表达一个动作和动作的对象或目标。

下面通过一个主营 ToB 业务的餐饮企业的业务用例来展示数据建模的过程，如图 13-8 所示。

图 13-8　数据建模的过程

某餐饮企业主要向一些企业提供营养午餐、晚餐服务。图 13-9 介绍了该餐饮企业业务的大致流程。首先是用户咨询，然后销售人员推荐一些适合的方案给用户，如果用户觉得满意，能进行后续的合作，销售人员就为用户开通账户，接下来就是用户下单，服务人员负责对接用户的订单需求（包括订单的催单、修改、交付）。餐饮企业的后厨人员负责生产、加工用户的订单。这就是业务的基本逻辑关系。

图 13-9　餐饮企业业务的大致流程

那么，我们从这个案例中可以提炼出哪些实体呢？首先是各类人员，有服务人员、销售人员、后厨、客户等。我们可以将它们分为内部实体和外部实体，也就是用户和雇员。

其次，整个业务中还有订单、账户、推荐方案、菜单，这些对象都是概念模型中实体的候选对象，如图 13-10 所示。我们可以把它们放在一个页面上。

接下来根据不断地与业务人员沟通来完善模型。

比如用一个实体代表员工就足够了吗？我们先按照这个思路构建模型，在后续分析中再去判断模型是否需要更细的粒度。

417

概念数据模型

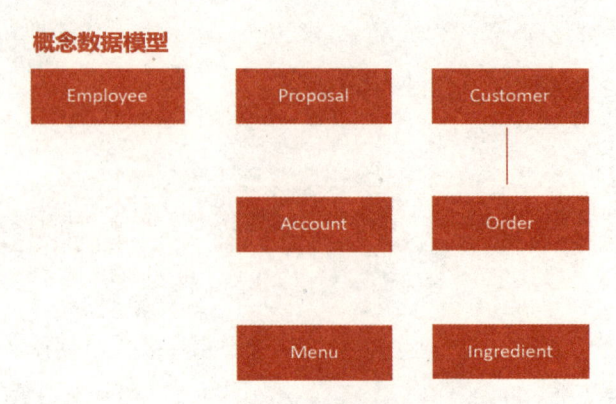

Employee　　Proposal　　Customer

　　　　　　Account　　　Order

　　　　　　Menu　　　　Ingredient

图 13-10　概念数据模型

有些实体在业务用例图中明确地拥有关系，比如用户和订单。

请注意，用例图可能不包含所有必需的信息，或者在第一次迭代中可能不完整。我们需要通过沟通逐步优化。这就是初步模型，罗列了一些实体，并对一些实体建立简单的关系。这个模型虽然是不完整的，但是在页面上看到这些关键实体会引出关于实体如何相互连接的问题。

这些连接将成为概念数据模型中的关系。当我们发现实体间的业务关系时，需要询问业务人员各种可能的业务状况来确认每个关系的基数。

对用户下订单这个过程进行数据建模，如图 13-11 所示。首先是"用户（Customer）"和"账户（Account）"实体之间的关系。我们通过了解业务知道，用户是通过账户来下订单的，一个用户只能开通一个账户，用户与账户是一对一的关系，一个账户可能下了多个订单，也可能一个订单也没下，所以账户与订单是 1 对 0 或 1 对多的关系，这个信息将告知关系的基数。我们绘制出已知的实体关系。

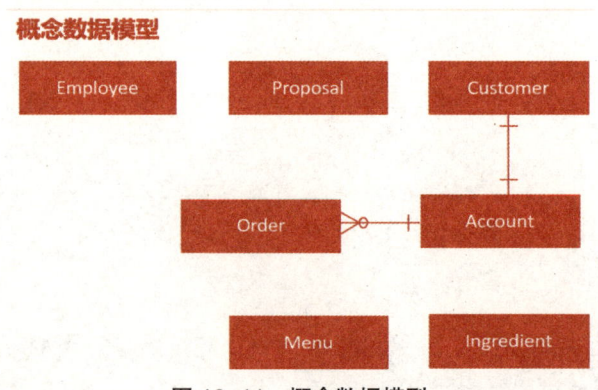

概念数据模型

Employee　　Proposal　　Customer

　　　　　Order　　　　Account

　　　　　　Menu　　　Ingredient

图 13-11　概念数据模型

第 13 章 数据模型管理

随着认识的不断深入，我们最终实现概念数据模型→逻辑数据模型→物理数据模型的不断演变。图 13-12 为物理模型导出的 SQL 脚本，这个脚本帮助我们在 MySQL 上生成与物理数据模型对应的库表。

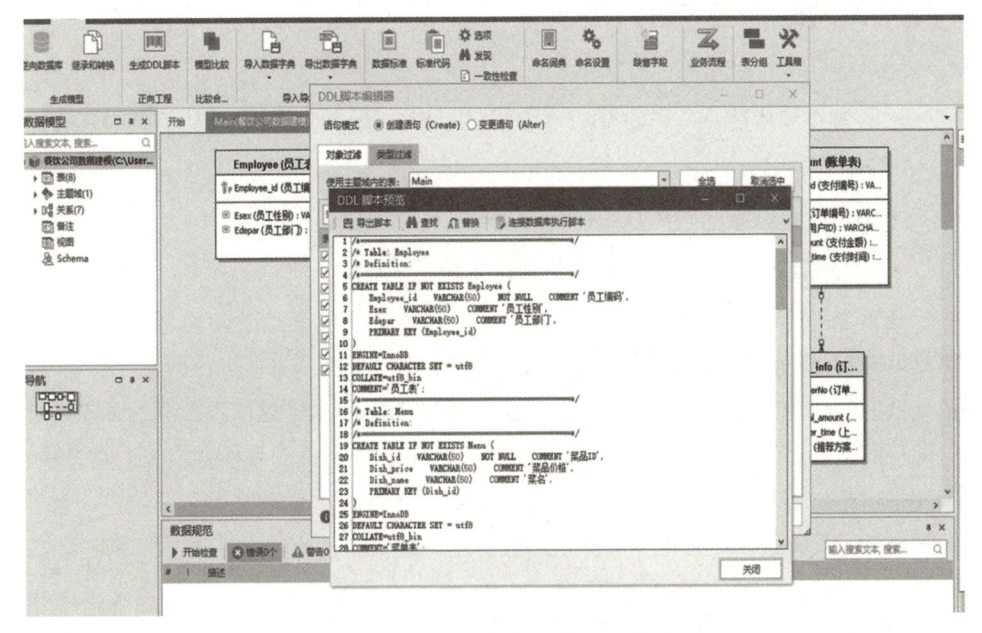

图 13-12　生成对应的库表的效果

13.4　数据仓库体系和 ETL

数据仓库是进行数据分析的一个重要工具。在理解数据仓库之前，先介绍两个概念，分别是 OLTP 系统和 OLAP 系统。

OLTP（On-line Transaction Processing）系统，也称为联机事务处理系统、生产系统，它是事件驱动、面向需求的，比如银行的储蓄系统就是一个典型的 OLTP 系统。OLTP 系统在使用过程中积累了大量的数据。关系数据库概念被提出来之后，联机事务处理一直是数据库应用的主流。

OLTP 系统的特点如下。

- 对响应时间要求非常高。
- 用户数量庞大，主要是操作人员。

419

- 数据库的各种操作基于索引进行。

OLAP（On-line Analytical Processing）系统，也称为联机分析处理系统，是基于数据仓库的信息分析处理过程，是数据仓库的用户接口部分，是数据驱动、面向分析的。OLAP 系统是跨部门、面向主题的。

OLAP 系统的特点如下。

- 基础数据来源于生产系统的操作数据，也就是说，OLAP 系统的数据来源于 OLTP 系统。
- 系统的响应时间合理。
- 用户数量相对较少，其用户主要是业务决策人员与管理人员。

理解了 OLAP 系统和 OLTP 系统之后，接下来讲解数据仓库。可以将数据仓库简单地理解为把数据整合之后再进行数据加工，提供给数据集市进行数据分析应用。数据仓库的数据来源于源系统，也就是业务系统。之后通过提取到数据仓库的模型层进行数据整合。例如，以银行业系统为例，一家银行的业务系统数目是非常多的，即使是中小型银行也可能有二三百个业务系统，这些数据散落在各个系统中。对于数据分析人员来说，需要借助数据仓库进行生产数据的整合，比如要实现风控模型，需要访问众多与风险相关的业务系统中的数据。

数据仓库的特征主要包含 4 部分，分别是面向主题、数据集成、数据相对稳定和数据随时间变化。

面向主题主要是指用户在使用数据仓库进行决策时所关心的重点方面，如用户、产品、账务、事件、服务使用、资源、用户服务、地域等。数据仓库内的信息是按主题进行组织的，而不是像业务支撑系统那样按业务功能进行组织的。

数据集成是指数据仓库中的信息不是从各个业务系统中简单提取出来的，而是经过一系列加工、整理和汇总，消除源数据中的不一致性，因此数据仓库中的信息是关于整个企业的一致的全局信息。各个业务系统可能由不同的厂家独立承建，它们的数据模型设计、编码规则等都是不同的，这些数据被加载到数据仓库之后，需要进行加工转换。例如，从图 13-13 中可以看出，两个不同的厂商分别是 CRM 系统和 BOSS 系统，CRM 系统中对性别编码的规定是 0 表示男、1 表示女和 2 表示其他，而在 BOSS 系统中性别编码的规定是 M 表示男、F 表示女、O 表示其他。在映射到数据仓库时会按照不同的映射规则，对不同原系统中的数据编码进行转换，最终形成统一的标准，如在数据仓库中整合出 1 表示男、2 表示女、3 表示其他的数据规则。

CRM系统	
性别编码	性别取值
0	男
1	女
2	其他

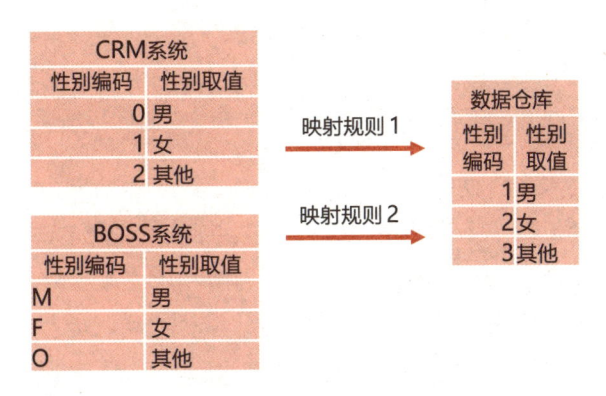

BOSS系统	
性别编码	性别取值
M	男
F	女
O	其他

数据仓库	
性别编码	性别取值
1	男
2	女
3	其他

映射规则 1
映射规则 2

图 13-13　原系统与数据仓库映射规则图

数据相对稳定是指一旦某个数据进入数据仓库后，一般很少进行修改，更多的是对信息进行查询操作，通常只进行定期的加载和刷新。在数据仓库中几乎很少对历史数据进行修改，如某年 6 月 2 日用户停单，那么在"天"这个粒度上的数据就是本日最终停单的状态，而在业务系统中，它总是最新的状态，所以业务系统中的数据总是不断变化的。

数据随时间变化是指数据仓库在集成数据时一般使用拉链表的形式，所有的拉链表要求每个数据在进入数据仓库时都保留一个时间戳。例如，前一天的数据当日再进入数据仓库时，前一天和当天都会保留一份数据，也就是按照时间点保留多个副本。这样做的好处是保证了数据在不同时间点的情况，留痕数据可能发生变化。

接下来介绍数据集市和多维分析。当准备进行数据分析时，通常是利用数据集市来完成的，因为数据仓库受到各项权限的制约，很多情况下数据分析师并不方便直接接触业务系统的数据，而是依赖数据集市的加工处理。那么数据集市和数据仓库之间有什么关系呢？业务数据模型在实际运营过程中会采集大量的数据，通过 ETL 集成到数据仓库，企业级的数据仓库会把企业的各个系统数据都集成在一起。这其中又需要一些指标要素对数据进行度量。指标要素的建立其实就是在确认维度，因此需要建立维度模型。那么如何建立维度模型呢？从数据仓库 ER 模型中提取数据建立大宽表。数据集市是按照不同的业务需求对数据仓库中的数据进行进一步提取和整合的，例如财务报表数据集市、中介绩效分析数据集市、健康险盈利性管理数据集市等。

现代多维分析系统一般以数据仓库为基础，即从数据仓库中提取详细数据的一个子集并经过必要的聚集存储到数据立方体存储器。数据立方体存储器中每个小方格里的数据就是所需的度量指标。

数据立方体的建立为数据分析提供很多便利，我们在进行数据分析时，可以利用数据立方体进行向上钻取或向下钻取。向上钻取为向上级进行数据汇总，向下钻取是从上级向下展开细节。

细心的读者可能已经发现了，无论是从原系统到数据仓库，还是从数据仓库到数据集市，都使用 ETL 实现数据的集成和提取。那么什么是 ETL 呢？ETL 是数据提取（Extract）、清洗（Cleansing）、转换（Transform）、加载（Load）的过程。ETL 起到十分关键的作用，它主要用于解决以下几类问题。

（1）在多数据源多字符集环境下如何整合数据。

（2）如何统一多种统计口径。

（3）如何将严格范式结构转换为星型或雪花型模型。

（4）如何做到增量提取。

（5）如何妥善管理开发过程中的元数据。

（6）如何处理脏数据。

（7）如何管理复杂的数据交换。

ETL 整体流程架构如图 13-14 所示。ETL 从数据源提取所需的数据，经过数据清洗、转换，最终按照预先定义好的数据仓库模型，将数据加载到数据仓库中。ETL 是数据仓库系统中最重要的概念之一。ETL 在一个数据仓库系统中要花一半以上的时间。

ETL 的提取是建立在针对有效数据进行提取的前提下，原系统中与业务有关的重要数据会进入数据仓库，而系统本身的一些运维信息等非业务相关数据将不会进入数据仓库。数据被提取后会进行统一标准的转换，这里面也涉及数据清洗的环节。完成数据的整合和清洗后就要加载到数据仓库。强调加载的意义在于数据仓库中的数据模型和原系统中的数据模型并不是一样的。因此，数据被加载到数据仓库中需要按照某个特定的数据需求才能完成加载，并不是单纯地将数据随意地存储到数据仓库中。当数据进入数据仓库后，就可以做后续的一些应用，例如 OLAP 分析、数据挖掘、报告等。

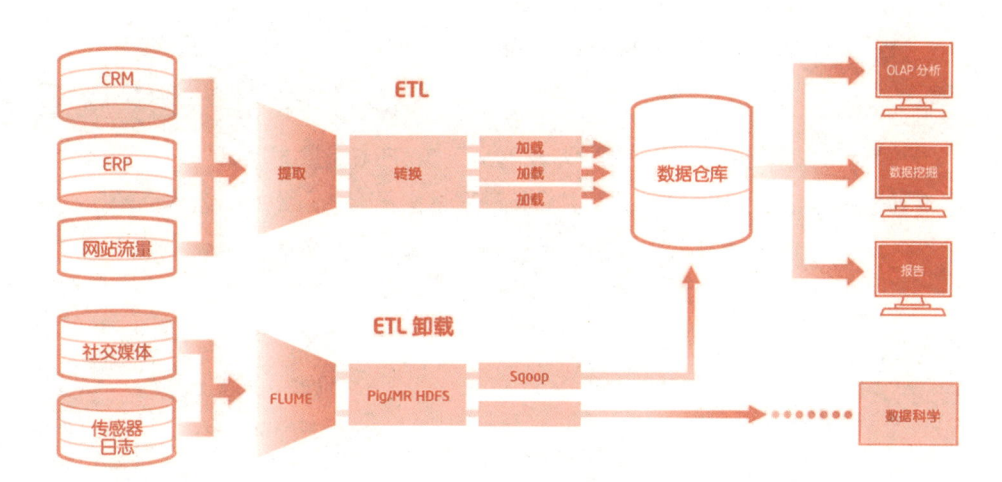

图 13-14 ETL 整体流程框架

13.5 本章练习题

（单选题）下面属于参考数据的是（ ）。

A、用户等级分为 A、B、C

B、数据接入率

C、通话记录

D、字段描述

答案：A

解析：本题考查数据管理视角的分类。从数据管理视角可以将数据分为主数据、交易数据、统计分析数据、参考数据和元数据。本题中选项 A 用户等级分为 A、B、C 属于一种编码形式，应为参考数据。选项 B 数据接入率是汇总指标。选项 C 通话记录属于交易数据。选项 D 字段描述属于元数据。

（单选题）以下关于 ETL 的说法错误的是（ ）。

A、ETL 过程中的主要环节是数据提取、数据转换和加工、数据算法建模

B、在增量数据提取过程中，提取增量数据的方法有通过时间戳、建立触发器、全表比对、日志比对等

C、datastage，Informatica 属于 ETL 工具

D、数据清洗需要对重复数据进行处理

答案：A

解析：本题考查对 ETL 的理解。从定义可知，ETL 是数据提取、清洗、转换、加载的过程。选项 A 表述错误，其余选项表述均正确，因此本题选 A。

（单选题）用于查找、存取、使用和管理信息资源的是（　　）。

A、主数据

B、交易数据

C、元数据

D、数据元

答案：C

解析：本题考查数据的分类。主数据是关于业务实体的数据，描述组织内的"物"，如人、地点、用户、产品等。交易数据描述组织业务运营过程中的内部或外部"事件"，如销售订单、通话记录等。元数据是描述数据的数据，帮助理解、获取、使用数据，分为技术元数据、业务元数据等。数据元是属于元数据的一个概念。从题目中可以看出与元数据的表述相符，因此本题选 C。

（单选题）关于数据仓库的开发特点，不正确的描述是（　　）。

A、OLAP 是数据仓库的用户接口部分

B、数据仓库是面向主题的

C、数据仓库中的信息是从各个业务系统中简单提取出来的，无须进行加工，数据的加工在数据集市中完成

D、某个数据进入数据仓库后，一般很少进行修改，更多的是对信息进行查询操作，通常只需要进行定期的加载和刷新。

答案：C

解析：本题考查数据仓库的相关知识。数据仓库中的信息不是从各个业务系统中简单提取出来的，而是经过一系列加工、整理和汇总，必须消除源数据中的不一致性，因此数据仓库中的信息是关于整个企业的一致的全局信息。选项 C 是错误的。

第 13 章 数据模型管理

（多选题）下列哪些元素属于元数据的内容？（　　）

A、名称

B、长度

C、类型

D、码值

答案：ABC

解析：本题考查元数据的相关知识。元数据是描述数据的数据，帮助理解、获取、使用数据，分为技术元数据、业务元数据等。元数据的内容中包含名称、长度、类型，而选项 D 码值属于参考数据的范畴，因此本题选 ABC。

（多选题）ETL 过程不包含下列哪些步骤？（　　）

A、提取数据

B、训练模型

C、模型部署

D、转换数据

答案：BC

解析：本题考查 ETL 的相关知识。ETL 是数据提取、清洗、转换、加载的过程，不涉及训练模型和模型部署，因此本题选 BC。

第 14 章 智能对话分析与预测

下面通过一款可以进行人工智能销售对话分析的 SaaS 工具——TalkingView 引入一个智能对话分析的预测模型。TalkingView 是一款可以直接生成业务分析报告的工具，通过业务分析报告的可视化呈现，让原本冗长的对话录音数据变得直观和清晰。下面分别介绍 TalkingView 工具、可视化分析流程及基于逻辑回归模型的对话分析与预测。

TalkingView 是一款运用人工智能技术分析销售对话的一站式工具，目的是让每一次对话都成为一条有用的数据，为业绩提升注入全新的动力。运用可视化技术，从第一视角回顾并分析对话数据，运用人工智能技术变痛点为优势，并运用数据挖掘技术深入了解用户，如图 14-1 所示。

图 14-1 TalkingView 理念

在可视化技术方面，用图表展示的操作步骤如下。

（1）整理原始数据。

（2）确定要表达的信息。

（3）确定比较的类型。

(4)确定图表的类型。

在使用 Python 进行可视化展示时,常用的库有 Matplotlib、Seaborn 等,运用这两个库可以创建静态、动态和交互式的可视化图表,案例如图 14-2 和图 14-3 所示。

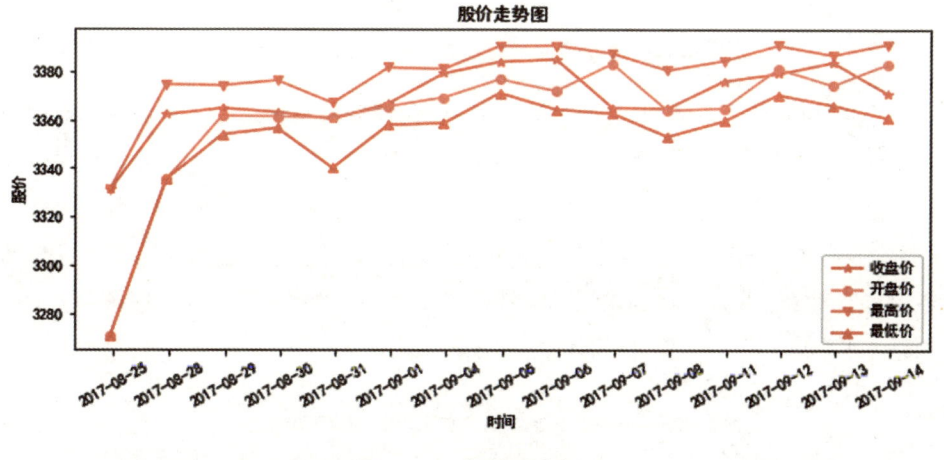

图 14-2 饼图案例

图 14-3 折线图案例

TalkingView 具有丰富的可视化展示技术,以某房产中介机构为例,其销售团队通过外呼电话与用户沟通介绍产品,促进成单转化。在应用 TalkingView 人工智能销售对话分析系统之后,基于录音生成了多项指标,部分指标分析如下。

(1)成交用户与未成交用户的对话时长对比。

(2)当周每日与上周每日的平均每通通话时长对比。

(3)成交用户与未成交用户的对话互动频次对比。

| 商业策略数据分析

（4）当周每日与上周每日的平均每通对话互动频次对比。

对话时长指标的对比图如图 14-4 所示。

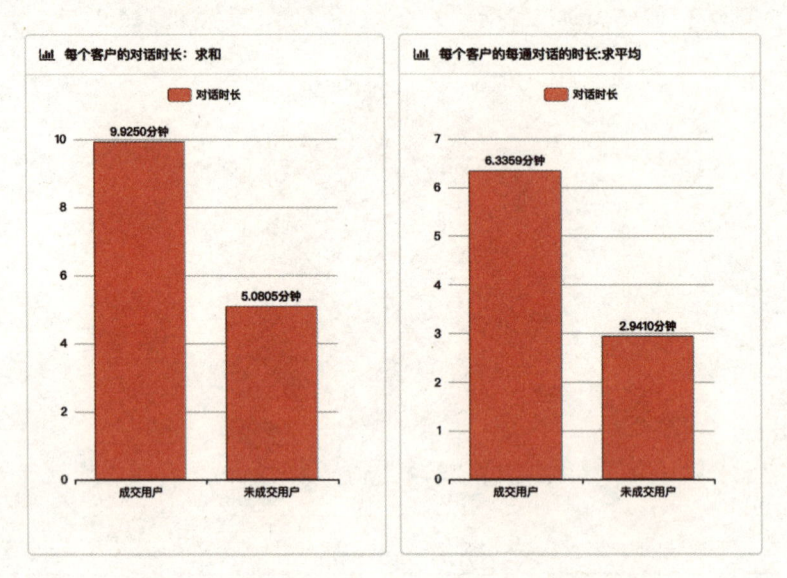

图 14-4　成交用户与未成交用户的对话时长对比图

从图 14-4 中可以看出，无论是对话时长合计值还是对话时长平均值，成交用户都比未成交用户高出一倍左右，从结果中可以看出用户对话时长与是否成交存在一定的相关性。

如图 14-5 所示，当周每日每通电话平均通话时长较上周每日每通电话平均通话时长有显著延长，经过周末的销售技巧培训后，从数据上可以看出销售人员在应用话术引导客户进行更长时间通话方面有了明显的改善。

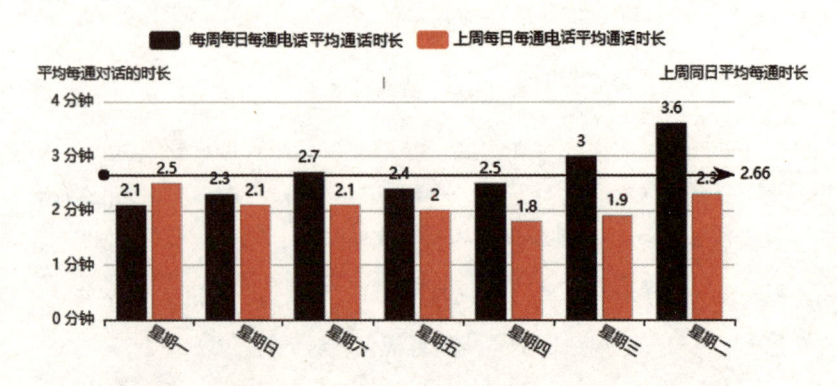

图 14-5　当周每日与上周每日的平均每通电话通话时长对比图

第 14 章　智能对话分析与预测

对话互动频次对比图如图 14-6 所示。

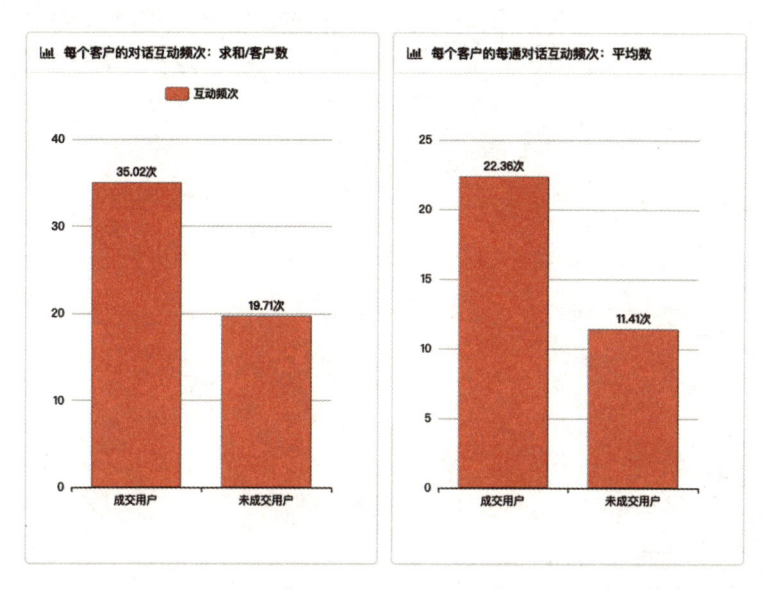

图 14-6　成交用户与未成交用户的对话互动频次对比图

从图 14-6 中可以看出，平均每个成交用户的对话互动频次比未成交用户的对话互动频次高出 16 次左右，再具体到每通对话的互动频次，成交用户比未成交用户高出 1 倍左右，因此用户是否成交与对话互动频次存在一定的相关性，成交用户的对话互动频次通常更高。

从图 14-7 可以看出，当周每日平均每通通话互动频次较上周每日平均每通通话的互动频次有显著提高，经过周末的销售技巧培训后，从数据上可以看出销售人员在应用话术引导客户进行更高频次的互动方面有了明显的改善。

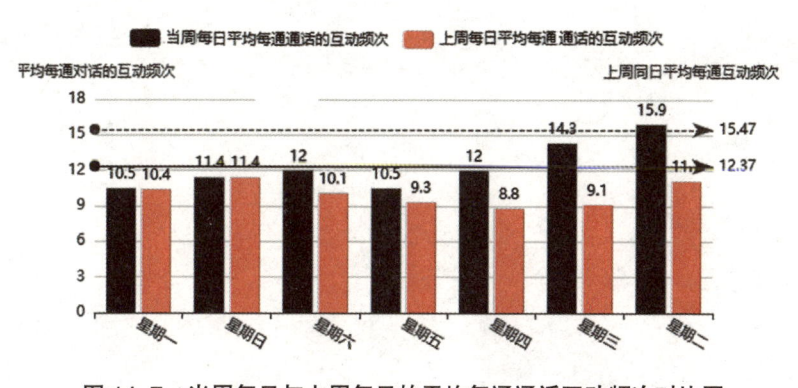

图 14-7　当周每日与上周每日的平均每通通话互动频次对比图

429

那么，在可视化分析的基础上，能否利用语音转换后的数据来判断当前用户是否会成交呢？本案例运用逻辑回归模型进行智能对话分析，逻辑回归模型是一个概率型的、非线性的回归模型，是研究二值型输出分类的一种多变量分析方法，逻辑回归模型可以将二分类的观察结果 y 与一些影响因素 $[x1,x2,x3,\cdots]$ 建立起关系，从而对某些条件下某个结果发生的概率进行估计并分类。在本案例中，主要运用语音转换后的数据来判断用户成交与否，下面使用 Python 实现整个过程。

14.1 导入数据

导入数据，代码如下：

```python
# 读取数据
data = pd.read_excel('用户列表.xls')
data.head()
```

导入数据后的结果如图 14-8 所示。

	客户ID	对话数量	对话时长(总时长/对话数量)	互动次数(总次数/对话数量)	销售说话时长占比	销售最长讲述	客户最长讲述	对话得分	成交意向度	是否已成交(1已成交0未成交)
0	6	1	31.820	4.0	69.0	16.08	5.09	1.0	0.000	0
1	8	1	44.450	5.0	67.0	15.37	14.25	1.0	14.890	0
2	9	1	62.290	6.0	1.0	28.44	6.89	1.0	15.360	0
3	28	1	59.930	6.0	76.0	29.17	6.80	1.0	10.090	0
4	75	10	72.257	7.2	23.3	44.70	5.79	1.9	20.617	1

图 14-8 导入数据的结果

14.2 数据探索

14.2.1 缺失值

查看缺失值，代码如下：

```
# 查看缺失值
data.isnull().mean()
id          0.0
```

```
dhsl            0.0
dhsc            0.0
hdcs            0.0
xsshsczb        0.0
xszcjs          0.0
khzcjs          0.0
dhdf            0.0
label           0.0
dtype: float64
```

结果显示，本案例的数据没有缺失值。

14.2.2 重复值

查看重复值，代码如下：

```
# 查看重复值
data.duplicated().mean()
```

结果显示，本案例的数据没有重复值。

14.2.3 异常值

为了方便查看，先将数据进行重命名，然后通过绘制直方图显示数据的分布情况，查看数据是否有异常值，代码如下：

```
data.rename(columns={'用户ID':'id', '对话数量':'dhsl',
'对话时长(总时长/对话数量)':'dhsc', '互动次数(总次数/对
话数量)':'hdcs','销售说话时长占比':'xsshsczb', '销售最长讲
述':'xszcjs', '用户最长讲述':'khzcjs', '对话得分':'dhdf', '是
否已成交(1已成交0未成交)':'label'}, inplace=True)
plt.figure(facecolor='white', figsize=(20,10))
plt.subplot(241)
plt.hist(data['dhsl'])
plt.xlabel('对话数量')
plt.subplot(242)
plt.hist(data['dhsc'])
plt.xlabel('对话时长')
```

```
plt.subplot(243)
plt.hist(data['hdcs'])
plt.xlabel('互动次数')

plt.subplot(244)
plt.hist(data['xsshsczb'])
plt.xlabel('销售说话时长占比')

plt.subplot(245)
plt.hist(data['xszcjs'])
plt.xlabel('销售最长讲述')

plt.subplot(246)
plt.hist(data['khzcjs'])
plt.xlabel('用户最长讲述')

plt.subplot(247)
plt.hist(data['dhdf'])
plt.xlabel('对话得分')

plt.subplot(248)
plt.hist(data['label'])
plt.xlabel('成交与否');
```

各变量分布图如图 14-9 所示，结果显示，数据基本上都分布在合理范围内。

14.2.4 相关分析

进行相关分析，代码如下：

```
import seaborn as sns
sns.heatmap(data.iloc[:,1:].corr(), annot=True)
```

得到的相关系数图如图 14-10 所示。

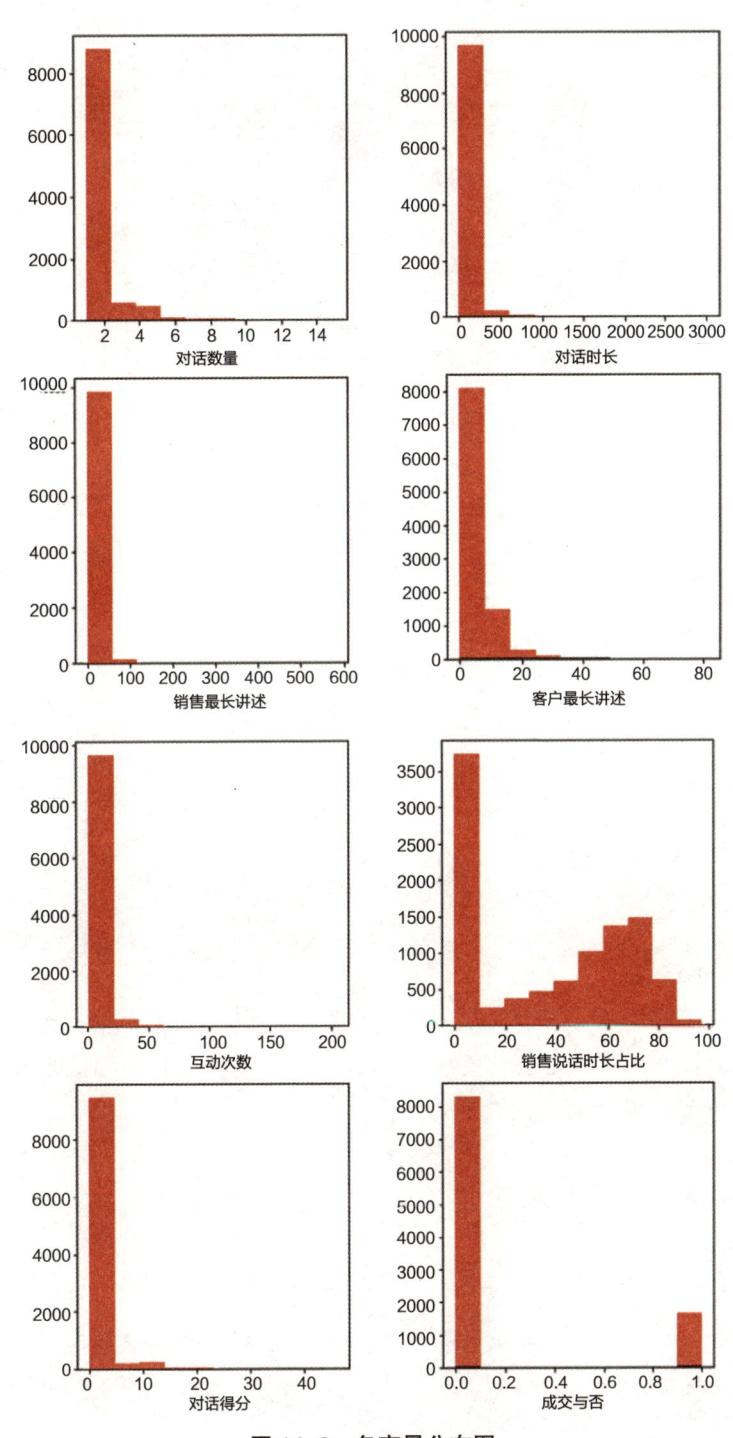

图 14-9　各变量分布图

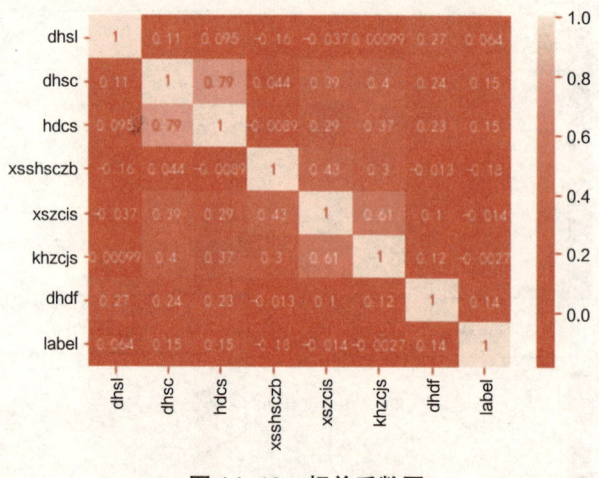

图 14-10 相关系数图

14.3 可视化展示

14.3.1 多变量图

查看多变量图,代码如下:

```
# 不同类别下,两两变量之间的关系
sns.pairplot(data, kind="reg",diag_kind="kde", hue='label');
```

如图 14-11 所示,多变量图展示了两两变量之间的关系,同时在不同的类别下进行展示,也给出了相应的拟合直线。比如,在不同的类别下,"对话时长"和"对话次数"之间均存在很强的线性相关性。

14.3.2 回归拟合图

绘制不同类别下,"对话次数"与"对话时长"的回归拟合图,代码如下:

```
# 绘制不同类别下,"对话次数"与"对话时长"的回归拟合图
sns.lmplot(x="dhsc", y="hdcs", data=data, hue='label')
```

绘制完成的回归拟合图如图 14-12 所示。

第 14 章 智能对话分析与预测

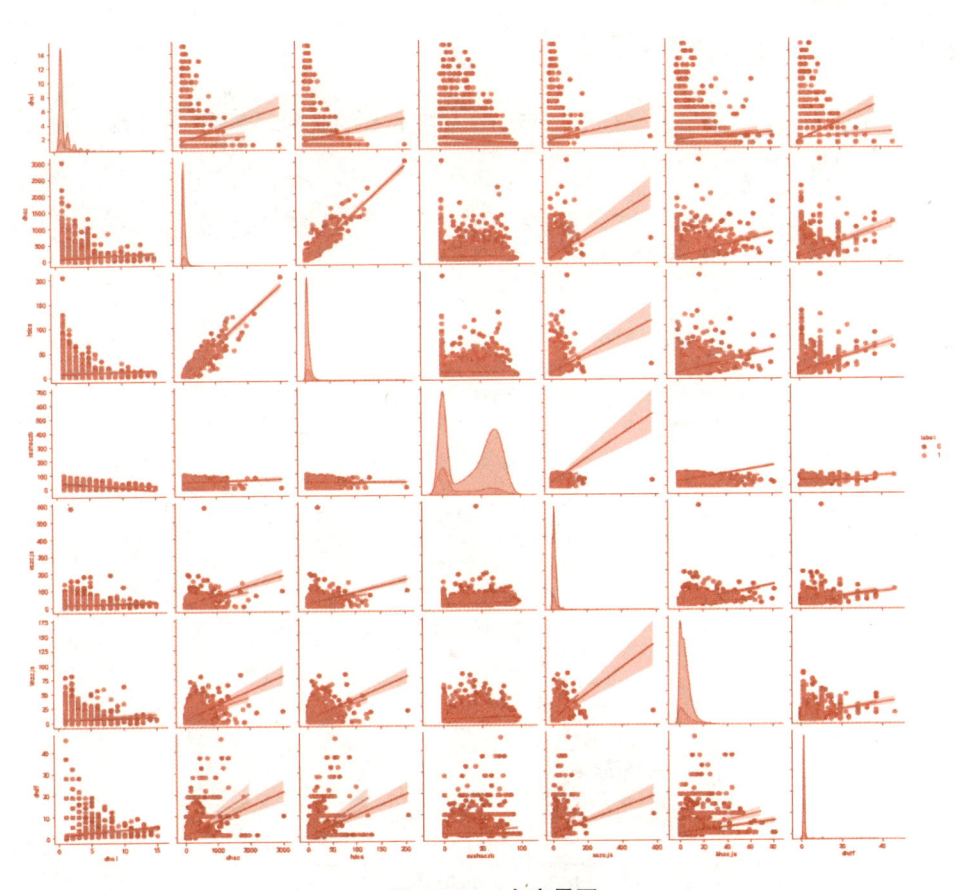

图 14-11 多变量图

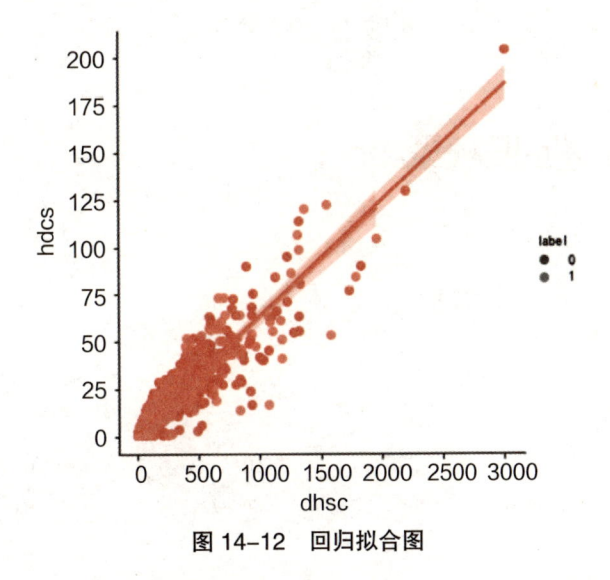

图 14-12 回归拟合图

14.3.3 联合分布图

绘制不同类别下,"对话时长"与"互动次数"的联合分布图,代码如下:

```
# 不同类别下,"对话时长"与"互动次数"的联合分布图
sns.jointplot(data=data,x="dhsc", y="hdcs", hue='label')
```

绘制完成的联合分布图如图 14-13 所示。

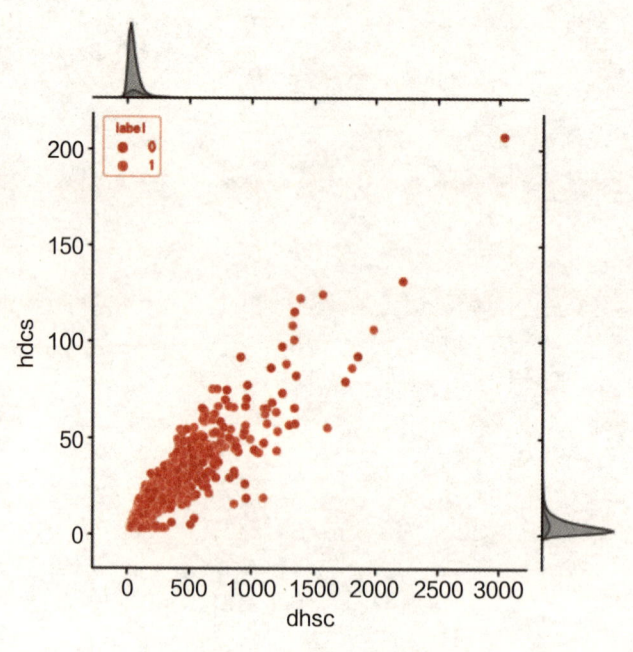

图 14-13　联合分布图

14.4　逻辑回归模型

14.4.1　划分数据集

下面进行模型拟合,代码如下:

```
# 导入相关库
from sklearn.linear_model import LogisticRegression
from sklearn.model_selection import train_test_split
```

```python
from sklearn import metrics
from sklearn.metrics import classification_report
from sklearn.metrics import auc,roc_curve

# 划分训练集与测试集
data.drop('id', axis=1, inplace=True)
X=data.iloc[:,:-1]
Y=data.iloc[:,-1]
Xtrain,Xtest,Ytrain,Ytest=train_test_split(X,Y,test_size=0.3,random_state=123)
```

14.4.2 初步建模

进行初步建模，代码如下：

```
# 建立模型
model1 = LogisticRegression().fit(Xtrain,Ytrain)

# 查看模型结果
model1.score(Xtest,Ytest)
0.8336666666666667

# 查看分类报告结果
print(classification_report(Ytest,model1.predict(Xtest)))
              precision    recall  f1-score   support

           0       0.84      0.99      0.91      2492
           1       0.57      0.08      0.14       508

    accuracy                           0.83      3000
   macro avg       0.70      0.53      0.52      3000
weighted avg       0.79      0.83      0.78      3000
```

结果显示，初步建模的模型召回率很低，需要进行进一步的调整。

14.4.3 模型优化

在初步建模的基础上，进行模型优化，这里考虑了 3 种优化方式，分别是过采样、调节参数 balanced 及自调节样本权重。

1. 过采样

过采样优化方式的代码如下：

```
模型优化
# SMOTE 过采样：对训练集进行过采
from imblearn.over_sampling import SMOTE
sm = SMOTE(random_state=123)
Xtrain_sm,Ytrain_sm = sm.fit_resample(Xtrain,Ytrain)
model2 = LogisticRegression().fit(Xtrain_sm,Ytrain_sm)

# 查看分类报告
print(classification_report(Ytest,model2.predict(Xtest)))
             precision    recall  f1-score   support

          0       0.91      0.62      0.74      2492
          1       0.27      0.68      0.39       508

   accuracy                           0.63      3000
  macro avg       0.59      0.65      0.56      3000
weighted avg      0.80      0.63      0.68      3000
```

过采样拟合的模型召回率为 0.68，相对于初始模型有所提高，但还没有达到理想的效果，故继续进行后续的优化工作。

2. 调节参数 balanced

调节参数 balanced 的代码如下：

```
# 调节样本权重
model3 = LogisticRegression(class_weight='balanced').fit(Xtrain,Ytrain)
# 查看分类报告
```

```
print(classification_report(Ytest,model3.predict(Xtest)))
             precision    recall  f1-score   support

           0       0.91      0.60      0.72      2492
           1       0.26      0.71      0.39       508

    accuracy                           0.62      3000
   macro avg       0.59      0.65      0.55      3000
weighted avg       0.80      0.62      0.66      3000
```

结果显示，模型召回率达到 0.71，相对于初始模型与过采样模型有了进一步提高。

3. 自调节样本权重

自调节样本权重的代码如下：

```
model4 = LogisticRegression(class_weight={1:18}).fit(Xtrain,Ytrain)
print(classification_report(Ytest,model4.predict(Xtest)))
             precision    recall  f1-score   support

           0       0.92      0.47      0.63      2492
           1       0.24      0.81      0.37       508

    accuracy                           0.53      3000
   macro avg       0.58      0.64      0.50      3000
weighted avg       0.81      0.53      0.58      3000
```

结果显示，自调节样本权重后模型的召回率达到了 0.81，高于前面的其他模型，达到了较好的效果。

14.4.4 模型预测与评估

基于上面的 4 个模型，分别运用测试集进行预测，并根据预测结果来评估各个模型的性能，代码如下：

```
#4个模型的预测概率如下:
predict_prob1 = model1.predict_proba(Xtest)
predict_prob2 = model2.predict_proba(Xtest)
predict_prob3 = model3.predict_proba(Xtest)
predict_prob4 = model4.predict_proba(Xtest)
```

从4个模型中选择最优模型,评估标准使用ROC曲线,代码如下,结果如图14-14所示。

```
# 各模型对比选择与评估
fpr_1, tpr_1, th_1 = metrics.roc_curve(Ytest.label, predict_prob1[:,1]Ytest.proba1)
fpr_2, tpr_2, th_2 = metrics.roc_curve(Ytest.label, predict_prob2[:,1]Ytest.proba2)
fpr_3, tpr_3, th_3 = metrics.roc_curve(Ytest.label, predict_prob3[:,1]Ytest.proba3)
fpr_4, tpr_4, th_4 = metrics.roc_curve(Ytest.label, predict_prob4[:,1]Ytest.proba4)
plt.figure(figsize=[3, 3])
plt.plot(fpr_1, tpr_1, 'b--', label='AUC1 = %.4f' %metrics.auc(fpr_1, tpr_1))
plt.plot(fpr_2, tpr_2, 'r-', label='AUC2 = %.4f' %metrics.auc(fpr_2, tpr_2))
plt.plot(fpr_3, tpr_3, '--', label='AUC3 = %.4f' %metrics.auc(fpr_3, tpr_3))
plt.plot(fpr_4, tpr_4, '-', label='AUC4 = %.4f' %metrics.auc(fpr_4, tpr_4))

plt.legend(loc = 'lower right')
plt.title('ROC curve')
plt.show()
```

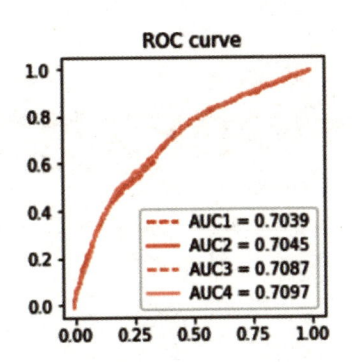

图 14-14　各模型对应的 ROC 曲线及 AUC 值

```
# 最优阈值（约登指数）
th_4[(tpr_4 - fpr_4).argmax()]
0.6892356437629344
```

在最优模型下，判断得到的最优阈值约为 0.69。

第 15 章　CDA 职业发展

15.1　CDA 职业概述

下面将对 CDA 职业从职业背景、职业特点、职业前景 3 个方面进行概述。

15.1.1　CDA 职业背景

数据已经成为当今数字经济趋势下的新"石油"，只有能够充分开发数据资源的企业，才能在激烈竞争中保持领先优势。纵观全球，这个时代具有创新力的品牌企业，如 Google、Facebook、Amazon、Apple、华为等，它们都将数据视作它们的"圣杯"。各国的政策也在大力推进数字经济，数据已成为新时代的重要生产资料。各国发展战略的要求、岗位人才的缺口及市场规模的带动，都体现着数字化人才职业的重要性。

近年来，现代信息技术不断进步，以大数据为基础的各类科技应用成为市场热点，通过将大数据应用于产品营销、客户体验改进、风险控制等方面，取得了很好的效果。在各大领域，基于大数据挖掘和人工智能而产生的创新层出不穷，成为行业创造价值的力量源泉。为了更好地借助数据的力量，企业机构需要提高数字化能力，构建一支大数据分析师团队，对内承担数据治理、数字化运营与模型开发，对外与研究机构和科技公司衔接，做好技术选型与应用转化工作。企业如何更好地找到优秀的人才？数据人才如何更好地满足企业的需求？在这样一个以数据驱动的时代，人才的考核至关重要。

一套专业性强和认可度高的人才评价标准是连接数字时代企业与人才的桥梁。评价标准不仅明确了数据分析师岗位技能要求，还对数据分析师的培训和评价做出了专业性的规范要求。这样的评价标准对于整个数据分析行业的发展，具有重要的现实意义。

15.1.2　CDA 职业特点

数据分析师具体是指在互联网、金融、零售、咨询、电信、医疗、旅游等行业专门从事数据的采集、清洗、处理、分析并能制作业务报告、提供决策的新型数据分析人才。在新时代数字经济大背景下，数字化人才的定义是具备较高信息素养，有效掌握数字化相关专业能力，并将这种能力不可或缺地应用于工作场景的相关人才。数字化人才可以按照图 15-1 分类。

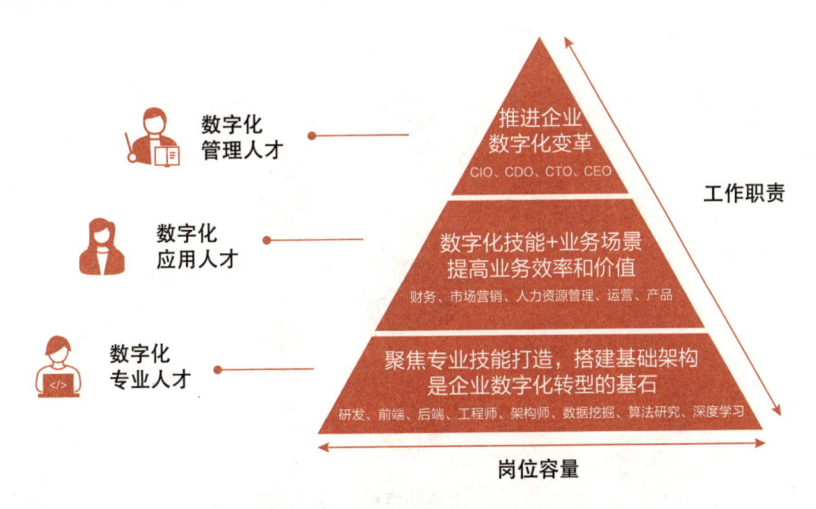

图 15-1　数字化人才金字塔

综合而言，数字化人才分为数字化专业人才、数字化应用人才、数字化管理人才三大类，它们分别具有如下特点。

1. 数字化专业人才

（1）行业范围广，专业领域。

（2）一般为数据类专业技术岗和业务支持岗。

（3）聚焦于数据技术层面。

2. 数字化应用人才

（1）行业范围广，普遍领域。

（2）一般为分析师和需数字化赋能的职能岗与业务岗。

（3）聚焦于业务应用层面。

3. 数字化管理人才

（1）行业范围广，管理领域。

（2）一般为部门管理岗和技术高管岗。

（3）聚焦于数据治理与数字化转型层面。

《2020中国数字化人才现状与展望》报告指出，企业对数字化人才的大量需求趋向应用型，数据赋能类岗位的人才需求爆发。数据分析已成为从销售市场、产品运营到人力财务等岗位人士想要提升数字化技能的首选。数据分析赋能传统岗位如图15-2所示。

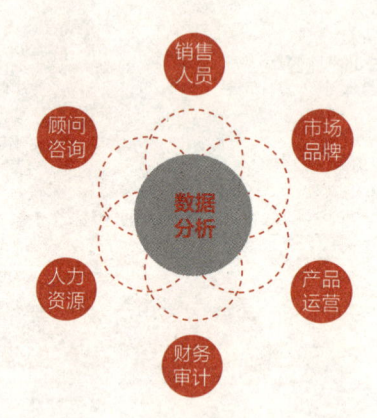

图15-2　数据分析赋能传统岗位

15.1.3　CDA职业前景

2019世界人工智能大会发布，全国人工智能和大数据人才需求呈快速增长趋势，约为2015年前的12倍。麦肯锡公司的研究预测，可以利用大数据分析做出有效决策的经理和分析师的人才缺口高达150万。从信息化到数字化再到智能化，企业要求越来越多岗位从业者需具备数字化技能，随着时代发展与企业变革，越来越多的业务岗也将被人工智能替代，因此数字化相关岗位已是最热与最具前景的职位之一。

据CDA持证人报告统计，CDA持证人在同地区、同类岗位中薪资待遇均具有明显优势，如图15-3所示。

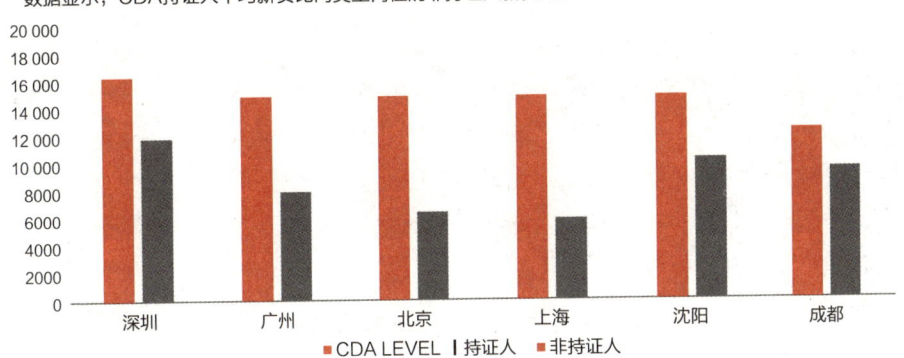

数据显示，CDA持证人平均薪资比同类型岗位的非持证人薪资高。

图 15-3　CDA 持证人薪资对比（单位：元）

CDA 各等级持证人岗位去向如下。

（1）CDA LEVEL Ⅰ：商业（业务）分析师、初级数据分析师、（数据）产品运营、（数字）市场营销、数据工程专员等。

（2）CDA LEVEL Ⅱ：数据分析师、（数据）产品运营经理、（数字）营销经理、风控建模分析师、量化策略分析师、数据治理（质量）等。

（3）CDA LEVEL Ⅲ：高级数据分析师、机器学习工程师、算法工程师、数据科学家、首席数据官等。

15.2　CDA 认证简介

下面将对 CDA 认证从认证标准、认证方式、认证流程、认证证书 4 个方面进行介绍。

15.2.1　CDA 认证标准

CDA（Certified Data Analyst），是在数字经济大背景和人工智能时代趋势下，源自中国、走向世界、面向全行业的专业技能认证，旨在提升数字化人才的数据技能，助力企业数字化转型，推动行业数字化发展。

CDA 持证人是在互联网、金融、零售、咨询、电信、医疗、旅游等行业专门从事数据的采集、处理、分析、建模并能制作业务报告、提供决策支持、部署应用模型的新型数据人才。CDA 持证人秉承着先进商业数据分析的新理念，遵循着《CDA

职业道德和行为准则》，发挥着自身数据科学专业能力，推动科技创新进步，助力经济持续发展。

CDA 是一套科学化、专业化、国际化的人才考核标准，共分为 CDA LEVEL Ⅰ、LEVEL Ⅱ、LEVEL Ⅲ 3 个等级，涉及行业包括互联网、金融、咨询、电信、零售、医疗、旅游等，涉及岗位包括大数据、数据分析、市场、产品、运营、咨询、投资、研发等。CDA 认证标准由数据科学领域的专家、学者及众多企业共同制定并每年修订、更新，确保了标准的中立性、共识性、前沿性。

CDA 认证等级标准人才能力模型如表 15-1 所示。

表 15-1 CDA 认证等级标准人才能力模型

内容	LEVEL Ⅰ	LEVEL Ⅱ	LEVEL Ⅲ
理论基础	数据分析基础 统计分析基础	概率论基础 数理统计	数据挖掘概论 机器学习
软件要求	Excel、SQL、BI 等非编程工具	Excel、SQL、Python 等工具	Python、R、PyTorch、TensorFlow 等
数据处理能力	表结构与多元数据获取 数据库基础 数据整理与清洗 多维数据模型	市场调研 数据采集 数据预处理 数据模型管理	网络数据采集 高级数据处理 高级特征工程 自然语言处理
分析方法要求	描述性统计分析 多维数据模型 数据透视分析 数据可视化分析	推断性统计分析 数据分析模型（主成分分析、因子分析、回归分析、聚类分析、时间序列）	分类模型（朴素贝叶斯、决策树、神经网络、支持向量机、集成方法） 聚类模型、关联规则 序列模型、模型评估
业务分析能力	数据驱动业务管理方法 指标的应用与设计 业务分析方法	标签体系与用户画像 业务探查分析 根因分析 业务策略优化和指导	客群运营 成本控制 风险管理 欺诈检测
结果与决策力	业务分析报告 数据可视化报表	业务根因分析与策略优化报告	数据挖掘项目报告 模型落地方案

最新的详细认证考试大纲标准可通过登录 CDA global 认证考试官网获取。

15.2.2 CDA 认证方式

CDA 认证方式如表 15-2 所示。

表 15-2　CDA 认证方式

内容	CDA LEVEL I	CDA LEVEL II	CDA LEVEL III	
考试日期	随报随考	随报随考	一年四届 3 月、6 月、9 月、12 月的最后一个周六	
考试时间	120min	150min	210min	
			前 90min	后 120min
考试形式	线下上机答题	线下上机答题	线下上机答题	提交结果分析
考试内容	客观选择题（单选+多选+内容相关+案例分析）	客观选择题（单选+多选+内容相关+案例分析）	客观选择题（单选+多选+内容相关）	案例操作题
考试条件	无要求，皆可报考	需通过 LEVEL I 认证	需通过 LEVEL II 认证	

CDA 数据分析师认证考试由 Pearson VUE 考试服务公司代理。Pearson VUE 是一家在全球测评行业占据杰出地位的计算机化考试服务公司，CDA 与 Pearson VUE 开展合作，目前在中国提供 CDA 认证考试发送服务。考试地点如下。

（1）LEVEL I+II：中国 30+ 个省市，70+ 个城市，250+ 个考场。考生可选择就近考场预约考试。

（2）LEVEL III：中国 30 个城市，北京、上海、天津、重庆、成都、深圳、广州、济南、南京、杭州、苏州、福州、太原、武汉、长沙、西安、贵阳、郑州、南宁、昆明、乌鲁木齐、沈阳、哈尔滨、合肥、石家庄、呼和浩特、南昌、长春、大连、兰州。

15.2.3　CDA 认证流程

CDA 认证流程如图 15-4 所示。

（1）进入 CDA global 认证考试官网。

（2）注册并登录网站，进入个人中心完善报考相关信息。

（3）选择报考科目，并完成缴费确认。

（4）等待审核（1~2 天），若审核未通过，则完善报考资料。

（5）审核通过报名成功，考生将会收到相关邮件提示。考生按照邮件提示进行后续操作即可。

| 商业策略数据分析

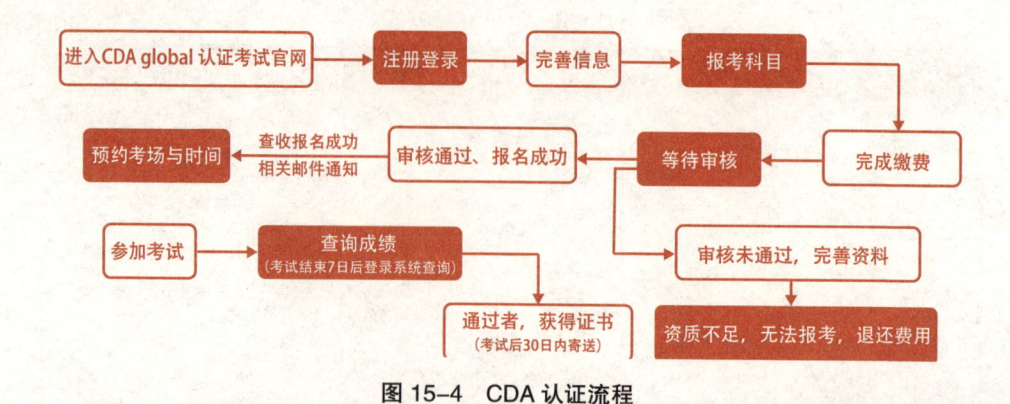

图 15-4　CDA 认证流程

　　CDA LEVEL I 和 LEVEL II 考生需根据邮件指示到 Pearson VUE 网站预约就近考场及考试时间。

　　CDA LEVEL III 考生需在考前一个月内到 Pearson VUE 网站预约考场，预约成功后将会收到确认邮件通知。

　　根据预约的考场和时间，按照邮件须知，参加考试。

　　（6）CDA LEVEL I 和 LEVEL II 考试结束后当场出成绩报告，CDA LEVEL III 考试结束 7 日后考生可到 CDA 考试中心网站查询最终成绩。

　　（7）考试通过者，将在考试后 30 日内收到由 CDA 考试中心寄出的认证证书。

15.2.4　CDA 认证证书

　　报考 CDA 各等级考试通过者，可获得对应等级的中英双证书，如图 15-5 所示。可在 CDA 考试中心网站查询证书真伪，证书具有以下价值。

图 15-5　CDA 认证证书

（1）共识性（Consensus）。CDA 认证由行业协会、行业企业及业界学者共同制定并于每年修订、更新，逐步推动数据人才标准的行业共识。

（2）专业性（Speciality）。CDA 认证标准符合当今全球数据科学技术潮流，满足各行业数字化发展对数据相关岗位的人才要求，考试专家命题，评分公平，流程严格，具有高含金量。

（3）国际化（International）。CDA 与国际知名考试服务机构 Pearson VUE 合作，认证考点覆盖全球。CDA 全球会员联盟开放式合作进一步建立企业会员与雇主联盟，具备中立性并逐步成为国际化认证标杆。

（4）认可度（Recognition）。CDA 认证已得到越来越多企业的认可与引进，成为企业的人才评价标准，包括中国电信、中国联通、中国邮政、招商银行、梅赛德斯-奔驰、苏宁云商等。

15.3 CDA 持证人与会员

本节将会依次介绍企业和个人如何成为 CDA 会员、CDA 持证人有哪些权益，以及 CDA 持证人的证书年检和继续教育情况。

15.3.1 成为 CDA 会员

CDA 会员是指拥有 CDA 会员体系相关义务和权益的数据科学相关领域的企业单位及个人。CDA 会员包括持证人个人会员和企业会员，其中 CDA 持证人已遍布很多新兴行业，包括世界 500 强企业、顶尖科技独角兽、金融机构、国有企业、机关事业单位等。CDA 企业会员是指在数据科学领域具有显著研究成果或影响力的企业、协会和机构等，包括 CDMS、Oracle、IBM、Big Data University、Pearson VUE、TalkingData、Yonghong Tech 等。

CDA 会员制度如表 15-3 所示。

表 15–3 CDA 会员制度

制度	个人会员	企业会员
注册会员	应具有完全民事行为能力，具备 CDA 报考条件，通过 CDA 考试并获得认证证书	应具有法人资格（分支机构需经法人许可），提交会员申请书

续表

制度	个人会员	企业会员
入会程序	注册并参加 CDA 考试→通过考试→取得证书→成为会员	注册申请→通过审核→成为会员
会费管理	考试费用 审核费用（三年一审）	每年缴纳会员费用
会员权益	1. 具有 CDA 认证委员会成员的选举与被选取权； 2. 优先具有 CDA 行业峰会、研讨会、路演、沙龙等各项活动的参与权； 3. 享有职业发展岗位推荐服务； 4. 享有 CDA 资源共享平台，涵盖学习资源、文献资源、咨询服务等； 5. 享有会员内开放式资源互通、项目合作、业务合作等权益	1. 具有 CDA 认证委员会的选举与被选举权； 2. 优先具有 CDA 行业峰会、讨论、路演、沙龙等各项活动的合作权； 3. 享有企业招聘人才推荐服务； 4. 享有企业员工能力考核与提升咨询服务，企业定制化联合认证； 5. 享有会员内开放式项目合作、业务合作、企业合作等权益
会员义务	1. 遵守职业规则、执业规范和执业相关法律； 2. 遵守《CDA 职业道德和行为准则》； 3. 维护会员团结、职业信誉和 CDA 声誉	

15.3.2 CDA 持证人权益

CDA 持证人除了拥有证书荣誉职称，在就业、职业发展具备相关优势，还享有以下由 CDA 官方提供的系列权益。

（1）职业发展：CDA 就业及职业发展优先推荐，CDA 持证人简历可发送至 exam@cda.cn。

（2）参与优质内容输出：优先作为 CDA 持证人分享嘉宾，有机会成为教研、讲师等；免费参与 CDA 举办的行业峰会，享受专属权益。

（3）能力提升包：报考人将获得 CDA 网校价值 2000 元的认证考试及能力提升学习包（90 天学习权限），为考试通关及数据能力提升加码助力。

（4）CDA 会员共享数据库及智能数据产品权益。

（5）支持开设数据分析事务所权益。

其他权益请参考 CDA global 认证考试官网。

15.3.3 年检和继续教育

为了了解 CDA 持证人的一个最新的职业发展情况，同时让 CDA 持证人在获得证书后能够保持一个持续学习的状态，CDA 数据分析师等级认证证书是需要年检的。

CDA 数据分析师等级认证证书有效期为 3 年，3 年进行一次年审，只有按照要求填写最新的职业发展情况和完成规定的继续教育课程才能够通过年检，从而保证证书的时效性。

当前具体年检申请流程如下（如果有变化请以官网发布的信息为准）。

（1）注册并登录 CDA global 认证考试官网，进入"我的考试中心"，填写个人最新信息，包括证件号、学历、地址、单位岗位、联系方式等。

（2）上传 CDA 数据分析师等级认证证书原件电子版到附件资料（可拍清晰照片上传）。如果有遗失证书的人员，请上传身份证件电子版到附件资料。

（3）进入"持证人年检"栏目，选择相应的等级证书和发证日期，申请年检，缴纳年检费用或使用 CDA 持证人积分兑换。

（4）参加继续教育，完成年检必修课程（必修课程将在成功申请年检后发送至持证人邮箱）。

（5）证书到期前完成年检必修课程，完成后不需要考试，到期将自动通过年检，由 CDA 考试中心在官网更新证书相关信息，证书有效期可在 CDA global 认证考试官网查询。